体系与结构
中国特色社会主义政治经济学
六人谈

顾海良/主编

中国财经出版传媒集团
经济科学出版社
Economic Science Press

图书在版编目（CIP）数据

体系与结构：中国特色社会主义政治经济学六人谈/顾海良主编.
—北京：经济科学出版社，2018.6
ISBN 978-7-5141-9456-2

Ⅰ.①体… Ⅱ.①顾… Ⅲ.①中国特色社会主义-社会主义政治经济学-研究 Ⅳ.①F120.2

中国版本图书馆 CIP 数据核字（2018）第 124444 号

责任编辑：于海汛
责任校对：杨　海
责任印制：李　鹏

体系与结构：中国特色社会主义政治经济学六人谈
顾海良/主编
经济科学出版社出版、发行　新华书店经销
社址：北京市海淀区阜成路甲 28 号　邮编：100142
总编部电话：010-88191217　发行部电话：010-88191522
网址：www.esp.com.cn
电子邮件：esp@esp.com.cn
天猫网店：经济科学出版社旗舰店
网址：http://jjkxcbs.tmall.com
北京季蜂印刷有限公司印装
710×1000　16 开　22.75 印张　380000 字
2018 年 6 月第 1 版　2018 年 6 月第 1 次印刷
ISBN 978-7-5141-9456-2　定价：65.00 元
（图书出现印装问题，本社负责调换。电话：010-88191510）
（版权所有　侵权必究　举报电话：010-88191586
电子邮箱：dbts@esp.com.cn）

前　言

中国特色社会主义政治经济学是中国发展的马克思主义政治经济学。作为"发展的"政治经济学，它立足于中国国情和中国社会主义经济建设发展的实际，提炼和总结中国社会主义经济关系发展的规律性成果，将实践经验上升为系统化的经济学说，推进了马克思主义政治经济学的新发展。

党的十八大以后，在对新时代中国社会主要矛盾的把握中，以习近平同志为核心的党中央坚持和发展中国特色社会主义，勇于实践、善于创新，习近平新时代中国特色社会主义经济思想得到重要发展，形成以新发展理念为主要内容的"系统化的经济学说"。党的十九大之后，面向新时代中国特色社会主义经济改革和发展的新要求，习近平总书记提出了以坚定不移地推进新发展理念为主导，以供给侧结构性改革为主线的建设现代化经济体系的新理论，拓新了中国化马克思主义政治经济学的理论境界。

马克思主义政治经济学从来就主张"从当前的国民经济的事实出发"[①]，即从实际的和现实的经济关系和经济事实出发。社会主义初级阶段是当代中国最重要也是最基本的经济关系和最重要的经济事实。中国特色社会主义政治经济学，就是以中国经济事实和实际为基础的，是以经济现实和历史、理论的结合为背景的，

---

① 《马克思恩格斯文集》第一卷，人民出版社2009年版，第156页。

说的是中国的事情，直面的是中国发展的问题，提出的是解决好中国的问题、办好中国的事情、建设好和发展好中国经济的理论和对策，因而形成的也是适合于中国社会主义初级阶段国情和时代特点的当代中国马克思主义政治经济学。

在这一理论发展过程中，对中国特色社会主义的"系统化的经济学说"的研究和探讨，成为有志于中国特色社会主义政治经济学体系研究学者的重要的理论问题。2016年以来，我和简新华、荣兆梓、颜鹏飞、丁为民、邱海平等教授，在2015年度马克思主义理论研究和建设工程重大项目"中国特色社会主义政治经济学研究"课题的研究过程中，多次对这一理论问题作出多方面的研讨，其中特别就中国特色社会主义政治经济学的体系和结构问题，各自提出了系列的学术观点和理论见解。

《体系与结构：中国特色社会主义政治经济学六人谈》集中了六位教授在研讨中提出的基本观点，在看似各抒己见的理论阐释中，可以感受到对中国特色社会主义政治经济学体系和结构的多方面的深刻理解和思考，这对中国特色社会主义的"系统化的经济学说"的研究是有重要意义的。

顾海良

2018 年 5 月 18 日

目 录

简新华

中国特色社会主义政治经济学内容体系思考 / 1

一、中国特色社会主义政治经济学的研究对象与名词释义 / 3

二、中国特色社会主义政治经济学的主要内容和体系结构 / 9

三、中国特色社会主义政治经济学的形成和发展 / 12

四、社会主义市场经济理论的体系和主要内容 / 18

荣兆梓

以平等劳动及其生产力为主线的中国特色社会主义政治经济学 / 49

导语　我们能做什么？/ 51

一、体系建设也需要问题导向 / 53

二、平等劳动是主体范畴、核心范畴 / 55

三、劳动生产力是叙述的起点范畴 / 60

四、理论逻辑与历史逻辑结合的框架 / 67

五、各部分主要内容 / 69

赖鹏飞

马克思经济学逻辑体系构建学说的现代意蕴 / 105

前言 / 107

一、马克思关于政治经济学逻辑体系构建的学说 / 115

二、新时代中国特色政治经济学体系构建方法论 / 127

三、"术语革命"与中国特色政治经济学体系 / 155

丁为民
中国特色社会主义政治经济学体系及若干理论探索 / 167
  一、研究方法：马克思主义方法论 / 169
  二、研究对象：中国的国情与当代中国的发展实践 / 172
  三、研究起点和主线：社会主义初级阶段与解放和发展生产力 / 176
  四、社会主义初级阶段：既是现实，又是目标 / 180
  五、坚持和完善社会主义初级阶段是我国相当长历史时期的
      奋斗目标 / 191
  六、社会主义初级阶段动态分析的基础：主要矛盾和发展动力 / 195
  七、国有企业：社会主义市场经济条件下的定位与改革 / 211
  八、合作与共享：构建和谐劳动关系的必由之路 / 219
  九、政府调控：基于市场和价格历史性质的思考 / 227

邱海平
《资本论》与中国特色社会主义政治经济学 / 237
  序论 / 239
  一、《资本论》与中国特色社会主义经济的基本关系 / 241
  二、《资本论》与中国特色社会主义政治经济学的研究目的 / 244
  三、《资本论》与中国特色社会主义政治经济学的研究对象 / 247
  四、《资本论》与中国特色社会主义政治经济学的方法与方法论 / 255
  五、《资本论》与中国特色社会主义政治经济学的起点范畴 / 270
  六、《资本论》与中国特色社会主义政治经济学理论体系 / 280

顾海良
中国特色"系统化的经济学说"的对象、结构和体系探索 / 287
  一、马克思关于政治经济学对象的当代意蕴 / 289
  二、马克思主义政治经济学原理与中国实际的结合 / 299
  三、"术语的革命"与中国特色社会主义政治经济学的创新 / 316
  四、中国特色"系统化的经济学说"的探索 / 337

中国特色社会主义政治经济学内容体系思考

简新华

武汉大学经济与管理学院教授、博士生导师，武汉大学珞珈杰出学者，享受国务院颁发政府特殊津贴专家，国家社科基金学科评审组专家，3项国家社科基金重大招标项目首席专家，兼任中国工业经济学会常务副理事长、中国《资本论》研究会的副会长、中国经济规律研究会副会长、全国高校社会主义经济理论与实践研讨会领导小组成员、国家行政学院等多所高等院校兼职教授。

主要研究方向：中国经济发展和改革、社会主义经济理论，重点是工业化、城镇化、"三农"问题、经济结构调整、发展方式转变、所有制和收入分配改革。先后承担包括国家社科基金、自然科学基金、教育部的重大、重点项目在内的科研项目20多项，出版学术著作和教材20多本，发表研究论文300多篇，获得科研成果奖励20多项，其中包括中国出版政府奖、中共中央宣传部"五个一工程"奖、教育部高等学校科学研究优秀成果奖、中国人口科学优秀成果奖、湖北省社会科学优秀成果奖等省部级以上奖励9项和安子介国际贸易研究奖。

近期相关的主要学术成果

1.《马克思主义经济学创新和发展的若干问题》，载于《马克思主义研究》2014年第2期。

2.《马克思主义经济学视角下的供求关系分析》，载于《马克思主义研究》2016年第4期，与余江合作。

3.《创新和发展中国特色社会主义政治经济学》，载于《马克思主义研究》2018年第3期。

4.《市场经济只能建立在私有制基础上吗？——兼评公有制与市场经济不相容论》，载于《经济研究》2016年第12期，与余江合作。

5.《中国特色社会主义经济理论的重大成果和新时代的创新和发展》，载于《经济研究》2017年第12期。

6.《试论中国特色社会主义政治经济学的形成及发展》，载于《河北学刊》2017年第5期。

7.《发展和运用中国特色社会主义政治经济学的若干问题》，载于《中国高校社会科学》2016年第6期，与余江合作。

8.《必须正确认识和合理推进国有企业的混合所有制改革——不能过分强调混合所有制改革的作用》，载于《财经科学》2017年第12期。

9.《中国农地制度和经营方式创新研究——兼评中国土地私有化》，载于《中国特色社会主义政治经济学十五讲》，中国人民大学出版社2016年版。

10.《中国农业实现"第二个飞跃"的路径新探——贵州省塘约村新型集体经营方式的调查思考》，载于《社会科学战线》2017年第12期。

中国特色社会主义政治经济学是习近平和党中央在 2015 年 12 月中央经济工作会议中首次公开明确提出的新经济学，多次强调要坚持、学习、运用、创新、发展中国特色社会主义政治经济学，但是对什么是中国特色社会主义政治经济学，其研究对象、起点范畴、逻辑主线、框架结构、理论体系是什么，包括哪些基本内容和主要方法等基本问题都还存在多种不同的认识和理解，需要进行深入探讨。本文就其中的几个问题提出自己的初步见解，以利于求得正确的共识。

一、中国特色社会主义政治经济学的研究对象与名词释义

（一）中国特色社会主义政治经济学的研究对象和内涵的多种不同界定

什么是中国特色社会主义政治经济学？是首先必须明确的问题，但是现在却出现了多种不同的界定。之所以会如此，是因为研究对象决定学科的内容、体系、结构、边界，由于对中国特色社会主义政治经济学的研究对象的认识不同，对中国特色社会主义政治经济学的界定也不同。

归纳起来看，现在存在六种代表性观点：

（1）认为研究对象是生产方式和与之相适应的生产、交换关系以及政治、国家关系，所以把中国特色社会主义政治经济学界定为"研究中国特色社会主义生产方式和与之相适应的生产、交换关系以及政治、国家关系的科学"，这是一种涵盖范围最广、内容最多的理解。

（2）认为研究对象是中国特色社会主义经济，所以把中国特色社会主

义政治经济学界定为"研究中国特色社会主义经济的科学",这是一种最抽象的理解。

（3）认为研究对象是经济活动和经济关系及其规律,所以把中国特色社会主义政治经济学界定为"研究中国特色社会主义经济活动和经济关系及其规律的科学",这种理解比前一种要稍微具体一点,把"经济"界定为"经济活动和经济关系",并且指出研究对象包括经济规律。

（4）认为研究对象是生产方式及其发展规律,所以把中国特色社会主义政治经济学界定为"研究中国特色社会主义生产方式及其发展规律的科学",这是把研究对象仅限于生产方式的范围和内容比较狭小的理解。

（5）认为研究对象是生产力和生产关系及其发展规律,所以把中国特色社会主义政治经济学界定为"研究中国特色社会主义生产力和生产关系及其发展规律的科学",这种界定实际上是上一种的另一种说法,两者的内涵是一样的,只不过是这一种界定明确了生产方式的两大方面。

（6）认为研究对象是生产关系（经济关系）及其发展规律,所以把中国特色社会主义政治经济学界定为"研究中国特色社会主义生产关系及其发展规律的科学",这是一种涵盖范围最小、内容最少的理解。

（二）中国特色社会主义政治经济学的研究对象的多层次分析

究竟什么是中国特色社会主义政治经济学的研究对象,应该怎样正确评价上述六种不同的理解和界定呢?我认为,经济学包括中国特色社会主义政治经济学的研究对象可以从抽象到具体、从简单到复杂,进行多层次、多角度、多环节的具体分析和把握,上述六种不同的理解和界定是从不同层次、角度和简繁程度做出的界定,都有一定的正确性。

研究对象的第一层次是经济,这是最抽象笼统的界定;

第二层次是经济活动（即国民经济运行和发展,包括生产、交换、分配、消费四大环节及供求两大方面、经济结构、资源配置方式、运行机制、发展方式、资源节约、环境保护等）和经济关系（经济基础、经济制度）,这是对什么是经济的比较具体的界定;

第三层次是对经济最具体、最全面的界定,本身又包括四个层面的内容,即生产→生产方式→生产力（生产的物质、资源、环境、技术本身,人与物的关系）、生产关系（人与人在生产、交换、分配、消费中的关系）→生产力与生产关系的相互关系和结合方式（人与物的关系与人与人的关系的结合，包括劳动力与生产资料的结合方式、生产的组织方式、分工协作专业化、自动化、机械化、规模化、标准化、批量化、个性化、定制化、柔性化，生产力的解放和发展等）；

第四层次的界定则超出了经济的范围，因为经济基础决定上层建筑、上层建筑反作用于经济基础，所以经济学研究不仅要结合生产力研究生产关系特别是生产力与生产关系的相互关系，而且必须结合上层建筑研究生产关系、研究经济基础与上层建筑（包括政治、国家（政府）、意识形态、文化、管理等）的关系，这是政治经济学之所以加上"政治"二字的重要原因。

经典马克思主义政治经济学的主要任务是科学分析和揭示资本主义经济的矛盾运动及其发展规律，在此基础上提出社会主义和共产主义的必然趋势，客观上发挥了为无产阶级革命、改变资本主义经济制度、建立社会主义新制度提供理论依据的作用，但是不能由此说马克思主义政治经济学只是"革命的经济学"，因为马克思主义政治经济学首先是科学的经济学，其作用或者功能不仅能够指导无产阶级革命，也能够指导社会主义建设的大方向。说马克思主义政治经济学只是"革命的经济学"，容易造成一种误解，好像中国革命已经成功，现在主要任务是搞建设，马克思主义政治经济学指导不了了、已经过时了，往往成为有些人否定和反对马克思主义政治经济学的托词借口。

经典马克思主义政治经济学侧重研究资本主义生产方式的矛盾运动和生产关系的演进趋势，不是研究如何巩固完善资本主义制度、实现资本主义经济持续有效发展。资本主义制度怎样巩固完善、资本主义经济如何持续有效发展是西方经济学的主要任务。有所不同的是，中国特色社会主义政治经济学作为当代中国马克思主义政治经济学的主要任务是为建立完善社会主义经济制度、发展社会主义经济、最终实现共产主义提供理论依据和指导，应该侧重研究社会主义经济如何持续有效发展，可以说是社会主义"建设经济学"（包括社会主义发展经济学、管理经济学），但是也不能说只是"建设经济学"，同时也应该是"改革经济学"，甚至也是"革命经济学"，因为要真正持续有效发展社会主义经济或者说建设社会主义，必须不断通过社会主义改革完善社会主义经济制度和政治制度，而社会主义改革也可以说是第二次社会主义革命。

经济学到底应不应该研究生产力？这是一个一直有争议的问题。现在大多数学者都认为，中国特色社会主义政治经济学不能只研究生产关系，还必须研究生产力，因为社会主义的本质要求和根本任务是发展生产力，这是非常正确的，但是必须明确的是，经济学研究的生产力，不是生产力的物质属性及其变化规律，这是自然科学和工程技术科学的研究对象和任务，而是从人与物的角度研究生产力、研究生产力与生产关系的相互关系和结合方式、研究怎样解放生产力、发展生产力、研究生产力配置、组织、经营、管理。经济学不能孤立地研究生产力，必须结合生产关系和上层建筑研究生产力，因为生产关系（经济基础）和上层建筑对生产力具有巨大的反作用，既能够促进生产力的发展，也可能妨碍和限制生产力的发展，所谓"解放生产力"就是要消除阻碍生产力发展的经济政治制度障碍、形成有利于生产力发展的经济政治制度，促进生产力发展。

（三）中国特色社会主义政治经济学的名词释义

现在中国经济学界使用着几个与中国特色社会主义政治经济学有关的经济学名词，对这些名词的内涵和外延、区别和联系的理解，有些似乎还没有形成明确的共识。什么是中国特色社会主义政治经济学？与经济学、政治经济学、马克思主义经济学、马克思主义政治经济学、当代中国马克思主义政治经济学、中国特色马克思主义政治经济学是什么关系？有什么区别和联系？这是学习、研究、创新、发展和运用中国特色社会主义政治经济学必须正确认识的问题。

我认为，经济学是所有研究人类社会经济活动（行为）和经济关系及其规律和应用的学科的总称，包括理论经济学和应用经济学两大类；政治经济学则是主要研究生产方式特别是生产关系及其变化规律的最重要的理论经济学，是所有其他经济学分支学科的理论基础。经济学分类主要以研究对象及其特征为标准，按照研究的科学性、阶级性、历史时代、社会形态和国别地域的不同，政治经济学又可以进行多种不同的分类：

按照科学性分类有科学政治经济学、庸俗政治经济学；

按照阶级性分类有资产阶级政治经济学、无产阶级政治经济学、小资产阶级政治经济学；

按照历史时代分类有古典政治经济学、现代政治经济学；

按照研究对象的社会形态分类有资本主义政治经济学、社会主义政治经济学；

按照研究对象的社会形态范围分类有广义政治经济学（所有社会）、狭义政治经济学（某个特定社会）；

按照研究对象的国别地域分类有英国政治经济学、苏联政治经济学、中国政治经济学等。

马克思主义政治经济学则是马克思和恩格斯创立的科学的无产阶级政治经济学，马克思主义经济学则是马克思主义政治经济学的简称，马克思恩格斯创立的是经典马克思主义政治经济学，当代继承和发展的是现代马克思主义政治经济学，由于研究对象主要包括资本主义经济和社会主义经济，所以又分为马克思主义政治经济学资本主义部分（也有学者简称为资本主义政治经济学，主要研究资本主义经济）和马克思主义政治经济学社会主义部分（也有学者简称为社会主义政治经济学，主要研究社会主义经济）；

当代中国马克思主义政治经济学则是中国运用马克思主义政治经济学的立场、观点、方法研究当代经济（包括当代中国经济、世界经济、西方发达国家经济、发展中国家经济等）而形成的当代马克思主义政治经济学，又由于中国现阶段的社会主义经济是处于社会主义初级阶段的具有中国特色的社会主义经济，所以研究中国特色社会主义经济的马克思主义政治经济学又被称之为中国特色社会主义政治经济学，是马克思主义政治经济学基本原理与中国特色社会主义经济实践相结合的政治经济学，是发展中国特色社会主义经济的实践经验的理论总结，是当代中国马克思主义政治经济学最重要的组成部分。

这里需要说明的是，由于长期以来我们把除了也是来自西方国家的马克思主义政治经济学以外的政治经济学称之为古典政治经济学、庸俗经济学、资产阶级经济学、西方经济学，高等学校的政治经济学课程讲授的也只是马克思主义政治经济学，连专业名称和教科书的书名都是《政治经济学》，习惯上就把政治经济学仅仅看成了马克思主义政治经济学，一讲政治经济学，人们马上想到的就是马克思主义政治经济学，其实这种看法是不准确、不科学的。另外，社会主义经济理论也是一个中国经济学界使用多年的概念，其内涵是关于社会主义经济的理论，实际上就是社会主义政治经济学的理论。

(四) 中国特色社会主义政治经济学与"现代经济学"

改革开放以来"现代经济学"说法广泛流行。钱颖一教授在《经济社会体制比较》2002年第2期首次发表、2015年在《比较》上重发的文章《理解现代经济学》，提出"我们把最近的半个世纪以来发展起来的、在当今世界上被认可为主流的经济学称为现代经济学。经济学是一门研究人类经济行为和现象的社会科学。现代经济学以研究市场经济中的行为和现象为核心内容，而市场经济已被证明是目前唯一可持续的经济体制。越来越多的经济学家认识到，经济学的基本原理和分析方法是无地域和国别区分的。'某国经济学'并不是一门独立学科，也不存在'西方经济学'与'东方经济学'或'美国经济学'与'中国经济学'的概念。"钱颖一教授强调"我们的经济学学科要适应经济发展的需要，与现代经济学接轨"。

我认为，这种观点存在严重失误，尤其是在当前强调要坚持、学习、研究、创新、发展和运用马克思主义政治经济学特别是中国特色社会主义政治经济学的情况下必须予以澄清和反驳。

第一，这种观点否定经济学的阶级性，是不符合实际的，现实中的确存在资产阶级经济学与无产阶级经济学、东西方经济学及其区别，否定有不同阶级属性的经济学的存在，实际上会从根本上否定马克思主义经济学的存在及其科学性、合理性。

第二，这种观点否定经济学的国别性也不符合实际，学术界的确存在以各个国家经济为研究对象的反映各国经济特征的国别经济学。

第三，这种观点认为市场经济是唯一可持续的经济体制，是市场经济万岁永恒论，得不到证明，而且违背马克思主义政治经济学分析资本主义生产方式矛盾运动得出的人类社会最终要走向计划经济的科学结论。

第四，这种观点认为西方主流经济学即新自由主义经济学是唯一的"现代经济学"，既是错误的，又是不符合实际的，因为2008年的金融危机再次证明新自由主义经济学是失败的，现在全世界都在批评新自由主义经济学，而且现代经济学还有现代马克思主义经济学、反映各个国家现代经济特点的各个国家的现代经济学，即使是现代西方经济学也不是只有新自由主义经济学，还有新凯恩斯主义经济学、新古典综合学派、供给学派等。

第五，这种观点强调中国应该与现代经济学接轨，而且在中国刚刚明确提出中国特色社会主义政治经济学的时候重新刊发这种观点的文章，实际上是主张中国经济学全面新自由主义经济学化、抛弃马克思主义政治经济学和中国特色社会主义政治经济学。

第六，按照这种对经济学特别是"现代经济学"的理解，也就不存在习近平总书记和党中央现在提出的中国特色社会主义政治经济学，更谈不上坚持、学习、创新、发展、运用中国特色社会主义政治经济学了。

二、中国特色社会主义政治经济学的主要内容和体系结构

（一）现阶段中国特色社会主义政治经济学内容和框架结构之我见

理论体系主要由主要内容及其框架结构组成，中国特色社会主义政治经济学有哪些主要内容、应该采用什么样的框架结构来构成现在的理论体系？我国理论界的看法并不完全一致，尤其是基本内容，有的概括为六个方面，也有的概括为七个方面，还有的概括为十个或者更多的方面，而且有的概括存在重复交叉、层次不协调统一的问题。

比如：有的把社会主义经济发展新理论作为主要内容，同时又把科学发展观、以人民为中心的发展思想、创新协调绿色开放共享的发展新理念、中国特色新型工业化、城镇化、农业现代化、信息化、自主创新道路等也作为并列的主要内容，这就使得概括层次不清、交叉重复，后面这些恰恰是新发展理论的主要组成部分或者具体内容，是应该包含在新发展理论之中的。

又比如，有的把基本经济制度理论、所有制理论并列都作为中国特色社会主义政治经济学的基本内容，也存在层次不清、重复交叉的问题，因为基本经济制度主要就是所有制。

中国特色社会主义政治经济学的主要内容和理论体系，我的初步想法是：首先回答什么是社会主义：社会主义经济的本质理论——再说明中国现在处于社会主义的什么阶段：社会主义初级阶段理论——接着研究论述中国特色社会主义的基本经济制度：所有制和分配制度理论——在弄清基本经济制度的基础上，再分析中国特色社会主义经济的运行特征和方式：社会主义市场经济理论——再落脚到中国特色社会主义经济的发展，完成中国特色社

会主义经济本身的研究和说明；社会主义经济发展理论——中国特色社会主义经济是依靠改革形成和发展的，所以需要进一步研究说明改革：社会主义经济改革理论——中国特色社会主义经济还是依靠对外开放形成和发展的，离不开国际经济联系，按照从国内到国际的逻辑，接着研究论述对外开放：社会主义对外开放理论——最后结合新时代的新情况重申中国特色社会主义的大方向：共产主义理论。

按照这种逻辑联系、层次结构、体系框架来概括中国特色社会主义政治经济学的主要内容和框架结构，可能更为清晰、准确、严谨。按照这种逻辑和方法的概括，中国特色社会主义政治经济学的主要内容包括八个基本方面：

一是解放和发展生产力，消灭剥削，消除两极分化，最终达到共同富裕的社会主义本质理论；

二是中国在生产力落后、商品经济或者市场经济不发达、社会主义制度不成熟完善条件下，要实现社会主义现代化必然要经历特定的历史阶段的社会主义初级阶段理论；

三是以公有制为主体多种所有制共同发展，国有企业实行现代企业制度，发展混合经济的社会主义所有制理论；

四是以按劳分配为主体多种分配方式并存，兼顾效率和公平，先让部分人富起来最终走向共同富裕的社会主义分配理论；

五是市场经济能够与公有制相结合，市场在资源配置中发挥决定性作用和更好发挥政府作用的社会主义市场经济理论；

六是包括以人民为中心的发展思想，以人为本、全面、协调、可持续的科学发展观，创新、协调、开放、绿色、共享等五大新的发展理念，走中国特色新型工业化、城镇化、信息化、农业现代化和自主创新道路，新常态等在内的社会主义经济发展新理论，再落脚到中国特色社会主义经济的发展，完成中国特色社会主义经济本身的研究和说明；

七是在共产党领导下的社会主义经济制度的自我完善和发展、渐进式（摸着石头过河）、改革发展稳定协调统一的社会主义经济体制改革理论；

八是在全球化条件下坚持独立自主、自力更生，实行全方位、宽领域、多层次、高水平的对外开放，充分利用国际国内两个市场两种资源，参与、推进、引领经济全球化，构建人类命运共同体，真正实现开放包容、互利共赢、和平发展的社会主义对外开放理论。

作为总结论,最后分析中国特色社会主义经济演进的大方向,结合时代新特点重申和论证共产主义是最终能够实现的远大理想,不是永远不能实现的空想。

(二) 目前还难以建成完整科学的理论体系,但是应该努力探索

理论来源于实践、不成熟的实践只能有不成熟的理论,只有成熟的实践才能产生成熟的理论;成功的实践又必须以正确的理论为指导,没有正确理论指导的实践必然是盲目的实践,可能会事与愿违、事半功倍、得不偿失,甚至适得其反。这看起来好像是一个"鸡生蛋、蛋生鸡,先有鸡还是先有蛋"的悖论,其实这正是理论与实践的辩证关系,反映的是认识论的规律性。先有实践,后有理论,而这种相关正确理论产生之前的实践往往存在盲目性,是存在更多曲折、反复、挫折、失败、成本代价更高的实践,通过总结经验教训,形成正确的理论又能够反作用于实践,指导和促进实践的顺利合理有效推进和取得成功。而且,理论不仅在实践中产生形成,而且是随着实践的发展和深化而不断变化、发展、创新、充实、成熟、完善的,成熟正确的理论必然要经过实践—认识、再实践—再认识的循环往复的长过程才可能形成。

资本原始积累从14世纪、15世纪开始,1640~1688年英国资产阶级革命完成,第一次产业革命从18世纪中叶开始(1764年哈格利夫斯基发明珍妮纺织机、1776年瓦特制造出第一台有实用价值的蒸汽机),虽然亚当·斯密1776年出版的《国富论》提出了英国古典政治经济学的理论体系,但是创立科学的政治经济学理论体系的《资本论》1867年才出版第一卷,而这已经是资本主义生产方式产生从资本原始积累算起的400年、从资产阶级政治革命和产业革命算起的100~200年了。

中国特色社会主义经济的发展,从改革开放算起只有不到40年,从新中国成立算起也只有不到70年,中国特色社会主义还远远没有建成,还面临许多理论和实践的重大疑难问题没有完全解决,由于实践的局限性、历史的局限性,无论怎么努力,现在都难以建立起中国特色社会主义政治经济学完整科学的理论体系。我觉得,可能要到中国社会主义现代化实现、像发达的资本主义那样成为发达的社会主义时,才可能真正建立起比较完整科学的理论体系。我这里当然不是讲现在不要去探讨研究中国特色社会主义政治经济学的理论体系、不需要总结归纳已有的创新发展成果和完善已有的基本内

容、不应该努力构建现在能够构建的比较合理的理论逻辑、框架结构和初步的理论体系,不是主张等到2050年社会主义现代化实现的时候再说,而是认为目前不要花过多的精力去探索理论体系的构建,当务之急是花更多的精力去面对现在已经出现的对中国特色社会主义政治经济学的挑战、探讨中国特色社会主义经济改革开放和发展面临的理论和实践的重大疑难问题,予以科学的回答和有效的解决。

三、中国特色社会主义政治经济学的形成和发展

中国特色社会主义政治经济学是以马克思主义政治经济学为指导、运用马克思主义政治经济学的立场观点方法研究中国特色社会主义经济的政治经济学,是马克思主义基本原理和中国社会主义实践相结合的产物,是当代马克思主义政治经济学的重要组成部分和最新研究成果。虽然中国社会主义政治经济学从新中国成立时就开始探索了,但是中国特色社会主义政治经济学是中国从改革开放开始特别是提出中国特色社会主义以后才开始逐步形成和发展的,中国改革开放的过程,也就是中国特色社会主义的探索和建设过程,同时也是中国特色社会主义政治经济学形成和发展的过程。经过30多年的改革开放和经济发展的实践以及相关的理论探讨研究,中国特色社会主义政治经济学应该说已经基本形成。

(一)中国特色社会主义政治经济学形成和发展的历程

迄今为止,中国特色社会主义政治经济学形成和发展的过程大致可以划分为以下几个阶段:一是1978~1984年的初步提出阶段,二是1987~1993年初步形成阶段,三是1997~2012年有所发展阶段,四是2013年党的十八大开始的定型成熟阶段。

1. 1978~1984年的初步提出阶段的研究。

1978年,中国的改革开放开始,应该说中国特色社会主义政治经济学的探索也就同时开始,最主要的标志性成果是1981年首次公开明确提出"社会主义初级阶段"。1982年9月1日邓小平在《中国共产党第十二次全国代表大会开幕词》中首次明确提出"把马克思主义的普遍真理同我国的

具体实际结合起来，走自己的道路，建设有中国特色的社会主义，这就是我们总结长期历史经验得出的基本结论"，1982年党的十二大提出要"发展多种经济形式"，1984年提出"在公有制基础上有计划的商品经济"，这个阶段的研究成果集中体现在中国改革开放的第一个纲领性文件之中。1984年邓小平就指出，《中共中央关于经济体制改革的决定》"是写出了一个政治经济学的初稿，是马克思主义基本原理和中国社会主义实践相结合的政治经济学"，标志着中国特色社会主义政治经济学初步提出。以邓小平为主要代表的党和国家领导人为中国特色社会主义政治经济学的提出和后来的基本形成发挥了决定性的作用；以孙冶方、薛暮桥、于光远、许涤新等为代表的老一辈经济学家为中国特色社会主义政治经济学的初步提出和后来的基本形成做出了重要贡献。

这个阶段的探索和研究有一个突出特点是，派出相关领导和经济学家去东欧考察东欧社会主义国家的经济体制及其改革情况，非常注重学习参考借鉴奥斯卡·兰格、弗·布鲁斯、亚诺什·科尔内、奥塔·锡克等东欧经济学家关于社会主义经济的理论。

2. 1987~1993年基本形成阶段的研究。

这个阶段可以说是中国特色社会主义政治经济学基本形成的阶段，因为1987年党的十三大比较完整系统地阐明了社会主义初级阶段理论，1992年党的十四大首次明确提出了社会主义市场经济理论，尤其是1993年制定的中国改革开放的第二个纲领性文件《中共中央关于建立社会主义市场经济体制若干问题的决定》提出了比较全面的社会主义市场经济理论、中国特色社会主义的所有制理论、收入分配理论等，标志着中国特色社会主义政治经济学主要内容的基本形成。

这个阶段探索和研究的突出特点是，开始大量引进、介绍、吸收、借鉴西方经济学特别是关于现代市场经济的理论和方法，充实到中国特色社会主义政治经济学中来，对于形成和发展中国特色社会主义政治经济学发挥了重要作用，但是在一定程度上也出现了认为马克思主义经济学已经过时，甚至全盘否定马克思主义政治经济学、大力宣扬推崇西方经济学的错误倾向。

3. 1997~2012年有所发展阶段的研究。

由于这个阶段在理论上突破不多，而且受到西方新自由主义经济学的相当大的冲击，但是也在发展，所以称之为有所发展阶段。这个阶段的主要成果是，2002 年党的十六大提出中国新型工业化道路，2003 年提出以人为本、全面、协调、可持续的科学发展观，2007 年党的十七大提出中国特色新型工业化道路、中国特色城镇化道路、中国特色农业现代化道路、中国特色自主创新道路和建设资源节约、环境友好的"两型社会"等，主要是经济发展理论方面有了较大进展。

这个阶段探索和研究的突出特点是，中国特色社会主义政治经济学受到西方经济学相当大的冲击，甚至出现了马克思主义政治经济学被"边缘化"的偏差。面对新自由主义经济学的冲击，以刘国光、卫兴华、蒋学模、吴树青、谷书堂、吴宣恭、吴易风、周新城等为代表的老一辈经济学家和部分中青年经济学家结合中国改革和发展的实际坚持马克思主义政治经济学的研究，为中国特色社会主义政治经济学的发展做出了贡献。

4. 2013 年党的十八大开始的定型成熟阶段的研究。

从 2013 年党的十八大开始，中国经济发展进入新常态，出现许多新情况、新特点、新问题、新任务，特别需要创新、发展和运用中国特色社会主义政治经济学、遵循中国特色社会主义政治经济学的基本原则。尽管经过前面三个阶段的探索和研究，中国特色社会主义政治经济学基本形成，但是"中国特色社会主义政治经济学"这个名称还没有正式明确提出，其主要内容和大致框架也没有明确概括和确认，而且在前两个阶段出现的严重偏差还没有得到有效纠正。正是在这样的背景下，党中央和习近平总书记近几年不断发表重要讲话，正式明确使用"中国特色社会主义政治经济学"的名称，强调现在特别需要坚持、发展、学好用好中国特色社会主义政治经济学。

2014 年 7 月 8 日习近平在主持召开经济形势专家座谈会时指出："各级党委和政府要学好用好政治经济学，自觉认识和更好遵循经济发展规律，不断提高推进改革开放、领导经济社会发展、提高经济社会发展质量和效益的能力和水平"。

2015 年 11 月 23 日在中共中央政治局第二十八次集体学习时习近平强调，要立足我国国情和我国发展实践，学习、研究、运用马克思主义政治经济学，发展当代中国马克思主义政治经济学，特别指出这是坚持和发展马克思主义的必修课，并且明确概括说明了党的十一届三中全会以来当代中国马克思主义政治经济学的许多重要理论成果。

2015年12月21日结束的中央经济工作会议中习近平明确提出:"要坚持中国特色社会主义政治经济学的重大原则"。

2016年4月公开发表的习近平在党校工作会议上的讲话明确指出:全面建成小康社会的决胜阶段,"形势环境变化之快、改革发展稳定任务之重、矛盾风险挑战之多,对我们党治国理政考验之大都是前所未有的。"鲜明尖锐地强调:如果"奉西方理论、西方话语为金科玉律","用西方资本主义价值体系来剪裁我们的实践,用西方资本主义评价体系来衡量我国发展,符合西方标准就行,不符合西方标准就是落后的、陈旧的,就要批判、攻击,那后果不堪设想!""必须敢于发声亮剑,善于解疑释惑","马克思主义就是我们共产党人的'真经','真经'没念好,总想着'西天取经',就要贻误大事!"

2016年5月17日习近平在《在哲学社会科学工作座谈会上的讲话》中尖锐地指出:"有的认为马克思主义已经过时,中国现在搞的不是马克思主义;有的说马克思主义只是一种意识形态说教,没有学术上的学理性和系统性。在实际工作中,在有的领域中马克思主义被边缘化、空泛化、标签化,在一些学科中'失语'、教材中'失踪'、论坛上'失声'。这种状况必须引起我们高度重视。"同时还指出:"有人说,马克思主义政治经济学过时了,《资本论》过时了。这个说法是武断的。"

2016年7月8日习近平在主持召开经济形势专家座谈会时指出:"坚持和发展中国特色社会主义政治经济学,要以马克思主义政治经济学为指导,总结和提炼我国改革开放和社会主义现代化建设的伟大实践经验,同时借鉴西方经济学的有益成分。中国特色社会主义政治经济学只能在实践中丰富和发展,又要经受实践的检验,进而指导实践。要加强研究和探索,加强对规律性认识的总结,不断完善中国特色社会主义政治经济学理论体系,推进充分体现中国特色、中国风格、中国气派的经济学学科建设"。

在这些讲话精神的鼓舞下,中国开始出现学习、研究、创新、发展和运用中国特色社会主义政治经济学的热潮,重要报刊纷纷开始接连刊发相关研究论文,标志着中国特色社会主义政治经济学排除干扰、全面深入研究、走向定型成熟阶段的开始,进入了中国特色社会主义政治经济学研究的大好时期。甚至有学者说:马克思主义政治经济学研究的春天来到了!

（二）中国特色社会主义政治经济学研究的主要成果

在中国特色社会主义经济改革和发展过程中，经过 30 多年的探索、研究、创新，从主要内容到大致框架结构，中国特色社会主义政治经济学应该说已经基本形成，主要成果是提出了八个部分的主要内容，这些在前面的中国特色社会主义政治经济学的主要内容和体系结构部分已有论述，这里不再重复。这些主要内容都在党和国家关于改革开放和经济发展的重要文献、决定以及主要领导人讲话之中得到体现，学者们也做出了重要贡献。

（三）中国特色社会主义政治经济学研究存在的不足和未来的发展

中国特色社会主义政治经济学经过 30 多年的形成和发展，虽然基本内容和大致框架结构已经具备，但是还只是基本形成，还存在不足，没有形成像《资本论》那样完整科学的逻辑体系，起始范畴和贯穿始终的主线还不明确或者看法不统一，特别是主要构成部分中还存在不少理论和实践的疑难问题没有最终解决，中国特色社会主义政治经济学在国内外经济学界也还没有取得较强的话语权。

有待解决或者科学回答的疑难问题主要包括以下几个：

（1）面对公有制经济比重大幅度下降的现状，既要真正保持和发挥公有制经济的主体作用，又要克服公有制经济现在还存在的问题和缺陷，切实做大做强做优公有制经济（包括国企的改革和发展、农村集体经济的切实发展）以及防止"私有化"的问题。

（2）面对私有制经济比重已经超过 60%、问题日益凸显的现状，既要继续发展私有制经济、发挥其积极作用，又要尽可能减少其消极作用，特别是由私有制经济可能引起的劳资矛盾和贫富两极分化的问题。

（3）面对收入和贫富差距过大的状况，既要克服平均主义倾向、适当拉开财产和收入分配差距、追求效率，又要注意公平、合理缩小贫富差距，真正做到兼顾公平和效率、发展成果共享，最终走向共同富裕的问题。

（4）马克思主义政治经济学的阶级斗争原理与中国建立社会主义和谐社会实践的协调性、如何真正做到邓小平指出的中国改革开放不能"导致两极分化"、"产生新的资产阶级"的问题。

（5）社会主义市场经济理论是关于中国特色社会主义经济运行的体制

机制和基本特征的理论，是中国特色社会主义政治经济学最重要的理论创新，而社会主义市场经济面临的最大理论和实践难题则是，社会主义与市场经济（主要是公有制与市场经济）相结合的必要性、可能性、正确性和有效途径。

（6）面对种种市场失灵的现象，既要发挥市场配置资源的有效性和优越性，又要克服自发性、盲目性和事后性带来的市场失灵的问题。

（7）面对政府有的不该管的还在管、该管的还没有管或者没有管好的情况，既要更好地发挥政府在宏观调控、克服市场失灵中的作用，又要防止信息局限性和利益局限性造成的政府失灵的问题。

（8）面对经济连续6年下行、有效供给不足、无效供给过剩、有效需求不足、稳增长任务艰巨的局面，怎样才能消除传统计划经济的"短缺经济"、避免资本主义市场经济的"过剩经济"、把社会主义市场经济发展成"供求协调平衡经济"及其与供给侧结构性改革的关系的问题。

（9）面对"三农"问题突出的实际情况，怎样进行中国农村土地制度和农业经营方式的改革和创新、什么时候和如何实现邓小平提出的中国社会主义农业改革和发展的"第二个飞跃"、从根本上解决"三农"问题的问题。

（10）中国经济发展现在面临的新阶段、新常态、新理念、新动力、新经济、新产业、新业态、新商业模式、新道路的问题。

除了这十大疑难问题之外，还有中国特色社会主义政治经济学的起始范畴和贯穿始终的主线究竟应该是什么？中国特色社会主义社会的基本矛盾和生产目的是什么、社会主义生产目的与市场经济收益最大化的追求如何协调统一？按要素分配可能存在剥削和收入差距扩大与社会主义本质要求消灭剥削和贫富两极分化的矛盾如何协调解决？社会主义市场经济中是否存在资本、与资本主义市场经济中的资本有何异同？社会主义市场经济中劳动力是不是商品、为什么、应该怎样正确认识和对待？中国社会主义初级阶段是否具有以公有制为基础的社会主义市场经济和以私有制为基础的资本主义市场经济的双重经济特征和运行规律？中国特色社会主义经济与马克思恩格斯设想的科学社会主义社会经济为什么不完全相同、应该如何正确认识？等等。

造成中国特色社会主义政治经济学还不成熟和完善的原因，一方面是实践的局限性，成熟的理论必须与成熟的实践相适应，由于中国特色社会主义还在建设之中，社会主义现代化还没有实现，还有许多实践问题没有或者没有完全解决，所以还不可能形成完善成熟的中国特色社会主义政治经济学，可能要到中国社会主义现代化实现之时，中国特色社会主义政治经济学才能成熟、完善；另一方面则是研究的不足，就是对中国特色社会主义政治经济学的研究还不全面、不深入，甚至还存在理论落后于实践的情况，中国特色社会主义经济改革和发展中存在的不少问题，有的在理论上既不能科学回答和说明，在实践上也提不出合理有效、具有可操作性的解决办法。

中国特色社会主义政治经济学未来发展的主要任务，就是全面深入调查研究，科学回答和有效解决存在的各种问题特别是疑难问题、总结发现规律、充实完善内容、构建完整系统的科学理论体系、形成话语权，以利更好地指导中国特色社会主义经济的持续高效发展、逐步走向共同富裕。

四、社会主义市场经济理论的体系和主要内容

习近平在《东南学术》2001年第4期发表的文章《对发展社会主义市场经济的再认识》中指出"在建立和发展社会主义市场经济的实践中，一方面存在着传统的计划经济意识根深蒂固，一些人对市场经济自觉或不自觉地持抵触态度的问题；另一方面，也存在着一些人完全照搬照抄西方经济理论，用西方资本主义私有制的市场经济理论来指导崭新的社会主义市场经济实践的问题。在至今所有的关于社会主义市场经济的论著中，看到的几乎全是西方市场经济理论的重述，谁也没有说清楚社会主义市场经济的内涵、特征、运行机制以及社会主义与市场经济是怎样结合在一起的，因而也更无法对社会主义市场经济与资本主义市场经济进行理论上的比较和论证。"这种状况至今还没有根本改变。

社会主义市场经济理论是世界经济学说史上从来没有过的重大理论创新，是中国特色社会主义政治经济学最突出的理论贡献和最重要的组成部分。建立科学完整的社会主义市场经济理论是中国特色社会主义政治经济学最重要的任务，但是迄今为止社会主义市场经济理论还存在一些重大疑难问题需要深入探讨和科学说明，这里特提出我对社会主义市场经济理论的体系

和主要内容的初步看法，参与研讨，以利求得正确的认识。社会主义市场经济理论的体系和内容主要是：什么是社会主义市场经济、具有什么基本特征、与资本主义市场经济的异同是什么，中国在社会主义制度下为什么要和怎样由传统计划经济转变为社会主义市场经济，社会主义与市场经济结合的必要性、可能性（兼容性）、困难性（矛盾性）和途径，社会主义市场经济的运行特征和运行机制。

（一）社会主义市场经济的内涵和基本特征

市场经济都是建立在社会基本经济制度基础上的，由于存在不同的社会基本经济制度，因此建立在不同社会基本经济制度基础上的市场经济，必然具有不同的社会性质和特征。现在世界上存在两种社会性质不完全相同的市场经济，即资本主义市场经济和社会主义市场经济，这里简要说明两者的基本特征及其区别、联系和发展趋势。

1. 资本主义市场经济的基本特征。

资本主义市场经济是与资本主义基本经济制度相结合的市场经济，即以资本主义私有制为基础的市场经济。由于是资本主义，必然存在生产社会化与资本主义私有制的基本矛盾及其派生的个别生产的有组织性与社会生产的无政府状态的矛盾、生产无限增长的趋势与劳动人民购买力需求相对不足的矛盾，生产目的是追求剩余价值最大化即利润最大化，以按资分配为主体，剥削和贫富两极分化广泛存在，必然发生周期有长有短的生产过剩经济危机。自由资本主义时期的市场经济运行基本实行自由放任，垄断资本主义特别是国家垄断资本主义时期虽然存在国家所有制经济，实行国家干预、福利国家制度，但是资本主义的基本矛盾及其派生的矛盾只是有所缓和，并没有根本改变，以私有制为基础、社会生产无政府状态、剥削和贫富两极分化、生产过剩经济危机等基本特征也没有改变。

2. 社会主义市场经济的基本特征。

社会主义市场经济是在社会主义初级阶段与社会主义基本经济制度相结合的市场经济，即以社会主义公有制为主体、多种所有制为基础的市场经济。由于是社会主义，必然以公有制和按劳分配为主体，存在社会生产力发展不足与广大人民群众不断增长的物质文化需求的矛盾，社会生产的根本目的是最大限度满足社会需求，按照社会主义经济计划性的要求实行国家的计划调节、宏观调控，最终要消灭剥削和贫富两极分化、实现共同富裕；由于是社会主义初级阶段，必须发展多种不同的所有制经济，实行包括按要素分配在内的多种不同的分配方式，还不能完全实现计划经济，还会存在贫富差距，也不可能实现完全共同富裕。

3. 社会主义市场经济与资本主义市场经济的异同和联系。

社会主义市场经济与资本主义市场经济存在什么异同、具有什么区别和联系呢？由于两者都是市场经济，所以两者必然具有相同的运行特征，主要是：都要形成完整统一、竞争开放的市场体系，主要由市场形成价格，在社会经济活动中发挥市场的决定性作用，即主要通过市场机制配置经济资源，既能够通过市场竞争优胜劣汰的作用，优化资源配置、促进科技进步和经济增长、提高经济效益，也可能导致贫富差距扩大、经济运行较大的起伏波动；都存在市场失灵和剥削现象而需要国家干预，市场有效发挥作用需要维持社会稳定，而维持社会稳定则需要建立社会保障制度。由于两者的基本经济制度不同，所以两者也必然存在重大差别，主要区别在于：两者的所有制基础不同，前者以公有制为主体、多种所有制为基础，后者以私有制为基础；两者的分配制度不同，前者实行以按劳分配为主体的多种分配方式，以消灭剥削和实现共同富裕为最终目标，后者以按资分配为主体，不存在按劳分配，始终存在剥削和贫富两极分化；两者经济运行和发展的调节方式不完全相同，前者要按照计划性要求更为合理有效地实行国家的计划调节、宏观调控，市场作用受到的限制更多，克服市场失灵的可能性更大，后者社会经济运行的无政府状态突出，难以合理有效做到国家的计划调节、宏观调控，市场作用受到的限制更少，克服市场失灵的可能性更小。

社会主义市场经济之所以称之为"社会主义"市场经济，不是一般而言的市场经济，更不是资本主义市场经济，不仅在所有制和收入分配上具有社会主义的性质特征，而且在经济运行、资源配置方式上还具有"计划性"。

由于先有资本主义市场经济、积累了大量的市场经济发展和管理的经验教训，后有社会主义市场经济、怎样科学管理和有效发展还在探索之中，所以社会主义市场经济需要学习借鉴资本主义市场经济发展和管理的有效经验和方法。由于社会主义市场经济与资本主义市场经济具有不同的社会性质，存在同时发挥社会主义优越性和市场经济的有效性的可能性，因此能够更好地克服市场失灵、消除资本主义市场经济的缺陷。由于无论是资本主义市场经济，还是社会主义市场经济都存在自身难以克服的缺陷，从人类社会经济运行演进的大趋势来看，两者都只是过渡经济形态，即使社会主义市场经济能够优胜于资本主义市场经济，在相当大的程度上克服市场失灵，但是也不能从根本上消除市场失灵，难以最终完全实现共同富裕，必然都要趋向实行社会所有制、按需分配和人的自由全面发展的共产主义计划经济。

（二）社会主义初级阶段具备市场经济存在的必要条件

要正确说明中国社会主义初级阶段为什么要搞市场经济或者说社会主义初级阶段的经济也是市场经济，首先必须明确市场经济与商品经济的内涵、外延、相互关系及其存在的必要条件是什么，再看中国社会主义初级阶段是否具备这些条件。假若具备，就必然是市场经济；如果不具备，就不可能是市场经济。

马克思在《资本论》中指出，"商品生产和商品流通是极不相同的生产方式都具有的现象，尽管它们在范围和作用方面各不相同。"① "这种分工是商品生产存在的条件，虽然不能反过来说商品生产是社会分工存在的条件。在古代印度公社中就有社会分工，但产品并不成为商品。或者拿一个较近的例子来说，每个工厂内都有系统的分工，但是这种分工不是由工人交换他们个人的产品引起的。只有独立的互不依赖的私人劳动的产品，才作为商品互相对立。"② 恩格斯在《反杜林论》中进一步提出，"一旦社会占有了生产资料，商品生产就将被消除"③。斯大林强调必须按照《反杜林论》全文的意思理解，恩格斯这里所讲的社会占有的生产资料应该是"一切生产资料"、"全部生产资料"。④ 根据这些经典论述及相关论著，我们理解马克思主义政治经济学关于商品经济和市场经济的含义及其存在的原因的基本原理，主要包括以下两个方面：

一是市场经济与商品经济的联系和区别。商品经济是与自然经济相对的概念，是以生产的直接目的的不同为标准划分的社会经济形式。自然经济是自给自足、自己生产自己消费的经济形式，生产的直接目的是为了满足生产

---

① 《马克思恩格斯文集》第五卷，人民出版社2009年版，第136页。
② 《马克思恩格斯文集》第五卷，人民出版社2009年版，第55页。
③ 《马克思恩格斯文集》第三卷，人民出版社2009年版，第564页。
④ 斯大林：《苏联社会主义经济问题》，人民出版社1961年版，第8页。

者及其所在经济单位的生活消费需要，追求的是使用价值。自然经济是原始社会、奴隶社会和封建社会占统治地位的经济形式，是与生产力发展落后、社会分工不发达、劳动生产率低下的小生产相适应的低级经济形式。商品经济是以商品生产和商品交换为基本特征的经济形式，生产的直接目的是为了交换，追求的是价值。商品经济总的来说是与比较高的生产力发展水平和劳动生产率、比较发达的社会分工相适应的高级经济形式。商品经济由来已久，早在原始社会末期就已经出现了萌芽，经历了简单商品经济和成熟的或发达的商品经济两大发展阶段。简单商品经济是以手工技术、个体劳动和私有制为基础的商品经济，存在于资本主义社会以前的社会形态里，在社会经济中不占统治地位的商品经济的最初形式。由于简单商品经济中的生产仍是小生产，所以又称之为小商品经济。小商品经济还不是市场经济，因为市场还很不发达，还没有在整个社会的资源配置中起基础性或者决定性作用。简单商品经济是在资本主义社会中才发展成发达的商品经济。发达的商品经济是以机器大生产为基础、在社会经济中占统治地位的商品经济的高级形式。由于市场已经很发达，在整个社会的资源配置中已经发挥着基础性或者决定性作用，所以发达的商品经济才是市场经济。市场经济是商品经济高度发展的产物，是高级形式的商品经济。市场经济与商品经济从本质上来说是一回事，都是以商品生产和商品交换为基本特征的经济形式，只是依据发展程度的差别特别是市场在社会资源配置中的作用不同来界定的同一种经济形式。只要有商品经济就必然有市场，但商品经济并不一开始就是市场经济，只是到了资本主义社会，商品经济成为占统治地位的经济形式，由市场对社会资源配置起基础性或者决定性作用的时候，商品经济才发展成为市场经济。

二是商品经济和市场经济存在的必要条件。商品经济的存在，必须具备两个前提条件：一是社会分工；二是产品属于不同的所有者。商品经济的本质特征是为交换而生产、必须实行等价交换，因为不为交换而生产就不是商品经济，不实行等价交换，商品经济就不可能持续存在。社会分工决定单个生产者只能生产一种或者几种产品，而生活需要是多方面的，所以为了满足自己生活的需要，生产者必须互通有无、交换产品，生产的直接目的是为了交换。没有社会分工就没有交换、没有交换就没有商品生产，但是仅有社会分工还不够，还必须要产品属于不同所有者、交换是有偿等价的，才是商品生产和商品交换。如果产品是大家共同占有的，或者不实行等价交换、能够无偿拿走或者无代价分配享有占用别人的产品，那就不是商品经济。这里的不同所有者不一定必须是私有者，因为公有者（公有企业）与私有者之间、不同的公有者之间也存在利益差别，也需要等价交换，基本要求是一致的。只有同时具备这两个缺一不可的必要条件，社会生产才能成为商品生产，交换才能成为商品交换，社会经济也才能成为商品经济。市场经济本质上是商品经济，所以商品经济存在的这两个前提条件自然也是市场经济存在的必要条件。

市场经济不是小商品经济，而是商品经济的高级形式，因此市场经济存在的条件除了商品经济存在的一般条件之外，还必须具备一些特殊的条件，这就是商品生产必须在社会生产中占统治地位，必须基本形成完整统一的市场体系，商品和生产要素能够在市场价格信号的指引下在全社会范围内自由流动。只有同时具备这些条件，市场才能在社会资源配置中发挥基础性或者决定性作用，市场经济也才能存在。毫无疑问，资本主义经济完全具备这些条件，是市场经济。

社会主义经济是否也可能是市场经济呢？笔者认为只要存在上述这些条件，社会主义经济也可能是市场经济。社会主义经济能不能具备这些条件呢？笔者认为这是完全可能的。因为，中国社会主义经济发展60多年的实践告诉我们，在相当长远的历史时期内，社会主义社会都将存在社会分工和多种所有制形式，不同所有制经济之间必须实行等价交换、是商品经济，即使是在公有制经济（包括国有经济）内部，除了具有不同公有制形式（比如全民所有制和集体所有制）和多种不同公有制实现形式（比如国营制、集体经营制、公司制、股份制、合作制、承包制、租赁制、委托经营制等）、产品也属于不完全相同的所有者、必须实行等价交换、也是商品经济之外，即使是同类公有制经济（比如国有经济）内部的单个公有制企业（比如国有企业）或单位也具有相对独立的经济利益、产品也属于具有相对独立性的不同公有制企业或单位生产和占有，也不能无偿调拨，必须实行等价交换，因此公有制经济的生产必然也是商品生产，公有制经济也是商品经济，商品经济在社会经济中处于统治地位。而且，社会主义社会还能够建立完整统一的市场体系，让商品和生产要素在全社会范围内自由流动，市场也可以在社会资源配置中发挥基础性或者决定性作用，所以社会主义经济完全可以是市场经济。

中国社会主义初级阶段的经济是商品经济或者市场经济的基本条件是存在社会分工和多种不同的所有制。在中国社会主义初级阶段的经济是商品经济或者市场经济的大背景下，即使在公有制经济内部，虽然全民所有制经济的产品或收益应该由全民共同享有，集体经济的产品或收益应该由集体成员共同享有，但是由于不同的公有制企业或者经济单位占用的资源数量、质量、品种不同，特别是职工努力的情况也有差别，所以产出和资源利用的效率不一样，为了鼓励企业提供更多更好产出、提高资源利用效率，必须允许公有制企业拥有相对独立的经济利益（即生产经营得越好获得的收益越多），社会不能无偿占用或者调拨拿走公有制企业的产出（产品和劳务），公有制企业相互之间也必须实行等价交换，否则就会挫伤企业和职工的积极性，造成资源的低效利用甚至浪费，所以公有制企业的生产和交换也是商品生产和交换，公有制经济也是商品经济或者市场经济。由此可见，社会主义市场经济理论并不违背马克思主义政治经济学关于商品经济和市场经济存在的必要条件的基本原理。

以上说明，中国现在之所以要实行社会主义市场经济，具有不以人的意志为转移的客观必然性，这主要是因为中国处于社会主义初级阶段，生产力发展的水平比较低、存在多层次、不平衡，还做不到全社会直接占有全部生产资料，还不可能也不应该实行单一的公有制，即使是公有制经济内部的各个经济单位也存在利益差别，所以必然要实行市场经济，不可能完全做到国民经济自觉地有计划按比例协调发展，而且中国现阶段为了适应社会化大生产需要、解放最主要的生产力——劳动者、最终消灭剥削、消除贫富两极分化、实现社会公平和共同富裕，还要坚持社会主义方向、发展公有制经济。既要搞市场经济，又要坚持社会主义，自然就需要把社会主义主要是公有制与市场经济结合起来，因此中国要实行的不是一般意义的市场经济，更不是资本主义市场经济，而是社会主义市场经济。

（三）社会主义与市场经济结合的可能性

社会主义市场经济也就是要实现社会主义与市场经济的结合，主要是公有制与市场经济的结合，为了正确认识社会主义主要是公有制与市场经济结合的可能性即两者的兼容性，我们首先从市场经济配置资源的机理这个本源入手，分析市场经济有效运行对企业的要求，回顾市场经济中企业制度的演进历程，然后再分析公有制企业是否能适应市场经济的要求，说明社会主义主要是公有制与市场经济的兼容性及两者结合的可能性。

1. 市场经济需要的企业制度。

（1）市场经济需要自主企业制度。市场经济需要什么样的企业制度与之相适应，或者说市场经济条件下的企业制度应该具有什么样的特征呢？[①] 正确回答这个问题，需要先明确市场经济的资源配置方式。市场经济是指市场对资源配置起基础性作用或者决定性作用的经济形式，或者是指以市场作为资源配置的基本方式的经济。市场配置资源是通过市场机制即市场上供求、价格和竞争关系的变化而自动地调节社会经济活动，引起资源的流动，从而实现社会经济资源的配置。具体来说，社会资源在各个经济部门和单位的配置一般存在三种情况：一是资源配置恰当，在市场上表现为产品供求平衡，资源不需增加，也不应减少；二是资源配置不足，在市场上表现为产品供不应求，价格上涨，生产者收益上升，追求收益最大化和竞争的压力，必然引起资源流入、生产增加；三是资源配置过多，在市场上表现为产品供过于求，价格下跌，生产者收益下降，追求收益最大化和竞争的压力，必然引起资源流出、生产减少。市场就是这样决定生产什么、生产多少、怎样生产和为谁生产，推动资源在各个经济部门和单位之间流进和流出，逐步趋向资源配置的合理化，使得供求关系趋向平衡。

市场经济的这种资源配置方式，首先要求企业必须面向市场、参与竞争、自主经营。在市场经济中，企业通过市场取得生产要素、销售产品或劳务，面临着相关各方的竞争，因此企业必须根据市场行情（包括市场供求变化、价格波动和竞争态势等）自主从事生产经营活动，参与竞争，优胜劣汰。只有这样，企业才能生存和发展，市场机制才能真正起到调节资源配置的作用。否则，企业不成其为企业，市场也调节不了生产经营活动。

市场经济还要求企业必须权、责、利明确，拥有自主经营、独立决策的经营自主权，自己承担经营成功或失败的责任，自己负责盈利或亏损。因为，企业如果没有经营自主权（主要是自行决定企业供产销、人财物的权力），就无法根据经常变化的市场行情及时调整自己的生产经营活动，价格

---

① 参见简新华、李雪：《新编产业经济学》，高等教育出版社2009年版，第52～54页。

涨了，企业无权无力增加资源投入、扩大生产，价格跌了，企业也无权无力减少资源投入、缩小生产，无论价格涨跌企业都无力应对、无动于衷、没有反应，市场对企业的行为就起不了调节作用，调而不动；市场经济是风险经济，市场行情错综复杂、起伏波动、变幻无穷，甚至瞬息万变，存在不确定性，市场竞争优胜劣汰，既有机会，又有风险，再加上信息不充分、不对称、生产经营能力有限，企业经营既可能成功，也可能失败，企业如果不负盈亏责任，不能享受成功的收益，不承担失败的损失，就不能保证企业不断努力提高生产经营能力、进行科学正确的决策和认真合理的经营管理，可能滥用经营自主权，随意拍板决策，不负责任地经营，导致企业决策失误、经营失败，市场竞争就不能形成推动企业提高能力、改进技术、加强管理、发展生产的外在压力，就会使企业丧失按市场经济规律从事生产经营活动的内在动力，也就不可能发挥市场机制优胜劣汰的积极作用，无法实现市场合理有效配置资源的作用。

企业要真正做到自主经营、自负盈亏，又必须产权明晰。所谓产权明晰就是说企业的所有权、经营权和收益权要明确，并且落实到人，其实质是企业要有人的利益因企业的盈亏而增进或受损、有人关心和负责企业的生产经营。只有这样，企业才能真正成为市场经济所要求的微观基础。如果产权不明晰，企业的生产经营无人负责、无人关心，就无法真正做到认真负责经营和自负盈亏，市场经济也就不能实现资源的优化配置。

简而言之，市场经济需要的企业制度是自主企业制度。所谓自主企业制度就是面向市场、参与竞争、自主经营、自负盈亏、产权明晰的企业制度。市场经济的企业制度的基本特征是"自主经营、自负盈亏、产权明晰"。

（2）公司制是现代市场经济企业制度的主要形式。市场经济中的企业制度并不是一成不变的，相反是随着市场经济的发展和技术条件的变化而不断演进的。虽然自主经营、自负盈亏、产权明晰的基本特征不会也不能改变，但是，企业制度的具体形式和特点却在不断地变化、更新。主要从企业的产权制度和经营制度来看，企业制度大致上经历了三个阶段的变化发展，出现了三种主要形式的企业制度：第一个阶段也是最早的企业制度是个人业主制，第二个阶段是由个人业主制发展到合伙制，第三个阶段则是由合伙制发展到公司制即所谓现代企业制度。企业制度的这种演进，并不是后一种制度完全取代前一种制度的过程，只是新企业制度出现、占主导地位的企业制度发生更替的过程，而且占主体地位的企业制度在企业总量中不一定是多数。在现代市场经济条件下，三种企业制度并存，以公司制为主体，大中型企业一般都是实行公司制，个人业主制和合伙制在企业数量上仍然占多数。

一是个人业主制。个人业主制是由个人投资建立企业从事生产经营活动的企业制度，其主要特征是：所有者单一、是独资企业、两权合一、所有者承担无限责任。也就是说，个人业主制企业一般是只有单个人或家庭投资建立的独资企业；实行所有权与经营权两权合一，投资者就是所有者即企业主，同时掌握所有权和经营权，企业如何生产经营完全由企业主决定，享有收入分配权和利润获得权，承担无限责任，赢利归企业主所有，亏损用企业和企业主及其家庭的财产抵债。其优点是：自主经营，自负盈亏，产权明晰，适应市场经济的要求，而且有利于及时决策、灵活经营，比较容易经营管理；缺点是：规模小，管理能力有限，不适应大规模生产的要求。正是由于存在这样的缺陷，个人业主制发展到了合伙制。

二是合伙制。合伙制是由多个合伙人投资建立企业从事生产经营活动的企业制度，其主要特征是：所有者有所增加、是合资企业、两权合一、共同所有、共同经营、共负盈亏、承担无限责任。也就是说，合伙制企业有多个所有者，一般是多个亲朋好友共同投资建立的合资企业；实行所有权与经营权两权合一，投资者就是所有者即合伙人，共同掌握所有权和经营权，企业如何生产经营由合伙人共同决定，共同享有收入分配权和利润获得权，承担无限责任，赢利归合伙人所有，亏损用企业和合伙人及其家庭的财产抵债。其优点是：自主经营，自负盈亏，产权明晰，适应市场经济的要求，而且经营规模扩大，有助于达到规模经济，几个人的智慧和能力会超过一个人，管理水平有所提高；缺点是：规模仍然有限，也不十分适应大规模生产的要求，管理一般也达不到专业化水平，更重要的是经营不稳定，往往在创业阶段能够同甘苦、共患难、团结奋斗，成功后却难以同享乐，容易争权夺利、分裂散伙。正是由于存在这样的缺陷，合伙制进一步发展到公司制。

三是公司制（现代企业制度）。公司制是通过发行股票由众多投资者入股建立企业从事生产经营活动的企业制度，其主要特征是：所有者众多、是合资企业、实行两权分离、企业法人制、有限责任制、委托代理制。也就是说，公司制企业是有众多投资入股者即所有者（股东）的合资企业，所有权与经营权发生分离，投资入股者拥有终极所有权、经营监督权和收益分配权，专业化的经营管理者（企业家）掌握经营权，企业成为法人，拥有企业法人所有权，自主从事生产经营活动，以企业资产承担盈亏责任，投资入股者只承担以出资为限的有限责任，企业实行委托专业化的经营管理者代理所有者进行经营管理的制度。公司制是在个人业主制、合伙制基础上形成的现代企业制度，是现代企业制度的主要形式。

公司制的优点是：能够分散风险，鼓励投资，大量和迅速筹集资金，适应大规模生产的要求，带来规模经济效益、分工和专业化管理效益。虽然公司制企业的所有者众多（大公司的股东可以高达数以百万计），产权不只是属于少数个别人所有，但是公司制企业的产权是明晰的，不是模糊的。因为，不仅公司的资产是量化到个人和团体，属于股东所有，盈亏的责任最终由股东承担，而且公司制企业的不少职工也是本企业的股东，企业经营状况与股东的资产保值增值、职工就业和报酬有关，更与企业高管的职位、丰厚的收益（年收入最高可达数千万美元）和社会名誉地位紧密相连，尽管大量中小股东和大多数普通职工可能基于成本收益的考虑在关心干预企业生产经营活动方面会存在自己不管、让别人去管的"搭便车"不负责任的机会主义倾向，但是大股东、高管会非常关心负责企业的生产经营活动，所以公司制企业不仅是自主经营、自负盈亏，也能做到产权明晰，基本适应现代市场经济的要求。如此看来，公司制不仅适应市场经济的要求，而且基本克服了个人业主制和合伙制的缺陷，那是不是就完美无缺了呢！答案是否定的。世界上没有十全十美的企业制度，即使是曾经被人们大肆推崇的美国的企业制度、日本的企业制度，也概莫能外。公司制也存在不足，其最大的问题是存在委托代理风险。[①]

市场经济中的企业制度为什么会由个人业主制、合伙制发展成公司制、企业所有权与经营权合一为什么会演变成两权分离、所有者直接经营为什么会转换为所有者委托代理人经营呢？总的来说，这是社会化大生产和市场经济发展的必然趋势。在社会化大生产和市场经济条件下，大规模的生产经营需要大量的投资，靠单个资本的积累和积聚很难满足这种要求，只能采取把分散的个人资本集中起来的方法筹集巨额资本，公司制、股份制正是这种组

---

① 由于篇幅所限，公司制存在的问题及其应对这里不再展开论述，详细分析可参见简新华：《委托代理风险与国有企业改革》，载于《经济研究》1998年第9期；简新华、李雪：《新编产业经济学》，高等教育出版社2009年版，第55~59页。

织形式，通过发行股票和投资入股，使个人资本变成社会资本，资本走向社会化。社会化资本属于较多的甚至众多的所有者，由于决策人太多不仅难以迅速有效地决策，而且会极大地增加经营成本（包括交易成本），使得所有者自己经营企业的代价超过因此得到的收益，得不偿失，所以他们不可能也不愿意都去直接经营企业，所有权与经营权必然发生分离。市场行情起伏波动、变幻难测，这种不确定性决定了市场经济是风险经济，高投资必然伴随高风险，任何个人无法承受这种高风险，因而需要分散风险，保护投资者；而且个人投资者只是企业许多投资者中的一员，不能承担无限责任，只能承担有限责任，否则投资者得不到保护，也就不会有人愿意投资。因此，所有者承担无限责任的企业制度必须转变为所有者承担有限责任的企业制度，只能以在企业投资入股的数额来承担盈亏责任。两权分离和有限责任制又决定企业成为法人，拥有企业法人所有权，以企业资产承担盈亏责任。在上述情况发生的同时，生产经营日益多样化、专业化、复杂化，使得经营管理更复杂、更科学，只有经过专门训练的、具有各种经营管理才能的人员才能胜任企业的经营管理，经营管理走向专业化、职业化，形成以经营管理企业为职业的专门从事经营管理的企业家阶层，企业由企业家经营管理。但是，拥有企业资产的所有者不一定具有企业家才能，具有企业家才能的人不一定拥有企业资产；也就是说，所有者不一定是企业家，企业家不一定是所有者。这种情况也决定，所有权与经营权不可能合一，必须发生分离。正是在资本社会化、风险分散化、责任有限化、企业法人化、两权分离化和管理专业化的多重作用下，公司制应运而生，委托代理制成为必然。所有者众多或较多的企业，必然是由拥有资产所有权的所有者委托具有企业家才能的代理人经营管理，企业家作为代理人掌握企业资产的经营权。

2. 公有制企业能够适应市场经济的要求。

公有制企业特别是国有企业是否能够做到面向市场、参与竞争、自主经营、自负盈亏、产权明晰呢？公有制企业通过转机改制、实行现代企业制度、建立规范有效的治理结构和企业的民主管理，是能够做到面向市场、参与竞争、自主经营、自负盈亏、产权明晰的（这一点将在社会主义主要是公有制与市场经济相结合的途径中再专门论述），所以说，公有制企业包括国有企业能够适应市场经济的要求，公有制与市场经济具有相结合的可能性。

(四) 社会主义与市场经济结合的困难性

社会主义与市场经济虽然具有兼容性，能够互相结合，但是不可否认的是两者也存在矛盾性或者说实现有效结合的困难性。所谓社会主义与市场经济的"矛盾性"主要是指两者的目标及其实现方式存在不一致性。具体来说就是：社会主义追求的目标是效率和公平兼得，力求国民经济有计划按比例协调发展，最终要消除剥削和贫富两极分化、达到共同富裕，实现这种目标在相当大的程度上要依靠政府的作用；市场经济是效率优先型经济，主要通过自由选择、自由竞争来推动经济效率的提高，但是市场竞争优胜劣汰，市场机制不相信眼泪、不保护弱者，很难保证社会公平，必然会产生财富和收入的高低悬殊、贫富两极分化，而且市场机制作用的自发性、盲目性、事后性还可能导致社会经济运行的周期性起伏波动，造成资源的浪费和败坏，使得社会主义的共同富裕和国民经济有计划按比例协调发展的要求难以实现。市场经济要求自由选择，社会主义要求政府调控，而政府调控就可能在一定程度上一定范围内限制自由选择。虽然政府作用能够在一定程度上克服市场失灵、有助于实现社会主义的目标要求，但是政府也可能失灵，可能出现决策失误和不合理的调控管理，不仅影响社会主义目标的有效实现，而且还会干预和限制市场机制应有作用的有效发挥。社会主义与市场经济的这种矛盾性，给两者的有效结合带来了困难。

必须清醒认识到的是，两者的结合是有条件的，不是必然自动实现的，存在三种可能性：一是不能结合；二是结合好；三是结合不好。如果两者结合得好，就能够既发挥社会主义特别是公有制的优越性，又实现市场经济的有效性；假若两者结合得不好，也有可能是既不能发挥社会主义特别是公有制的优越性，又实现不了市场经济的有效性，甚至是扬短避长、丢掉优点留下缺陷。中国现在面临的艰巨任务是，必须努力创造结合的条件、探索合理有效结合的方式，在充分发挥市场经济作用的同时，采取合理的国家干预、政府调控，有效克服市场失灵，并且避免政府失灵，真正做到扬长避短、优势互补，实现社会主义与市场经济的有效结合。

(五) 社会主义与市场经济结合的途径

社会主义与市场经济相结合的途径，主要是公有制与市场经济相结合的途径，公有制与市场经济相结合的途径主要又是公有制企业做到适应市场经济要求的途径。公有制企业主要是国有企业如何才能适应市场经济的要求，真正做到自主经营、自负盈亏、产权明晰，是社会主义主要是公有制能不能真正实现与市场经济相结合的核心问题。

的确，传统计划经济体制中的国有国营的企业制度是不能适应市场经济要求的。因为，在传统计划经济体制中由政府采用行政的方法对国有企业实行高度集中统一的直接管理，政企不分、政资不分、产权不清、权责不明，生产什么、生产多少、怎么样生产、为谁生产都由国家计划规定，供产销、人财物的权力掌握在行政机关的手中，企业没有生产经营自主权，由国家统负盈亏，既不要也不能面向市场、根据市场需求进行生产经营活动，也不参与市场竞争、优不胜劣不汰。显然，这种企业制度不可能做到自主经营、自负盈亏、产权明晰，实行这种企业制度的公有制自然也不可能与市场经济相结合。但是，绝不能以此断言公有制企业都不适应市场经济的要求、公有制根本不可能与市场经济相结合。

国有企业通过改革国有经济原来的管理体制、转换国有企业经营机制、改变国家所有国家直接经营的企业制度、实行现代企业制度、建立规范有效的治理结构和企业内部的民主管理、发挥企业职工主人翁的作用，是能够做到自主经营、自负盈亏、产权明晰的。具体来说，就是在国有企业普遍实行公司制，建立专门国有资产管理机构和经营公司代表国家掌握和经营国有资产，向国有企业派出国有资产代表履行所有者职权，实行政企分开、政资分开，明确企业所有者、经营者、职工三者之间的责权利关系，让国有企业拥有相对独立的经济利益（即经营得好，除了给国家上缴更多利税之外，企业管理者和职工也可以增加收入和福利；反之，企业管理者和职工的利益应该合理下降），让国有企业掌握经营自主权，以企业占用的法人资产承担盈亏责任，面向市场从事生产经营活动，参与竞争，切实做到优胜劣汰，充分发挥党委会、股东大会、监事会、职工代表大会和职工民主监督的作用，既建立合理的激励监督约束机制，让国有资产代表和企业高管关心企业经营状况、认真负责经营管理企业，又有效监督约束国有资产代表和企业高管的经营管理行为，防范委托代理风险，承担经营不善甚至失误失败的相应责任，以保障国有企业的持续高效发展。

实事求是地说，经过30多年的改革，中国公有制企业主要是国有企业已经在管理体制、企业制度和经营机制上发生了深刻变化，基本上都是面向市场、参与竞争的，大部分也初步做到了自主经营、自负盈亏、产权明晰，不再由国家统负盈亏，转变为以国有企业自身占有的资产承担盈亏责任，不再有生无死、优不胜劣不汰，而是有生有死、优胜劣汰，也开始有人关心国有企业的经营状况并承担相应的责任。一批国有企业在市场经济中经营成功、得到了相当大的发展，用事实证明了国有企业能够适应市场经济的要求、公有制能够与市场经济相结合。必须清醒认识到的是，国有企业改革的任务还没有完成，还存在不少困难和问题。① 现在中国国有企业存在的主要问题是：国有经济的管理体制还不健全，初步建立的现代企业制度也不成熟和完善；企业的治理结构也不规范，尤其是缺乏合理有效的监督约束机制，高管权力过大、收入过高，离谱的高薪、过度的职务消费、贪污受贿、奢侈腐化、转移瓜分国有资产、掏空国企的情况层出不穷；以权谋私、侵吞国有资产的腐败现象依然相当严重，"三公"开支过大，挥霍浪费现象比较突出；行政垄断的特征比较明显，缺乏必要的监管，提供的产品和服务与价格不协调，存在依靠垄断地位取得高额利润的现象；国有企业利润向国家上缴不多，应有的职责没有得到有效的履行，国家或全民的所有者权益没有得到有效体现，甚至在一定程度上变成企业所有、高管所有，国有企业高管与职工、垄断行业与非垄断行业的收入差距过大；国家投入过多，股票上市和银行信贷都向国有企业倾斜；投资决策存在严重失误，投资效率不高，经济效益相对较低；国有经济比重不断下降，主导作用特别是促进共同富裕的作用发挥不够。这一切都有待深入分析产生的原因，深化国有企业改革，进一步完善国有资产管理体制和国有企业制度，更好地实现公有制与市场经济的有机结合。

（六）社会主义市场经济的运行特征②

社会主义市场经济是与资本主义市场经济和传统社会主义计划经济都不相同的经济形式或者说经济运行状态和方式。从供求关系和资源配置方式来

---

① 参见简新华：《论攻坚阶段的国有企业改革——国有企业深化改革必须正确认识的几个基本问题》，载于《学术研究》2012年第10期。
② 参见简新华：《发展和运用中国特色社会主义政治经济学引领经济新常态》，载于《经济研究》2016年第3期。

看的社会经济运行的状态特征和机制而言,资本主义市场经济运行主要依靠市场机制、生产过剩经济危机周期性地发生是突出特征,传统社会主义计划经济运行主要依靠计划机制、供给短缺是经济运行的常态,社会主义市场经济运行的机制和特征又是什么呢?对于什么是社会主义市场经济的运行机制,中国现在虽然已经形成一个基本的看法,提出社会主义市场经济的运行机制就是市场在资源配置中起决定性作用和更好发挥政府作用的机制,但是对于市场与政府到底是什么关系、究竟应该怎样正确处理两者的关系、如何做到两者协调配合、扬长避短、取长补短、去弊存利、优势互补、合理有效发挥两者的作用,一直存在不同的理解和激烈的争论,至今都没有形成一个正确的共识。至于从供求关系来看的社会主义市场经济的运行状态应该是什么样的、具有什么特征,更是缺乏研究,本文力图做点初步探讨和说明。

1. 资本主义市场经济的生产过剩。

马克思主义政治经济学认为,从供求关系的角度看,资本主义市场经济运行的典型特征是"过剩经济",即生产过剩危机会不断地周期性地出现或者说生产过剩是"常态"。造成这种"过剩经济"的原因,总的来说,生产过剩经济危机的根源是,生产社会化与资本主义私有制的基本矛盾及其导致的资本主义生产能力的巨大增长与广大劳动者有购买力的需求相对不足的矛盾、个别生产有组织性与整个社会生产无政府状态的矛盾。具体而言,追求剩余价值(利润)的内在冲动和市场竞争的外在压力,必然推动资本积累、技术进步、生产发展、规模扩大,所以资本主义市场经济基本不用担心供给不足、不优,更需要担心的是由于私有制、利润最大化的追求和市场竞争优胜劣汰必然导致的贫富两极分化。资本有机构成提高使得对劳动力的需求相对减少,就业和工薪收入难以增加,因而引起广大劳动者的收入不足,会造成有购买力的需求不足,使得生产过剩。

资本主义市场经济是"过剩经济",可能是凯恩斯特别强调需求管理的重要原因。凯恩斯曾经明确指出,"我们生存其中的经济社会,其显著缺点乃在不能提供充分就业,以及财富与所得之分配有欠公平合理"。[①] 即使第二次世界大战以后,西方国家普遍实行国家干预,也只是缓和了上述矛盾,并没有从根本上解决这些矛盾,生产过剩的经济危机或者说经济衰退还是不

---

① [英] 凯恩斯:《就业利息和货币通论》,商务印书馆 1977 年版,第 317 页。

断发生。2008年从美国开始的金融危机和经济危机是资本主义市场经济依然是"过剩经济"的最新证明。

2. 传统社会主义计划经济的短缺不足。

传统社会主义计划经济运行的典型特征是"短缺经济",即普遍的生产不足、供不应求是"常态",中国的突出现象是绝大多数消费品都要凭票供应、排队购买。造成这种"短缺经济"的基本原因,首先是完全否定市场竞争和实行高度集中统一管理的经济体制、比重高达99%的公有制经济、国有国营(国家所有、国家行政机关采用行政办法直接经营管理企业)的企业制度、平均主义的收入分配制度,使得企业和职工改进技术、发展生产的动力和压力不足,即使靠"政治激励"能够短期奏效,但是长期不可持续,结果导致经济运行丧失活力,造成生产严重不足,长期不能根本改变贫穷落后的面貌,新中国成立30多年后还有数以亿计的人缺衣少食、没有解决温饱问题。而且由于信息局限性和利益局限性,使得计划往往脱离实际、计划赶不上变化、决策不断失误、计划失效、供需脱节、产销脱节,导致供不应求普遍存在的同时出现部分产品的库存积压。再加上实行重工业优先的赶超战略,甚至通过工农业产品的"剪刀差"人为地把农业的剩余转变成工业的利润积累,用于发展重工业,结果形成"重工业太重、轻工业太轻、农业落后、服务业太少"的畸形产业结构,造成重工业畸形发展、轻工业和农业长期落后,导致工农业消费品都严重短缺不足。这些也正是中国进行改革开放、把传统社会主义计划经济体制转变为社会主义市场经济体制的基本原因。

3. 社会主义市场经济的供求协调平衡。

"过剩经济"和"短缺经济"都是不合理的社会经济运行状态,既造成资源的低效利用和破坏浪费,又不能更好地满足广大人民群众的需求。只有基本上没有严重过剩和短缺的供求基本协调的平衡经济,才是社会经济运行的最佳状态,既能够合理有效利用资源、减少甚至消除浪费,又可以尽可能地满足社会需求。

中国现在通过改革开放,已经基本上由传统社会主义计划经济体制转变为社会主义市场经济体制,市场在资源配置中由基本不起作用转向发挥基础性作用甚至决定性作用,市场竞争普遍存在,私有制经济的比重占60%以上而大大超过公有制经济,财富和收入分配差距大幅度扩大,"短缺经济"

的状况已经基本改观，甚至出现了以产能过剩、库存积压为特征的相对过剩。那么，从供求关系的角度来看，中国社会主义市场经济运行的基本特征是什么或者是应该是什么呢？显然不应该是"短缺经济"，也不能是与资本主义市场经济一样的"过剩经济"。因为，中国社会主义初级阶段的基本经济制度和主要矛盾与资本主义社会存在本质区别，与传统社会主义计划经济时代也不完全相同，无论是"过剩经济"还是"短缺经济"都不符合社会主义的本质要求，都不能真正做到资源的优化配置和最大限度地满足广大人民群众的需要。虽然社会主义市场经济还在发展过程中，还很不成熟，还没有基本定型，现在还难以准确界定中国社会主义市场经济运行的基本特征，但是，按照社会主义本质的规定，创新、协调、绿色、开放、共享的发展新理念，效率和公平统一兼顾的要求，社会主义市场经济既要消除"短缺经济"的不足，又要避免"过剩经济"的缺陷，所以本文认为中国社会主义市场经济运行的基本特征应该是"供求基本平衡经济"。

怎样才能使得社会主义市场经济真正成为"供求基本平衡经济"，这是一个前所未有的世界难题，特别需要中国特色社会主义政治经济学深入探讨和科学解决。根据目前中国社会主义市场经济发展的状况，特别是在私有制经济比重已经超过60%、贫富差距已经相当大、市场已经在资源配置中发挥基础性甚至决定性作用的情况下，更需要我们担心、值得我们特别关注的是如何消除、防范、避免需求不足特别是劳动者的消费需求不足而引起的生产过剩。

（七）社会主义市场经济的运行机制

什么是社会主义市场经济运行机制？由于既存在市场失灵也存在政府失灵，计划经济和市场经济包括传统社会主义计划经济和资本主义市场经济都不是完美无缺的、更不是万能的，都存在严重缺陷，而且迄今为止的国内外经济发展的实践证明市场经济比传统社会主义计划经济更有效，所以社会主义市场经济的运行机制既不能是单一的市场机制，也不能是单一的计划机制。中国通过30多年的改革开放实践、总结国内外经济运行的经验教训，现在提出社会主义市场经济是要使市场在资源配置中起决定性作用和更好发挥政府作用，社会主义市场经济的运行机制就是市场在资源配置中起决定性作用和更好发挥政府作用的机制，本文主要深入探讨和论述市场决定性作用和政府重要作用的基本内容、起作用的方式以及二者的协调配合。

1. 市场的决定性作用。

社会主义市场经济中市场为什么要在资源配置中起决定性作用？这应该是没有疑义的，因为这是市场经济的本质规定性，如果市场不在资源配置中起决定性作用，就不是市场经济。现在需要明确的是，什么是决定性作用、如何发挥决定性作用。

所谓市场的决定性作用，主要是指社会经济资源主要由市场配置，不是由政府或者计划配置，价格主要由市场决定，切实开展规范有序、优胜劣汰的市场竞争，企业生产什么、生产多少、为谁生产、怎样生产主要由市场调节。必须明确的是，市场的决定性作用绝不意味着市场在所有领域、任何时候和情况下都要发挥无限的作用，"决定性作用"绝不是无限作用、万能作用，不能否定"市场失灵"的存在。

如何才能合理有效发挥市场的决定性作用？有效克服政府失灵和纠正市场失灵，就能合理有效发挥市场的决定性作用。怎样有效克服政府失灵和纠正市场失灵，本文第三部分将专门论述。

2. 政府的重要作用。

社会主义市场经济中为什么要更好发挥政府作用呢？这是由更有效克服市场失灵和社会主义的性质决定的。政府必然是"有为政府"、不能是"无为政府"，因为政府是必须要发挥作用的，不然建立政府干什么呢；政府作用又只能是"有限的"、不能是"无限的"，因为政府不可能也不应该无所不包、无所不能、包打天下。实际上，世界上没有政府丝毫都不干预或者调控管理经济的所谓完全的自由市场经济，即使是在资本主义市场经济中，也不是完全自由放任、政府丝毫不起作用的，也需要通过政府的作用在一定程度上纠正市场失灵。社会主义市场经济之所以要"更好发挥政府作用"，不仅有效纠正市场失灵是社会主义市场经济最重要、也是最困难的任务之一，要比资本主义市场经济更好地纠正市场失灵，而且是社会主义本质的要求。社会主义要消灭剥削、消除贫富两极分化、最终走向共同富裕，这既是市场经济本身做不到的，也是资本主义市场经济中的政府做不到的，而社会主义市场经济恰恰要通过政府的作用朝着消灭剥削、消除贫富两极分化、最终走向共同富裕的社会主义大方向坚持不懈地推进。社会主义市场经济中政府的作用是特别重要的，尤其需要"更好发挥"。

在社会主义市场经济中政府还必须遵循以人民为中心、创新协调绿色开放共享的发展新理念,合理制定经济社会发展规划,不断改革不完善的经济制度,恰当有效地运用财政、金融、产业、人力、收入等经济政策,进行宏观经济调控,调整优化包括产业结构、城乡结构、地区结构在内的经济结构,促进社会经济持续稳定高质高效发展,更加重视搞好搞活国有企业、发展农村集体经济、真正做大做强做优公有制经济,不断改革完善收入分配制度、缩小财产和收入差距、有效防止贫富两极分化,建立和完善更加合理和可持续的社会保障制度,更好地实现社会公平和维持社会稳定。

如何才能合理有效发挥政府的重要作用?同样,有效克服政府失灵和纠正市场失灵,就能合理有效发挥政府的重要作用。怎样有效克服政府失灵和纠正市场失灵,也在本文第三部分专门论述。

3. 市场与计划的历史地位和相互关系。

正确认识和处理市场与计划(或者政府)的关系、合理有效发挥市场和计划(或者政府)作用,是社会主义市场经济有效运行的关键。人们对市场和计划的历史地位及其相关关系的认识,经历了一个曲折的过程,伴随着巨大的分歧和激烈争论,逐步趋向全面、深入、完善。

(1)"市场—计划对立论"的误区。在相当长的一段时期内,东西方经济理论中都流行着一种"市场—计划对立论"。这种传统观念认为,计划是社会主义的,市场是资本主义的,二者完全对立、互不相容,不可能相互结合。社会主义经济只是计划经济,不是商品经济,更不是市场经济,只能由计划调节,不存在市场调节;资本主义经济是市场经济,完全由市场自发调节,不可能实行计划调节;要坚持社会主义,就必须坚持实行计划经济;要搞市场经济,就必须实行私人资本主义。这种"市场—计划对立论"有两个极端的表现:一是认为市场万能,以市场否定计划;二是计划万能,以计划排斥市场。世界各国经济发展的实践证明,这两个截然相反的观点都失之偏颇。

一是"市场万能论"的谬误。"市场万能"是西方经济学的传统观念。从英国古典政治经济学的杰出代表人物亚当·斯密在 1776 年出版的《国富论》中提出著名的"看不见的手"的理论开始,一直到 20 世纪 30 年代世界资本主义经济爆发空前的大危机和西方经济学发生"凯恩斯革命"为止,西方经济理论中占统治地位的都是经济自由主义思想。

西方经济自由主义提出，社会上一切从事经济活动的个人，都是具有利己主义本性的"经济人"，每个人都力争运用自己的资本或劳动尽可能地取得最大的收入，由于市场竞争这只"看不见的手"的自发作用，能使人们追求个人利益的行为最终促进整个社会生产的发展，增大社会的总收入，推进整个社会的福利。西方经济自由主义认为，社会经济生活受永恒的自然规律支配，国家对经济生活的干预，只会破坏这些规律而给社会带来不幸和灾难，只要充分发挥市场机制的调节作用，资本主义经济就能正常地、和谐地、顺利地运行，资源就能够自动实现最佳配置，经济效率就可以自动地提高，资本主义经济中的各种问题也会自然而然地得到解决。西方经济自由主义主张实行自由生产、自由投资、自由选择、自由贸易、自由竞争、自由放任、自由企业制度，反对资本主义国家的政府对经济生活进行干预、调节。

在资本主义经济从1825年开始以来的近200年曲折发展历程中，经济危机周期性爆发，特别是20世纪30年代的大危机，宣告了西方经济自由主义的破产。事实证明市场机制并非无所不能，自由放任已经行不通，资产阶级只好求助于国家的力量。正是在这样的背景下，西方经济学发生了所谓"凯恩斯革命"，转而推崇国家干预主义思潮。这种思潮虽然不完全否定市场经济的地位和作用，但认为自由竞争不能消除有效需求不足，市场机制有缺陷，不能提供充分就业、防止经济危机的发生和财富与所得的公平分配，必须依靠资产阶级国家的政府对经济生活实行必要的干预和调节，以弥补市场机制的不足。

资本主义由自由资本主义到垄断资本主义特别是国家垄断资本主义的发展，资本主义经济运行机制由自由放任到国家干预的转化，西方经济学由亚当·斯密的"看不见的手"的传统理论到凯恩斯主义的"看得见的手"的现代理论的演变均早已证明，"市场万能论"是神话。虽然20世纪70年代以来，西方发达资本主义国家的经济发生"停滞膨胀"并发症，使凯恩斯主义陷入破产境地，经济自由主义思潮又有所抬头，出现了形形色色的新经济自由主义流派，成为了西方占统治地位所谓的"主流经济学"，但倒退到维多利亚的自由放任时代已不可能，市场也不可能又变成万能的"手"。2008年美国首先发生金融危机和经济危机以来，完全排斥政府或者计划作用的新经济自由主义再次衰落、凯恩斯主义又出现了回潮。

二是"计划万能论"的谬误。"计划万能"是传统社会主义经济理论中长期流行的一种看法。这种观点认为，计划可以根据全社会和每个成员的需要自觉地按比例分配社会总劳动量，能够消除社会生产的无政府状态和经济危机，只要运用电子计算机等现代科学技术，实现计划的科学化，就能合理有效地配置资源，使国民经济协调、稳定、高效、高速地发展，最大限度地满足人民群众日益增长的物质文化生活的需要，实现全体劳动者的共同富裕。

半个多世纪的社会主义经济建设实践表明，高度集中统一的传统社会主义计划经济体制，虽然在社会主义经济发展的初期发挥了一定的作用、取得过相当大的成就，但是单一的指令性计划这种传统的直接控制方式，集中太多、统得过死，企业没有生产经营自主权，完全排斥市场竞争和价值规律的作用，严重不适应社会主义经济进一步发展的要求。事实证明"计划万能论"在当代是空想，是一种"计算机乌托邦"，计划机制并非无所不能，而是存在严重缺陷。正因为如此，社会主义国家才先后进行经济体制改革，引进市场竞争机制，根本改变传统的社会主义计划经济体制。

（2）"市场—计划结合论"的共识。西方权威的《帕尔格雷夫经济学大辞典》指出："计划与市场一直被教条的社会主义者和教条的反社会主义者看作是两个不可调和的对立物。然而，完全有理由宣称，任何现代社会都以两者的混合为基础。"东西方经济发展的实践表明，计划和市场各有利弊，都不是完美无缺、无所不能，不论是退回到单一的市场机制，还是恢复单一的计划机制，都不可能，也不应该。谋求"市场与计划相结合"的观点，已为越来越多的人所接受。即使是20世纪80年代推行新经济自由主义（供应学派和货币主义）经济理论和政策的美国和英国，也没有退回到纯粹的市场机制。社会主义国家改革僵化单一的计划经济体制的潮流也是不可逆转的。出路只能是探索市场与计划的最佳结合方式。必须用"市场—计划结合论"取代"市场—计划对立论"。

市场机制和计划机制都是主要由社会化大生产决定的经济运行机制，二者是可以结合的，并非完全对立、互相排斥。当今世界上普遍存在的社会化大生产和市场经济，决定社会经济的运行机制，既不能是单一的市场机制，也不能是单一的计划机制，只能是市场与计划相结合的机制。因为，社会化大生产的发展要求计划调节，市场经济的运行必须通过市场机制，现代商品生产又是社会化大生产，所以计划与市场必须而且可以结合。市场调节是按一定比例分配社会总劳动的一种形式，计划调节也是按一定比例分配社会总劳动的一种形式，二者的基本功能是一致的，应该可以结合；市场和计划又各有利弊，所以二者必须结合，以便取长补短、兴利除弊。

（3）以市场经济为基础是当代的世界潮流。怎样实现市场与计划的最佳结合，存在两种不同的看法：一种是主张在以市场经济为基础的同时，引入计划指导；另一种是主张在以计划经济为基础的同时，发挥市场的调节作用。东西方经济发展的实践证明，计划经济虽然在社会主义国家经济发展的初期曾经取得了相当大的成就，但从总的情况来看，现代市场经济是比传统计划经济更为有效的资源配置方式。传统计划经济没有带来社会主义经济的高度发达，现代市场经济却带来了西方发达国家的经济繁荣，因此实现市场与计划的最优结合，必须以市场经济为基础，不能以计划经济为基础。这正是发展市场经济成为世界潮流，东西方国家都在实行"经济市场化"的基本原因。实行国家宏观调控（或政府干预管理、行政协调、计划指导）下的市场经济，是当今世界各国经济形式演变的主流。

必须强调的是，承认实行有政府管理的市场经济是当今的世界潮流，并不意味着市场经济万岁永恒、计划经济是永远不可能实现的无效的空想，完善有效的计划经济依然是人类社会经济运行方式演进的长远方向，其缘由笔者在其他相关论文中已有论述，这里不再重复，可参阅《经济研究》2016年第12期刊发的拙文《市场经济只能建立在私有制基础上吗？——兼评公有制与市场经济不相容论》。

4. 市场作用与政府作用的协调配合。

真正做到市场在资源配置中起决定性作用的同时又更好地发挥政府的作用，不是一件容易的事，两者的作用都能发挥不是自然而然就能做到的，因为两者作用的目标不完全一致、作用的机理甚至完全不同、作用的后果也不完全一样，有可能产生矛盾甚至冲突，使得两者的作用都不能很好发挥，甚至出现"双失灵"。比如，本来是市场能够有效解决的问题，政府却硬要插手，结果事与愿违、吃力不讨好，甚至造成腐败；本来应该是政府管的事，却硬要搞"市场化"，结果不仅事情没有做好，而且加重老百姓和社会的负担。所以说，要想真正有效发挥市场的决定性作用和政府的作用，两者必须协调配合。

市场作用与政府作用怎样才能协调配合呢？除了后面要说的纠正市场失灵和克服政府失灵的原则和措施之外，最重要的是明确政府与市场的功能，划分各自作用的领域，各司其职，两者既不能缺位也不能越位、错位，只有这样才能去弊存利、扬长避短、优势互补。而且，市场是"看得见的手"，市场的作用是自发的、需要条件的，政府则是"看得见的手"，政府的作用是人为的、自觉的，政府既可以促进、保障市场作用的发挥，也可能限制、损害市场作用的发挥，所以市场作用与政府作用要协调配合。市场能够做到、做得更好的，必须尽量让市场去做；市场做不到的、做不好的，政府则义不容辞，必须尽力做好，政府还必须建立和完善市场体系、规范市场行为、维护市场机制秩序，为市场发挥决定性作用创造必要的有利的条件，特别是提供制度保障。

还必须明确的是，手段是为了目的服务的，手段必须服从目的。市场机制和计划机制、市场作用和政府作用都只是手段，都不是目的，不能为了市场而市场、为了政府而政府，在社会主义市场经济中两者都要为推动社会主义经济持续高效发展、最终实现共同富裕服务。

（八）市场失灵及其有效纠正

真正做到市场在资源配置中起决定性作用的同时又更好发挥政府作用，关键是必须合理有效纠正"市场失灵"和克服"政府失灵"。

1. 市场失灵的内容。

市场在资源配置中虽然具有相当大的优越性，但是市场并不是万能的，市场作用的领域不是无所不包的，市场的作用不是无限的，存在多方面的失灵或者无效的缺陷。所谓"市场失灵"（又称"市场失效"、"市场失败"），是指市场在某些领域中无能为力或勉为其难，在某些方面造成不利后果的情况。

市场失灵的具体内容也就是市场经济的缺点，主要有：必然引起经济发展的起伏波动，可能造成严重的生产过剩和企业破产倒闭，带来无法挽回的经济损失和资源浪费；会出现财产和收入分配的高低悬殊，可能导致贫富两极分化；难以很好地解决自然垄断性的非营利性的公共产品的供给、外部不经济、维持生态平衡、保护自然环境和资源等问题。

2. 市场失灵的原因。

市场失灵产生的原因与市场优越性产生的原因一样，也是市场机制的作用机理和后果。

市场配置资源以市场主体个人的利益最大化为目标，市场调节的对象是生产经营者和消费者，市场机制是通过价格波动影响企业利益得失，进而间接地调节企业经济行为。以商品生产经营者追求自身局部利益为动力去实现其调节作用，虽然有很大的激励作用，也要考虑市场需求，但是必然服从什么赚钱就生产什么的基本原则，存在自发性。即使是社会需要的如公共品，如果不能赚钱，也不会生产提供；哪怕是对社会和民众有害的如毒品、假冒伪劣商品，只要能够赚钱，照样生产供应；如果市场上的商品供不应求、价格上涨、可以赚更多钱，大家就可能一拥而上，使得供给不足变成生产过剩；假若市场上的商品供过于求、价格下跌、可能亏本甚至破产，大家就可能纷纷退出，使得生产过剩变成供给不足；为了降低成本、赚更多的钱，即使污染环境、浪费资源、破坏生态，也不愿意治理、保护；为了收益最大化，必然展开激烈的竞争，而市场竞争优胜劣汰、毫不留情，还可能促使出现不择手段、尔虞我诈、坑蒙拐骗、假冒伪劣、以次充好、以劣从优、缺斤少两、欺行霸市、囤积居奇、大鱼吃小鱼、谋取垄断暴利、损害消费者和社会利益的现象；市场竞争还会导致垄断，如果对垄断不加以限制，可能引起生产和技术停滞的趋势。市场作用的这种自发性，可能导致资源的浪费和有害使用，市场调节在公共品的提供和自然垄断行业难以发挥有效作用，使得社会公共品的供给得不到保证，市场竞争必然优胜劣汰，市场调节的收入分配，会出现高低悬殊，无力防止贫富两极分化。

市场作用虽然能够给人们提供进行经济决策必要的信息，但是还存在信息局限性以及由此带来的盲目性、事后性。

首先，市场价格的涨落的确可以灵敏地反映供求情况的全部变化。但是市场价格提供的供求信息也是不充分、不完全、不精确、不对称的，因为价格上涨或者下跌，虽然表明供不应求或者供过于求，应该增加资源配置、扩大生产供应或者减少资源配置和缩小生产供应，但是没有提供供不应求到底缺多少、将会有多少厂家什么时候进入、增加多少资源配置、扩大多少生产供应、相应的价格上涨会使得市场需求将减少多少、总起来看应该增加多少供给为宜，从价格信号中也看不出来供过于求到底多多少、将会有多少厂家何时退出、减少多少资源配置、缩小多少生产供应、相应的价格下跌会使得市场需求将增加多少、总起来看应该减少多少供给为宜。恩格斯早就说过："谁也不知道，他的那种商品出现在市场上的会有多少，究竟需要多少；谁也不知道，他的个人产品是否真正为人所需要、是否能收回他的成本，或者是否能卖出去。"市场行情反映的只是短期内的供求动态，不能反映供求情况的长期变化趋势。市场调节主要通过价格进行，价格波动只能表明供求变化的大致方向，不能准确地反映供求变化的具体数量。市场信息的这种局限性，使得企业虽然可能通过市场行情、价格信号，了解各种产品的供求情况，调整自己的生产经营活动，但这种自动的行为调整存在盲目性，并不能保证宏观总量的平衡和结构的合理。企业通过价格上涨，可以知道哪些生产是短线、哪些部门资金不足、哪些产品供不应求，但不能准确掌握短线究竟短到什么程度、不足的数量到底是多少、增加多少为宜、将有多少资金转移到这些部门来、将会增产多少，也不能准确了解需求将会发生什么变化；企业通过价格下跌，可以知道哪些生产是长线、哪些部门投资过多、哪些产品供过于求，但不能准确掌握长线究竟长到什么程度、过剩的数量到底是多少、减少多少为宜、将有多少资金转移到别的部门去、将会减产多少，也不能准确了解需求将会发生什么变化。市场机制的这种由于信息局限性造成的盲目性再加上追求盈利的自发性，往往会使资金大量撤离长线低利部门，一窝蜂地涌向短线高利部门，结果可能使短线变长线、长线变短线、不足成过剩、过剩成不足，引起新的比例失调、结构失衡，导致经济增长的起伏波动，造成资源的浪费和低效使用，使得社会需求得不到更好的满足。

而且，市场价格提供的供求信息往往是滞后的，也就是说资源已经配置过多或者过少、已经造成商品供过于求或者供不应求了，再来通过价格反映出来，进行事后的纠错式的调整。市场机制的这种由于信息的不及时而带来的事后性表明，市场作用是一种供求已经失衡情况下的事后纠错性作用（即已经供过于求、生产过剩了、造成了资源浪费，才通过价格下跌的信号表现出来，然后再减少生产；是已经供不应求、短缺不足了，才通过价格上涨的信号表现出来，然后再追加生产，以达到供求平衡），虽然有益，但毕竟已经存在了资源配置的过多或者过少，不能事先直接按照社会需要来组织安排生产，等到市场信息反馈，然后再抽走资金、减少生产时，这种滞后性已经存在无法挽回的损失，使得资源配置难以真正做到优化。

改革开放以来中国农业生产反复轮番出现卖粮难、卖肉难等与粮价、肉价等暴涨的现象，就生动地证明了市场调节的自发性、盲目性、事后性的缺陷。

以上分析说明，市场经济也存在信息不充分、不完全、不精确、不及时、不对称的信息局限性和由此造成的盲目性、事后性以及追求个人利益最大化的利益局限性引起的自发性，这是造成市场经济存在缺陷或者说市场失灵的根本原因，而且是市场经济自身无法克服的。

3. 纠正市场失灵的原则和措施。

市场失灵是市场经济自身无法克服的缺陷，是否就完全不能克服或者纠正呢？由于市场失灵是市场机制的作用机理必然产生的后果，所以只要是市场经济，市场失灵就不可避免。但是如果能够采取恰当的制度安排和措施，在一定程度和范围内是能够有效纠正市场失灵的。只有在实行计划经济的条件成熟的未来社会中，市场经济将走向消亡，才可能从根本上消除市场失灵。

针对市场失灵的表现和原因，在一定程度和范围内纠正市场失灵，可能应该遵循以下基本原则、采取以下主要措施：

（1）由于市场失灵是市场经济自身无法克服的缺陷，所以只能依靠政府和社会组织的作用、实行法治来纠正市场失灵。

（2）市场经济是利益激励型、自由选择型、自由竞争型经济，但是自由不是无条件的不受限制的绝对的自由，竞争必须有规则，绝不是想怎么做就怎么做，必须是合理有序的，以不伤害他人利益为前提。国家必须合理制定和严格执行市场经济合理高效运行所需的完备的法律规章制度，并且根据情况的新变化不断修改完善，规范市场行为，维护市场秩序，处理市场纠纷，解决市场矛盾，合理维护市场经营主体、消费者和整个社会的利益特别是公共利益，克服追求个人利益最大化的市场利益局限性及其引起的自发性，保证市场经济合法有序运行。

（3）竞争开放、完整统一、规范有序的市场体系是市场经济有效运行的必要条件，政府必须促进形成竞争开放、完整统一、规范有序的市场体系，加强必要的市场监督管理，坚决打击取缔假冒伪劣、尔虞我诈、坑蒙拐骗、欺行霸市等非法行为，尽量减少甚至消除不正当竞争行为和不合理垄断现象，维护市场公平交易和合理合法竞争，提高市场作用的效果。

（4）市场机制存在信息局限性及其带来的盲目性和事后性，所以政府还应该尽可能及时收集、整理、发布市场信息，为市场交易各方提供信息等多方面的服务，克服市场的信息局限性及其盲目性和事后性，有效纠正市失灵。

（5）市场无法难以很好地解决自然垄断性的非营利性的公共产品的供给、外部不经济、维持生态平衡、保护自然环境和资源等问题，因此必须合理发挥政府和相关社会组织机构的作用，制定相关法规，进行必要的投资经营和监督管理，保证公共品的供给和自然垄断行业的有效发展，防止和治理环境污染，保护资源和生态。

（6）市场经济是风险型经济，市场竞争优胜劣汰毫不留情，市场不保护弱者，为了社会公平和稳定，国家必须建立合理适度的社会保障制度，保证社会全体成员特别是弱势群体的基本生活需要，需要社会救助和慈善机构等社会组织帮助市场经济中的失败者和无力生存者，同时必须注意防止出现所谓"福利国家"的弊端，避免过度保护和救助，防止形成不合理的依赖，过多地牺牲效率，以免在纠正市场失灵的时候又发生政府失灵。

（九）政府失灵及其切实克服

1. 政府失灵的内容。

传统社会主义计划经济的实践证明，政府或者计划在资源配置中虽然能够发挥重要作用、具有市场没有的优点，但是从过去到未来一个相当长的历史时期内，政府或者计划配置资源都会存在严重缺陷或者说失灵，同样不是万能的。所谓"政府失灵"或者"计划失灵"（又称"政府或者计划失效"、"政府或者计划失败"），是指政府或者计划在资源配置中失误、低效的情况。

政府失灵的具体内容也就是传统社会主义计划经济的缺陷，主要是：计划难以具有科学性、准确性和有效性，计划往往赶不上变化，计划决策容易失误，造成产需脱节、供销脱节，导致资源配置不当，不能有效地满足社会需求；激励不足，预算约束软化，难以调动企业和职工的积极性、主动性和创造性，无法保证资源最有价值的利用，不可避免地会产生浪费现象；行政开支巨大，交易成本和制度成本高，官僚主义可能比较严重，容易形成种种特权，产生腐败现象，凭长官意志办事，主观臆断瞎指挥，脱离群众，脱离实际，造成资源的错误配置；传统计划经济烦琐僵化，统得过多，管得太死，扼杀企业领导和职工的创新精神和冒险精神，使企业丧失经济活力，导致技术进步缓慢、产品质量差、经济效益低下。

2. 政府失灵的原因。

计划或者政府配置资源在理论上的设想是美好的①，为什么在传统计划经济的实践中却存在严重的失灵呢？从计划经济有效运行的要求来看，这主要是由于迄今为止的计划经济存在信息局限性和利益局限性，现阶段还不具备计划经济有效运行的必要条件。

计划经济的有效运行，实际上存在两个隐含的前提条件：一是计划的制定者和执行者必须真正从实际出发，不能从主观意愿包括良好的愿望出发，这就需要及时、对称地掌握完全、充分、准确的信息，否则计划就会不符合实际、出现计划赶不上变化的情形，结果可能造成积压和短缺并存、经济效益低下，甚至导致经济增长大起大落；二是计划的制定者和执行者必须"出以公心"、从全社会的需要和总体利益出发，不能只考虑个人、家庭和所在团体的需要和利益，否则计划就有片面性、局限性，就不能得到全面准确的贯彻实施和落实，计划目标也难以实现。但是，在实际的计划工作中，由于信息局限性和利益局限性的存在，使得这两个前提条件难以具备。

所谓信息局限性是指国民经济中有众多的部门和企业、众多的商品和劳务、众多的消费者，特别是现代社会科学技术日新月异、新产品层出不穷、经济结构错综复杂、人们的需求也是极其纷繁多样、千变万化，由此会产生巨量信息。在今天这种"信息爆炸"的时代，国家计划机构要全面、详细、准确、及时地收集和掌握广泛分散在各个方面的所有信息，即使是普遍采用电子计算机等现代科学技术手段，也几乎是不可能的；即使能够做到，巨量信息的收集、整理和传递的成本太高，代价过大；即使国家计划机构掌握了所有这些信息，也难以在短期内编制出符合实际的计划及时下达到基层单位执行，计划往往赶不上变化。再加上不确定性的存在，许多情况的发生和变化是难以预知甚至无法预见的，使得这些事物更是无法计划的，不可能制定完好无缺的计划。信息局限性使得计划的制定者和执行者必须及时、对称地掌握完全、充分、准确的信息的要求至少在社会发展的现阶段无法达到。

所谓利益局限性是指无论是计划制定者还是执行者，自身都处于特定的物质利益关系之中，都有自己的特殊经济利益，与社会整体利益并不总是一

---

① 参见简新华、余江：《市场经济只能建立在私有制基础上吗？——兼评公有制与市场经济不相容论》，载于《经济研究》2016年第12期。

致的，加之掌握的信息很难完整、准确，也就有可能只看到眼前的、局部的利益和目标，看不清长远的、宏观的利益和目标，不能很好地考虑经济发展的各个方面和各种经济规律的全面要求；掌握资源配置权力的人员就有可能只顾追求自身的局部的利益，甚至以权谋私，导致腐败，忽视和损害社会的总体利益。利益局限性使得计划的制定者和执行者必须从全社会的需要和总体利益出发的要求至少在社会发展的现阶段难以做到。

信息局限性和利益局限性的存在，而且迄今为止这两个局限性很难克服，使得计划难以具有科学性、准确性和有效性，往往引起计划决策失误，造成产需脱节、供销脱节、积压与短缺并存，导致经济增长大起大落、资源配置不当、经济效益低下，不能有效地满足社会需求。

3. 克服政府失灵的原则和措施。

实事求是地说，由于现阶段甚至将来一个相当长的历史时期内，政府的信息局限性和利益局限性都会不同程度地存在，因此要想完全克服政府失灵是不可能的，能够做到的是尽可能减少、缓解政府失灵。针对政府失灵的表现和原因，为尽可能减少、缓解政府失灵，应该遵循以下基本原则，采取以下主要措施：

（1）在市场经济条件下政府的主要经济职能，应该是尽可能纠正"市场失灵"。凡是经济发展和社会和谐稳定需要的市场无能为力的领域、解决不了的问题，政府需要发挥更多更大的作用；凡是市场能够有效发挥作用的领域、解决的问题，政府应该放手让市场发挥作用。只有做出这样的分工，政府和市场才能发挥各自的优势、避免各自的短处，真正做到二者扬长避短、优势互补，大大减少政府失灵的可能性、更加合理有效地发挥政府作用。如果政府掌控一切、大包大揽、无所不管、包打天下，政府失灵只会越来越多、越来越严重。

（2）政府在经济决策和调控管理的过程中，必须尽可能利用现代网络信息技术和先进的信息处理工具及方法，坚持开展调查研究，听取多方面的意见特别是不同观点甚至反面意见，充分了解实际情况，掌握更多的信息，最大限度地克服政府管理的信息局限性，并且先试验，再总结经验教训，成功后再推广，减少决策失误、干预失当。

（3）严格选拔国家经济管理工作人员，加强教育培训和民主监督管理，不断提高政府工作人员的素质和能力，形成有效的激励监督约束机制，保证其合理应得的利益，坚持不懈地惩治腐败，既治标又治本，从制度上形成反腐败的长效机制，最大限度地克服政府管理的利益局限性，有效减少政府失灵。

（4）政府的国民经济管理，既要进行需求管理，也要实行供给管理；既要注意质量、短期问题，更要考虑长期、结构问题；政府应该是服务型政府，主要是为市场经济的有效运行提供各种必要的服务，该管的事努力管好，不该管的事坚决不管；最重要的是尽可能调动企业、民间的积极性、主动性、创造性，放开搞活，不能管得更多、过宽、太死。

以平等劳动及其生产力为主线的中国特色社会主义政治经济学

荣兆梓

安徽大学教授，博士生导师；安徽大学经济与社会发展高等研究院执行院长，中国《资本论》研究会常务理事，全国马经史学会理事，安徽省政府决策咨询专家委员会委员，安徽省经济学会副会长，安徽大学学术委员会委员。1968年高中毕业后到皖南农村插队务农，1970年回城后又当过7年工人；1977年高考入学，1981年毕业于安徽大学经济系，在安徽省社会科学院长期从事经济学研究和学术刊物编辑工作，曾任《江淮论坛》副主编；1997年10月调入安徽大学经济学院，曾任安徽大学经济学院院长。

在《经济研究》等学术刊物发表论文百余篇，学术专著，成果获安徽省社科优秀成果一等奖两次，二等奖多次。代表作有论文：《企业性质研究的两个层面——科斯的企业理论与马克思的企业理论》，载于《经济研究》1995年第5期；《论公有产权的内在矛盾》，载于《经济研究》1996年第9期；《国有资产管理体制进一步改革的总体思路》，载于《中国工业经济》2012年第1期；《生产力、公有资本、中国特色社会主义》，载于《经济研究》2017年第4期。论著有：《劳动平等论：完善社会主义基本经济制度研究》，社会科学文献出版社2012年版；《企业制度：公平与效率》，社会科学文献出版社2014年版。

近期相关的主要学术成果

1.《两种经济制度的共性、个性、历时性和共时性》，载于《当代经济研究》2007年第1期。

2.《推进公有制经济在新形势下的新发展》，载于《中国经济问题》2008年第4期。

3.《从建立和谐劳资关系的角度看公有制经济的进一步改革》，载于《当代经济研究》2009年第4期。

4.《国有资产管理体制进一步改革的总体思路》，载于《中国工业经济》2012年第1期。

5.《劳动平等及其在社会主义市场经济下的实现》，载于《教学与研究》2013年第2期。

6.《论市场平等与劳动平等的关系》，载于《马克思主义研究》2014年8期。

7.《国有经济需要新一轮产权制度改革》，载于《学术界》2016年第4期。

8.《理解当代中国马克思主义政治经济学》，载于《政治经济学报》2016年第6卷。

9.《论公有制经济的微观效率》，载于《政治经济学报》2017年第8卷。

10.《生产力、公有资本与中国特色社会主义——资本与公有制不相容论批判》，载于《经济研究》2017年第4期。

导语　我们能做什么？

自从 2015 年底，习近平提出中国特色社会主义政治经济学体系建设任务，已经近 3 年了，体系建设工作的进展如何？首先，我们大家都行动起来了，大家都有很高的积极性，从中宣部布置的重大课题项目，到中国社科院、教育部，已经有多个重大项目开始建设并取得进展，成绩是肯定的。但是，我们的工作进展大多还是停留在方法论研究、体系建设基本理论问题，以及框架结构的争论上，真正有质量的理论进展并不多。

问题出在哪里呢？理论进展的最大障碍在什么地方？我认为，最大的障碍是，在一系列基本的问题上并没有形成共识。比如说，当代中国马克思主义政治经济学，究竟要解决什么样的问题？其核心问题是什么？社会主义政治经济学的基本范畴有哪些？核心范畴是什么？这个体系的建设以哪一个理论范畴为起点？没有形成共识。理论体系的逻辑结构应该是怎样的？是按照马克思《资本论》的逻辑结构，还是根据马克思在写作《资本论》之初所设想的"六册结构计划"，来构建社会主义政治经济学体系，或者建立一个以制度、体制、运行、发展若干个板块为特征的体系结构？在这些问题上，也没有形成共识。没有共识当然也就不能往前推进理论工作者的协同创新。

尽管近年来，大家在这方面展开了充分的讨论，取得了一些进展。但如大家所看到的，短期内弥合分歧，消除争议，形成共识的可能性不大。中国的政治经济学研究者要通过分工合作来完成一个庞大的当代中国社会主义政治经济学体系，条件还不成熟。当然我们可以在现有的理论成果或者已经形成共识的那些理论观点的基础上编写一个类似于教科书这样的东西，弄一个所谓政治经济学新综合。但是这样的东西很难包容真正的理论创新,逻辑上一定是不连贯的,缺乏系统性的,很难形成令人信服的、具有强大逻辑力量的中国特色社会主义政治经济学。这就是目前的情况,我们不得不承认的现状。

怎么办?当然,讨论需要继续推进,深入的讨论甚至争论肯定是必要的。但是,我们是不是必须等到在政治经济学的学术圈内形成基本共识以后,再来组织协同攻关,构建完整的体系?能不能换一个思路,选择另一条路径?我认为从实际出发,换个思路会更有效率。那就是在当前已经形成的某些共识的基础上,求同存异,鼓励持有不同观点的学者(或者学者团队)独立探索,分头推进,形成若干个有个性特征的、反映不同观点的中国特色社会主义政治经济学理论体系。学术思想的发展是需要竞争的,多个不同理论成果之间进行比较,通过集体选择来逐步达成共识,也许是更加实事求是的发展方式。与其像现在这样,大家对最终应当形成的完美体系各执一词,争执不下,倒不如大家分头完成自己的工作,形成若干独立成果,进而加快研究工作的步伐。也许,这些分头完成的各不相同的初步成果,并不相互冲突,不需要用一个替代另外一个,结果很可能具有相互补充的性质,从不同的理论路径,接近同一个客观对象;从不同的理论视角,反映同一个客观真理。中国特色的社会主义经济制度是高度复杂多样的综合系统,其理论表现也很可能是多角度多形态互为补充的综合体。

科学发展的正确路径从来就是百花齐放,百家争鸣。马克思主义政治经济学的发展,也同样需要这样一个充满活力的学术环境。不要害怕争论,不要压制争论,也不要以为争论的结果一定是一个压倒一个,一个取代另一个。马克思主义政治经济学要繁荣昌盛,要创新发展,我们的学者就要克服唯我正确的心态,学会从不同的理论观点中看到合理的成分,借鉴有益的养分,完善自己的理论观点。中国特色社会主义仍然在发展中,实践不完善是显而易见的。在社会主义实践尚未充分发展的当下,建设社会主义政治经济学体系的环境相比当年马克思写作《资本论》的环境存在差异。马克思是在资本主义制度经过数百年的发展逐步走向完善,其制度本质已经展开的19世纪中叶以后,开始进行《资本论》创作的。在此之前,亚当·斯密和李嘉图,分别在资本主义经济制度发展尚不完善的环境下,独立完成了各自与当时实践环境相适应的政治经济学体系。亚当·斯密的《国富论》和李嘉图的《赋税原理》与马克思的《资本论》相比，当然有很大的差异，无论从对经济制度本质的理解，还是从政治经济学理论体系的逻辑构架来看，都是不完善的。但这些理论成果仍然满足了当时实践的需要，仍然为推进古典政治经济学的发展作出了重大贡献。这就是经济学发展与经济实践互动的规律。也许我们今天建立的中国特色社会主义政治经济学体系，在未来的日子里会被新的更加科学的理论体系所取代，但这没有什么好抱怨的，一代人完成一代人的任务，一个时代的经济学者，只能以自己时代的经济实践为研究对象。我们以满足当代实践的需要为己任，不会为自己的成果达不到《资本论》的科学深度和逻辑完美性而感到羞愧。实践在发展，政治经济学的理论体系终将越来越完善。

基于以上认识，我根据自己社会主义政治经济学研究的积累，提出一个中国特色社会主义政治经济学体系建设的构想，这个构想当然还有许多不完善的地方，有些地方我自己也没有完全想清楚，希望听取大家的批评意见来进一步修改。

一、体系建设也需要问题导向

科学研究从来是问题导向的，社会主义政治经济学体系建设也需要问题导向。那么，这个理论体系的建设需要解决什么问题？核心的问题当然是：什么是社会主义，或者什么是中国特色社会主义。更完整地说，中国特色社会主义政治经济学，就是用马克思主义政治经济学的理论范式，研究新中国七十年的建设实践，来回答什么是社会主义经济制度的问题。当然这并不是给社会主义简单地下定义，像教科书那样从定义出发，以定义为落脚点，这种从理论出发的思路是写不出好东西，拿不出实践需要的理论成果的。中国特色社会主义政治经济学的理论建设，必须围绕中国实践，必须能够回答实践中普遍关注的两个重大问题：其一，中国奇迹何以产生？其二，中国道路通往何方？

值得注意的是，随着中国经济增长战略的成功展开，国内外已经有越来越多的理论专著和论文涉及以上话题，给出了不同答案。关于第一个问题，曾经有过一种流传甚广的解释，认为中国经济高速增长的根本原因是市场化，这种理论与改革开放三十多年市场化改革的进程恰好契合，具有一定的诱惑性。但是把这一理论解说放到全球经济的背景下，无法解释的问题是，全世界有那么多市场经济的发展中国家，其中大多数早于中国实行了完全市场化，为什么它们的增长业绩都不能如中国这样令人瞩目，其中大部分国家至今未能摆脱贫困落后的局面？比较与我们相似的发展中大国印度，以上解释中国经济增长的理论逻辑不严密不言自明。因此，有许多不愿意按照新古典经济学市场教条解释中国问题的严肃的经济学者，开始更加全面深入地研究中国增长奇迹，试图建立更有说服力的理论解释。最早如林毅夫等人的论著①，近期如琳达·岳所著《中国的增长》②、文一所著《伟大的中国工业革命》③、阿格列塔等人所著《中国道路：超越资本主义和帝制传统》④，以及罗思义所著《一盘大棋：中国新命运解析》⑤。这些理论成果基于不同的学术传统，具有不同的思想倾向，但对于中国经济成就的敏锐与深入研究却是共同特征。相比而言，国内的马克思主义政治经济学者动作要慢些，效率更低些，至今还没有拿出运用马克思主义政治经济学系统解释中国经济增长的成果。当然，现有理论成果是有缺陷的，其共同缺失是答案大多只是讨论"中国是怎么做的"，"这样做为什么是有利于经济增长"，却很少涉及"中国人为什么会这样做，又怎么能够这样做"，即中国成功背后的深层原因，给人一种知其然不知其所以然的印象。事实上，中国近七十年的经济增长经历了若干个发展阶段，每一个阶段发展所面临的具体问题和具体环境各不相同，因此需要做出不同的努力，给出完全不同的解决方案。解释在这些阶段中国人都是怎么做的，这样做为什么能够取得了成果，这当然是必要的。但是，面对中国实践的成功，更需要回答的一个根本问题是，中国人为什么每每能够做对？为什么几乎在每一个重要历史关头都能选择正确的方案，即使发生了这样或者那样的错误，也能够及时纠正？这只是历史的巧合，或者只是中国人的特别幸运？还是有其他更深层次的必然原因？

关于第二个问题，国内外的学者始终充满争论。国外的多数经济学者认为中国市场经济其实就是资本主义，或者必然通往资本主义，人类历史到此

---

① 林毅夫、蔡昉、李周：《中国的奇迹：发展战略与经济改革》，上海人民出版社2002年版。
② 琳达·岳：《中国的增长——中国经济的前三十年与后三十年》，中信出版社2015年版。
③ 文一：《伟大的中国工业革命》，清华大学出版社2016年版。
④ 白果、阿格列塔：《中国道路——超越资本主义和帝制传统》，格致出版社、上海人民出版社2016年版。
⑤ 罗思义：《一盘大棋——中国新命运解析》，江苏凤凰文艺出版社2016年版。

已经终结。甚至国外的许多马克思主义者,也根据传统的社会主义定义,认定中国道路已经走偏,中国的市场经济具有资本主义性质,或者难免走向资本主义。国内学界的争论同样存在,一些持否定意见的人不过是不愿意明言而已。由于改革实践中大量出现的劳资冲突、贫富不均、生态恶化等严重问题,关于中国道路基本走向的积极的正面的论证,往往感觉证据不足,底气不足,有将理想强加于现实之嫌。这当然不是一个简单的信心问题、信仰问题,而直接关系到马克思主义经济理论的科学性和群众基础问题。如何从中国实际出发,重新理解社会主义经济制度一般规律和历史趋势,从中国社会主义建设近70年的历史事实,发现这一制度发展的内在规律和未来图景,是中国特色社会主义政治经济学必须承担的重要使命。

因此说,中国特色社会主义政治经济学,必须在回答两个重大问题的基础上,理解和诠释社会主义经济制度。用政治经济学的语言来说,"中国奇迹何以产生"的问题可以理解为:中国特色社会主义是如何解放和发展生产力的,它有哪些经验与不足?可持续发展的前景又将如何?这里的重点是制度的作用,即社会主义经济制度在生产力持续发展的过程中如何发挥作用。"中国道路通往何方"的问题则可以理解为:中国特色社会主义经济制度如何随着生产力的发展而不断演进,其发展的内在逻辑和历史趋势是怎样的?这里的重点是制度发展的内在逻辑,对未来的预测应该以70年历史发展的事实为根据,从历史事实中寻找理论判断的证据。两个问题都是以社会主义生产关系为研究对象的,只不过考察的视角不同,前者以发展生产力为线索,后者则以生产关系自身的发展为线索。也可以这么说,前者关注生产关系对生产力的反作用,后者则关注生产力发展对生产关系自身发展的作用。政治经济学的研究必须将这两条线索统一到一个理论框架内,这是它的特点,也是它的难点。不难理解,只有处理好二者的辩证关系,关于什么是社会主义的答案才会有说服力。只有搞清楚了这两个问题,我们关于社会主义经济制度的研究才会有说服力,才有逻辑的力量,才能掌握群众,才能推进科学的发展。

二、平等劳动是主体范畴、核心范畴

说到体系建设,首先想到的是选择理论叙述的起点范畴。近年来,社主义政治经济学起点范畴的讨论比较多，观点自然也各式各样。比如顾海良教授主张以劳动生产力为起点范畴，颜鹏飞教授主张以特殊商品为起点范畴，等等。既然要构建体系，当然首先要把逻辑起点确认下来，这样的讨论是必要的。但是在我看来，讨论起点范畴应当首先以确定核心范畴为前提、为基础。在逻辑体系建设核心范畴尚未确定之前，先讨论起点范畴可能为时尚早，或者说有些本末倒置。《资本论》为什么以商品为起点？马克思首先在讨论资本主义经济关系的时候确定了资本这个核心范畴，整个《资本论》的逻辑体系是建立在资本直接生产过程、资本流通过程、资本生产总过程这个大框架之上的。这个体系框架的核心范畴是资本。资本由货币转化而来，而货币是商品一般等价物，所以《资本论》的逻辑体系要从最为抽象的商品范畴开始，从商品的二重性开始分析。

那么中国特色社会主义政治经济学的体系，是否也要用资本范畴作为整个体系的核心范畴，或者以公有资本为社会主义政治经济学的核心范畴？

公有资本在社会主义政治经济学的体系建设中的确十分重要。随着社会主义市场经济改革的逐步深入，公有资本现象在实践中的存在已经得到越来越普遍承认。但是，在政治经济学的理论研究中，很多人仍然不接受公有资本概念，认为这一概念与马克思的逻辑体系存在矛盾，无法自圆其说。这阻碍了社会主义政治经济学在实践中的发展，需要尽快解决。资本是自行增殖的价值，是在运动中不断变换自身形态的价值体，但它同时又是一种社会经济关系，是生产的物质条件和人身条件相结合的社会形式。按照马克思的分析，资本是在社会生产力发展到一定阶段，劳动者个人还不愿意超出必要劳动时间为社会提供剩余劳动这样一种特殊历史情况下，解决个人与社会利益矛盾的必要的社会形式。资本利用市场竞争的外在强制和企业内部的管理性强制，强制劳动者个人超出必要劳动时间提供剩余劳动，完成自己的历史使命。如何理解社会主义市场经济中普遍存在的公有资本现象？公有资本当然仍然是资本，仍然是一种强制地获取剩余劳动的社会关系，但与私有资本不同，这里体现的不是两个阶级之间的关系，而是共同拥有社会生产资料的劳动者阶级内部集体与个人的关系，是集体意志对劳动者个人意志的强制。社会主义经济仍然需要积累剩余劳动推进社会进步，资本的历史使命没有完成，因此社会主义市场经济下的公有制企业，仍然是资本所有者指挥下的劳动组织，仍然是像股份公司这样的资本主权型企业。公有资本的确是一个矛盾体，它所包含的内在矛盾，是社会主义经济制度内在矛盾的具体体现。因此在理论逻辑中接纳这一概念，对于建立社会主义政治经济学体系来说是完全必要的，是不可或缺的。

但是，公有资本不能成为社会主义政治经济学的核心范畴。理由是：首先，社会主义经济制度本质上是劳动者为主体的社会，尽管在市场经济条件下，资本所有者和劳动力所有者的分离仍然存在，但二者之间的关系从总体上已经被颠倒过来。这个社会是劳动者当家做主的社会，公有资本也只是劳动者集体意志的体现，而不再是作为劳动者阶级对立面的资本家阶级权力和意志的体现。在资本和劳动这对范畴中，劳动已经处于主导地位、矛盾的主要方面。社会主义政治经济学研究当然要讨论公有资本，以及私有资本，并且重新定义资本一般概念，但这些范畴在这个范畴体系中应当处于从属地位，而不应当成为主体范畴、核心范畴。

其次，公有资本在社会主义经济制度的发展中，也不是一个贯穿始终、覆盖全部的事实，至少从苏联和新中国的历史看，社会主义制度最初都经历了一个集中的计划经济阶段，在这个阶段上，市场经济关系没有发挥重要作用，公有制经济也没有采取公有资本的形式。一方面，在计划经济的国家大工厂里，有科层等级制的命令服从关系，但是没有竞争的外在强制，没有企业主体之间以利润为中心的市场竞争。公有资本现象是在市场经济的改革过程中逐步形成的，将这样一个具有阶段性特征的现象，拿来作为理论体系的核心范畴当然不适当。另一方面，社会主义市场经济是公有制为主体的混合经济，从企业层面看，公有资本只是在大规模生产、大规模经营的公司制企业中占有更大份额，中小企业中私有资本仍然占有绝对多数。尽管股权多元化的公司制企业中，公有资本和私有资本相互混合，但是资本所有权的界限并未取消，公有资本的范围仍然是有限的。

我们主张用平等劳动取代资本范畴，作为社会主义政治经济学的核心范畴。

首先，平等劳动是社会生产关系范畴，集中体现社会主义经济关系的本质特征，体现了共同拥有生产资料的社会主义劳动者决策平等、分工平等、分配平等和劳动力发展机会平等的全面经济关系。这与我们对政治经济学研究对象是生产关系的理解相一致。

平等劳动以生产资料的劳动者公共所有制为前提和基础。由于社会主义公有制的实现，经济关系中资本家阶级和劳动者阶级之间的对立不再存在，公有制经济内部的经济关系表现为劳动者个人与个人，个人与集体之间的关系，它本质上是平等劳动的关系，而不能是其他任何经济关系。从这个意义上说，平等劳动从公有制经济建立的第一天起就已经形成。在生产资料公有制基础上，劳动者对公共所有的生产资料拥有平等权利，通过集体决策行使共同权利。在集体决策中，每个劳动者都拥有平等的知情权、提案权和表决权，而这种决策的平等权利正是共同劳动中分工平等和分配平等的制度保障。分工平等，也就是按个人劳动能力分配劳动岗位，善渔者渔，善樵者樵，善耕者耕，善织者织；每个劳动者，都有机会在共同劳动中发挥自己的特长，管理能力更强的劳动者则承担起共同劳动的管理职能。这是各尽所能的分工原则，符合劳动力资源优化配置的要求。分配平等，也就是劳动者按劳动贡献分配共同劳动成果，多劳多得，少劳少得，奖勤罚懒，甚至不劳动者不得食。只要物质财富尚未充分涌流，个人利益与社会利益仍然存在矛盾，物质资料的分配就不能不遵循这种平等原则。在这里，平等表现为以劳动为同等尺度，而劳动的数量和质量，则完全取决于每个人的能力和努力。平等劳动的经济关系，本质上是劳动者联合体内部通过平等协商组织社会生产，优化配置劳动力资源的共同体原则。因此，这里的决策平等，并不单纯是劳动者个人之间的利益博弈，相反，共同利益是集体决策的依据，每个劳动者在决策中所行使的是平等的公益社员权，而不是劳动力个人所有者的私益权。平等劳动承认劳动能力的差异是天赋特权，但同时也承认，劳动能力的差异并非完全取决于天赋，后天的学习同样是导致个人能力差异的重要因素。因此，平等的原则应当延伸到劳动力再生产领域：社会给每一个劳动者提供平等的能力发展机会（不仅是现在的劳动者，尤其是未来的劳动者），包括同等质量的基础教育，同等机会的在职培训等等，用这样的方式最大限度地缩小因为家庭经济条件的差异以及其他非主观努力因素带来的能力发展机会不平等。我们所说的平等劳动大体就包括这四个方面的内容。

平等劳动具有内在矛盾，这种矛盾正是社会主义经济制度一系列内在矛盾的表现形式。平等劳动关系中，劳动者身份具有两重性，他既是公有生产资料的共同主人，又是自身劳动力的个人所有者，二者之间的利益诉求并不总是协调。公共利益要求积累剩余劳动，个人利益却将劳动视为牺牲或负担。因此，公有制经济中的劳动者在双重人格间挣扎，作为两个不同的要素所有者自己与自己博弈。他们通过集体决策来控制个人行为，通过经济激励制度迫使个人更多地为社会提供剩余劳动；个人在集体劳动中则普遍存在"搭便车"倾向，倾向于以更少的劳动获取更多的报酬。显而易见，"两个"要素所有者之间存在着排他性产权关系，我们不得不创造一个特别的经济学概念，谓之公有产权的"内排他性"，即公有产权对其所有者成员个人的排他性[1]。为提高管理效率，降低管理成本，劳动集体不得不接受一位专门的监督管理者，委托代理制不可避免。代理人作为专业的管理者，代表公产主体同时行使财产管理与劳动管理职能，因此也就代表全体劳动者行使了公有产权对外与对内两个排他性权利。代理人为全体劳动者当中一个拥有特殊权利的个体而与其他人对立。整体对每个个体的矛盾演变为单个个体与整体的矛盾，全体成员的相互监督演变为一个人对所有人的监督。权利分配的不平等在一个平等的经济环境中合乎逻辑地产生。这就是社会主义一百年历史的事实，社会主义经济制度就是在平等劳动这样的矛盾运动中发展。它给予我们研究的素材，发现的好奇，创新的灵感。

需求强调的是，平等劳动是现实经济关系，而不仅仅是法权观念、道德观念或者关于平等的社会理想。观念形态的劳动平等产生于商品生产和商品交换形成的初期。表现为"等量劳动相交换"的平等权利。劳动平等观是现代社会历史进步的产物，是农奴从封建束缚中解放出来，获得人身自由，即拥有自身劳动力所有权的经济事实在法权意识中的体现，也是商品生产和商品交换中商品所有者平等交换劳动产品的现实经济关系在法权意志中的反映。资本主义经济中，这种建立在自己劳动基础上的所有权被无偿占有他人劳动的所有权否定。但建立在自身劳动所有权基础上的平等观念不但没有消失，反而因为不平等的加剧而在劳动群众的意识中强化。特别地，当一个社会的两极分化日益严重，财富与劳动被完全分离的时候，劳动平等的权利诉求就会更加强烈地表现出来。劳动群众的法权意识和道德观念构成社会主义平等理念的基础，成为向未来理想社会过渡的思想动力。当代社会主义运动的推进需要借助这种历史形成的、具有"普世价值"形式的道德力量。但是，这里所说的平等劳动首先是真实的经济关系，是社会主义经济制度最本质的关系。因此，作为与这种经济关系相适应的权利观念与意志关系的劳动

---

[1] 荣兆梓：《论公有产权的内在矛盾》，载于《经济研究》1996年第9期。

平等也就被赋予了新的内容，它不再是个体劳动者之间平等交换的权利，而成为公有制经济中联合劳动者的共同意志。只是在社会主义社会形态下，平等劳动成为社会经济体系中占主导地位的基本经济关系，进而，劳动平等才取得社会价值体系的主导权。

平等劳动是动态演化的经济范畴。作为基本的经济关系，平等劳动在社会主义经济制度是真实的存在，而不是理想中的观念的存在。但是，劳动平等程度的提高却不可能一蹴而就，它需要经历漫长的时间和艰苦的工作。平等劳动关系的建立必须通过若干个相互衔接，依次递进的阶段。在经济不发达状态下开始建设社会主义，更加需要几代人矢志不渝，前赴后继地付出艰苦努力。这里需要社会主义基本经济制度的逐步完善，社会主义经济政策的全面落实，也需要社会生产力的高度发展和经济发展方式的逐步转变。那种因为社会主义百年实践所经历的挫折与磨难，因为社会主义当前现实的缺陷与不足而怀疑社会主义，甚至嘲笑从社会主义实践中提炼平等劳动概念的人，缺的是一点点历史感，缺的是对这个制度朝向既定目标成长的理解和信念。根据中国特色社会主义七十年发展的历史事实，我们认为，社会主义平等劳动关系的发育，可以划分为"科层的平等劳动"、"竞争的平等劳动"、"共享的平等劳动"和"自由的平等劳动"四个阶段。前两个阶段的转换发生在20世纪80年代；而竞争的平等劳动向共享的平等劳动转换，则就在当下。从共享的平等劳动再向自由的平等劳动转化，将是许多年以后的事情，我们现在能够预见的，只是这一转化必然会发生，以及这一转化发生所依赖的社会生产力和生产关系的基本条件等等。

作为基本经济关系，平等劳动体现在社会主义经济过程的所有环节，因此可以通过企业、产业、区域、社会、国家制度以及开放经济等环节，来充分展开对当代中国社会主义经济中平等劳动的全面分析。

三、劳动生产力是叙述的起点范畴

讨论平等劳动的经济关系，似乎可以从公有制的建立开始，以生产资料公有制作为起点范畴。但是，如此展开社会主义政治经济学的逻辑体系缺少了一个历史唯物主义的支点，即平等劳动（也就是公有制经济）产生的历史条件和生产力依据。社会主义经济关系不是凭空产生的，也不是在任何条件下通过强力剥夺剥夺者，建立和维持一个生产资料公共所有制就能实现的。平等劳动关系的历史特征并不是直接从公有制的形式规定中产生，其平等规定的历史性与内在矛盾的必然性，也不可能从抽象意义的生产资料公有制得到说明。社会主义平等劳动的根源在于当代生产力，在于当代社会生产力的一系列特殊的历史性质和基本特征。因此，我们主张将劳动生产力设定为中国特色社会主义政治经济学叙述体系的逻辑起点，从当代生产力的矛盾引申出平等劳动的性质，展开有关平等劳动之内在矛盾的分析。

形式地看，平等劳动的逻辑起点是劳动，这顺理成章。但是，劳动是一个适合所有社会经济形式的一般概念，就其本身的规定性而言是十分简单的。社会主义政治经济学的逻辑起点从劳动开始，难以体现经济制度的历史特征，更难以充分展开经济制度在自身矛盾中发展完善的客观规律。什么是劳动？劳动是人的体力和脑力的付出。当然并不是所有的人类活动都可以归结为劳动，劳动是有目的的人类活动，有目的性和生产性是其不可缺少的规定性。请注意，我这里说的是生产性，而不是物质产品的生产性。劳动的主要活动领域当然在物质生产领域，但劳动的生产物并不一定都是物质产品，它同时可以包括各种能够改善人类生活的劳务活动和精神产品。这个劳动的生产性规定，将劳动和闲暇、娱乐这一类人类活动区分开来。最后，按照概念使用的约定俗成，劳动活动一定是有益的。这涉及到价值判断。但劳动的有益性仍然是有关劳动概念的必要规定之一。有些人的活动尽管也需要付出辛苦的努力，如诈骗和盗窃，它们肯定不属于劳动范畴。再进一步分析，劳动并不是劳动者个人的生产活动，人类总是组织成为社会，从自然获取自身生活所需要的全部消费资料。因此鲁滨逊在孤岛上的生产活动，并不是典型意义的劳动，他只是小说家的想象。独立个人的生产活动是一个想象的存在，而不是真实的存在。真实的人类劳动从来是一群人分工协作的共同活动。因此，劳动活动并不总是直接针对着自然物，尽管在绝大多数情况下，自然物或者自然过程才是劳动活动的基本对象。劳动过程中需要人与人的合作，为促进这种合作而从事的人类活动，即所谓交往活动，也可以是生产劳动的组成部分。管理劳动、营销活动也都可以是社会劳动的一种形式。劳动活动的这种社会性特征，决定了劳动概念的二因素，即它一方面是劳动生产力，另一方面又是劳动社会形式。任何一种特定的劳动社会形式，都具有与之相对应的劳动生产力。生产力决定生产关系，是社会生产力发展一定历史阶段的特殊性，决定了那个时代劳动社会形式的特殊性。因此，我们在讨论作为劳动特殊社会历史形式之一的平等劳动的时候，也同时需要，并且首先需要讨论与之相匹配的劳动生产力。关于劳动范畴的更丰富内容，必须在此二因素的分析中逐步展开。

平等劳动是劳动的一种特殊社会历史形式，在此之前，劳动的社会历史形式曾经经历过奴隶劳动、农奴劳动、雇佣劳动。随着社会生产力的发展，平等劳动终将转化为共产主义社会的自由劳动。平等劳动的历史特殊性需要有当代生产力的历史特殊性来说明。一方面，平等劳动扬弃雇佣劳动的阶级对立性质，形成劳动者阶级内部以劳动为尺度的平等关系，是因为当代生产力高度的社会化和全球化受到资本主义私人占有的狭隘的生产关系的桎梏，其发展的可持续性丧失。不仅地球生态承受能力临近极限，而且阶级矛盾的张力不断积累。由于全社会一般利润率不可逆转的下降，资本主义生产发展的动力在销蚀，不得不依靠周期性的巨大破坏来延续生命。这个社会必须有一个经济基础更加和谐的新社会来取代。另一方面，平等劳动在一个相当长的历史时期内还不能强行突进到共产主义的自由劳动，是因为当代生产力还不够发达，物质财富没有充分涌流，因此劳动时间具有明显的稀缺性；职业专门化的分工、直接生产过程中劳动者对于机器系统的从属地位，导致劳动者个人不愿意超出满足个人消费的必要劳动时间为社会提供剩余劳动。因此，社会财富还需要以劳动时间为尺度，社会还必须利用"你干活，我给钱"，"我给钱，你干活"的法权意志，来强制劳动者为社会提供更多剩余劳动。平等劳动的存在是由社会生产力决定的，无论是它的形成，还是它的突破（扬弃），都不能单纯依靠革命者的勇气和信念。

结合20世纪社会主义的历史，从劳动生产力起步的研究方式更有它特殊的含义。20世纪崛起的东方社会主义，产生在一系列后发国家追赶经济的关键时刻，这些东方国家的马克思主义政党在夺取政权后面临的最大问题就是发展生产力。一方面，社会主义政权的合法性，共产党执政的合法性，取决于这个政权能否兑现承诺，提高人民群众，特别是占人口绝大多数的劳动群众的物质文化生活水平，实现国家富裕人民幸福；另一方面，在国际资本包围下的新生人民政权面临严峻的外部竞争环境，无论从国家安全、国际贸易的需要看，国家手中拥有的物质手段贫乏都是不可回避的事实。发展生产力才能解决这两个关系到政权存亡的关键问题,发展生产力是最急迫的任务。与此同时,发展生产力又是最艰难的任务,经济落后国家的社会主义政权,必须面对外部世界的敌意和封锁,只能依靠自己的力量,依靠全国人民的劳动积累、艰苦奋斗、自力更生来启动国内的工业化进程。发展生产力的紧迫性和艰巨性,决定了它在执政党决策中的首要性。正如邓小平所强调的:社会主义的本质首先就是解放和发展生产力。

以劳动生产力作为起始范畴,社会主义政治经济学从一开始就可以讲劳动生产力与社会主义生产关系的辩证法,将此置于分析的中心位置,可以从当代中国生产力发展的要求出发,来解释为什么只有社会主义能够救中国,只有社会主义能够建设祖国,来解释社会主义的平等劳动关系何以具有历史的必然性。可以从社会生产力持续发展的进程观察社会主义平等劳动的演化进程,据以分析其发展的阶段性特征、阶段划分依据,以及制度演化的一般规律和内在逻辑、它的历史趋势、它的未来走向,等等。

劳动生产力的一般规定是逻辑体系展开的必要前提。马克思在《资本论》第一卷分析商品生产过程的有关章节,曾经附带讨论过生产力的一些基本问题,比如,在讨论商品生产的社会必要劳动时间时,简明扼要地分析了影响劳动生产力发展的因素。马克思写道,"劳动生产力是由多种情况决定的,其中包括:工人的平均熟练程度,科学的发展水平和它在工艺上应用的程度,生产过程的社会结合,生产资料的规模和效能,以及自然条件。"[1]又比如,在讨论劳动过程的相关章节,马克思分析了劳动过程的三个简单要素,"有目的的活动或劳动本身,劳动对象和劳动资料"[2],这些思想成果,对于我们进一步研究劳动生产力的一般规定性,具有重要的指导意义。但是这还不够,在社会主义政治经济学体系逻辑起点上,需要有关劳动生产力的专门分析,需要更加深入而细致地展开分析。

劳动生产力,即人类以劳动创造(从自然获取)自身物质生活的能力。这是组织成为社会的人的能力,因此又称社会生产力。说劳动生产力是社会现象,包含两层含义,首先,劳动生产力是人类社会的生产力,而不是劳动者个人的生产力,这一点前面已有讨论。劳动生产力作为社会现象的另一层

---

[1] 《马克思恩格斯文集》第五卷,人民出版社 2009 年版,第 53 页。
[2] 《马克思恩格斯文集》第五卷,人民出版社 2009 年版,第 208 页。

含义是：劳动生产力是人类社会知识积累的成果，而不是自然界力量的积累，不是作为自然进化结果的人类基因的进化。也就是说，劳动生产力是社会文化现象，而不是自然现象。人的先天的生理能力由基因决定，其自然演化以几万年，几十万年甚至数亿年为时间尺度，因此对更小时间尺度上的社会生产力演化没有解释力。生产力的变化包括技术变化和制度变化，二者都是人类社会的知识积累，前者是自然知识的积累，后者是社会知识的进化，都是时间的增函数，都具有负熵流的性质。也就是说，劳动生产力既是历史范畴，其发展与生物进化的共同点在于，它们都是进化适应性的表现；又是社会范畴，其社会进化的主体与生物进化不同，不是基因进化，而是文化进化。

生产力的进步会具体"物化"在生产要素上，主要是劳动资料的技术积累，劳动者的知识和技能，以及劳动组织的进步。其中，劳动者知识与技能的进步是生产力进步更本质更关键的环节。现代生产力越来越多地体现为"一般生产力"，即社会的科学知识的进步，创新劳动的积累。从宏观历史尺度的观察，人类社会的生产力可以依据人的能力的进步划分为三个阶段：（1）人的依赖性为基础的狭隘人群孤立发展的满足生存需要的生产力；（2）物的依赖性为前提的满足多方面需求的社会生产全面能力体系；（3）个人全面发展的社会共同生产能力。[1] 马克思这里所考察的人的能力，既包括个人劳动能力，更强调社会劳动的组织方式和社会劳动的整体能力。

当代生产力处于人类社会进化的第二阶段，或称"第二大形式"。这个社会形态是以商品生产与商品交换的全面深入发展为前提的。这个过程对应着发展经济学所谓"工业化"。农业生产不可能规模化，因此也不可能形成国内乃至全球市场，形成普遍物质变换；没有市场规模就没有分工推进的劳动生产率持续提高，因此也不可能满足越来越多方面的需求，总之，社会不可能形成全面生产能力体系。工业化是第二大形式全过程的特征，工业化进程的生产力以机器生产为基本特点，机器代替人的劳动是一个连续过程，自动化和智能化是大机器生产的内在逻辑，至今依然是当代生产力发展的方向。只要这一过程未完成，职业专门化分工就是生产力发展的必须，劳动就依然是稀缺的生产要素，劳动时间就依然是物质财富的尺度，商品生产、市

---

[1] 《马克思恩格斯全集》第三十卷，人民出版社 1995 年版，第 107~108 页。

场经济就依然是社会生产的组织形式。市场经济下的生产组织主要依靠两种结构，一曰市场；二曰科层。作为市场经济生产主体的企业是市场与科层的结合。因此，劳动生产力不仅伴随着社会生产关系，而且它总是内在地包含生产关系的部分内容。这两个概念的差别更多是视角的差别，观察重点的差别。劳动的不同社会形式表现为不同生产力的性质规定，同时产生不同的生产力的数量规定（生产率）。因此，可以区分资本主义雇佣劳动的生产力，社会主义平等劳动的生产力。公有制为主体的社会主义经济关系本质上是平等劳动，因此，我们将社会主义的生产力称作平等劳动的生产力。

工业化是一个过程，而且是一个有较长时间的进化过程。工业化进程又可以从时间上划分为若干阶段。发展经济学一般以产业结构的变化为依据，将工业化过程划分为工业化前期、工业化中期和工业化后期，在这之前和之后，还有前工业化时期与后工业化时期。现代演化经济学一般主张以能源与生产工具的变化为依据划分工业化的阶段。华裔学者文一在研究中国工业化进程与世界上其他工业化成功国家的共性特点时，使用了强制工业化和自生动态工业化的概念。从研究当代中国社会主义工业化进程的需要出发，我们借鉴文一的概念，用强制工业化、内生工业化与可持续工业化三个相互衔接的阶段来描述中国的工业化过程。显然，我们的研究重心在改革开放以来的内生工业化阶段，它本身又可以进一步划分为：乡村工业和轻纺工业阶段、重化工业阶段、高新产业阶段等若干分阶段。

以一个国家社会的整体为观察范围，影响社会生产力的因素绝不仅仅在直接生产过程中，并不是只有生产过程中的劳动者素质、生产工具质量与规模以及劳动组织方式，才是影响社会生产力的因素。在直接生产过程之外，流通过程中的劳动，包括纯粹流通性劳动，也都以这样或者那样的方式影响社会生产力。交通运输的速度和效率直接影响生产力，这是不言自明的。企业的营销活动，尽管它本身是非生产性的，但它有可能影响企业的生产规模，影响企业产品的实现程度，因此影响企业的财务效率，甚至直接影响企业的生产效率。当代中国劳动生产力的快速提高，与改革开放以来我们在基础设施建设方面的巨大成就密切相关，基础设施的投资和建设就是生产力。金融领域的活动同样影响到社会生产力，特别在我们这样一个发展中大国的工业化初期，原始资本严重短缺成为工业化起步的主要瓶颈，如何组织社会资本，如何引导居民储蓄，如何在较短的时间内提高整个社会的资本积累水平支持百废待兴的国家工业化，这是一个新兴社会主义国家的金融体系支持实体经济发展的第一要务。成功的工业化需要有为政府，国家发展战略的制定对成功至关重要，国家在工业化进程的每一个阶段，及时地调整发展战略和产业政策，引导工业化的持续发展，国家通过产学研结合的科技政策，通过惠及全民的教育和医疗政策，提高国家的科技水平和国民素质，通过恰当的社会政策保障社会的和谐和安定，所有这些，对一国劳动生产力的持续提高具有不可或缺的重要作用。一国经济发展中的国际贸易环境和国际债务环境，国家参与国际经济的意志和方式，也会对国家的工业化进程造成重大的甚至决定性的影响。总之，劳动生产力的研究与平等劳动的研究同样是立体的，涉及时间和空间的动态研究领域。

生产力的发展表现为一个方向不变的数量增加，而生产力的量变包含两个方面的内容：物质生活资料的数量增长与种类增加，表现为满足越来越多样化的需求。可以用劳动生产率来粗略地计算生产力，即单位劳动的产出数量，但是很难将多样化需求量化。劳动量的增加（劳动人口的增加）会提高社会生产力，因为人类总是结合成社会与自然博弈，协作是生产力，规模会提高生产力，1+1总是大于2，因此它在劳动生产率指标中也能有所反映（但反映不充分）。关于劳动生产率方程（增长方程）及其计量问题，应该在系统导论部分就得到充分的讨论，以便在此后的研究中贯彻。

劳动生产率是物质产品与直接生产过程中的劳动投入之比，因此它首先是工业企业生产率，延伸到全部物质生产过程，就表现为社会总产品与总产品生产中投入的全部劳动时间之比，用公式表达就是：

$$a = \frac{x}{C+L} \quad (1)$$

我们称之为全劳动生产率。式中 x 实质上是产出实物量，用总产品价格形式表达时必须使用不变价，或者干脆转换为购买力平价（PPP），而 C+L 则可以直接使用时间量，如劳动人年，或者劳动小时。

设活劳动系数：$\beta = \frac{L}{C+L}$，则有：

$$G_x = G_a + G_L + (1-\beta)G_\delta \quad (2)$$

式中，G_x 为总产值增长率，G_a 为全劳动生产率增长率，G_L 可以称作外延扩张率，G_δ 则为资本构成提高率。

式（2）也可写作：
$$G_x = G_a + \beta \cdot G_L + (1-\beta)(G_L + G_\delta) \tag{3}$$

式（3）等号右边的三项分别可看作：全劳动生产率导致的经济增长，活劳动投入增加导致的经济增长和资本投入增加导致的经济增长。三者分别除以经济增长率就是它们各自对经济增长的贡献率。根据中国统计数据，全劳动生产率对经济增长的贡献率多数年份在80%以上。新中国近七十年全劳动生产率快速提高的原因，影响全劳动生产率提高的诸因素及其贡献率，是政治经济学需要深入探讨的课题。

四、理论逻辑与历史逻辑结合的框架

这样我们就确定了整个体系建设的两条重要线索，一是作为体系主体范畴和核心范畴的平等劳动在社会生产力发展过程中的演进；二是作为理论逻辑起点范畴的劳动生产力在社会主义平等劳动的经济关系中不断发展。体系逻辑必须兼顾这两条重要线索，应当是一个双螺旋的基因结构。有了这样一个基因结构，中国特色社会主义政治经济学的全部内容，就会在这个双螺旋基因的发展中逐步展开从抽象到具体的丰富内容。我们设想的理论体系逻辑结构大体是这样的：首先，按照生产力与生产关系发展的时间顺序，形成三篇结构：第一篇：强制工业化与科层的平等劳动，时间上大致对应于我国改革开放前三十年，同时，苏联的七十年社会主义计划经济实践也是本篇理论范畴形成的实践依据。之所以称强制的工业化，是因为这一阶段的工业化是由国家力量自上而下强制推动的，是用背离市场规律的方式从外部强行推进的，整个工业化阶段缺少自下而上的自发力量、内生力量。但是，从国情出发，强制工业化却是唯一正确选择，我们要讨论它的客观必要性。大科层体制是这一发展阶段工业化的组织方式，它有它的经济必然性，由此导致社会主义平等劳动形成初期的特点，它的历史进步和局限性，它对工业化进程的反作用等等。第二篇：内生的工业化与竞争的平等劳动，时间上大体为改革开放后三十年，这是当代社会主义最具特色的三十年，是社会主义与市场经济深度结合的三十年。工业化之所以能够内生发展，是因为市场机制的作用，但并不仅仅依靠市场机制。工业化的快速启动需要一系列历史条件的偶合,这其中的经验值得深入细致地总结。文一教授使用"自生"一词,概括得并不准确,国家行为在中国三十年工业进程中的重要的,甚至关键性的作用同样需要深入细致地总结,中国增长奇迹绝不是自动生成的。但是,市场经济下的工业化进程一旦启动,一旦进入良性反馈,它的确具有某种内生性,形成一种内生的推动力量,不断向改革与发展提出必须解决的问题,进而与平等劳动的制度内生力量一起,形成内生的快速工业化进程。这一阶段的社会主义生产关系调整表现为竞争的平等劳动。邓小平的"先富后富"理论是这一理论范畴的早期表现,市场竞争具有自己的平等要求,它虽然与劳动平等存在差异,却也部分地包含了企业之间、劳动者个人之间基于劳动贡献的平等内容,相对于计划经济下的分配平均主义仍然是历史的进步。当然市场竞争具有两极分化的自发趋势,这就构成了竞争的劳动平等必然的矛盾,这是市场经济三十年中国工业化进程中一系列矛盾的制度基础。在生产力发展的一定阶段上,这个矛盾是不可避免的,但是随着生产力的发展,这一矛盾必然得到及时有效的解决。第三篇:可持续工业化与共享的平等劳动,当前我们正在向这一阶段过渡,还没有完成这个过渡,因此,这一篇的内容主要是讲过渡,同时涉及过渡所要达成的目标——一个劳动平等程度更高的社会主义,一个更加充分体现社会主义本质特征的经济体制。与此同时,它还逐步形成一种消除市场两极分化趋势,抵制资本主义危机外部冲击,甚至向平等的贸易国传递共享能量的可持续发展的生产力。从这里出发,我们还可以进一步讨论生产力的持续发展与价值生产、资本关系消亡的衔接与过渡。社会主义经济制度的最后一个发展阶段,可能是后工业化的自由的平等劳动。自由人联合体最终将扬弃以劳动为尺度的平等原则,通往一个更加高级的社会形态。

在这三篇结构中,重点在第二篇,它是社会主义市场迄今为止的实践,也是当代中国社会主义的最鲜明特色。这一篇的内容将充分展开,我的设想是:这部分内容再划分为企业的平等劳动与劳动平等、产业间的劳动平等、社会范围的平等劳动、国家制度和开放经济五个部分。其篇幅预设为另外两篇的五倍。因此,整体结构平面地可以理解为篇幅大体相当的七个部分。如果加上一个全书导言,就是八个部分。以纵轴表示时间进程,横轴表示分析层次,逻辑体系主要范畴的关系大致如图 1 所示。

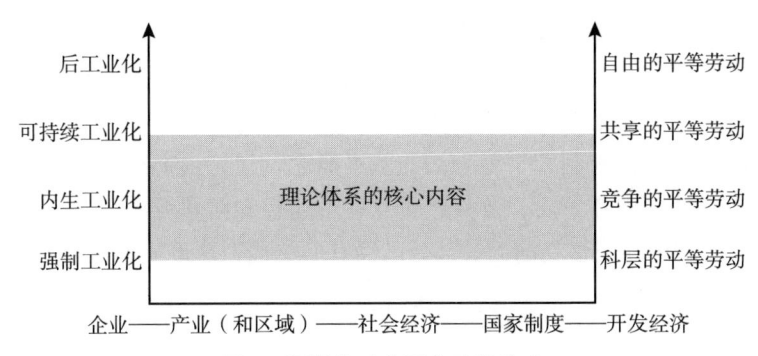

```
后工业化                              自由的平等劳动
可持续工业化                          共享的平等劳动
                    理论体系的核心内容
内生工业化                            竞争的平等劳动
强制工业化                            科层的平等劳动

  企业——产业（和区域）——社会经济——国家制度——开发经济
```

图1　逻辑体系主要范畴的关系

计划中的《平等劳动及其生产力——中国特色社会主义政治经济学大纲》有如下叙述结构：

1. 导论。
2. 强制工业化与科层的平等劳动。
3. 内生工业化与竞争的平等劳动。
（1）企业的平等劳动与劳动平等；
（2）产业之间劳动平等；
（3）社会范围的平等劳动；
（4）国家制度；
（5）开放经济。
4. 可持续工业化与共享的平等劳动。

五、各部分主要内容

（一）导论

首先讨论劳动和劳动生产力的基本概念，影响社会生产力的各种因素；然后是作为劳动生产力量化指标的劳动生产率、劳动生产率的各种表达方式、劳动生产率与商品价值量之间的关系，特别是社会劳动生产率的量化表达，运用国民收入统计指标进行计量；由此进入马克思主义经济增长理论的讨论，影响经济增长的要素分析；最后是当代生产力的历史特征、具体形式、发展阶段的讨论，分析各国工业化进程的共性特征、阶段性特征、工业化在人类发展历史上的地位和作用，等等。

其次，讨论公有制和平等劳动的基本概念，讨论他们以生产力发展为基础的历史条件、内在矛盾，及其进化发育的路径和阶段等等。

这部分的内容大多在前面各部分已经有所交代，这里就不再重复展开了。

（二）强制工业化与科层的平等劳动

发展生产力对于实践社会主义的首要性。我们对实践社会主义经济的分析，从东方社会主义所面临的国内和国际环境入手。20世纪的上半叶，是全球资本主义矛盾和危机突显的非常时期，根据马克思的预言，这本来应当是社会主义革命在主要资本国家发动的最佳时机。但结果反倒是处于欧洲资本主义边缘的落后的俄国革命成功，建立了第一个社会主义政权。第二次世界大战以后，处于当时世界经济最底部的东方大国中国建立了社会主义制度，开始探索自己的社会主义发展道路。社会主义革命在经济落后国家率先突破，这是马克思、恩格斯未能预见的。回头去看，世界历史的这一发展路径有其客观必然性。资本主义首先从其薄弱环节突破，这向马克思主义者提出了如何在落后国家建设社会主义的重大历史课题。东方社会主义面临的国际形势是，外国资本主义敌对势力的包围，军事的、政治的乃至经济的包围，极大挤压了新生社会主义政权的生存空间。为了生存必须自强，必须力争在较短的时间内，从国际政治斗争，军事斗争乃至经济竞争的被动局面中摆脱出来，这些最终都聚焦到发展生产力。东方社会主义的国内环境，首先是必须在战争废墟上恢复国家经济，安定人民生活。而从长远看，执政党人面临的最大矛盾是，革命过程中对于广大人民群众美好生活的明确承诺，与国家经济落后现实之间的尖锐矛盾。"先进的生产关系与落后的生产力之间的矛盾，"这个提法在理论下肯定是错误的，但它其实正是现实矛盾的一个漫画式表达。内外矛盾同时聚焦一个主题，那就是迅速提高生产力，迅速改变经济落后状况。这是实践的社会主义从一开始就面对的根本问题。

我们将根据历史事实，讨论新生的社会主义国家解放和发展生产力的紧迫性，讨论苏联20世纪20年代，布哈林与普列奥布拉任斯基之间关于工业化路径的争论；讨论我国社会主义建设初期赶超战略的形成，它的有效推进和之后的冒进表现，讨论其背后的政治逻辑和形成机理；从政治经济学理论上说明，社会主义的本质特征是解放和发展生产力。

为什么在当时的历史环境下，社会主义国家的工业化发动一定是强制性的，一定是偏离市场发育的内在逻辑，扭曲市场供求的内在平衡，一定要利用政权的力量自上而下地推动？历史经验表明，无论是苏联30年代，还是我国50年代的工业化启动，都是在农业生产力尚未取得突破性进展的情况下进行的，"粮食过关"、粮食安全，一直是工业化进程绕不过的瓶颈。苏联理论家发明的"社会主义原始积累"概念有其客观依据。在这样的农业基础上，快速工业化所需要的资本投入、工业原材料以及产品市场都难以满足。轻工业生产的市场规模受限制，为其提供生产资料的重工业发展自然受阻，国家工业化不可能遵循先轻工，后重工的秩序顺利推进，一种依靠国家强力优先发展重工业的逆序进程成为必然。这当然是一种极其艰难的抉择，既没有内部市场与资源的依托，更不可能依靠对外部世界的剥削与掠夺，强制工业化只能靠全体人民的节约，靠较低消费水平上的高强度资本积累，即所谓"勒紧裤带搞建设"。这种情况下，劳动群众的长远利益与当前利益之间会显现出尖锐矛盾，必须有一个有能力克服这一矛盾的国家机器来充当工业化的推进器，或者以专政的强制力，或者以道德的感召力，或者二者兼而有之。

特殊的工业化方式决定了特殊的社会经济体制，列宁在革命前所设想的国家辛迪加在所有实践的社会主义国家都成为现实。强制工业化进程需要国家自上而下的强力推动，集中的计划经济就是最合适的体制选择，它不仅是包含整个工业领域的大科层体制，全部城市经济的大科层体系，这个国家辛迪加还进一步延伸到整个农业，渗透到全部穷乡僻壤。为什么苏联的农业集体化必须强行推进，中国的农业合作化高潮必须迅速到来，原因都在强制工业化。要把全部农业领域纳入国家大工厂的范围，这样才有可能在农业生产力达到必要高度之前，就强制启动工业化进程。这就决定了在大科层体制下，社会主义生产资料公有制和劳动平等关系的阶段性特征：一个覆盖全部社会经济的公有制经济，和一个自上而下地通过行政等级制组织起来的平等劳动。从覆盖全社会的公有制经济这一点看，它和马克思、恩格斯在经典文献中所描述的未来社会大体吻合，至少没有让人感觉到有太多的偏离。但如果从作为生产资料所有制背后的劳动关系看，矛盾又显得非常突出。行政等级制下的平等劳动？这是何等的自相矛盾！政治经济学理论除了从强制工业化本身的要求出发去解释这一历史现象之外，还有必要从平等劳动自身的内在矛盾出发，去理解这一看似矛盾的历史现象。社会主义公有制的规模，特别在像苏联和中国这样的大国经济中，表现为一个包容了亿万劳动者在内的大规模平等劳动，其内部的决策协调机制，需要耗费巨大社会成本。因此，公有制经济内部劳动者之间的平等决策，必须经过多层代议制度来实现，即使如此，其决策成本依然极高，决策效率无法保障。一个主动承担人民群众长远利益和根本利益的执政党自上而下代表人民行使权力，以大科层体制节约公有制经济决策成本，是一种可行的替代方式。它以共产党人的理论自觉、信仰坚守和郑重承诺，作为公有制性质的保障，作为平等劳动本质的体现。这里的平等，体现在剥削阶级的消灭、阶级关系的改变，以及各级官员为人民服务的理念和作为中。这种平等劳动的本质特征，在共和国初期的工业化进程中，显然是得到大多数劳动者认同的。也许，这种体制选择与东方国家的文化传统有关。阿格列塔把这种文化传统称作"帝制传统"①，几千年中国政治的一个核心理念是：得民心者得天下。民心是判断政治正确的终极标准，中国老百姓认同这一理念，愿意按这样一种政治逻辑去思考问题，规范行为。这当然是一个需要进一步深入研究的政治经济学问题。

工业化进程的连续性是理解前三十年成就的关键。从实践看，大科层体制与强制工业化的结合曾经取得了巨大成就，改革开放前三十年的中国经济，在严峻的国际背景下，在经历了大跃进和文化大革命这样的巨大挫折之后，仍然取得了优异成绩：较高的经济增长速度，比较完整的工业体系，农田水利的修复和建设，以及在人均 GDP 水平较低情况下达到超前的人类发展指数，等等。把新中国六十余年的历史联系起来看，这些成就的意义才能充分理解，它为后三十年的高速增长准备了条件。看不到这种历史的连续性，经济学分析就难免具有片面性。

但是这一体制的缺陷也十分明显。由于过度集中的决策和过度延长的行政指挥链，不但劳动者平等的决策权难以落到实处，而且所谓分工平等、分配平等也会大打折扣。工资等级制和分配平均主义并存是这个体制的普遍现

---

① 白果、阿格列塔：《中国道路——超越资本主义和帝制传统》，格致出版社、上海人民出版社 2016 年版。

象，经济激励机制不能说没有，但往往效率低下。平均主义不等于平等，恰恰相反，它违背劳动平等原则，导致干好干坏一个样。因此，计划经济的缺陷不仅仅是资源配置的效率低下，而且激励机制效率低下，创新激励机制效率低下。缺乏创新激励，导致计划经济下的所谓"复制古董"现象，经济增长的动力持续减弱。这就是中国经济体制向市场经济转轨的原因。苏联的经济体制没有能够跟随工业化阶段的变化而及时转轨，从而导致无法克服的经济问题，这是苏联解体的原因之一。

从社会主义生产关系的角度看，经济体制的缺陷更加明显：一个主要依靠自上而下的监督来实现的平等劳动，显然是不完善也不可能完善的。自上而下的监督需要有自下而上的监督来补充，克服大科层体制官僚化倾向，始终是社会主义者、革命的共产党人高度关注的课题。毛泽东主席发动"文化大革命"，试图利用阶级斗争和体制外的"大民主"，来克服体制内的官僚化倾向，这是一次完全失败的试验，但是毛泽东的主观目标是反官僚，这是从当时的体制实践中产生的问题。

经济体制改革以及从强制工业化向内生工业化过渡。内生工业化的快速启动是一系列先决条件同时出现的耦合现象。这其中一些条件是由大科层体系下的强制工业化过程创造的，而另一些则是外生条件导致。强制工业化三十年的成果，包括农业生产关系的变革，农业土地集体所有制形成，进而推动三十年农田基本建设以及大、中型水利建设；以国家所有制和集体所有制两种公有制形式推动的城市工业的发展；一个初步完整的工业体系的形成；在高度平均主义分配基础上形成的全民医疗和基础教育体系的建设，劳动者素质的全面提升等等。外生条件是，20世纪七八十年代，世界上（包括中国自身）农业科技发生了重大进展，化肥和良种推广带来的绿色革命，使得印度这样的发展中大国也出现了农业生产率的提高。这对中国农业生产当然也是机会。正所谓"万事俱备，只欠东风"，农业大包干这个生产关系变革的东风催生了农业生产率爆炸式增长。80年代我国农业生产力的显著进步是有目共睹的事实，但多数人对这一奇迹产生原因的解释并不全面。农业生产率的提高，很快带来连锁反应，首先是农业剩余劳动向农村工业转移，由于当时土地制度的原因，农村工业化启动的成本较低，乡镇企业以集体经济的名义迅速崛起；既有的城市工业通过各种资源的辐射，助推了这一过程。于是持续增长的城乡居民购买力导致消费品市场需求的增加，反过来也助推了消费品工业的快速发展，中国的内生工业化进程终于启动。

（三）内生工业化与竞争的平等劳动

这一部分时间上大体对应改革开放后的三十多年，是理论体系的重点部分，需要结合中国实践，从经济关系的多层次、多角度充分展开。

1. 企业的平等劳动与劳动平等。

市场经济的内生动力。市场经济一旦发动，便产生出自我增强的内生动力，其不可遏制的强大力量，邓小平在改革开放之初就有所认识。他看到"一部分人一部分地区先富起来"所带来的示范效应。但是他仍然没有充分估计到乡镇企业突如其来的"异军突起"。市场经济充分调动了城乡劳动者劳动致富、创业发家的积极性，允许个体、私营、港澳台资本和外资企业发展，进而从外部推动国有企业、集体企业改革以释放活力。毛泽东主席六十年前所希望的："把党内党外、国内国外的一切积极的因素，直接的、间接的积极因素，全部调动起来，把我国建设成为一个强大的社会主义国家"[①]，在市场经济的改革中终于实现。国家如愿以偿地调动了国内几乎全部社会剩余，并且大规模利用外资，实现了比强制工业化阶段更高的资本积累，启动了更快的经济增长。与强制工业化阶段不同的是，这一增长过程一旦启动，它就具有强大的内生动力，而不再依靠国家一个积极性来推动。

市场经济与平等劳动。市场经济一旦形成，他对社会主义的平等劳动关系，尤其是它的实现形式，就会产生重大影响。市场经济的原则是要素平等，他强调生产过程的所有投入因素都要获取平等的回报，劳动报酬只是要素报酬之一，与其并列的还有资本报酬和土地报酬。从公有制经济内部看，劳动者对生产资料具有平等权利，公共所有的资本和土地报酬并不会影响到劳动者个人与个人之间的收入分配，等量劳动相交换的原则依然适用。但是，社会主义市场经济是多种经济成分并存的混合经济，在公有制经济之外，资本报酬归私有资本的所有者所有。尽管在私有制企业中，有效的激励机制仍然强调奖勤罚懒，但与此同时，资本所有者获取了劳动者贡献的很大份额，真正意义上的劳动平等并不存在。资本报酬与劳动报酬结果的差异在于：一个人可以拥有许多资本，资本可以再生出更多资本，资本积累的过程

[①] 《毛泽东文集》第七卷，人民出版社1999年版，第44页。

总是倾向于分配越来越不平等。一部分人依靠资本权力在市场竞争中先富起来，这与劳动平等的原则不相吻合。但是，如果就此以为，竞争的平等劳动相比科层的平等劳动平等程度更低，这种认识也是不全面的。计划经济倾向于平均主义的分配，这种"干多干少一个样，干好更坏一个样"的结果并不是劳动平等。尤其在企业与企业之间、劳动集体与劳动集体之间的贡献差异，在计划经济条件下难以识别，在收入分配中几乎完全被忽视。从这个意义上说，市场经济的竞争原则，企业之间的分配差异，反倒是提升了劳动平等的实现程度。同时，这里还有一个市场秩序问题，合理的市场秩序应当鼓励生产性的、对社会有益的劳动贡献，而不应当鼓励非生产性的，甚至对社会有害的企业活动。总之，市场竞争对于平等劳动的影响需要更加细致的分析，需要一分为二的观点。竞争的平等劳动是平等劳动发育的一个新阶段。平等劳动的内涵变得更加丰富，与工业化进程的关系变得更加紧密，因此需要政治经济学更加深入细致的研究。

市场经济条件下平等劳动关系发生了一个重大变化，企业内部的平等劳动关系与社会内部的平等劳动关系，演化为相互衔接的两个层次。公有制企业内部的平等劳动，由于企业贡献情况在竞争中得到体现，符合市场规律的激励机制得到加强。但是，在占社会经济相当份额的非公经济的企业内部，实质的经济关系已不再是平等劳动。从这个意义上看，社会范畴的劳动平等程度有所下降。但是我们也应当看到，由于公有制经济的主体地位，它对社会范围内的劳动平等程度会有很大影响，而且随着社会经济增长，人民生活改善，国家在社会公平方面的调控力度增强，公有制为主体的混合所有制经济发育更加完善，社会范围的劳动平等程度会逐步提高。公有制为主体的普照之光，必将对社会范围的劳动平等程度产生积极影响。这个企业内部的平等劳动与社会内部劳动平等的相互影响，及其演化过程，特别需要政治经济学深入细致的研究。

公有资本与平等劳动。公有资本是竞争的平等劳动阶段最重要的经济现象之一。随着国有经济公司制改革的推进，这一现象在实践中得到了越来越广泛的承认。政治经济学必须从理论上说明，公有资本如何在平等劳动内在矛盾的展开中产生。社会主义阶段一个最重要的经济现实是：劳动者个人不愿意超出必要劳动时间之外为社会提供剩余劳动。社会进步所必需的剩余劳动积累只有通过社会对个人的强制来实现。这是资本的历史使命，在整个市场经济历史阶段都将发挥作用，不仅在资本主义市场经济中，而且也在社会主义市场经济中。公有资本看起来是一个更大的矛盾。公有制是劳动者自己拥有生产资料的所有制，而资本却是"物统治人的制度"，两者怎么能统一起来？这里的关键是，在社会主义的平等劳动关系中，劳动者本来就具有双重身份，他一方面是生产资料的公共所有者，另一方面又是个人劳动力的所有者，二者的利益诉求围绕着剩余劳动的生产和积累存在矛盾。因此，公有制经济的劳动过程需要集体对个人的监督，需要有人去行使监督者职能。在工人合作工厂，合作社社员通过民主决策聘请代理人去行使集体权利，这里存在着一种"许多人监督一个人"和"一个人监督许多人"的双向关系。但是，如果合作社社员，也就是公共生产资料的所有者，并不全都参加合作社劳动，合作社的劳动者也不全都是合作社生产资料的共同所有者，双向监督和被监督关系就会发生变化。公有资本现象就是在这种变化中逐步产生的。这种情况在国有经济中表现得最为典型，即使在计划经济年代，全民所有制企业的职工也只是全体国民的很少一部分，他们没有充分的权利代表全体所有者，他们与国有生产资料的结合具有某种偶然性。在市场经济条件下，随着劳动力市场改革的逐步推进，国有企业的职工与国有资本之间的关系也逐步向市场交易转型，劳动力的买卖关系成为越来越明显的事实。回过头来看，国有企业的改革为什么一定要选择这样一个方向呢？资本的历史使命没有完成仍然是根本原因。公有资本也需要通过市场竞争和企业内部管理，迫使劳动者超出必要劳动时间为社会提供剩余劳动。20世纪五六十年代，南斯拉夫共产党人曾经在自治劳动的体制下，展开过大规模的社会实验。实验的结果表明，劳动主权型企业会以劳动收入最大化为目标，没有足够的积累冲动，无法满足社会主义经济增长，尤其是社会主义初期经济增长所需要的高积累要求。

国有资本主导的企业是一支公有资本所有者及其代理人所指挥的劳动大军。企业内部经济关系表现为劳动者整体与个人的关系，是劳动者集体意志对个人意志的支配。与私有资本主导的企业相比，这无疑是巨大的历史进步：这里没有阶级矛盾和阶级冲突；公共资本的代理人（企业的经营管理者）与全体企业职工一样，都是普通劳动者，尽管劳动分工有差异，但在生产资料权利与利益关系中没有差异，本质上是一种平等劳动关系。当然，企业经营者需要承担剩余劳动积累，即资本保值增值职能，体现的是劳动者集体利益与个人利益之间的矛盾。只要剩余劳动的积累归劳动者社会公共所有，并且其使用方向符合社会利益，它就是一种"取之于民，用之于民"的关系。公有制经济中的劳资和谐，具有内在的必然性。关键是要处理好公有制经济中的委托代理关系，要依靠工人群众监督监督者，防止管理腐败、公权私用，这也是政治经济学应该深入研究的课题。

多种形式的劳动者合作经济仍然是劳动主权型经济，而不适用于公有资本关系。多种形式的劳动者合作经济，包括工人合作工厂、农民专业合作社和以集体土地所有制为基础的农村社区合作社。这是以劳动者特殊身份为标志，自下而上组织起来的公有制经济，其基本特点是，生产资料和劳动者根据某种特殊规定直接结合，而不需要通过劳动力市场的买卖。多数情况下，公共生产资料的所有者集体与企业劳动者集体基本属于同一集体（工人合作工厂和农民专业合作社），因此合作社社员大会，也就是企业全体职工会议。由于决策成本等方面的限制，合作社经济一般只适用于小规模生产、小规模经营，而不适用大企业。在这里，企业内部的平等劳动关系无论从形式还是从实际看，都是真实存在的。因此市场经济下，合作社经济的发展不仅导致公有制比重的提高，而且会导致社会范围内劳动平等程度的提高。令人遗憾的是，在整个竞争的平等劳动阶段，合作社经济，尤其是工人合作工厂没有得到应有发展。这其中的原因和问题，是政治经济学需要深入研究的课题。

非公经济中的劳资矛盾，是社会主义市场经济发展到竞争的平等劳动阶段所面临的一个突出问题。由于劳动人口供过于求，二元经济的长期存在，以及地方政府在 GDP 竞赛过程中的失当行为等等，劳资矛盾曾经十分突出。近十年来，随着宏观形势的某些变化，劳动者收入有所提高，劳资关系有所改善，但劳资矛盾仍然普遍存在。其进一步改善的必要性和可能性同时存在。市场经济下劳资矛盾缓解的可能性，建立在相对剩余价值生产的特殊性质中。我们知道，相对剩余价值生产以劳动生产率的持续提高为前提，它导致工人生活消费品价值的降低，必要劳动时间缩短，剩余劳动时间延长。毫无疑问，这是资本提高剩余价值率的强有力机制。但这个过程即使在资本主义制度下，也会受到工人阶级力量的制衡，也会受到剩余价值实现机制的制衡。实践中，随着社会劳动生产率的提高，工人的实际工资水平有所提高，工作日也有所缩短，资本剩余价值率的提高是比较缓慢的。这提示我们，劳动生产率提高带来的物质财富增长,可能给劳资间的正和博弈留下了空间。这在社会主义市场经济条件下应当可以放大利用。相对剩余价值不应该由资本家独占,它应该能够给劳资双方带来双赢的结局。如果以人民利益为宗旨的政府能够适当调节,如果公有资本主导的企业能够先行引导,许多有长远目光的私营企业家就会随后跟进,大多数管理规范的非公经济最终也一定可以改善劳资关系、追求劳资和谐。当然,这还不是当下的实际,要使这种可能性变为现实还需要哪些条件,这需要政治经学的深入研究。

关于私营企业主及企业经营者的"劳动"性质。社会主义市场经济下私营企业主也具有双重身份:一方面,他凭借资本所有权获取资本所有权收入,而与借贷资本所有者一样不劳而获,是"食利者";另一方面,他又通过指挥劳动和监督劳动,参与企业的经营管理,是管理劳动者。企业经营管理劳动具有二重性,一方面,它是由一切结合的社会劳动的性质引起的特殊职能,就像一个乐队指挥一样,"这是一种生产劳动";另一方面,它是直接劳动者与生产资料所有者之间存在矛盾的生产方式中"必然会产生监督和指挥的劳动"[①],这是迫使劳动者超出必要劳动时间之外提供剩余劳动的劳动,本身不具有生产性。但在现代市场经济环境下,企业管理的这二重性都是社会生产所必需的,无论私人企业主还是公有资本的管理者,其"劳动"都是生产发展的需要。所不同的是私有企业的管理活动兼有剥削性质,私人企业主是为自己利益服务,作为其"工作成就"的企业利润,首先进入了企业主自己的腰包;而公有资本的管理者是为劳动者公共利益服务,管理者和劳动者处于劳动平等的经济关系中,企业利润反映管理者业绩,却不归管理者所有,其指挥和监督劳动的报酬真正具有管理工资的性质,其劳动报酬的分配应当遵循劳动平等的原则。

不同所有制经济的效率比较。经济学所谓效率,总是可以简单地表述为以更少的投入获得更多的产出,而这是可以从许多不同角度去观察的。政治经济学认为,经济效率的最根本标志是劳动生产率。市场经济下劳动生产率的提高,可以从经济关系的所有层面进行考察,最为基础性的层面当然是直接生产过程。直接生产过程中劳动生产率的考察,可以从激励效率、配置效率、创新效率三个方面进行。

[①] 《马克思恩格斯文集》第七卷,人民出版社 2009 年版,第 431 页。

从理论上说，公有制经济的高效率首先表现在激励效率上，因为公有制是劳动者自己的经济，一个消灭了剥削阶级，进而劳动者可以自己为自己工作的经济制度，当然是激励最强的。但现实情况比理论分析要复杂得多，劳动者个人与个人之间，个人与社会之间都存在着利益的差异和矛盾，不能正确的处理这些矛盾，公有制经济的激励效应就不可能充分发挥。无论是科层的平等劳动中的等级制度，还是竞争的平等劳动中的竞争机制，对劳动者积极性都具有双重的功能，符合劳动平等原则的等级和竞争可以提高劳动者生产积极性，而违背这一原则的等级和竞争就会极大地挫伤劳动者的生产积极性。

经济学所谓配置效率并不是一个十分确切的概念，它以一般均衡理论证明配置效率的合意性，其实假定了资源与资源之间充分的可替代性。事实上，在技术条件给定前提下，生产要素之间的可替代性是十分有限的，倒不如说它们之间具有充分的互补性，要素替代性只有在考虑到技术变换和技术进步的情况下才会充分显示。而现代经济学关于一般均衡的证明，又恰恰是以技术条件不变为假定前提的（生产可能性边界），因此其全部论证存在内在逻辑的不一致性。政治经济学的资源优化配置理论不依赖于一般均衡，认为资源的优化配置说到底就是劳动时间的按比例分配，其合意性的标准是劳动生产力，因此，要素的替代性与互补性是不断变换的，微观层面上最基本的要求是要素的可分离性、可流动性和可交易性。我们正是根据这一标准判断不同经济形式的配置效率，认为资本与劳动二要素相分离的资本主权型企业，要优于二要素直接结合、不可分离的劳动主权型企业。当然，这一判断无关乎公有制与私有制的优劣，因为在市场经济条件下，公有制也可以采取公有资本的形式。

这一点同样适用于创新效率的分析。市场经济对企业创新的强刺激，根源于资本对超额剩余价值的不懈追求。马克思在《资本论》第一卷有关相对剩余价值的讨论中，对这个机制就有精彩表述。企业的技术创新或者管理创新降低企业的个别生产成本，从而导致其产品在市场上实现超额剩余价值，这对企业创新是一个巨大的经济刺激，足以让资本家趋之若鹜。个别企业的创新和超额利润的获取，必然引起其他企业的模仿和追赶，于是导致行业生产成本的全面下降和商品售价回落，个别企业创新带来的超额利润会逐步缩小，直至消失。但资本对超额利润的追求不会停止，新的创新活动重新开始，社会劳动生产力就这样在资本以超额剩余价值为目标的创新中不断发展。事实上，此后熊彼特的创新理论，无非是对《资本论》中这一论述的重新表述和发挥。当然，马克思此处的表述是有缺陷的，他强调了企业个别生产成本的节约，而忽视了企业在竞争中创新行为的另一方面，那就是产品创新。成功的产品创新同样可以给企业带来超额利润，此类创新竞争满足日益多样化消费需求，同样推进社会劳动生产力的提高。但是，这里创新激励的机制是相同的，资本在推动社会经济创新发展中的作用是相同。至少在企业层面上，资本的这种创新激励功能无可替代。这是公有制经济在进入内生的工业化阶段时必须采取公有资本形式的重要原因。而且，随着内生工业化进程的推进，公有资本的这一创新功能，在国有资本主导的大企业，在国家创新体系中的作用会日益突出。当然，创新发展不能依靠公有资本一个积极性，公有制为主体多种经济成分并存的混合经济会通过资本与资本之间的创新竞争，加速发展社会生产力，这就是社会主义市场经济下国家创新体系的微观基础。

社会主义市场经济下多种经济成分的多种企业形式，在复杂多样的市场环境下，在不同的产业领域和经营领域，具有各自的相对优势。国有资本主导的股份制企业更适合大规模生产大规模经营领域；大众创业万众创新的草根经济则适用于民营企业、个体经济；劳动密集的小企业可以采取劳动者合作经济，而资本密集型企业大多采取资本主权的企业形式；农业的基本经营形式是家庭经营；技术劳动者密集的高新技术企业可以更多发展职工持股；自然垄断的大企业最好实行国有资本控股，竞争领域的公司制企业则大可放开实行股权多元化和股权分散化。没有一种企业形式能在所有市场环境和所有产业领域下普遍适用，不同的企业形式在不同环境中具有自己的特殊优势。从社会经济的整体看，多种所有制成分和多种企业形式同时并存，平等竞争，相互补充，将提高企业制度的整体效率和竞争力。这是企业产权形式，企业组织形式多样化的根本原因，也是公有制为主体多种经济成分并存的社会主义基本经济制度的理论依据。

2. 产业间劳动平等。

市场规模与劳动分工。市场经济推动劳动生产率快速发展的两个强大引擎是市场规模和分工深化。市场的发展将越来越多的人口卷入商品交易，进而组织了越来越巨大的市场需求；分工推进劳动生产力的加速发展。分工同时也导致产业间发展的不平衡。在劳动生产力发展的不平衡格局中，商品价格变动与商品生产的劳动生产率变动会出现不一致，生产率提高更快的部门长期中价格偏高，这种现象在工业与农业关系中表现最为典型，这可能与市场价格变动滞后于劳动生产率变动有关。此外，不同产业部门市场结构的差异（垄断或者竞争）也是产业间价格不平衡的重要成因。这些都对产业间劳动平等有不同程度的影响。导致产业间价格不平衡的原因还有政府产业政策的变化，这些产业政策的调整从工业化不同阶段发展的需要出发，但它对产业间劳动平等的影响也很大，其利弊得失构成工业化进程中产业政策研究的重要内容。公平与效率的权衡也许是这一领域政治经济学研究的最重要话题。

轻工业与重工业的发展次序。首先是生活消费品的市场需求，它是农业生产率提高的第一反应，给轻工业企业的规模扩大准备了条件，而企业规模的扩大，即使是在工场手工业阶段，也会通过企业内部的协作和分工，极大地提高劳动生产率。随着生产规模的扩大，其内部的许多分工职能，逐步具备了通过专业化分工建立新企业的条件，进一步扩大市场范围，深化了社会分工，提高社会生产力。由于轻工业的快速发展，轻工业生产所需要的生产资料需求规模也不断扩大，这就会为重工业发展提供了市场条件。重化工业的加速发展进一步为装备工业的发展提供了市场条件。这一波又一波加速发展的工业化进程，有其内在的逻辑和内在的动力，一旦启动，就不会轻易停下。这就是所谓内生工业化的基本含义。不仅是规模和分工提高劳动生产率，而且产业结构的变化本身也在提高劳动生产率，至少从国民生产总值的核算结果看是这样。由于工业生产率的提高快于农业，农业人口向工业转移直接加快 GDP 的增长；同样，新兴工业劳动生产率提高快于传统工业，因此产业结构的相应调整也意味着 GDP 的更快增长。这里涉及一组劳动量计量的理论问题：首先，GDP 增长与商品价值量的增长是什么关系？其次，劳动复杂程度如何度量，它和行业工资差异是什么关系？最后，产业间劳动量如何比较，比较的尺度如何界定，它与劳动平等原则是什么关系？政治经济学在基础理论层面还存在一些难题。

我们将根据以上理论观点和分析框架，讨论我国实践中竞争的平等劳动推进内生工业化的过程，研究竞争的平等劳动如何解放和发展劳动生产力，它的成功的原因和不可避免的局限性。

首先，农业劳动关系在快速工业化进程中的转化。随着农业生产力的提高，内生工业化从离土不离乡的乡镇企业开始；同时，城市工业化的加速引起移民潮，农民工现象是中国内生工业化阶段的特殊现象，对工业化进程有巨大影响，对农业和农村经济的影响更大。大多数承包农户在短短几年时间内成为兼业农户，它影响了我国农业几十年。一方面，农民家庭收入增加了；另一方面，农业的专业化进程缓慢，农业现代化滞后于工业化城镇化。这当然与农村土地制度以及城乡户籍制度改革滞后有关。最初的农业大包干不利于土地流转，户籍制度更是将农民工及其家庭与市民生活隔离。在新形势下加快发展适度规模家庭农场以及家庭农场基础上的农民合作社，加快农业现代化进程，增加农民收入，改善农民生活，进而提高农村社会的劳动平等程度，已经成为竞争的平等劳动自身发展的要求。

其次，内生工业化依靠多种所有制经济共同推进。内生工业化进程已经经历了从乡村工业到城市轻工业，再到重化工工业，从劳动密集型到资本密集型，再到科学技术密集型产业的发展过程。工业化的进展有其自身逻辑，但多种形式的企业在其中都发挥自己应有的特殊作用。国有企业在改革中逐步融入市场竞争，发挥了改革与发展的引领作用；乡镇企业从"异军突起"到果断转型，为工业化进程提供了重要动力；民营经济从无到有迅速扩张，成为国民经济的最大增长点；外资企业不仅为工业化起步提供了资金补充，而且带来了最初的技术推动，充当了国内企业创新发展的好老师。国家政策的调整在此过程中发挥了重要助推作用，这里不仅包括相应的产业政策，而且包括其他许多影响产业发展的相关政策，如市场改革初期的价格双轨制；又如在整个工业进程中长期维持的矿产资源低价政策、相对偏低的资源税政策；等等。随着工业化迅速推进，新一代产业工人队伍迅速成长。中国工人的工厂纪律，加上新中国医疗与教育事业的良好发展，再加上吃苦耐劳的文化传统，为内生工业化进程构造了真正的内生动力源。正如乔万里·阿里吉所言：中国的经济优势并不是丰富而廉价的劳动力，而是"这些劳动力在健康、教育和自我管理能力上的高素质"[①]。发展的代价是，市场经济的自发性带来了资本权利膨胀，私有经济中的劳资关系一度紧张，甚至改革中国有经济的"劳资关系"也出现了诸多问题。平等劳动关系在市场竞争中受

---

① 乔万里·阿里吉：《亚当·斯密在北京——21世纪的谱系》，社会科学文献出版社2009年版。

到损害。内生工业进程中的劳动关系近年来有了明显改善,劳动法颁布与劳动者权益保护,国家在其中发挥了重要作用。如何进一步提高社会范围的劳动平等程度,我们在最后一部分中还要继续讨论。

平等劳动的发育与工业化的进程不可分割。从技术层面看,工业化进程贯穿始终的特点是机械化,即用机器替代人的劳动。机械化生产的内在逻辑是一步一步地用机器去替代一切能够用机器替代的人的劳动,包括体力劳动和脑力劳动,进而实现自动化。因此,装备工业的大发展是机械化发展到一定阶段的必然结果,高新技术产业的发展、电子计算机行业的发展,以及生产性服务业的发展,都是这个过程的结果。工业化初期,以体力劳动为主的蓝领工人队伍,必然会掺入越来越多的白领工人。因此,工人阶级越来越成为一个技术分化越来越严重的异质性的群体,总体工人的概念应运而生。这种工人内部差异性的扩大,是否最终会导致平等劳动的瓦解?政治经济学应当根据现代科学技术的发展趋势,对此给出明确的回答。我们的基本观点是,劳动生产力的进步正在不断提高劳动阶级的整体素质,以现代科技发展为导向,生产方式演化提高了对工人一专多能的技术要求,工业生产的机械化自动化进程更多倾向于工人的"再技能化",而不是"去技能化"。劳动者科学技术水平在现代生产力提高中的作用逐步增强催生了企业人力资源管理的发展;劳动民主对生产的影响,已经受到越来越多管理科学家的关注。这是否是明确的信号:现代劳动生产率的提高与企业内部劳动平等程度的提高具有高度的相关性,社会主义的平等劳动符合社会生产力发展的需要?

流通与社会劳动生产率。产品售卖阶段要解决企业商品价值的实现问题,也就是企业个别劳动到社会劳动的转化,但是这一过程对商品生产的劳动生产率并不是完全没有关系。流通领域的劳动当然不影响工业企业劳动生产率,但是商品生产的总过程总是会延伸到企业劳动之外,流通领域的劳动也会影响社会劳动生产率。马克思在《资本论》第二卷指出:运输"表现为生产过程在流通过程内的继续"[1],由于它改变物质产品的空间或时间属性,因此而改变了商品使用价值,其劳动加到商品价值之中。这一思路应该可以扩展到流通过程的一部分包装和仓储业务。比如说 30 年前一台刚出厂的彩色电视机,需要消费者在商店排队购买,排队的时间从几小时到几天不

---

[1] 《马克思恩格斯文集》第六卷,人民出版社 2009 年版,第 170 页。

等，可是今天我们只要上互联网点击几个按键，京东快递就会及时把彩电送上门。即使不考虑彩电的物理属性差异，它也给消费者提供了更多使用价值。因此说，物质生产过程是可以延伸到工厂生产之外的。从这个意义上说，快递也是生产力。因此电信、运输、物流、仓储、快递的效率，直接构成社会生产力的一个组成部分。流通领域的另一部分劳动，即所谓批零商业中的劳动不具有生产性，因为这部分劳动不会改变物质产品的使用价值，它只是沟通了厂商与消费者的信息，帮助消费者的选择和购买，因此它并不影响劳动生产率。但是进一步的考察不难发现，无论是厂商自营，还是独立商业公司的营销活动，都会影响到生产企业市场规模，进而间接影响生产规模，而生产规模显然影响生产力。

我国工业化的高速增长期，劳动生产率普遍提高在多大程度上受到流通领域效率改善影响？与工业生产过程中的效率提升相比，流通领域的效率提升表现如何，有哪些经验和不足？这在中国经济增长原因的考察中都是不应忽视的内容。其中，包括交通运输网、电信通信网在内的基础设施建设大发展，对经济增长的贡献尤其不能忽视。整个流通领域的活动，无论它是否具有生产性，对于社会劳动生产力的持续快速提高全都作出了积极的贡献，他们在全社会平等劳动中都应当具有同等地位，应当受到平等待遇。

生活服务业劳动的情况与之类似。作为产品生产延续的生活服务业不仅包括货运、物流和部分仓储业，而且包括旅店、餐饮和客运业。旅游业的性质可能介于服务与营销之间，或者说景点服务更接近服务业，而旅游公司业务更接近商业营销。所有这些服务业都扩展了物质产品的使用价值，因此表现为商品标准质量的提高，其劳动在更高质量标准的商品上表现为生产商品的社会必要劳动，因此同样具有直接生产劳动的性质，其服务质量和服务效率的提升直接构成社会生产力的组成部分。另外一些服务劳动直接作用于人的身体，虽然不能看作是物质产品生产的延伸，却也给消费者提供了使用价值，如理发师的劳动、按摩师的劳动，在标准化服务和企业经营的前提下，此类服务业也可以视为提供劳务商品的生产单位。包括有组织的家政服务业应当也具有类似性质。总之，生活服务业的迅速扩展，本身就是社会劳动生产率不断提高的结果，这种发展又极大丰富了人民群众的物质文化生活，直接体现了社会劳动生产力满足多样化需求的能力。生活服务业广大从业者的辛勤劳动有益于社会，有益于人民，理应享受平等劳动的权利，实现平等劳动的愿望。

　　金融业是一个更加特殊的经济领域。资本的运动具有"时间价值",资本所有者是按照资本使用权的让渡时间来分割剩余价值的,因此,无论直接生产中剩余价值率如何,资本的周转速度和周转效率对资本回报总有很大影响。加快资本周转的努力,反过来促进生产过程中物质资本使用效率,影响真实劳动生产率。金融的作用不止如此,它在有效配置社会资源、分散经济活动风险等许多方面,对实体经济都有积极的正面效应。因此,金融业的劳动是有益的社会经济活动,是社会分工体系不可缺少的环节。由于金融业的活动不改变物质产品的性质,对物质产品的使用价值没有直接影响,因此与纯粹流通活动一样不创造商品价值和剩余价值。金融业的全部收入,从每一个普通职员的工资收入,到它的高层经理人员的高额回报,都是物质产品生产者创造的剩余价值的转移。但是,劳动价值论的这一理论分析不影响金融从业者,特别是他的普通员工的劳动收入在经济上的合理性;只要这些工薪收入与劳动付出相适应,就符合劳动平等原则,应当从道义上充分肯定。新中国六十余年的工业化进程中,金融业广大劳动者与其他各行各业劳动者一样,通过辛勤劳动为社会做出了有益贡献,尤其在引导居民储蓄,筹集社会资金,满足日益高涨的投资需求方面,金融业的贡献应当充分肯定。但是当前收入分配格局下,金融业平均收入水平偏高也是不容小视的问题。这一现象究竟是市场改革的必然结果,还是经济周期波动的暂时现象?从国际比较看,各国经济发展过程中金融业逐步膨胀,金融业获取的国民收入比重逐步增加,似乎是普遍现象。那么,这在经济上是合理的吗?或者它只是私有资本主导的市场经济中资本权力膨胀,不断挤压劳动权利的一种表现?政治经济学理论需要在这方面深入探究,为平等劳动在我国的健康发育明确政策思路。

　　城市化与工业化。流通与生产的不同阶段不仅在时间上继起,而且在空间上并存,这是社会生产过程有效展开的前提。不同产业空间上的分布也就是产业的空间结构,产业空间密度的差异导致人口密度差异,是城镇与乡村分野的基础。工业化就是城镇化。工业化的效率有赖于城镇化的发展。产业的空间集聚是城市化生产效率的来源,特定工业产业的集聚,即产业园区,对于提高购买阶段的流通效率作用巨大,以至于成为我国制造业劳动生产率高、市场竞争力强的重要原因之一。产业园区在我国迅速形成、发展的原因,是政治经济学需要深入研究的课题。工业产业在城市及城市周边的密集布局，生产性服务业的发展，包括知识密集型的生产服务业以及流通领域的生产服务业，创造了规模越来越大的市场空间，促进了这部分产业的加速发展。而与产业集聚密切相关的人口集聚，催生了城市生活服务业的发展，提高了生活服务业的规模效益，为服务业的质量提升和升级换代提供了条件。我国内生工业化阶段城市化进程慢于工业化进程，根源于农业人口向工业人口转移的特殊性。总体上看，20世纪80年代以来，农业人口向工业转移，乡村人口向城市转移，采取了渐进式分阶段的路径。先是乡镇工业的发展，大多数农民离土不离乡；然后是90年代农民工大规模进城，他们没有举家迁徙，而是采取了在城乡间季节性迁徙的两栖生活方式。农村转移人口市民化的议题，只是到最近十年，才越来越受到全社会的关注。在将近30年的时间里，近2亿新增的城市劳动人口没有成为真正市民。我国城市化明显滞后于工业化，这对经济增长的影响是：一方面，由于农民工工资明显低于有城市户口的劳动人口，工业化初期的成本降低了；另一方面，农民工在城市最低限度的生活，以及大量农民工家庭滞留在农村，使得城市第三产业的发展落后于第二产业，尤其是生活服务业发展滞后。这两方面因素的结合，对中国工业化发展初期的综合效益究竟如何，还需要经济学更加接近实际的深入分析。一般认为，这样一种工业化路径有利于快速增长，特别与高积累低消费的发展模式相适应。但是，这对于平等劳动的发育有不利影响却是不争的事实。无论从城乡差距的拉开，还是从劳动者报酬偏低，甚至企业劳资关系一度紧张的角度看，其负面影响都很明显。权衡两方面得失，还需要政治经济学付出更多努力。

工业化与区域经济。 人口和国土面积无疑对一国工业化的崛起具有正面效应，这是我们得天独厚的优势。一是市场规模优势；二是产业腾挪空间，这是任何人也没法与我们比拟的。特别是，我们庞大的基础设施投资的规模效应现在已经充分显示。往后去，我们还将进一步充分利用这一优势，保证新常态下工业经济的新一轮增长。但是，大也有大的难处。在工业化发展初期，旧经济的惯性力量使得市场的启动比任何经济体都要更加困难。中国的区域发展战略是由点到面，自东向西，梯度推进的。这种让一部分地区先富起来的策略，是实事求是的成功策略。但是，另一方面，这也对平等劳动的发育，特别是城乡之间、区域之间的劳动平等，带来了负面影响。由此造成的问题，成为许多人批评中国特色社会主义的重要根据。一直到今天，我们的基尼系数偏高仍然受到各方面的批评。中国内生工业化阶段的区域经济政策是否合理？是否存在更加有效的区域发展战略保证效率与公平的统一？这当然也是政治经济学必须明确回答的问题。

考察一旦进入产业和区域领域，平等劳动的意义就已经跨出工厂大门进入社会范围。这是全社会意义的平等劳动，不仅在企业内部不同岗位的劳动者之间，而且在不同企业之间，不同产业领域之间。全社会劳动者应当具有平等劳动权利，无论你的劳动是生产劳动还是非生产劳动，只要对社会有益，就应当在社会范围内享有同等的权利。当然，在当前发展阶段，市场竞争导致岗位与岗位之间，企业与企业之间，产业与产业之间劳动者权力和利益的不均等。这些权力和利益的差异在什么范围内符合劳动平等的原则，又在什么范围内违背了劳动平等的原则？政治经济学需要讨论这种生产的关系实际状况对生产力发展的影响。

3. 社会范围的平等劳动。

社会范围而言，劳动就是劳动者的社会分工体系。竞争的平等劳动是在市场经济的环境下组织起来的，它是由市场构成的亿万独立劳动者的全面能力体系，其社会生产力也就是这个全面能力体系的生产能力。劳动的社会生产力，并不单纯取决于微观经济组织的效率和竞争力，而且更多要依靠社会分工体系的协调性，即劳动的按比例分配和劳动时间节约规律。在社会劳动生产力的考察中，协调发展处于最核心的位置。

从社会范围看，市场经济下的劳动还具有平等劳动的社会属性吗？在单一公有制的计划经济时代，科层的平等劳动是一个与大科层体制的范围相一致的范畴，它不仅适用于企业内部，而且适用于整个社会范围。但是在多种经济成分并存的社会主义市场经济下，企业内部的劳动关系与社会范围的劳动关系显然存在差异。公有制企业，包括公有制为主体的混合所有制企业，如国有资本控股的公司制企业内部存在平等劳动关系；非公经济企业内部情况就并非如此。那么，在市场经济条件下是否还能说社会劳动具有平等劳动的社会属性？我们认为这种关系是存在的。作此判断的依据是：其一，社会经济关系的基本特征，要以该社会基本经济制度的性质来确定，我国社会主义基本经济制度的特征是公有制为主体多种经济成分并存，正是这个公有制为主体，决定了社会范围平等劳动关系的存在性。这是量变到质变的辩证法，其逻辑可以类比于企业层次上国有资本控股的混合所有制企业内部的平等劳动关系。从社会范围看，我国现实经济中，公有制的主体地位并不仅仅取决于工业企业中的公有制比例，公有制的比重还应当包括第三产业特别是金融业当中的国有经济比重，应当包括农业的集体土地所有制，城市土地和其他自然资源的国家所有制等等。公有制的主体地位是一个宏观经济概念。其二，从社会范围看，劳动的社会性质还要从社会分工体系的协调原则去观察。社会主义基本经济制度与市场经济相结合，兼顾公平与效率，形成平等劳动的协调原则，在劳动与资本关系的协调中，以劳动群众的长远利益和整体利益为出发点和落脚点，社会范围的劳动平等关系随着社会劳动生产力的提高而不断提升。

社会范围的劳动生产力是一个综合的整体概念，需要在社会总产品再生产的全过程中进行考察，其关键因素是社会经济的协调发展。马克思的社会再生产理论的核心问题是社会总产品的补偿与实现问题，其扩大再生产实现条件的基本公式是：

$$\text{I}\left(v + \Delta v + \frac{m}{x}\right) = \text{II}(c + \Delta c)$$

这是马克思主义政治经济学宏观理论的最重要公式，其突出特点是强调扩大再生产条件下宏观经济的结构平衡。公式隐含社会再生产的一系列重要比例关系。一是供给侧资本投入与活劳动投入之间的比例，即 c 与 v 的比例。二是新增价值中可变资本与剩余价值的比例，即 v 与 m 的比例。二者结合，就有成本与利润的关系，即 c + v 与 m 的关系。三是两大部类需求侧的基本结构，包括补偿生产中消耗的生产资料的需要（这一部分需求在再生产过程中具有刚性），满足工人与资本家的消费需求，以及扩大再生产所追加的不变资本（生产资料）和可变资本（生活资料）需求，公式包含了这些生产资料和生活资料价值量与实物量的一系列比例关系。扩大再生产公式需求侧结构中最重要的比例是积累率。它由两个基本比率决定：在供给侧结构中已经给定的劳动与资本的利益分配关系，即剩余价值率（$m' = m/v$），以及需求侧结构中两大部类的资本所有者对剩余价值在积累与消费之间的分割，即 $m - m/x$ 与 m/x 的关系，有学者将积累（投资）占剩余价值的比例（$1 - 1/x$）称为资本化率。从以上两个比率，我们不难计算出两大部类的积累率（s'），即积累（投资）在社会净产值中的比例：$s' = (1 - 1/x)/(1 + 1/m')$。积累率在一国宏观经济的动态平衡中具有举足轻重的关键作用。特别在经济发展方式转型，宏观积累率需要做较大调整时，它对宏观经济的供给结构与需要结构的平衡要求更高。我国工业化发展阶段的每一次跨越中，都会发生积累率的调整，而且在内生工业化阶段，积累率还有逐步提高趋势，这中间的宏观经济平衡都发生了什么样的变化，其宏观平衡机制又是怎样的，都需要政治经济学更加深入的研究。马克思的宏观经济理论认为，宏观经济总量问题归根结底是结构问题，是社会资本再生产的基本结构的平衡决定总量平衡。换言之，是资本主义经济的结构性矛盾导致总量经济的不平衡，因此，单纯的宏观经济总量管理并不能有效解决宏观经济问题。这一点，对于社会主义市场经济的宏观调节同样适用。马克思社会再生产理论，对于我国目前加强和改善宏观调控，促进社会主义市场经济协调发展，实现充分就业，经济稳定增长，都具有极其重要的理论意义和现实意义。

从供给侧结构看，最重要的是劳动与资本的结构。劳动与资本的比例关系在宏观层面上表现为两大要素市场的形成、发育，以及两大要素市场价格的形成机制。劳动力市场形成和发展是内生工业化过程的起点，劳动力商品的买卖是生产总过程的起点。在此起点上，全体劳动者作为独立的劳动力商品所有者，在劳动力市场平等竞争，他们的身份是平等的。在完善的市场经济下，劳动力市场的自由竞争趋向于不同产业间工人的工资率相等，即工资与其劳动贡献比例相等。这与平等劳动所要求的分配平等遵循相同的原则。但是，我国改革开放三十多年来的实际是，劳动力市场发育滞后，相对于产品市场发育明显滞后。由于城乡二元经济的存在，户籍制度的障碍，以及国有企业人事工资制度改革的不彻底，劳动力市场的分割依然严重，这方面的改革至今还没有完成。社会主义市场经济下的劳动力市场不是一个放任自由的市场，国家对劳动力市场的管理长期中遵循平等劳动的协调原则，根据社会生产力发展状况，采取最低工资标准、劳动报酬增长与劳动生产率提高同步等调控手段，逐步推动劳动工资水平的提高。劳动力市场的改革是市场经济条件下平等劳动关系发育的重要环节。

资本市场的形成和发育几乎与劳动力市场同步，一开始是基于国有银行的间接投资，然后是证券市场的直接投资。这个市场对民营经济的支持不足，无论是银行间接投资，还是证券市场融资，都更多地支持了国有经济和城乡集体经济。但是，民营经济仍然以其顽强的自发力量参与和推动了资本市场的发育，并且在正规金融体系的外面创造出相当规模的非正规金融体系，以满足自身发展的需要。中国的金融体系建设至今仍然相对落后，甚至还有某些计划经济的痕迹。但是，中国金融体系效率并不低，它为高速增长的工业化筹措资金，在三十余年的时间里，实现了从资金短缺到资本充足的华丽转身。中国老百姓超高的储蓄率、国有企业的超高的再投资率（资本化率）、民营经济的高留存比率，以及中国经济对国外投资的巨大吸引力，都为中国资本市场的繁荣作出了重要贡献。问题是，这一切是如何发生的？为什么我们在短短三十年时间发育起来的不成熟资本市场，会比许多长期发育的成熟资本市场做得更好？在资本市场发育中资本价格发生了怎样的变化？银行利息和证券市场回报率对此有什么样的影响？中国资本市场的发育是否已经形成了全社会统一的一般利润率？这个趋于平均化的一般利润率和趋于相等的工资率之间是什么关系？

宏观总量中劳动报酬和资本报酬的比例是一个重要的政治经济学问题。这个宏观经济比例绝不是由市场自发作用决定的，不同的经济制度和不同的政府目标对此具有重要的调节作用。这是社会主义经济中最为基本的公平与效率问题，低劳动成本可能在起步时有利于工业化，在初级产品外贸出口中有利于竞争力，但是它不利于提高社会范围的劳动平等程度，并且对创新发展新阶段也有消极影响。如何在工业化进程中权衡二者关系，作出适时适度的调节，是竞争的平等劳动发展的棘手课题。以平等劳动作为基本经济关系的社会主义中国，对国民收入中劳动收入比例下降是否可以给出合理解释？发展中国家的劳动收入比例偏低是普遍现象，我国情况是否存在某种特殊性？很长一段时间内，我国国民收入中政府收入比重较高，这对两大要素分配比例有什么影响？随着全民福利制度改革的逐步推进，政府财政支出的比重提高具有合理性，如果这种财政支出主要用于保障劳动者能力发展机会平等，那么它对于提高社会范围的劳动平等的实现程度就具有正面效应。在这方面，北欧各国的国民收入分配格局对于说明我国宏观总量分配结构的变动趋势应该有借鉴意义。

宏观经济需求侧的结构平衡绝不是简单的"三驾马车"比例，这个比例关系即使在简单再生产条件下也不是任意给定的，它背后牵涉的是生产资料生产与消费资料生产两大部类的动态平衡；而在扩大再生产条件下，两大部类的物质平衡与价值平衡更具有十分复杂的动态结构。需求侧结构与供给侧结构相互关联，牵一发而动全身，其中作为动态连接枢纽的最重要指标就是积累率。在一个动态的连续的再生产模型中,它既对第一部类的投资增长,又对第二部类的投资增长有着特定的比例要求。因此,当经济增长进入"换挡期",宏观积累率必须做出调整的时候,社会经济结构的动态调整就显得尤为重要。当前我国经济正在从积累率相对较高的旧常态向积累率相对较低的新常态过渡,供给侧结构性改革是按照马克思宏观经济理论进行结构调整的决定性步骤。

从社会再生产的角度看,剩余劳动的积累始终是进步的杠杆。现代市场经济下的再生产只能是扩大再生产,资本的积累功能仍然在社会进步中发挥杠杆作用。中国市场经济下内生工业化的快速推进,自然也与高强度的资本积累不可分割。公有制为主体的市场经济,资本积累率为什么能如此之高?这是政治经济学需要深入探讨的问题。当然,东亚各国的老百姓因为传统文化而有较高的储蓄倾向,但中国大陆长期保持的超高积累率仍然有其特殊性,需要在居民储蓄行为、企业投资行为和宏观数据的实证研究中,得出更有说服力的论证。我们可以从基本经济制度的层面,用多种经济成分的多个投资积极性来解释我国内生工业化阶段投资率高涨的原因。但从具体操作层面看,金融体系的特点和效率,它筹集社会资本的强大能力也是不应该忽略的因素。然而,长期维持的高积累对人民消费生活会有什么影响?积累与消费是一种此长彼消的关系,还是相互促进同向发展的关系?政治经济学应该对此给出明确的答案。

资本积累问题的另一个重要的研究方向是积累率与生产率提高的关系。由技术进步推动的内涵式扩大再生产伴随着资本有机构成的提高,这是中国经济增长的常态,已显示了投资对技术进步的正向关联性。但是二者的关联程度究竟有多高?罗思义等研究者根据全要素生产率分析认为,中国增长的主要原因在资本积累,全要素生产率的贡献很小。但是运用马克思主义的经济增长函数对中国数据的研究表明,劳动生产率对经济增长的贡献高达80%,它是中国经济增长的主因,而不是相反。进一步运用中国数据分析影响劳动生产率的因素,应该是解开这一增长理论谜团的唯一路径。

社会主义市场经济下,《资本论》阐释的资本积累一般规律是否仍然有效?两极分化对于社会主义市场经济与资本主义市场经济是否同样适用?从现实发展看,这一问题似乎还悬而未决。政治经济学有必要通过深入的研究,给出明确的答案。劳动生产力的提高导致物质财富的极大增长,这是确定的，但是市场经济的分配是否必然向资本倾斜？劳动者能否分享财富增长利益？在什么情况下能够分享财富增长？如果分配偏向于资本，这个规律是怎样的？如果分配倾向在劳动与资本之间达成适当的平衡，结果又将是怎样？这对社会总剩余价值率会有什么影响？对社会总资本利润率又会有什么影响？社会主义市场经济条件下，是否存在一般利润率下降规律？如果存在，它对社会经济结构会有什么影响？对平等劳动的发育进程又会有怎样的影响？社会主义政治经济在这一领域的研究还不多，而对于社会主义政治经济体系建设来说，这一领域的研究绝对是不可或缺的！当前中国的现实情况是，经济高速增长伴随着收入分配差距拉开，近十年虽然做了大量努力，情况并没有明显改观。旧常态下增长的动力源正在逐步萎缩，大量过剩资本没有找到有效的生产性投资渠道，而争先恐后地涌入金融领域，于是产生了市场周期性波动中常见的金融业自我扩张：越来越多的实体经济过剩资本转向投资金融产品，金融投资品供不应求而价格递增。与实体经济中情况不同的是，这种金融产品的涨价非但不能遏制需求，反而导致了投资品涨价预期，诱使更多过剩资本疯狂地追涨投资，从而形成金融市场无节制疯长的市场需求。这种现象近年来多次出现，从股市转战房市，又从房市转战股市，严重影响了实体经济的健康成长，严重影响了我国金融市场的安全和发展。这是社会主义市场经济不可避免的后果吗？它对中国工业化进程将产生什么样的影响？显然，金融领域的变革迫在眉睫，为使金融业更好地为实体经济保驾护航，我们究竟应当怎么做？

4. 国家制度。

成功的工业化需要有为政府，国家发展战略的制定对成功至关重要。国家在工业化进程的每一个阶段，及时地调整发展战略和产业政策，引导工业化的持续发展；国家通过产学研结合的科技政策；通过惠及全民的教育和医疗政策，提高国家的科技水平和国民素质；通过恰当的社会政策保障社会的和谐和安定。所有这些，对一国劳动生产力的持续提高具有不可或缺的重要作用。一国经济发展中的国际贸易环境和国际债务环境，国家参与国际经济的意志和方式，也会对国家的工业化进程造成重大的甚至决定性的影响。

市场与政府。内生工业化有其自生动态的内在机制，那么，政府在其中发挥什么作用？新自由主义的经济理论试图让我们相信，市场有足够的动力自我发展；政府除了维持秩序，似乎不需要做任何事情，只有无为政府才是良政。全世界工业化国家的所有成功经验都表明，这种理论完全脱离实际。无论是欧洲还是北美的先进工业国，在起步阶段政府就发挥了无可替代的重要作用。所谓资本原始积累，无论是圈地运动，还是大西洋上贩卖奴隶的三角贸易，国家的政治和军事力量都起到了强有力的推动作用。在市场经济三大要素市场的建设中，国家始终是主导者。资本市场的建立，土地市场的建立，特别是劳动力市场的建立，国家作用不仅是加速器，而且是发动机。进入现代市场经济后，国家对经济生活的干预日益增加，国家的宏观调控贯穿经济周期的每一个阶段，国营经济一定程度的发展也几乎成为常态。后发工业化国家的赶超经验更加证明，有为政府的正确战略几乎是成功的关键。国家经济战略的正确性，取决于这些战略是否符合经济规律，是否适应国家经济发展在各个相应阶段上的实际情况。

党的十八届三中全会提出市场起决定作用，政府发挥重要作用，正是根据了这些经验事实。政府在工业化进程中必须发挥积极作用，但政府作用以市场规律为依据，顺应市场规律而积极地发挥作用，政府与市场合并成为工业化高速推进的双引擎。我们将详细分析市场经济改革三十余年来，政府顺应市场规律推进工业化进程的作为，研究它的目标函数、行为特征和一般效果，尤其关注我国政府在工业化进程中的作为与世界上其他国家的差别，包括与东亚工业化国家的差别，以此归纳中国道路的特色和优势；同时我们也将分析这一过程中难免的失误和偏差，寻找它产生的原因和导致的后果，以及纠偏的路径等等。

地方政府与双层市场的竞争。针对20世纪90年代中期的财税体制改革，做更加详细的专题研究，讨论改革的动因、改革的效果，以及对此后二十余年中国经济高速增长的影响。毫无疑问，这是一次成功的改革，它不仅解决了中央财政的当期问题，也为此后二十年高速增长中地方政府的积极作为构造了制度基础。我们将讨论地方政府在分税制体制下的GDP竞赛，讨论这种体制对地方政府招商引资策略的影响，企业改革决策的影响，区域产业结构及产业布局的影响；我们要在地方政府经济行为分析的基础上，进一步讨论中国特色的双重市场理论，研究它在工业化进程的积极作用和消极作用，为制定下一步的财税体制改革提供方案。

国家战略成功的制度原因。政治经济学不仅关注政府在国民经济日常管理中的重要作用，更加关注在工业化进程的每个关键性转折关头，国家及政府所发挥的战略主导作用。事实上，无论是在强制工业化起步阶段，强制工业化向内生工业化转轨阶段，还是内生工业化发展中每一个分阶段的调整，一直到当前我国经济从内生工业化向可持续工业化转轨的关键时刻，国家和政府都适时地做出了方向正确的重大调整。考虑到新中国六十余年的发展过程跨越了许多发达国家上百年甚至数百年的历史，——经历了工业化进程几乎所有的历史转折关头，过程之曲折、环境之复杂超乎想象，这种"几乎总是正确"的记录令人惊艳，其本身就是世界性奇迹，因此值得政治经济学深入探讨。为什么我们能够成功？为什么我们总是正确？或者，往往能够在自己的错误面前迅速转身，回到正确的道路？这是历史的巧合，是中国人特有的幸运，还是存在的某种形式的必然？比如说是决策理念使然：因为几千年传统文化所蕴含的政治智慧；又比如说是制度构架使然：因为中国特有的政治和经济制度保证了决策的正确方向和成功概率。我们认为，正确的答案可能在上层建筑和经济基础的辩证统一中：我们有一个马克思主义政党为执政党，她以为人民服务为宗旨，并且将这种政治理念在党的近百年的历史中代代相传，贯彻始终。这一政治理念与老百姓当中"人为本，民为先"的传统文化息息相通，因此，中国共产党在每一个历史关头都能从最广大人民群众的长远利益出发做出决策。我们的政治制度没有给各种利益集团讨价还价的余地，我们的政治制度只承认一种决策理念，那就是"以人民的名义"。这一政治制度的根基是公有制为主体的基本经济制度。公有经济对于政治制度的作用并不仅仅是工具，而且是制度保障。市场经济条件下，资本是微观经济组织的指挥者，它总要顽强地显示自己的权力和意志，拥有巨大社会财富的资本寡头，往往利用金钱的力量侵蚀甚至俘获政治权力，这是私有资本主导的市场经济的惯例。社会主义市场经济如何避免资本主义的这一必然结局？只有靠公有制为主体。只有在决定国民经济命脉的重要领域，在具有市场垄断或者寡头垄断地位的大企业中坚持国有经济的主导地位，在整个社会所有制结构中保持公有经济的较大比重，党和政府才能够在与资本权力的博弈中稳操胜券，才能够避免政治权利被资本权力渗透甚至俘获。这是中国特色社会主义发展至今的一条基本经验，是我们不可须臾丢弃的法宝。做大做强国有经济不仅具有经济的作用，而且具有保持政治制度稳定的根本意义。

国有经济及其改革。国有经济的作用不能单纯从经济发展的意义上理解，也不能单纯从分配公平的意义上理解，而且要从政治经济学的更深层次上理解。但是也不应忘记，无论国有企业还是国有资本，都是市场经济微观基础的组成部分，它产生于市场，在市场中发挥作用，必须遵循市场经济的规律。国有经济的改革，是市场的主导作用和政府更重要作用相结合的产物，这是他的困难所在，同时也是他成功的出路所在。从现实情况来看，改革已经基本完成了企业层面的公司制改造，通过公司法人财产权和国有股份资本所有权的划分，实现经营权和所有权的分离；到 2003 年前后，由于国务院国资委的成立，政府特设了国有股份资本所有权的管理机构，国有经济的效率有所提高，实力也有所增强。但是从国资委运作的实践来看，这个政府机构在管理国有股份资本的过程中仍然存在着一系列的不适应。由于政府多目标行为特点，国有及国有控股公司的治理结构不符合市场经济的要求；党组织和工会组织在治理结构中如何发挥作用仍然存在一系列没有解决的问题；国资委这样的政府特设机构在股份资本管理中不能像一个普通的股票所有者那样进行市场操作，也给公司治理结构的完善（股东用脚表决）增加困难；特别是，在国有经济积极推进混合所有制改革的当下，政府股东与民间资本互动，在商业谈判中双方地位不对等，事实上成为两种资本按市场原则充分融合的主要制度障碍。如何按照十八届三中全会精神建立"管资本为主"的国有资本监督管理体制，改革的理路并不清晰，改革的推进还需要有更多的实验和摸索。有鉴于国有经济的发展在中国特色社会主义的经济和政治制度中具有举足轻重的位置，政治经济学必须从理论和实践两个方面对此做更加深入细致的研究。

5. 开放经济。

工业化进程必须在开放环境下完成，这不仅是世界经验，也是我们自己的体会。我们在强制工业化阶段开放程度极低，这并非我们自愿，当时的内外部环境是别人强加给我们的，当时的环境下，自力更生，奋发图强是正确选择。关键是，我们在条件允许的情况下适时作出调整，改革开放打开了国门，中国积极地融入世界经济的发展大潮中。但是，由于经济落后，一开始我们在国际贸易中的地位是很被动的。我们唯一的优势是劳动力低成本，我们不得不用超出别人数倍的劳动去换取外汇。沿海地区"两头在外"的贸易形式，曾经是最为合理的办法。我们缺少工业化必需的资本和技术，我们引进外资，同时也引进外资的技术和管理。我们和世界上许多发展中国家在赶超过程中一样，面临贸易环境恶化的风险和债务环境恶化的风险。但是，由于充分利用了当时环境下的比较优势，事实上很快就化解了风险，到20世纪90年代以后，对外贸易的发展迅速成为总需求"三驾马车"中突出的一驾，债务环境也持续向好。于是，我们推进汇率改革，推进人民币国际化的进程，在一个成功的对外开放战略下，充分利用本身的规模优势和成本优势，实现了突围和崛起。中国已经成为全球贸易大国，成为发展中经济体奋发图强的榜样，其中的经验值得充分总结。为什么中国的开放发展能够避免贸易环境恶化、债务环境恶化的后果，逐步争取国际竞争的主动？我们与许多在经济贸易中陷入被动的发展中国家有什么不同，我们靠什么避免了依附性发展的陷阱？中国的和平崛起才刚刚开始，却已经在众多发达国家保护主义抬头的背景下，高举全球自由贸易的旗帜。我们的底气从哪里来？我们在全球经济中下一步将往哪里走？中国的确给国际政治经济学提出了全新的研究课题，这也是社会主义政治经济学必须认真研究的问题。

中国的和平崛起与其说是一个世界性奇迹，倒不如说是中华民族重新复兴的必然。我们这个民族在几千年的发展历程中曾经多次，而且在很长时间里处于世界前列，不仅经济总量，而且是人均国民收入都处于世界前列。落后是最近几百年的事。明清以后，由于各种各样的原因，我们置身于航海大发现的潮流之外，更置身于欧洲产业革命的潮流之外，逐步与欧洲工业国家拉开了差距。鸦片战争的失败，是封闭国家对开放国家的失败，是农业文明对工业文明的失败。由于这场失败，中华民族成为帝国主义列强掠夺的对象，最终堕落为全世界最贫困落后的国家之一。按照麦迪森的计算，1950年，中国内地人均GDP为439国际元，同一年中，印度的人均GDP是619国际元，我国台湾地区的人均GDP是936国际元、香港地区的人均GDP是2 218国际元，新加坡的人均GDP是2 219国际元。在东亚只有蒙古国、缅甸等极少数国家排在我们后面[①]。从那以后，我们经历了抗美援朝战争，经历了强制工业化阶段摸索中的挫折，经历了和平环境下最大的人口增长，到1977年，人均GDP实现翻番，到2010年GDP总量全球第三，不到七十年时间里，人均GDP增长了50倍。重要的是，这个内生的工业化进程还远没有终结，中华民族的复兴已经是不可避免的事实。面对人类历史的这一重大事件，政治经济学必须回答两个最根本的问题：第一，成绩是如何取得的，

---

① 麦迪森：《世界经济千年史》，北京大学出版社2003年版。

其产生的原因是什么？第二，再往前走，中国经济社会的前景如何，它会走向一个什么样的社会主义？新中国六十年工业化进程，以及与工业化同时展开的平等劳动发育过程，应该可以比较充分地回答我们提出的第一个问题。中国工业化的成功是适应特殊国情的中国特色社会主义经济制度的成功，其根本点是：一个将马克思主义中国化的执政党以人民群众的根本利益为出发点和落脚点，实事求是地做好中国的事情；一个公有制为主体的基本经济制度与市场经济相结合，按经济规律有序推进工业化进程。上层建筑与经济基础的相互补充相互强化是成功的保障。这样的工业化进程一旦启动，成功就具有必然性。关于第二个问题，到目前为止事实与理论的展开仍然不足以给出令人信服的答案。社会主义的平等劳动的确在公有制的旗帜下顽强坚守，但它的前进路线并非笔直，无论是科层的平等劳动，还是竞争的平等劳动，到目前为止，它离开社会主义者追求的目标还有相当大的差距。中国仍然是发展中国家，发展始终是硬道理，有时候，平等也不得不为发展让路。那么，再往前走这一切会有结果吗？社会范围劳动平等程度的提高是否会与劳动生产力提高的方向一致？政治经济学揭示的客观规律会不会引导我们走向更加符合共产党人理想的社会主义未来？

（四）可持续工业化与共享的平等劳动

中国的内生工业化进程，从 20 世纪 70 年代末期开始算起，已经平稳地、连续地高速增长了将近四十年，说它是持续的工业化过程应当没有谁会反对。但是，他的不可持续因素正在逐步积累，经济增长过度依赖高投资，过度依赖房地产业和基础设施投资，过度依赖外贸净出口，国内居民消费增长乏力，再加上环境的承载力问题等等。这一阶段的工业化不能满足共享发展的要求，国民收入分配差距较大，企业劳资关系的矛盾较多，城乡之间区域之间还存在比较大的差距，而这种收入分配差距的拉开对国民经济的持续发展是有较大影响的。正如马克思在分析资本积累一般规律时候说的那样，收入分配不平等的长期积累会导致社会总产品补偿和实现的障碍，导致经济增长周期性波动。从这个意义上说，内生的工业化进程还缺乏充分的可持续性。这是竞争的平等劳动固有的缺陷，它必须向共享的平等劳动转化。当前中国经济的转型，从生产关系的内容看，实际上就是从竞争的平等劳动向共享的平等劳动转化。以下主要讨论这种转化的必要性、可能性，以及必然性。

中国工业化进程的前两个阶段，共同特点是保持了高积累率低消费率的基本态势，积累率从新中国成立初期的 20% 增长到 30%、40%，近十年甚至达到 40% 以上。这是中国经济保持高增长常态的重要原因，甚至是关键性原因。所不同的是，强制工业化阶段高积累是由国家自上而下强制推行的，尽管消费水平很低，但收入分配差距很小，低水平的社会福利几乎覆盖全社会。因此，尽管经济增长过程中居民收入水平的提高比较慢，但是社会矛盾较小。在内生工业化阶段，越来越高的积累率是由国家和市场两只手推进的，由于增长速度超高，社会积累水平和消费水平都保持了很高的增长势头。在三十余年高增长的同时，社会消费也实现了较快速度的增长，几亿人摆脱贫困，全中国人民的生活水平都上了一个大台阶，从温饱型走上了全面小康。但与此同时，收入分配的差距明显拉开，较高水平的社会福利至今未能全覆盖，劳资矛盾上升，各种社会矛盾有所积累。六十年一贯的高积累基本格局，不仅积累了社会矛盾，而且也积累了社会再生产过程越来越大的不平衡。大约到 2000 年前后，宏观经济的不平衡问题已经非常突出。由于国内消费需求的发展相对滞后，大量过剩的生产能力得不到实现，而宏观经济依靠大规模投资维持增长的惯性一时又难以改变。加入 WTO 以后外贸出口增长更快，中国对美国的贸易出现巨额顺差。这给当时宏观经济不平衡找到了一个临时出口，它保证中国经济在既有轨道上继续滑行了十多年。但这毕竟不是解决问题的长远之计，中国宏观经济结构需要调整，这早已是国内外经济学家的共识。

如何调整？单纯从需求侧看，似乎问题仅仅在于扩大国内消费需求，但这种认识失之表层，也缺乏说服力。统计数据表明，中国经济高速增长过程中，居民的消费水平也在以较高速度增长，消费增长只是略慢于 GDP 增长，这样一个积累与消费的分配格局，之前已经证明有利于人民生活的长远发展。这样的增长势头继续维持下去，有什么不可？为什么一定要改变？回答这个问题，必须联系工业化进程本身的规律，结合社会生产力持续提高的条件来讨论。一个经济学的常识是，大量的固定资产投入必须有效率、有回报。在工业化起步的最初几十年，有效的、高回报的投资项目从来不短缺。在温饱到小康的整个过渡时期，外延式的扩大再生产以及模仿型的技术进步足以满足市场需求，只有资本短缺才是增长的瓶颈。尽管这种情况逐步发生变化，但内生工业化进程总能找到新的经济增长点，为生产力继续扩张找到出路。直到2008年的金融风暴与外需的急速下降，方才使得增长方式转变问题真真切切地提上中国工业化的日程。中国经济的宏观结构再也不能在原有的增长方式下保持平衡，没有巨大的进出口支撑，超高的积累率已经不能长期维持。中国经济必须找到新的增长动力源。以创新推动中高速的增长，核心是在中高的积累水平上，维持积累与创新速率的平衡，以保障项目投资的效率，提高经济增长的质量。新常态下的经济增长，积累率会比之前稍低些，增长速度会比之前稍慢些，但是劳动生产力仍然将持续发展，社会消费水平仍然会保持较高增速。因此，工业化进程的可持续性基础更牢，人民群众享受经济增长的实惠会更多。

可持续工业化进程依赖于经济增长动力源的转换，创新发展作为经济发展的核心问题被提上日程。创新是一个内涵十分丰富的经济学范畴，它既包括能够降低产品个别生产成本的技术的创新、工艺的创新、管理的创新等，同时也包括新产品的开发、产品质量和性能的提高等内容。现代市场经济下的企业创新，通过资本追求超额剩余价值的不懈努力而持续推进，大中小企业各自在不同的范围内发挥创新作用。事实上，在整个内生工业化阶段，企业的创新发展是社会劳动生产率持续提高的重要原因。但是在这个阶段上，中国企业的创新努力主要体现在降低生产成本方面，表现为更强的成本竞争力，而在更加基础性的产品创新领域表现并不突出，我们的企业在产品更新中往往是模仿者和跟进者，因此缺少自主创新品牌，缺少在竞争中创造的领先世界的有中国特色的新产品。这对于一个在经济发展水平上与发达国家还有很大距离，经济追赶还有很大空间的国家而言，当然还不是一个严重问题。但是，随着赶超战略的成功推进，与先进工业国的差距逐步缩小，单纯的模仿跟进越来越不足以支撑大国经济的可持续发展，有现代先进科技支撑的自主创新在全球化产品竞争战略中的地位日益凸显，创新作为经济增长新的动力源作用也日益凸显。可持续工业化进程是一个日益接近国际经济前沿的发展中大国依靠创新驱动继续以较快速度增长的必然选择，这个过程特别需要社会生产关系从竞争的平等劳动向共享的平等劳动的进一步调整。

创新发展是共享经济的物质基础。之前我们曾经讨论过劳资正和博弈在相对剩余价值生产中的可能性。当经济发展的动力源从投资推动为主转化为创新推动为主，这种劳资共赢的可能性就具有了持续存在的物质基础。创新发展导致的物质财富的持续增长，不断产生出劳资分享空间，它介于工人实物工资水平不变与资本剩余价值率不变之间，这就是发达资本主义国家工人实际生活水平有所提高的政治经济学解释。但是，正如皮凯蒂在《21世纪资本论》①中所指出的那样，这一结果依赖于阶级力量的对比。20世纪70年代以后，由于一系列世界性事件的发生，资本的地位得到巩固，情况就发生了逆转。说到底，私有制为主体的市场经济由资本主导，劳资博弈的结果也往往有资本掌控。但是在社会主义的平等劳动下，创新发展的成果完全有可能为劳资共享，这不仅表现在公有制企业层面，尤其表现在社会范围通过政府调控、国家政策引导，以及社会主义立法实现的常规化、制度化的劳资分享机制。提高劳动平等程度是我们的社会目标，长期中因受生产力条件的限制只能缓慢推进，一旦创新发展成为主动力，那么，共享的平等劳动也就有了更快推进的物质基础。

劳动民主是企业内共享经济的制度保障。公有制是劳动者自己的经济，应当靠劳动者自己管理。在公有资本主导的企业组织中，企业职工的民主管理也应当是必不可少的制度组件。工会和职工代表大会应当以制度化的形式参与到公司制企业的治理结构中，监督企业经营者行为，参与企业经营决策，并且对企业经营成果的分配提出自己的意见。当然，企业民主管理也要以企业科学管理的发展为前提，以企业生产力一定程度的提高，企业生产力发展对劳动者素质与技能的提升有较高要求为前提。共享的平等劳动一定是民主的平等劳动，它并不取代科层与市场的组织构架，但作为其补充在市场环境下发挥越来越重要作用。

共享的平等劳动需要收入分配制度深化改革。邓小平同志改革开放初期提出，共同富裕的目标要分两步实现：第一步是在市场竞争的环境下让一部分人一部分地区先富起来；第二步就是要通过共享发展，让先富帮助后富，实现共同富裕。事实上，这个进程已经开始，首先是城乡收入差距已经有所缩小，基尼系数增大的势头得到遏制；企业劳资关系的状况也有所改善，劳动者收入水平，尤其是工资收入水平以较快的速度连续多年提高；全覆盖的社会福利制度正在稳步建设。以社会公平为目标的社会政策在各个方面展开，其成果全世界有目共睹。往后去，国家必须在全民福利制度，基层劳动民主，收入分配调控，以及通过财税制度改革推进的收入再分配方面，付出

---

① 皮凯蒂：《21世纪资本论》，中信出版社2014年版。

更多努力，取得更多成效。共享的平等劳动应更好反映社会主义经济制度的本质特征，中国特色社会主义将进入可持续工业化加共享的平等劳动的新阶段。在此阶段，社会主义的优越性会更充分地展现在世人面前。

可持续工业化与共享的平等劳动结合具有必然性。生产力发展与人的发展是相互促进的。劳动者生活水平的提高不仅是生产过程的最后结果，家庭消费作为劳动力再生产的主要方式还是整个生产过程的起点，对社会劳动大军总体质量的全面提升具有决定性的作用。城乡居民消费结构、恩格尔系数随着收入水平的提高而提高是最能说明问题的指标；中国人传统的消费文化进一步强化了这一效应，教育费用在消费结构中比例提高与收入水平提高正相关，而国家在公共教育与医疗卫生方面的巨大投资，使这一效应进一步强化。中国人今天的平均受教育年限不算很高，但是它的提高速度很快。随着工业化的持续发展，这一指标的进一步提高是可以预期的。更重要的是，在共享的平等劳动下，劳动者工作与闲暇的关系也将得到相应调整，不仅工人工作日会有所缩短，而且额外加班现象也会逐步减少。精神生活与物质生活持续地交替向上，劳动者素质的全面提升不可避免。另外，工业化进程中生产的人的要素与物的要素的互动发展有其自身规律。资本主义的生产力进步总是向资本这个生产的物的要素倾斜，科学技术的进步总是优先体现为机器系统的科技含量的提升，这有利于资本对劳动的统治，不利于劳动者权利与利益的保护。但是这种单边倾斜式的技术进步总是有限度的。更高科技含量的机器系统最终还是需要更高技能的操作工人，即使在资本主义条件下，工人"去技能化"的技术路径也不可能始终占据统治地位。在社会主义市场经济下，平等劳动关系的持续发育要求技术进步路径逐步向劳动倾斜，至少是保持两大生产要素在技术进步中的大体平衡。社会整体而言，平衡是最佳的技术进步路线，也与社会主义经济制度的本质更加统一。可以预期，在共享的平等劳动阶段，社会生产力提高与劳动者素质提高的要求会更加趋于一致，劳动者个人能力的发展将成社会生产力进步的更重要的推动力。随着企业劳资关系的不断改善，公私混合经济中的劳动者工作环境也将逐步改善，公有经济的示范作用会日益突出，劳动者在工作过程中的主体意识会逐步加强，企业劳动民主会不断发展，在一个劳资和谐的环境下，这一切都有利于工作效率的提高，有利于社会生产力的持续发展。这是一个良性互动的共享发展，它会加速平等劳动与工业化的持续演进。

绿色发展是可持续工业化不可缺少的内容。社会生产所面对的自然条件始终是影响社会生产力的要素之一。现代生产力的发展对自然环境的影响日益明显，相对而言，环境的恢复能力也就越来越脆弱。单纯依靠自然环境自身的恢复力来维持的社会生产力是不可持续的，我国在内生工业化阶段所表现出来的人与自然的不协调，再次证明了这个规律。在生产力发展的同时，自然环境必须恢复甚至改善。我们在计算社会生产力的投入产出时，必须把环境成本计算在内。可持续工业化当然要解决这个人与环境的和谐问题，我们再也不能为增长付出环境代价了！能源问题同样重要。工业化进程的一个基本特点是依靠矿物能源快速推进社会生产力，仅仅用几百年的时间发展的生产力就超越了人类历史数千年甚至数万年也无法达到的增长水平。但是地球上的矿物质能源并不是取之不尽的，它是地球和太阳在几亿乃至几十亿年时间里逐步积累起来的能源储存，它已经被我们在几百年的时间里迅速挥霍。这个过程显然是不可持续的。可持续的工业化必须经历能源结构的根本变换。人类必须在旧能源耗尽前充分准备好有效利用新能源的技术，即使如此，以加快消耗"地球积蓄"来加快发展生产力的模式终归不能再来。可再生能源的利用需要从太阳能的捕获开始，而不是从已捕获能源的释放开始，因此，获取等量能源将耗费更多劳动，或者要求更高生产力。这是可持续工业化必须完成的艰巨任务。中国的经济增长就这样与世界上所有的发达工业国家同步走近可持续工业化阶段，由于全球能源环境状态与一百年前，甚至五十年前相比，已经发生巨大变化，我们只能在生产力水平相对较低的情况下，提前进入可持续工业化。因此，往后去我们的发展道路将表现出更多的独特性，需要我们去探索创新。也许正是因为这样，中国特色社会主义将会对世界作出更大贡献。

在共享的平等劳动下实现社会和谐。在公有制为主体的混合所有制企业中，劳动者的民主管理可以更好地保护劳动者的权力和利益，国有企业的管理者在工人群众的监督下行使资本权力，与工人群众一起管好公有制企业；公有制经济的劳资关系会对全社会的其他经济形式产生示范作用。整个社会的劳资关系的和谐，加上社会主义政府有目的的宏观调控，保障社会经济的共享发展，保证社会再生产过程中积累消费的平衡，保证社会再生产的和谐关系。随着市场改革的进一步深化，我国的市场经济制度将进一步完善，企业与企业之间的平等竞争，产业与产业之间的平等竞争，带来社会经济和谐发展，城乡和谐，区域和谐，政府和市场的和谐，执政者和老百姓和谐。坚持不懈的反腐斗争不仅是改善市场秩序的前提，是更好发挥政府作用的前提，也是理顺民心、强固执政基础的前提。如前所述，公有制为主体的基本经济制度，是防止大资本侵蚀和俘获政府必不可少的制度安排，他对社会和谐的基础性作用将贯穿社会主义制度的始终。中国的开放经济面对越来越多的全球性课题，必须提出既符合中国人民长远利益，也符合世界人民根本利益的中国方案，"一带一路"就是这样的中国方案，它的目标是所有合作参与者的共同发展。在人类社会生产力当今水平上，地球村变得越来越小，人类命运共同体必须得到全世界的共同关注。社会主义中国应该成为也能够成为这一全球共享经济的倡导者。

马克思早在欧洲工业化发展的早期，就敏锐地发现这一生产力发展具有三个不可逆转的趋势：（1）工作日缩短。由于社会生产力迅速提高，直接生产中投入的劳动量对财富的作用越来越小，已耗费的劳动时间与劳动产品之间越来越不成比例①，不仅全社会，而且每一个劳动者的工作日终将渐次缩短，人的全面能力更多地用于自由的创造性活动，以个人能力为基础的一般生产力（科技及其在生产中的应用）更加迅速地发展。自由时间对于社会而言也成为生产力发展的动因②；这样，市场经济以商品价值（劳动时间）为财富尺度的制度安排会变得越来越不适用。总有一天，劳动时间将不再是，也不可能再是财富的尺度③，以价值为基础的生产终将结束。（2）科学技术的进步及其在生产上的应用体现在机器系统上，表现为生产的自动化与智能化迅速发展，使所有程序化的重复性的可以由机器来替代人从事的工作从人的劳动活动中退出。这样，劳动逐渐地从深入直接生产过程之中的机器系统的"部件"，转变为站在过程旁边对之进行监督和控制的主人。这一适用于机器系统的结论，对于全部人类交往过程也同样适用。④ 随着这一人与物质过程的关系的再颠倒，商品经济以物的联系反映人的联系的异化特征也就不可能继续下去了。（3）劳动生产力的迅速进步推动分工形式的演变，以职业专门化为特点的旧式分工趋于消亡，"那种把不同社会职能当做互相交替的活动方式的全面发展的个人"，代替了"只是承担一种社会局部职能的局

---

① ② 《马克思恩格斯全集》第三十一卷，人民出版社 1998 年版，第 100~101 页。
③ 《马克思恩格斯全集》第三十一卷，人民出版社 1998 年版，第 108 页。
④ 《马克思恩格斯全集》第三十一卷，人民出版社 1998 年版，第 100 页。

部个人"①。由于必要劳动与自由活动比例的变化、生产过程中人的身份地位的变化，以及分工形式的变化，违背人类本性、导致个人片面发展的、令人厌恶、遭人诅咒的劳动，转变为适合人类本性、有利于个人全面发展的、吸引人的劳动。个人对生产劳动的主观感受根本转变，劳动之于个人不再是谋生手段，劳动之于社会不再是稀缺资源，劳动者个人与社会的基本矛盾终将解决，以劳动时间为稀缺性指标的市场经济必然地终结。

马克思之后一百多年的世界历史始终沿着马克思所预言的方向发展。我们有充分的理由相信，只要社会生产力持续发展，再有一百年或者数百年的时间，物质生产将进入到一个全面自动化智能化生产的新阶段，人的劳动将逐步退出直接生产过程，劳动者将逐步成为自动化机器系统的管理者和调节者，人的全面能力将成为一般生产力。到那个时候，作为社会生产力发展一个阶段的工业化也就结束了。人类社会将进入不需要商品货币关系，也不需要劳动作为财富尺度的自由个性社会。等量劳动相交换的原则在一个劳动时间与自由时间不再相互对立的社会经济中，将不再是激励的需要，因此也不再是计量财富的尺度。价值生产、市场经济将为一个以劳动时间节约为直接目标的民主决策的计划经济所取代。共产主义理想一定会实现。

共享的平等劳动可以容纳持续的工业化发展，一直到社会生产力超越以工业化为特征的历史阶段，而平等劳动的下一个发展阶段应该是自由的平等劳动，它其实也就是以劳动为平等尺度的社会规范渐次淡出，新的自由人联合体规范逐步成长的过渡阶段。一个信息流、能量流与物质流合一的分布式网络系统将在这一过程中形成并逐渐完善，一个在全球网络技术基础上建立的，由全体社会个人参与的，拥有高度智能化工具的分布式神经网络型经济计划系统将逐步在国民经济中发挥作用，一开始是与市场机制并存、互补，往后去作用逐步加强，一直到最终取代市场经济。这将是一个渐进的过程，一个当今科学技术发展可以预期的过程。这种自由人联合体的民主的计划经济，将来一定会比集中的计划经济具有更高的资源配置效率。中国道路应当沿着这样一条劳动生产力持续发展的路径，从社会主义市场经济渐进地长入共产主义。这是马克思、恩格斯生前未能想象的历史前景，而中国特色社会主义的演化路径正逐步向我们展示这样一种历史的可能性。

---

① 《马克思恩格斯文集》第五卷，人民出版社 2009 年版，第 561 页。

马克思经济学逻辑体系构建学说的现代意蕴

颜鹏飞

武汉大学人文社会科学研究院驻院研究员，经济与管理学院二级教授，经济思想史研究所所长，《经济思想史评论》主编，以及中华外国经济学说研究会副会长，全国马克思主义经济学史研究会副会长，中国经济发展研究会副会长，湖北省外国经济学说研究会会长，中国社会科学院马克思主义研究院特聘研究员，世界政治经济学学会顾问，马克思主义理论研究和建设工程首席专家和政府特殊津贴专家。兼任国内多所高校兼职教授或咨询委员。先后在美国密执安大学（1991）、德国特里尔大学（1998）、英国伦敦都市大学（1999）作高访学者或合作研究学者。

迄今发表论文百余篇。主持编撰《马克思主义经济学说与中国改革发展研究》丛书、"十一五"国家级规划教材《经济思想史》和马克思主义理论研究和建设工程《西方经济学》等重点教材。代表性论著有《中国社会经济形态的大变革——基于马克思恩格斯的新发展观》《马克思主义经济学说史》《激进政治经济学派》《自由经营还是国家干预——西方两大基本经济思潮概述》《近代西方经济学》《中国保险史（1805~1949年）》等。曾主持由福特基金会和欧盟资助的多项国际合作项目、国家社会科学基金重大项目和教育部哲学社会科学研究重大课题攻关项目。

近期相关的主要学术成果

1. 《重视吸收和借鉴人类社会创造的一切文明成果——颜鹏飞教授访谈》，载于《国外理论动态》2003年第3期。

2. 《马克思关于政治经济学体系构建方法再研究：兼论中国特色社会主义政治经济学体系逻辑起点》，载于《福建师范大学学报》2017年第2期。

3. 《政治经济学术语革命或话语革命：兼论社会主义调节经济新话语体系》，引自《30位著名学者纵论哲学社会科学》，中国社会科学出版社2017年版。

4. 《〈资本论〉及其手稿再研究的新进展》，载于《马克思主义研究》2013年第7期。

5. 《对生产力—生产关系辩证法的新解读》，载于《光明日报》2013年7月5日。

6. 《〈资本论〉方法论研究的现实价值》，载于《光明日报》2013年8月27日。

7. 《马克思主义经济学及其中国化政治经济学体系》，载于《马克思主义文摘》2009年第8期。

8. 《中国经济可持续发展的困境及其向科学发展的转型》，载于《中国社会科学内刊》2008年第6期。

9. 《对马克思关于一般利润下降规律的新探索》，载于《中国社会科学》1997年第5期。

10. 《亚当·斯密思想遗产六论：兼评市场与政府关系之争》，载于《东方早报·上海经济评论》2016年10月18日。

前言

构建新时代中国特色社会主义政治经济学体系，或者学科、学术或话语体系，以及如何构建？这也是经济学体系构建史领域的"哈姆雷特之问"。这也是衡量一个民族理论思维能力的重大标志。

我们不能忘记老祖宗，不能忘记马克思的《资本论》。经典的魅力在于促使人们"亲自到原著那肃穆的圣地去寻找永垂不朽的大师"[1]，从中寻找时代对接点、理论闪光点和增长点。

马克思政治经济学体系构建学说的精髓，就是政治经济学逻辑体系总体构筑方法论。这一方法（即"辩证方法""逻辑方法""唯一正确的思想发展形式"）是马克思把辩证唯物主义、历史唯物主义和总体方法应用于政治经济学领域的产物。"这个方法的制定，在我们看来是一个其意义不亚于唯物主义基本观点的成果"亦即马克思的第三个伟大发现[2]，他本人也把运用这一方法所揭示的经济学逻辑结构体系即"整个的内部联系"视为是"德国科学的辉煌成就"[3]。

马克思政治经济学体系构建方法史，其思想轨迹和路径是《贫困的哲学，经济矛盾的体系》（1847）—《政治经济学批判》"导言"（1857）—《政治经济学批判》"序言"（1859）。而且首次集中见诸《1857—1858年经济学手稿》，其"导言""可以看作马克思全部政治经济学著作的总导言"

---

[1] 叔本华：《作为意志和表象的世界》，商务印书馆1982年版，第二版序，第19页。
[2] 《马克思恩格斯文集》第二卷，人民出版社2009年版，第603页。
[3] 《马克思恩格斯文集》第十卷，人民出版社2009年版，第236页。

并且被列为"领导干部必读的经典篇目"之一①。中国特色社会主义进入了新时代，这是一个需要理论体系而且一定能够产生理论体系的时代。毋庸置疑，深入学习马克思政治经济学体系构建学说，并且进一步传承和发展，对于中国特色社会主义政治经济学体系的建设，体系自信建设，以及提高把握社会经济发展规律及驾驭经济发展能力，定当大有所裨益。

（一）中国特色社会主义政治经济学体系"热"

党的十八大以来，国内学术界进一步掀起了研究中国特色社会主义政治经济学体系的热潮。

热点之一是围绕其逻辑体系建构方法和路径的探讨。其中包括历史唯物主义，辩证唯物主义，马学为魂、中学为体、西学为用，理论与实践相结合的方法，社会主义公有制与市场手段相结合的方法，等等。

洪银兴认为，中国特色社会主义政治经济学体系应该以《资本论》体系逻辑为基础，要从基本经济制度、经济运行、经济发展、对外经济关系四个层面进行具体分析；林岗则指出，马克思方法论原则就是唯物辩证法或历史唯物主义，包括四个马克思主义政治经济学的分析规范，涉及到生产力与生产关系、生产资料所有制、上层建筑和人的经济行为；以"社会有机体"为统摄构建中国特色社会主义政治经济学，包括明确叙述起点和分析主线，厘清理论来源及拓展学科框架，这是王立胜同志的观点；而在汤正仁看来，以人民为中心的中国特色社会主义政治经济学体系框架，可以由本体篇、运行篇、发展篇、开放篇四部分组成；康静萍强调指出：以收入分配为研究中心构建体系，注重财富分配的平等程度对于社会主义、经济增长劳动者就业或社会稳定的影响；刘伟的主张是：社会主义初级阶段公有制为主体、多种所有制经济共同发展的基本经济制度，与市场机制对资源配置起决定住作用，二者如何实现有效结合，是构建中国特色社会主义政治经济学的根本性难题，这是中国特色社会主义政治经济学理论构建中重要的方法论原则；许光伟认为，《资本论》体系凸显实践化的"内容"与"形式"的辩证法，应该把握资本主义社会发展方法论与中国特

---

① 张广昭、陈振凯：《习近平推荐阅读的经典文献》，人民网—人民日报海外版，2016年6月1日。

色社会主义发展方法论的统一性；中国特色社会主义政治经济学理论体系应该涵盖中国特色社会主义经济的生产、分配、交换、消费等主要环节以及基本经济制度、基本分配制度、经济体制、经济发展和对外开放等，则是张宇多次强调的主张①。

其次，如何选择中国特色社会主义政治经济学逻辑起点，也是众说纷纭。例如，张宇等人锁定基本经济制度为逻辑起点，颜鹏飞把社会主义"变形的商品"视为逻辑起点，杨承训主张社会主义本质是逻辑起点，荣兆梓则选择平等劳动作为逻辑起点。而社会产品、商品、劳动、企业、消费需要，也被一些学者当作中国特色社会主义政治经济学逻辑起点，等等。

关于社会主义经济理论的主线问题。有的主张以人民为中心主线，或者社会主义基本经济规律，以及经济利益、经济效益、剩余劳动规律、必要价值规律，等等。

热点之二是跨学科研究。哲学界学者白刚指出，《资本论》及政治经济学批判作为合理形态的辩证法，通过汲取"概念辩证法"的"合理形式"和"实证辩证法"的"现实内容"，实现对德国观念论和古典经济学的双重批判和超越；而王南湜同志强调：不能把《资本论》作卢卡奇式的"社会本体论"解读，应在总体历史解释学与抽象的精确科学之间对其作近康德阐释。

此外，学术界也有一些不和谐的声音，例如莱辛提出：到底是要马克思《资本论》还是要亚当·斯密的《国富论》，希望回到斯密，以此为改革开放和构建经济学体系的理论基础。

---

① 《中国特色社会主义政治经济学》一书列举了四种代表性体系：一是按照马克思《资本论》的体系，从社会主义生产、流通和分配几个方面来进行阐述的理论体系，这种思路认为，马克思的《资本论》的理论体系，体现了构建政治经济学的基本方法，对社会主义政治经济学也具有重要的指导意义。二是按照给定体制下的经济运行、经济和社会发展的目标以及人的地位三个层次来阐述的理论体系，这种思路认为只有分析社会主义经济运行，进而分析社会主义的发展目标和分析人在社会主义社会中的地位，才能真正分析社会主义经济的运行规律。三是把马克思主义政治经济学体系与西方经济学体系相结合，按照本质、运行、发展的三个层次进行阐述的理论体系，其中本质层次包括了制度和体制两个方面，运行层次又分为微观和宏观两个部分。四是按照中国特色社会主义经济理论发展的历史进程和内在逻辑来阐述的理念体系，内容包括：社会主义基本经济制度、社会主义市场经济、社会主义分配制度、国有企业改革与发展、社会主义经济发展、全球化与对外开放、政府职能与政府调节等。上述几种认识各有特点，可以相互借鉴，取长补短。毫无疑问，构建中国特色社会主义政治经济学理论体系是一个复杂艰巨的任务，需要长期的探索和研究，不可能一蹴而就。

（二）国外马克思主义关于体系构建方法的演变

纵观国外马克思主义学术思想史，大致分为三个阶段。

早期西方马克思主义者有马克思"总体"情结。卢卡斯（Ceorg Lukacs）是继卢森堡（Rosa Luxemburg）之后，比较早地推崇马克思总体方法论的西方马克思主义者。他推崇"总体性"、"总体范畴"及其"至高无上性"原则，提出了"总体性辩证法"：总体范畴是辩证法的支柱，"总体范畴，整体对各个部分的全面的、决定性的统治地位，是马克思取自黑格尔并独创性地改造成为一门全新科学的基础的方法的本质。……总体范畴的统治地位，是科学中的革命原则的支柱"，而且"只有在这种把社会生活中的孤立事件作为历史发展的环节并把它们归结为一个总体的情况下，对事实的认识才能成为对现实的认识。"[①] 在他看来，以前传统马克思主义的辩证法仅仅是一种本体论的、认识论的辩证法，应以实践论的观点考察辩证法，弘扬人的创造性、人的主体性和"总体性的渴求"即与无产阶级的阶级意识。

应该补充的是，《具体的辩证法》（1976）的作者卡雷尔·科西克区分了三种总体观。一种是以笛卡尔（Descartes）、维特根斯坦（Wittgenstein）为代表的原子论的观点，强调总体仅仅是单个部分的总和。其次是形式主义观点，其代表人物中包括谢林（Schelling），"结构主义马克思主义"的奠基人路易斯·阿尔都塞（Louis Althusser）以及许多现代结构主义者。他们认为，同一性是属于独立于部分之外的总体，而总体完全支配着部分。马克思的辩证的和唯物的总体观是第三种总体观。

此外，罗伊·巴斯卡（Roy Bhaskar）区分了分层的辩证法、开放的总体性的辩证法和实践的辩证法。巴斯卡把这四个方面称为 1M、2E、3L、4D。所谓 1M 的辩证法是关于分层的辩证法，强调本体论与认识论的非同一性，肯定与否定的非同一性，结构与事件的非同一性。2E 的辩证法是变化的逻辑，在他看来，变化就是不在场，不在场优于在场，而不在场和缺失是辩证法的实质与核心。所谓 3L 是开放的总体性的辩证法，即把分散的现象看成是统一性总体的组成部分，他认为，由于不在场的存在，总体性永远是开放的也就是未完成的。所谓 4D 是指实践的辩证法，它的特征就是强调：

[①] 卢卡斯：《历史与阶级意识》，杜智章等译，商务印书馆1992年版，第76页。

社会实践就是对社会的再总体化。同时又认为"辩证法的本质在于它是一门洞见联系和区别之间一致性的艺术"[①]。

20世纪和21世纪之交,世界性学术思潮的一种新动向是第四次马克思手稿热或者《资本论》热。西方马克思主义经济学体系构建方法的新进展与"回到马克思"运动相向而行。激进政治经济学派、开放马克思主义学派、校园马克思主义者、辩证法的马克思主义学派、系统辩证法流派、批判的现实主义流派,对于西方马克思主义政治经济学体系构建方法提出了新见解,并且引发了激烈争论。

一是系统辩证法流派。其领军人物是汤姆·塞肯(T. Sekine)、罗伯特·奥尔布里顿(R. Albritton)、克里斯多佛·亚瑟(C. Arthur)、托尼·史密斯(T. Smith)。他们对于马克思方法进行了新的诠释。这个学派把资本主义,特别是它的系统特征,以及与之紧密相关的资本主义经济范畴作为聚焦的中心。在他们看来,系统是由一系列范畴构成的观念总体,这些范畴表达一定的形式和关系,每一个范畴都是总体的一个阶段或者环节,并且镶嵌在一个总体内部。

但是,在他们看来,系统辩证法是马克思在《资本论》第一卷采取的唯一的叙述方法,并且把马克思的辩证方法局限在叙述阶段。美国校园马克思主义的代表人物伯特尔·奥尔曼(Bertell Ollman)——美国马克思主义经济学家保罗·斯威齐(P. Sweezy)称赞他是美国马克思方法领域的思想领袖和研究权威——对这种唯叙述方法独尊的观点,提出了反驳意见。在他看来,叙述仅仅是马克思辩证方法论六大阶段——本体论阶段、研究的阶段、思维重构或自我厘清阶段、叙述的阶段、实践的阶段——中的一个阶段而已。

二是"辩证法的马克思主义"学派。奥尔曼还是这一学派的领军人物,提出"内在关系辩证法"。他的代表作有《辩证法的舞蹈:马克思方法的步骤》(2003)、《左派学院——美国大学校园的马克思主义学术研究》(三卷本,1982、1984、1986)。在他看来,"内在关系"与"抽象"是马克思辩证法的"两条站立的腿",马克思在两种意义上即逻辑意义或者重构意义上使用"总体"和"关系",前者与所有现实相关,而后者则与被抽象后的各

---

① Roy Bhaskar, *Dialectics*, London: Verso, 1993, P. 190.

种具体关系相关。并且还深入探讨了下述问题，即辩证法对马克思主义哲学的意义到底何在，怎么在本体论上认识马克思主义辩证法，抽象思维对辩证法到底意味着什么。

三是开放马克思主义学派的代表约翰·霍洛威，提出了《资本论》起点的重构问题，认为《资本论》的起点是财富而不是商品。

四是激进马克思主义学派。意大利奈格里（Antonio Negri）是其主要学术带头人。代表作《〈大纲〉：超越马克思的马克思》（1991），对马克思《经济学手稿（1857～1858年）》做了新的解读，强调重建革命主体即"社会工人"而并非经典马克思主义的工人阶级。他用"经济学语境中的激进政治话语"诠释马克思经济学方法论。他认为，马克思经济学方法论自始至终蕴含着主体的逻辑，归根结底就是主体的动力学，或者说主体对抗的本体论，例如，应该着力体现主体（斗争的两个阶级）的（资本主义的）结构的主体性，因为辩证法本身就是一种革命的批判的力量。

奈格里还把这种方法论归纳成为"规定的抽象法"、"历史趋势法"、"实际上的真实"、"主体性的创构"以及"对抗本体论"。在他看来，这一根本原则在马克思的生产总体概念中得到完全展现。他区分了总体与主体的关系，不存在无主体的总体，只存在有主体活动的总体，主体是总体的动力，是总体的决定者，历史发展中的主体运动是真正的方法论的核心。总体是由主体的活动构成的具体的总体。这就是生产总体中的辩证法就是"一个名副其实的社会现实的链接——只能被建构为一个差异的范畴，一个主体的总体，一个差异的总体，一个对抗的总体。"[①] 这一学派关于历史辩证法的总体与主体的统一、客体向度与主体向度的统一、唯物主义与辩证法的统一的思想，值得深入探讨。

五是批判的现实主义流派。罗伊·巴斯卡是当代富有原创性的颇具影响的批判实在论哲学家，也是该学派的领袖人物。代表作是《现实主义者的科学理论》（1975）和《辩证法：自由的脉搏》（1993）。何谓批判的现实主义，就是要借用康德批判哲学之称谓，而"现实主义"又表示与康德哲学的区别。所谓批判实在论就是超越马克思主义与阶级的关系，把其他压迫

---

① Negri, A., Marx Beyond Marx: Lessons on the Grundrisse, New York: Plutto Press, 1991, P. 44.

如种族、性别等也包纳进来，而这些压迫产生于资本主义之内，但又超出了资本主义。巴斯卡还赋予抽象方法更为崇高的地位，但却把内在关系哲学束之高阁，同时又认为"辩证法的本质在于它是一门洞见联系和区别之间一致性的艺术"（Roy Bhaskar, 1993）。他把四个要素即不同一性、否定性、整体性以及革新力量吸收进他的辩证法，视为对黑格尔的超越、解构和重新整合。因此，奥尔曼认为，他所在的"辩证法的马克思主义"学派与巴斯卡流派的主要观点，并不冲突。此外，巴斯卡反对演绎主义和休谟学派的因果律，主张把认识论系统化地安置在本体论里。这些观点甚至被称为一场"哥白尼式的革命"，似乎有言过其实之嫌。

六是经济全球化理论体系派。西方马克思主义经济学家，最早的首推巴兰（P. Baran），以及弗兰克（A. G. Frank）、阿明（S. Amin）、伊曼纽尔（A. Emanel）、帕洛依克斯（C. Palloix）、伯克特（P. Burkett）、桑托斯（Dos Santos）、新马克思主义者沃勒斯坦（Immanuel Wallerstein）等，他们继承了马克思的世界市场理论，把整个世界作为一个单一的总体来考量，并且把外围即不发达地区作为世界经济体系的一部分，进行整体分析；同时还把依附作为一种世界经济结构，而资本主义在全球不断地复制或者扩展其生产关系。世界体系理论、中心—外围体系论、依附论、新依附论、不发达的发展论等，是这一学派的研究成果。其理论体系在20世纪下半叶臻于繁荣，渐渐归于沉寂，随着次贷危机的爆发而再度复苏。

参加马克思方法论争论的学者，还有《重申马克思的〈资本论〉：对于不一致神话的驳斥》的作者（A. Kliman），众所周知，庞巴维克攻击《资本论》第一卷和第三卷在价值决定问题上存在着不一致性，是不一致神话的始作俑者。赖塞尔·诺瓦克（Leszek Nowack）对马克思方法进行了新韦伯主义的重构。伊利延科夫（E. V. Ilyenkov）突出《资本论》中的抽象与具体的关系。雷特尔（A. Sohn - Rethel）阐述了商品交换如何导致一定的意识形态的抽象。塞耶斯（1987）强调抽象方法与意识的相互关系。大多数西方学者甚至把马克思的辩证法说成是"全面决定论"（over-determination）。

应该强调指出，西方马克思主义学者也推崇《1857~1858年经济学手稿》及其"导言"。T. 洛克曼认为，"导言"中的方法论反思是马克思所有著作中最重要、最精彩的思想；M. 尼古拉斯指出，"导言"也是"考察马克思研究方法的不可估量的价值的重要来源；美国学者麦克莱伦则认为，

《大纲》(《1857~1858年经济学手稿》)这部手稿为《资本论》提供了一个更为广阔的框架,其中包括那些并没有再次展开的内容,因此《大纲》对巨大著作的各个部分的完整性更感兴趣。

可是,他们大都对"经济学提纲"(8条)关注不够。汤姆·洛克曼和加拿大学者马塞罗·默斯托虽然注意到这一点,但是没有领会到其要领和精髓。前者认为,《导言》结束语是一系列短小而重要的关于艺术和文化的说明;后者认为这是马克思对他计划在他的著作中要阐述的八个论点所做的简短的和片段性的论述,其焦点是物质生产和艺术发展之间的"不平衡关系",而把其中涉及的"生产力(生产资料)的概念和生产关系的概念的辩证法"以及关于生产关系两分方法等原创性思想轻描淡写地一笔带过而已。

《马克思传》的作者戴维·麦克莱伦(David Mc Lellan)、萨特(Jean-Paul Sartre)、依纳齐奥·斯隆(P. Sloan)认为,马克思在19世纪完成了哲学、史学、经济学和政治学的强有力的综合,是19世纪最重大的思想成就之一;他所建立的"哲学、史学、经济学和政治学体系"是当今时代和未来的"精神支架",是我们"时代的哲学",给我们提供了理解世界和改造世界的"新的纬度"、"新的思维方式"和方法论[①]。麦克莱伦还强调指出,《1857~1858年经济学手稿》则"达到峰巅",某些论断甚至超过了《共产党宣言》和《哥达纲领批判》。

国外学者、政要、智库和媒体自中共十八大以来,针对习近平新时代中国特色社会主义经济思想的综合研究,蔚为大观,这是第二阶段。"一个幽灵,共产主义的幽灵,在欧洲(校园)游荡?""马克思为什么是对的""著名教授发出警告:大学正将00后引向共产主义",英国《泰晤士报》(2018年1月17日)和《每日邮报》都取了上述耸动性标题,表明了对西方校园马克思主义思潮的关切。伦敦马克思纪念图书馆庆祝《资本论》150周年的讲座报名人数已经爆满。英国"马克思主义学生联合会"(MSF)的脸书已有12 000粉丝。马萨诸塞大学、加州大学圣迭戈分校、哈佛大学、华盛顿大学多次举办相关研讨会。

综上所述,国内关于新时代中国特色社会主义政治经济学体系的研究,

[①] 戴维·麦克莱伦:《马克思传》,中国人民大学出版社2006年版,第482、483、486页。

确实有一些出类拔萃的论著。但有相当一部分论著大同小异，有雷同之感。究其原因，可能与某些学者对于马克思等经典作家的体系构建方法重视不够有一定的关系，网上文献查阅的情况也是一个佐证，国内学术界关于体系构建方法的论著为数不多。而国外学者的研究成果提供了国外哲学社会科学的丰富思想资料，但关于新时代中国特色社会主义政治经济学体系的研究为数甚少，且乏善可陈；至于关于经济学体系构建方法的文献更是凤毛麟角。

这就需要把握中国优秀传统文化、国外哲学社会科学、马克思主义这三方面资源，尤其马克思政治经济学体系构建学说，这一学说居于原创性和主体理论来源的地位，应该在新时代视阈和现实实践中予以传承和大力发展，从而凸显马克思体系构建方法跨越历史时空而与当今时代对话的现代意蕴，在场的现实可能性，以及在新的历史语境下回应现实和指引实践的理论张力。

一、马克思关于政治经济学逻辑体系构建的学说

吸取中国优秀传统文化、国外哲学社会科学、马克思主义的思想这三方面资源，尤其马克思关于经济学逻辑体系构建的学说，是构建中国特色社会主义政治经济学体系的方法论基础。马克思政治经济学方法论精髓，就是政治经济学逻辑体系总体构筑方法论，是马克思把辩证唯物主义、历史唯物主义和总体方法应用于政治经济学领域的产物。

（一）马克思政治经济学体系构建学说的来源

马克思总体方法论及其政治经济学体系构建方法不是从天上掉下来的，主要有四大思想来源。

一是从亚里士多德和笛卡尔那里吸取了思想材料。"古代的黑格尔"亚里士多德是提出一个整个世界体系的人。"现代哲学之父"、机械唯物论者和"辩证法家"笛卡尔强调方法导论四规则，其中包括"按照次序引导我的思想，以便从最简单、最容易认识的对象开始，一点一点逐步上升到对复杂的对象的认识，即使是那些彼此之间没有自然的先后次序的对象，我也给

它们设定一个次序"①。

二是古典经济学的经济学体系构建方法。亚当·斯密和李嘉图的经济学体系的共同之处是使用抽象法或者内在观察法，从商品价值量取决于劳动时间这个规定出发，然后研究其他经济关系（其他经济范畴）同这个规定、基础或出发点相适应或者相矛盾的程度，"揭示并说明了阶级之间的经济对立"即内在联系，从而搞清楚"这个制度的表面运动和它的实际运动之间的矛盾是怎么回事"，这是古典学派体系构建方法"在科学上的巨大历史意义"②。

值得一提的是，英国经济学家皮罗·斯拉法（Piero Sraffa）著作《用商品生产商品》（1960）的问世，表明斯拉法价值理论体系与马克思劳动价值理论体系、新古典均衡价值理论体系已形成三足鼎立之势。新剑桥学派、后凯恩斯主义者、新李嘉图主义者以及英国马克思主义者米克对此给予正面评价。米克甚至认为，斯拉法价值理论体系的分析方法体现了马克思的逻辑与历史相统一的方法论。但是，鉴于斯拉法价值理论体系的局限性，它不能取代马克思的价值理论体系。

三是黑格尔体系构建方法。黑格尔是在哲学史上第一个关注总体、关注事物的全面联系及其在逻辑概念中的反映并力图建构辩证逻辑体系的人，尽管这一体系是头足颠倒的。总体、整体、体系、圆圈或者有机统一体，是理解黑格尔哲学、逻辑学和辩证法的关键。在黑格尔看来，一个真正的哲学体系，应该是一个首尾相连、由诸多逻辑环节或者圆圈组成的总体。黑格尔"天才的"的基本思想就是："万物之间的世界性的、全面的、活生生的联系，以及这种联系在人的概念中的反映"③、"没有体系的哲学思维绝不会是科学的东西；这样的哲学思维除了本身更多地表示主观看法以外，就其内容而言则是偶然的。一种内容只是作为整体的环节，才得到其正确性的证明，在这个整体之外，则是毫无根据的假设或主观的确信"④。

黑格尔还明确地阐述了真理与理论体系的关系。在他看来，"真理是全体"、"真理就是由现象、现实的一切方面的总和以及它们的（相互）关系

---

① 笛卡尔：《谈谈方法》，商务印书馆2000年版，第16页。
② 《马克思恩格斯全集》第三十四卷，人民出版社2008年版，第184页。
③ 《列宁专题文集·论辩证唯物主义和历史唯物主义》，人民出版社2009年版，第134页。
④ 黑格尔：《逻辑学》，梁志学译，人民出版社2004年版，第47页。

构成的"、"真理只有作为科学或体系才是现实的,才可以被陈述出来"、知识只有"以系统的形式"才能得到充分的说明①。

此外,还有"开端"理论。这一理论与逻辑体系起点理论息息相关,但是,却没有受到应该有的重视和关注。

四是费尔巴哈唯物主义。马克思在 19 世纪 40 年代,批判地继承和推进关于黑格尔辩证法和费尔巴哈唯物主义的"真正的理论革命"②,既批判了机械唯物主义,又对黑格尔的辩证法、总体论、逻辑学和真理观进行了唯物主义的改造,从而为政治经济学方法论革命奠定了坚实的基础。

马克思总体方法论及其政治经济学体系构建方法,还是批判非马克思主义方法论的产物。马克思批判了唯心主义或教条主义方法论。前者是"按照黑格尔学派的方式构造体系",其特征是"唯心主义的出发点和不顾事实而任意编造体系";后者"用历史唯物主义的套语……尽快地构建体系"。而蒲鲁东的"经济矛盾的体系"是小资产阶级经济学体系,实际上是唯心主义和形而上学的"政治经济学的逻辑学"③。马克思还批判了折中主义经济学体系,例如《逻辑体系》(1843)和《政治经济学原理及其在社会哲学上的应用》(1848)的作者约翰·穆勒所构筑的折中主义政治经济学体系,总是力图使资本的政治经济学同无产阶级的要求调和起来,把古典经济学同庸俗经济学的不同观点予以混合。

(二) 马克思关于经济学逻辑体系构建的方法论

马克思总体方法论,就是以揭示事物整体或总体的普遍联系为特征的辩证唯物主义和历史唯物主义。它在政治经济学领域的具体应用,形成了政治经济学的方法论,其精髓就是构建政治经济学逻辑体系的方法。马克思在《1844 年经济学哲学手稿》中,首次构建以异化劳动为核心范畴的经济学逻辑体系;《哲学的贫困》(1847)以论战的形式,对蒲鲁东形而上学的矛盾

---

① 黑格尔:《精神现象学》上卷,商务印书馆 1979 年版,第 12 页。列宁:《哲学笔记》,人民出版社 1960 年版,第 210 页。黑格尔:《精神现象学》上卷,商务印书馆 1979 年版,第 14 页。
② 《马克思恩格斯文集》第一卷,人民出版社 2009 年版,第 112 页。马克思在 1858 年 1 月 14 日给恩格斯的信函中表达了撰写辩证法专著的愿望:"我又把黑格尔的《逻辑学》浏览了一遍,这在材料加工的方法上帮了我很大的忙。如果以后再有工夫做这类工作的话,我愿意用两三个印张把黑格尔所发现的,但同时又加以神秘化的方法中所存在的合理的东西阐述一番,使一般人都能够理解"。
③ 《马克思恩格斯文集》第一卷,人民出版社 2009 年版,第 601 页。

的政治经济学逻辑体系进行系统的批判,与此同时也阐述了他自己的方法论的基本原则;马克思则在《1857—1858年经济学手稿》的导言中,首次推出了以"总体"、"整体"或"体系"为核心概念的政治经济学总体方法论,正面阐述了"政治经济学的方法",剖析了构建"各种经济学体系"的方法①。总的来看,马克思方法论有以下特征:

第一,马克思总体方法论的基石,就是"总体"发展观。"总体"、"总和"或"整体"这一类术语,在他看来,可以是指微观层面的"总体工人",但主要是讲宏观层次的"有机体制"即经济的社会形态,甚至每一社会中的生产关系都形成一个统一的整体。马克思在1858年指出:"新的生产力和生产关系不是从无中发展起来的,也不是从空中,也不是从自己设定自己的那种观念的母胎中发展起来的,而是在现有的生产发展过程内部和流传下来的、传统的所有制关系内部,并且与它们相对立而发展起来的……而它向总体的发展过程就在于:使社会的一切要素从属于自己,或者把自己还缺乏的器官从社会中创造出来。有机体制在历史上就是这样生成为总体的。"② 同时强调指出:政治经济学的主要任务,就是构建反映"生产力(生产资料)的概念和生产关系的概念的辩证法"③ 运动的政治经济学逻辑体系,翌年,马克思第一次正式推出关于物质生产力——生产关系、经济基础——上层建筑、人们的社会存在——社会意识的"总体"结构,第一次公开"六册结构写作计划"逻辑指出,"我考察资产阶级经济制度是按照以下的顺序:资本、土地所有制、雇佣劳动、国家、对外贸易、世界市场"。④ 六大组成部分得以呈现出其内在联系及其有序性和层次性,真实地再现了资本主义这一总体的运动规律和历史结局,从而把总体方法论的使用拓宽到政治经济学领域。

具体总体和思想总体的对立统一,是"总体"发展观的体系化。马克思区分了生产总体或者具体总体(即现实表象),以及作为其理论反映的思想总体、思想整体、思维总体或者精神具体(即逻辑结构和思想体系)。前者决定后者,也就是社会存在决定社会意识、客观事物的辩证法创造主观观

---

① 《马克思恩格斯文集》第八卷,人民出版社2009年版,第24、25页。
② 《马克思恩格斯全集》第三十卷,人民出版社1995年版,第236~237页。
③ 《马克思恩格斯全集》第三十卷,人民出版社1995年版,第51页
④ 《马克思恩格斯文集》第二卷,人民出版社2009年版,第588页。

念的辩证法，而后者是前者的反映。马克思批判了黑格尔唯心主义"绝对精神"的总体观，指出："具体总体作为思想总体、作为思想具体，事实上是思维的理解的产物，但是，绝不是处于直观和表象之外或驾于其上而思维着的、自我产生着的概念的产物，而是把直观和表象加工成为概念这一过程的产物"①。

第二，研究方法和叙述方法的对立统一。现实或者表象中的具体——抽象的规定——具有许多规定和关系的丰富的"具体总体"，这是政治经济学体系的逻辑运动的总路径。仅仅依靠研究方法或者仅仅依靠叙述方法，是会半途而废的。学术界大都推崇卢森贝方法论模式，把政治经济学方法主要归结为"从抽象上升到具体的方法"即叙述方法。其实，"从抽象上升到具体的方法"或者叙述方法仅仅是政治经济学总体方法论的一个组成部分。

研究方法和叙述方法是对立统一的。研究方法是从现象进入本质的方法，是以经济现象层次的东西为研究对象，也就是马克思所强调的，"摆在面前的对象，首先是物质生产"；② 叙述方法是关于思维用来掌握具体并把它当作一个精神上的具体再现出来的方法，是以本质层次的概念和范畴为研究对象，是把本质逐步还原成为包含着诸多规定和关系的思想总体。两者缺一不可。所以，就逻辑运动的总路径和总过程而言，应该有两种方法（研究方法和叙述方法）和两种研究对象，它们都是相辅相成，不可或缺的。

第三，历史与逻辑相一致的方法。一方面，从个别上升到一般、从简单到复杂的逻辑发展进程，从最简单上升到复杂这个抽象思维的进程符合现实的历史进程；另一方面，把经济范畴按它们在历史上起决定作用的先后次序来排列是不行的，应该舍象历史的偶然因素和干扰条件。

第四，内源性矛盾运动贯穿于逻辑运动的全过程。逻辑体系总体的运动实际上是一种无求助于外力的凸显自我运动、自我扬弃、自我否定、自生自灭和自我发展的内源性矛盾运动，因为它所反映的现实社会是一个能够变化并且经常处于变化过程中的社会有机体。

马克思还批判了把经济学概念和范畴物化、凝固和僵化的形而上学矛盾观，即不知道任何经济范畴、概念和规律后面的繁杂的生产关系，不知道它

---

① 《马克思恩格斯文集》第八卷，人民出版社2009年版，第25页。
② 《马克思恩格斯文集》第八卷，人民出版社2009年版，第5页。

们身上铭刻的"历史痕迹",同样也不知道它们是永恒的,是活生生的,随着历史的或者现实的变化而变化的;而在马克思著作中间,是找不到"不变的、现成的、永远适用的定义","不言而喻,在事物及其互相关系不是被看作固定的东西,而是被看作可变的东西的时候,它们在思想上的反映、概念,会同样发生变化和变形;它们不能被限定在僵硬的定义中,而是要在它们的历史的或逻辑的形成过程中来加以阐明。"①

总体的逻辑起点选择原则和方法,具有重大的方法论意义。确定了总体的逻辑起点,就是抓住了事物的主要矛盾。起点范畴即经济学元范畴包含着此后展开的一切矛盾的胚芽,其终端以扬弃的形式包含着自己开端的规定性,这充分体现了辩证逻辑运动的一以贯之的内在联系和自我运动的特性。起点范畴的选择至少应该同时具备三个条件,即抽象性、现实性以及孕育一切矛盾胚芽的始基性。起点与研究对象息息相关。

这就需要我们区分两组研究对象,即与研究方法相联系的研究对象,以及与叙述方法相联系的研究对象,与此相呼应,确定两个导向即"问题导向"以及"逻辑导向"。这是至关重要的。

其一,与研究方法相联系的研究对象(因为研究方法是从现象进入本质的方法),是以经济现象层次的东西为研究对象,也就是马克思所强调的,"摆在面前的对象,首先是物质生产。"② 狭义的生产关系来源地是现实的生产过程。

其特征是"问题导向"。问题是时代的格言,是表现时代自己内心状态的最实际的呼声,而"任何真正的哲学都是自己时代精神的精华。"③ 它的哲学依据是世界统一于物质原理,也是一切从实际出发的原理,即按照事物的本来面貌去认识事物,从调查研究入手。把大量的感性材料加工(去粗取精、去伪存真、由表及里、由此及彼)成为理性材料;其一是进一步确定材料的真伪和价值;其二是从材料中引出路线、方针、政策、计划、方案和方法来,以便去指导人们的实践,解决现实问题。但是,"问题导向"所产生的成果,是进一步上升到与"逻辑导向"相关的逻辑加工的坚实的基础。

---

① 《马克思恩格斯文集》第七卷,人民出版社 2009 年版,第 17 页。
② 《马克思恩格斯文集》第八卷,人民出版社 2009 年版,第 5 页。
③ 《马克思恩格斯全集》第一卷,人民出版社 2002 年版,第 203 页。

马克思是这方面的典范。他大量搜集"工厂视察查员"报告、"童工调查"、"公共卫生"、"面包行业"等委员会的蓝皮书——《资本论》第一卷近全书一半篇幅阐释生产过程，其中包括从协作—分工和手工业—机器大工业，绝对剩余价值生产与相对剩余价值生产，旨在从物质生产过程中寻找剩余价值产生的秘密。

美国工人出身的"新左派"经济学家布雷弗曼，20 世纪 50 年代起，他先后任《美国社会主义者》杂志主编、《每月评论》出版社社长及主编等职。布雷弗曼的《劳动与垄断资本》（1974）一书，继承了马克思的研究路线和方法论，注重垄断资本主义条件下劳动过程这一分析角度。

在他看来，《资本论》把对劳动过程的分析第一次置于真正科学的基础之上，有鉴于此，布雷弗曼深入探讨了垄断资本主义条件下生产过程领域中的新变化和新现象，如劳动人民的职业结构和工业结构的变化，现代公司、办公室劳动的演变，工人阶级结构的变化（其中包括垄断资本主义制度造成了与工人阶级和旧中等阶级相区别的"职业的中间阶层"）尤其是企业管理和科技革命的发展及其影响等。他强调指出，上述变化或发展的原因是资本追求最大的剩余价值。并且，他认为，自马克思逝世后，至今尚无一个马克思主义者对此作出马克思主义的分析。

在他看来，劳动过程在 19 世纪末，发生实质性的变革。这一时期正是西方"管理革命"崛起和新科学技术革命兴起的时代。前者为劳动过程提供了新的组织形式，后者促成以技能为基础的劳动向以科学为基础的劳动的转化，从而使劳动过程的内容产生了实质性的变革。他强调指出，劳动过程的重大变革和发展与垄断资本主义形成在时间上是正相吻合的，促成劳动过程的形式和内容发生变革的管理革命和新技术革命是"资本主义发展新阶段的一部分，它们产生于垄断资本主义，而又使垄断资本主义成为可能"，从而对巴兰和斯威齐的垄断资本理论作了重要的补充。

其二，与叙述方法相联系的研究对象（因为叙述方法是关于思维用来掌握具体并把它当作一个精神上的具体再现出来的方法）。其特征是"逻辑导向"，即以本质层次的概念和范畴为研究对象，是把本质逐步还原成为包含着诸多规定和关系的思想总体。所以，就逻辑运动的总路径和总过程而言，应该有两种方法（研究方法和叙述方法）及其相应的两种研究对象，它们都是相辅相成，不可或缺，两者缺一不可。

第五，强调中介范畴在逻辑推进和运动过程中的重要性。这是政治经济学逻辑体系总体构筑方法的重要一环。"中介"范畴是逻辑演绎和体系构建的"枢纽点"。"中介"范畴就是逻辑中项，也是范畴上升或转化的条件和过渡环节。作为一种"思想总体"要素的诸种范畴的自我运动，实质上是一系列中介范畴、中间环节之间的中介运动。

第六，逻辑主线及中心范畴的选择、逻辑联系或逻辑结构的布局谋篇原则。主线或者结构就是从总的联系和内在矛盾中，围绕生产力和生产关系的概念的辩证法或者观念的辩证法这一条红线，把反映错综复杂经济现象的各个概念、范畴、规定、规律、理论或者子系统，置于应有的地位和正确的联系之中，力求真实地反映经济的社会形态的现实运动。而按照何种客观联系用以确定逻辑联系，这一切取决于研究对象，取决于占统治地位的生产方式和生产关系主体的本质，取决于是不是符合"现实历史过程"。

马克思政治经济学逻辑结构的布局即"分篇"的一般原则，即突出人类的物质生产，因为生产、分配、交换和消费构成"有机整体"或"总体"的各个环节，而一定的生产决定一定的分配、交换和消费，以及这些不同要素相互间的一定关系。而在资本主义生产总体中，其逻辑结构突出"资本"这一"中心范畴"、"普照的光"或"特殊的以太"；因为"资本和劳动的关系是我们全部现代社会体系所围绕旋转的轴心"。社会主义生产总体中，其逻辑结构突出"人民"（物质生产者）这一"中心范畴"。

警惕蒲鲁东逻辑陷阱和李嘉图逻辑陷阱。所谓蒲鲁东逻辑陷阱，是用继起的复杂范畴阐释先前的简单范畴，因此在构筑逻辑范畴体系时，犯了在阐述简单范畴时就急于推出和借助复杂范畴的错误。李嘉图逻辑陷阱是抽象过度，即熊彼特所讲的"李嘉图恶习"。例如把价值直接等同于生产价格，跳过中介范畴，忽视利润平均化过程。此外，李嘉图在其著作《政治经济学及赋税原理》头两章，所有的范畴都纷纷出场亮相。由此可见，从逻辑思想史的角度来看，李嘉图似乎是蒲鲁东逻辑陷阱的祖师爷。

但是，对于蒲鲁东逻辑陷阱不能做形而上学的理解。首先，在阐述简单范畴时可以借助继起的复杂范畴的一般规定性，但是不能借助复杂范畴的全部规定和规律。马克思严格规定：从继起的范畴或结构内吸取某些理论要素或规定性时，必须限定在对资本的一般分析的范围内；而这些理论要素或规定性不是对充分发展的复杂的"具体"及其现实运动的反映，而是对往往在低层次发展阶段上才出现的、尚处于未展开状况或呈现理想的均匀状态的一般的"具体"形态的理论反映。

例如，对于"竞争"这一继起的范畴体系，则抽象掉竞争的实际运动和市场价格的现实运动，只研究在理想的平均形式中表现出来的竞争；并以此作为《资本论》第一卷的理论要素；关于"世界市场"这个综合了所有规定性的资本主义生产的总体，则舍象了其复杂的具体形式，只研究一般生产过剩的经济危机，主要作为《资本论》第三卷的理论要素。

其次，"资本主义生产的这些比较具体的形式，只有在理解了资本的一般性质以后，才能得到全面的说明。"因此，他把旨在阐述资本一般性质的第一册首篇《资本一般》，即"基本经济原理"或"政治经济学原理"篇，扩充为"大写"的"资本一般"，也就是放弃了继续撰写体现"六册计划"结构的《政治经济学批判》六个分册的打算，而大大扩展的《资本一般》，将以《资本论》为标题单独出版，而《政治经济学批判》这个名称只作为副标题。

"六册计划"结构转向《资本论》四卷结构具有开创性、"决定性的重要意义"[1]，旨在夯实资本主义经济学体系的基础，即讲清楚马克思称之为决定资本主义生产方式根本性质的"普照的光"、"特殊的以太"的"资本一般"，这一点至关重要。毋庸置疑，完成"六册计划"首册《资本》篇的《资本论》，是该体系的基础或"精髓"部分，并形成一个始基性体系即"小圆圈"（抽象层次上经济学范畴的辩证运动），可以说"第一卷已经是一个完整的部分"[2]；"六册计划"中的第2~6册，即《资本论》"续篇"，是上升到具体现象层次上的"大圆圈"，再现以世界市场为最高具体的"总体"。《资本论》及其"续篇"，"小圆圈"与"大圆圈"构成了不可分割的逻辑体系整体，因此，"别人就容易在已经打好的基础上去探讨了"[3]，马克思实际上期待后人最后完成"六册计划"逻辑体系。

第七，注重政治经济学"术语革命"。《资本论》第一卷序言中指出："一门科学提出的每一种新见解都包含这门科学的术语的革命。"[4] 恩格斯的

---

[1] 《马克思恩格斯〈资本论〉书信集》，人民出版社1976年版，第152页。
[2] 《马克思恩格斯〈资本论〉书信集》，人民出版社1976年版，第284页。
[3] 《马克思恩格斯〈资本论〉书信集》，人民出版社1976年版，第170页。
[4] 《马克思恩格斯文集》第五卷，人民出版社2009年版，第32页。

这一句话实际上有两层含义：一是基于从属型发展观视角含义，"把社会的一切要素从属于自己"，即对老话语的改造或者推陈出新，其理论根据是关于反映社会经济发展过程的经济范畴二重性的理论：它把经济范畴归结为由生产力发展的一定水平决定的物质内容与反映一定经济关系的社会形式组成的统一体，它要求在分析任何一个经济范畴时，自始至终地区分开它的物质内容和社会形式。其方法论意义在于强调经济范畴社会形式的暂时性及其物质内容的继承性（这与从属型相关联），强调应深入考察与旧社会形式剥离了的物质内容及其发展趋势，预测与它相适应的新社会形式（这与创造型相关联），以及这二者在更高级阶段上结合的特征。二是基于创造型发展观视角，"把自己还缺乏的器官从社会中创造出来"，推出新概念、新范畴、新规律、新表述或者新理论，但是这一部分所占比重非常之少，屈指可数。这是基于更替性和创新性的"创造"形态的术语革命。

劳动二重性理论是这一类术语革命的典范。它是《资本论》三大崭新因素之一，也是理解政治经济学的枢纽，解决了价值由什么劳动形成（价值是抽象劳动的凝结，这对认识价值实体、剩余价值实体有决定性意义），价值量由什么决定，为什么形成价值，怎样形成价值的问题；从内容和形式的统一上完成价值本身规定性的研究。并且从价值形式的历史发展和商品内在矛盾冲突中，推出货币范畴，解决了商品怎样、为什么、通过什么成为货币的问题，并从价格（商品价值的货币表现）和价值的关系中阐述了价值规律的作用形式。这一术语革命的意义在于：这种在商品交换现象形态上完成的劳动价值论，包含一切资产阶级形式的秘密，成为以后一切经济科学的出发点。

例如，马克思还进一步研究了剩余价值本身，区分了剩余价值一般及其具体形式，确定了绝对剩余价值形式和相对剩余价值形式，劳动对资本的两种从属形式、劳动过程和价值增殖过程学说等。

马克思提出的这一组新术语的意义在于："为什么马克思的剩余价值理论，好像晴天霹雳震动了一切文明国家"。[①] 因为它从本质上揭示了资本主义剥削的秘密，"资本和劳动的关系，是我们全部现代社会体系所围绕旋转

---

① 《马克思恩格斯文集》第六卷，人民出版社2009年版，第19页。

的轴心，这种关系在这里第一次得到了科学的说明"①，从而为工人阶级运动提供了强有力的思想武器。

此外还有：（1）关于辩证法、逻辑和认识论的统一性。（2）结构的规定性和层次性。（3）经济学范畴转化或移植的三大规律：一是范畴转化的动力来自范畴自身内在的矛盾而不能借助于后继范畴；二是转化路径是范畴中介管道；三是具备"物质内容"和"社会形式"二重性的范畴，在不同社会经济形态之间的移植规律。（4）从抽象呈螺旋式上升到具体的方法，等等②。

马克思总体方法论及其政治经济学体系构建方法博大精深，有待于进一步发掘。这一方法即列宁所概括的"《资本论》的逻辑"。马克思上升为"德国科学的辉煌成就"乃至人类"掌握世界"的独特的专有的思维"方式"的高度，即"整体，当它在头脑中作为思想整体而出现时，是思维着的头脑的产物，这个头脑用它所专有的方式掌握世界，而这种方式是不同于对于世界的艺术精神的，宗教精神的，实践精神的掌握的"③；恩格斯后来把这个方法视为"其意义不亚于唯物主义基本观点的成果"，在他看来，马克思是独一无二地在辩证的运动中把握所有经济范畴并且重建整个经济学大厦的人，而且其中每一部分都相互依存和相互决定④。

概而言之：

其一，马克思政治经济学体系构建方法史。其思想轨迹和路径是《贫困的哲学，经济矛盾的体系》（1847）—《政治经济学批判》"导言"（1857～1858）—《政治经济学批判》"序言"（1859）。

其二，总体方法论，即主观性逻辑体系（"思想总体"）反映客观性社会经济形态（"生产总体""具体总体"）的方法，强调意识和存在、生产力和生产关系、经济基础和上层建筑等内源性矛盾运动，是推动经济的社会形态演进的根本动力，贯穿于经济学体系逻辑运动的全过程。

其三，关于经济的社会形态"总体"的发展路径。其特征是从属型和

---

① 《马克思恩格斯文集》第三卷，人民出版社2009年版，第79页。
② 颜鹏飞：《中国社会经济形态大变革：基于马克思恩格斯的新发展观》，经济科学出版社2009年版，序言。何干强：《用唯物史观促进中国的科学发展——评〈中国社会经济形态大变革：基于马克思和恩格斯的新发展观〉》，载于《政治经济学评论》2012年第3期。
③ 《马克思恩格斯文集》第八卷，人民出版社2009年版，第25页。
④ ［美］奥尔曼：《辩证法的舞蹈：马克思方法的步骤》，高等教育出版社2006年版，第171页。

创造型并举:"新的生产力和生产关系……向总体的发展过程就在于:使社会的一切要素从属于自己,或者把自己还缺乏的器官从社会中创造出来"。

其四,政治经济学逻辑体系构建路径即两条"道路"理论。"第一条道路"即"从最简单上升到复杂的这个抽象思维的进程",是"经济学在它产生时期在历史上走过的道路",是"符合现实的历史过程"。"第二条道路"所使用的"从抽象上升到具体的方法",是构建经济学体系的"科学上正确的方法"。

其五,"普照的光—特殊的以太—中心范畴"理论。把核心的所有制关系范畴置于首位,这一点"对于分篇具有决定的意义"。

其六,政治经济学提纲(八条)(《政治经济学批判》"导言",1857~1858)。其中包括:经济学逻辑体系应一以贯之以"生产力(生产资料)的概念与生产关系的概念的辩证法",以及原生态生产关系和次生态生产关系的辩证关系,物质生产与艺术发展的辩证关系,生产、分配、交换和消费之间的辩证关系,以及"国家形式和意识形态同生产关系和交往关系的关系"、"国际关系在这里的影响"和"生产关系作为法的关系怎样进入了不平衡的发展",等等,它不亚于绽现天才世界观萌芽的《关于费尔巴哈的提纲》(11条)。

其七,关于"术语革命"的论断。一门科学及其体系的术语长期固化,是没有生命力的。例如化学的全部术语大约每20年就彻底更换一次(《资本论》第一卷,英文版序,1886)。"术语革命"是防止政治经济学体系僵化和固化的灵丹妙药。

其八,关于概念的变形和商品变形理论。包括商品、资本在内的任何经济学概念都具有"历史的痕迹",反对把概念"限定在僵硬的定义中,而是要在它们的历史的或逻辑的形成过程中来加以阐明"(《资本论》第三卷,序,1894)。

其九,对于"李嘉图逻辑陷阱"和"蒲鲁东逻辑陷阱"的批判。前者抽象过度,即熊彼特所讲的"李嘉图恶习"或"休谟的铡刀""奥卡姆剃刀"。后者是用继起的复杂范畴阐释先前的简单范畴,因此在构筑逻辑范畴体系时,犯了在阐述简单范畴时就急于推出和借助复杂范畴的错误。

此外,作为马克思体系构建方法论的传承和发展,列宁的"辩证法、认识论和逻辑学三者同一"性思想(《哲学笔记》,1895~1916),以及斯大林的《苏联社会主义经济问题》(1952) 和毛泽东的《毛泽东论社会主义政治经济学批注和谈话》(1959~1960) 等相关论著，也是不可或缺的理论渊源。1978 年改革开放以来，中国共产党几代领导人，尤其习近平的中国特色社会主义经济思想是对马克思方法论的丰富和发展。"中国特色社会主义政治经济学理论体系"应该"充分体现中国特色、中国风格、中国气派"的思想；吸收三大思想资源并且把创新置于发展之首的五大发展理念，充分体现了马克思"从属型"和"创造型"发展观；而以人民为中心、以五大发展理念为准绳的发展思想，以及"坚持加强党对经济工作的集中统一领导"，是习近平经济思想最显著、最根本的理论特色，对于如何构建中国特色"系统化的经济学说"具有重要启迪。

二、新时代中国特色政治经济学体系构建方法论

研究对象与研究方法的辩证统一、公有制与市场机制相结合、有效市场与有为政府的有效结合、逻辑起点四大规定性的辩证统一，以及生产与分配、交换、消费的辩证统一，是新时代中国特色政治经济学体系构建方法论的重要组成部分。

(一) 研究对象与研究方法的辩证统一

1. 马克思研究对象理论的演化史。

马克思的政治经济学研究对象理论或者研究对象总体论有一个发展过程。第一阶段，侧重于广义的、经济的社会形态总体研究对象。

马克思在《1857—1858 年经济学手稿》的"导言"，开门见山指出："摆在我们面前的对象，首先是物质生产。"[①] 马克思从直接的物质生产过程寻找资本剥削劳动的秘密之所在。《资本论》第一卷近全书一半篇幅阐释生产过程，其中包括从协作—分工和手工业—机器大工业，绝对剩余价值生产与相对剩余价值生产，旨在从物质生产过程中寻找剩余价值产生的秘密。马克思大量搜集"工厂视察查员"报告、"童工调查"、"公共卫生"、"面包

---

① 《马克思恩格斯文集》第八卷，人民出版社 2009 年版，第 5 页。

行业"等委员会的蓝皮书。

美国"新左派"经济学家布雷弗曼继承了马克思的研究路线和方法论,注重垄断资本主义条件下的劳动过程这一视阈。在他看来,《资本论》把对劳动过程的分析第一次置于真正科学的基础之上,有鉴于此,布雷弗曼深入探讨了垄断资本主义条件下生产过程领域中的新变化和新现象,他认为,自马克思逝世后,至今尚无一个马克思主义者对此作出马克思主义的分析。

此外,在"导言"中的"政治经济学的方法"一节中,马克思强调指出:政治经济学应该探索"生产力(生产资料)的概念和生产关系的概念的辩证法",以及"第二级的和第三级的东西,总之,派生的、转移来的、非原生的生产关系。"① 这就是著名的政治经济学提纲8条中的第5条和第3条。政治经济学提纲8条堪比1845年关于费尔巴哈的提纲11条,前者探讨现实的社会经济社会的发展规律及其理论反映;后者把实践观点引入认识论,告诫哲学家们不仅要用不同的方式解释世界,而问题在于改变世界。

这里讲的关于生产力的概念和生产关系的"概念的辩证法",实际上是关于"思想总体""思想具体"反映"具体总体""实在主体"的主观辩证法运动,即"具体总体作为思想总体、作为思想具体,事实上是思维的理解的产物,但是,绝不是处于直观和表象之外或驾于其上而思维着的、自我产生着的概念的产物,而是把直观和表象加工成为概念这一过程的产物"②。马克思实际上区分了生产总体或者具体总体(即现实表象),以及作为其理论反映的思想总体、思想整体、思维总体或者精神具体(即逻辑结构和思想体系)。

并且,以此为根据,马克思首次阐释关于社会经济形态(有机体制)的发展规律。马克思认为:"新的生产力和生产关系不是从无中发展起来的,也不是从空中,也不是从自己设定自己的那种观念的母胎中发展起来的……它向总体的发展过程就在于:使社会的一切要素从属于自己,或者把自己还缺乏的器官从社会中创造出来。有机体制在历史上就是这样生成为总体的。"③ 这就是说,物质生产过程、生产关系、生产力和生产关系的概念的辩证法、

---

① 《马克思恩格斯文集》第八卷,人民出版社2009年版,第33~34页。
② 《马克思恩格斯文集》第八卷,人民出版社2009年版,第25页。
③ 《马克思恩格斯全集》第三十卷,人民出版社1995年版,第236~237页。

社会经济形态（有机体制）的发展规律、"思想总体""思想具体"或者"具体总体""实在主体"都是政治经济学的研究对象。

第二阶段，侧重于狭义的研究对象。

1867年出版的《资本论》第一卷把资本主义政治经济学研究对象，具体化为"资本主义生产方式以及和它相适应的生产关系和交换关系"。

关键在于如何界定作为研究对象的核心范畴"生产方式"这一术语。在马克思的著作中，这是使用频率很高的术语，并且在不同的语境下，马克思赋予生产方式范畴的含义往往是各不相同的。马克思在1872~1875年多次修改的《资本论》法文版——"它仍然在原本之外有独立的科学价值，甚至对懂德语的读者也是有参考价值"[①]——对于"生产方式"术语的规定性有了甚为明晰的解读。

在马克思看来，生产方式主要具有两种含义。

一是生产形式或者劳动的生产条件，即技术条件（生产技术工艺、生产技术方式或生产的物质内容）和社会条件（生产的社会形式）；例如《资本论》第一卷共7篇，其中第3、4、5、7篇大都是阐释剩余价值的生产的。

二是社会制度或经济制度，例如《资本论》第三卷第7篇51章《分配关系和生产关系》所阐述的资本主义生产方式，就是以"资本和雇佣劳动的关系"以及"在价值上建立起自己的生产方式"为特征的资本主义的基本经济制度。

由此，社会主义生产方式总体及其生产力和生产关系的运动规律，是中国特色社会主义政治经济学研究对象。学术界对于中国特色社会主义政治经济学研究方法，争议比较小；研究对象颇具争议。新中国成立以来，比较流行的观点，是根源于斯大林经济学模式的，把政治经济学研究对象仅定位于单一的生产关系及其三分法。而以生产关系为研究对象论者居于主流地位。改革开放以来，熊映梧的生产力对象论（1978）、马家驹的生产方式对象论（1981）、吴易风的"生产力—生产方式—生产关系"对象论（1997），以及胡钧的"生产关系总体"论（2011），先后被列为政治经济学的研究对象而引起学界的讨论和争鸣。总的来看，其发展趋势是越来越逼近马克思的研究对象总体论。

[①] 《马克思恩格斯文集》第五卷，人民出版社2009年版，第27页。

2. 关于研究对象和研究方法的五大对立统一。

我们是两条道路、研究方法和叙述方法、研究对象与研究方法、逻辑指向和问题导向的对立统一论者,以及逻辑、辩证法和唯物主义认识论的对立统一论。它们都是相辅相成,不可或缺,两者缺一不可。把政治经济学方法主要归结为"从抽象上升到具体的方法"即侧重于构建经济学体系的叙述方法,是一种关注逻辑指向、忽视问题导向的流行观点。

其一,"第一条道路"与"第二条道路",以及"研究方法"与"叙述方法"(马克思,1873)这两者应该是辩证统一的。前者把"完整的表象蒸发为抽象的规定"(构建体系的第一条道路),后者致力于"抽象的规定在思维行程中导致具体的再现"(构建体系的第二条道路)。

其二,我们还是研究对象与研究方法,以及"问题导向"和"逻辑导向"的辩证统一论者。两者相辅相成,才能有助于构成系统化的理论体系。这就需要区分两组研究对象。

一是与狭义的研究方法相联系的研究对象(现实的重大的深层次的社会经济问题)或研究路径,其特征是"问题导向",即着眼于从现实实践中寻找解决问题的症结和矛盾所在从而确立纷繁复杂现象背后的本质性规定和关系,奠定了进一步逻辑加工的基础;

二是与叙述方法相联系的研究对象(经济学理论体系)或者研究路径,其特征是"逻辑导向",即致力于构建经济学理论体系,确定逻辑起点、构建路径、核心范畴、主要矛盾和核心规律等逻辑元件。抑此扬彼是不符合辩证法的。

我们是逻辑指向和问题导向的对立统一论者。"问题导向",是从现实实践中寻找解决问题的症结,"问题导向"所产生的成果,奠定了逻辑加工的基础,是进一步上升到与"逻辑导向"相关的逻辑加工的坚实的基础,从而有助于"逻辑导向",即把本质逐步还原成为包含着诸多规定和关系的思想总体。坚持逻辑导向,就是构建学科体系、学术体系和话语体系,尤其建构中国特色的政治经济学体系。

坚持问题导向,是马克思主义的理论品格和根本要求,马克思主义经典作家和我党的领袖人物不仅关注认识世界,更关注改造世界。其哲学依据是世界统一于物质的原理,也是一切从实际出发的原理,即按照事物的本来面貌去认识事物,从调查研究入手。把大量的感性材料加工(去粗取精、去伪存真、由表及里、由此及彼）成为理性材料；其一是进一步确定材料的真伪和价值；其二是从材料中引出路线、方针、政策、计划、方案和方法来，以便去指导人们的实践，解决现实问题。马克思提出，"问题就是时代的口号，是它表现自己精神状态的最实际的呼声。"读懂一个时代需要读懂这个时代的问题，改变一个时代需要解决这个时代的问题。问题是实践的起点、创新的起点。一切发展进步无不是在破解时代问题中实现的。发现问题、研究问题、解决问题，始终是推动一个国家、一个民族向前发展的重要动力。以问题为导向，才能为形成新思想新理论提供不可或缺的逻辑构件。

总而言之，就中国特色社会主义政治经济学体系逻辑运动的总路径和总过程而言，研究对象就是社会主义生产方式总体及其生产力和生产关系的运动规律，研究方法就是致力于研究对象和研究方法的五大对立统一。而注重"第一条道路"和"问题导向"研究方法，在现阶段不可或缺。

（二）公有制与市场机制相结合

社会主义初级阶段公有制为主体、多种所有制经济共同发展的基本经济制度，与对资源配置起决定性作用的市场机制，这二者如何实现有效结合，将对于经济学体制或体系的根本性质、逻辑结构或者分篇方法具有重大意义。它既是新时代中国特色社会主义政治经济学的核心理论，也是构建中国特色社会主义政治经济学体系的根本性难题。突破公有制与市场机制如何有效结合以及有效市场与有为政府如何有效结合的过程，也是构建中国政治经济学体系的一条不可或缺的重要路径[1]。

---

[1] 一般认为，社会主义市场经济理论是中国特色社会主义政治经济学的核心理论。因此，社会主义公有制与市场手段的结合也被学者们视为中国特色社会主义政治经济学理论构建中重要的方法论原则。刘伟指出，社会主义初级阶段公有制为主体、多种所有制经济共同发展的基本经济制度，与市场机制对资源配置起决定性作用，二者如何实现有效结合，是构建中国特色社会主义政治经济学的根本性难题。中国特色社会主义经济改革实践的根本特征，在于坚持二者的有机统一，已经取得了重大进展，同时面临一系列新的问题。"我国的经济体制改革，以坚持马克思主义基本理论和方法作为主流，特别是将其运用于分析公有制与市场经济相结合的改革实践，集中体现在以下方面：一是从生产力与生产关系矛盾运动的唯物史观出发，阐释改革的历史必然性，把改革的本质归结为社会主义制度及其生产关系的自我完善和发展，改革的动因被归结为解放和发展生产力，始终以保护、解放和发展生产力作为检验改革绩效的根本标准。二是从对生产关系的本质认识出发，在生产关系变革的意义上把握改革，把改革的实质和真正难点解释为所有制结构及实现形式的变革，尤其强调所有制结构的多元化和国有制企业改革的重要性。三是在对改革总体模式的认识上，始终把改革的历史内涵理解为两个基本方面，即作为所有制结构的基本经济制度和资源配置的运行机制，强调两者进程的内在协调，探究企业所有制与市场价格机制培育之间的关系。（刘伟：《中国经济改革对社会主义政治经济学根本性难题的突破》，载于《中国社会科学》2017年第7期）

1. 西方兼容理论。

20世纪下半期，国外经济学（主要是现代西方经济学）的发展已显示下述特征：它在主要理论领域出现卷入程度深浅不一的三大综合思潮，其中包括：经济学领域内的兼容论，经济全球化理论领域内的趋同论，政策理论领域内的融合论。以至于现代西方经济学被称为"中间道路经济学"（middle way economics）[1]。就经济学领域内的兼容论而言，它通过三次理论综合，力图阐释市场经济从近代市场经济体系向现代市场经济体系的转化这一历史进程。前两次大综合是凯恩斯主义与新古典经济学，以及新古典综合派与其对立派（货币主义、供给学派、理性预期学派）的兼容，始于20世纪后半期的第三次综合强调资源配置形式与所有制的兼容，亦即"所有制形式与协调机制的亲和关系"（affinity between ownership forms and coordination mechanisms）[2]。

欧美学者大多数认为社会主义和市场经济是水火不相容的，尤其是早期自由主义和保守主义者都是铁杆的社会主义非兼容论者。其代表人物有新奥地利学派米塞斯、哈耶克（F. Hayek）和罗宾斯（L. Robbins）。他们或者在理论或逻辑上否认社会主义条件下实现资源优化配置的可能性，或者是转而否认其在实践的可行性；因为中央计划当局不可能建立有千千万万未知数的、以数十万乃至百万计的包括所有物品和劳务的方程式；而且假定每次都要淘汰旧的信息而及时使用最新的数据；因此，社会主义条件下不可能进行合理经济计算，从而与市场经济不能兼容，"两者必居其一，要么是社会主义，要么是市场经济。"[3] 此即著名的"米塞斯—哈耶克诘难"。国外激进的马克思主义经济学家、新马克思主义者或新左派，大多也是非兼容论者。其代表人物有多布（M. Dobb）、斯威齐（P. Sweezy）、巴兰（P. Baran）、曼德尔（E. Mandel）、贝特兰（C. Betteheim）、蒂克庭（H. Ticktin）、奥尔曼（Bertell Ollman）等。

应该强调指出，随着20世纪下半期西方经济学所出现的大综合思潮，上述两大非兼容论派别出现了新的分化。新自由主义和新保守主义的一个新动向就是鼓吹两种社会制度"趋同"（convergence）理论，使兼容理论走向

---

[1] 萨缪尔森：《中间道路经济学》，首都经贸大学出版社2003年版。
[2] 科尔奈：《后社会主义转轨的思索》，吉林人民出版社2003年版。
[3] 转引自《现代外国经济学论文选》第9辑，商务印书馆1986年版，第67页。

极端。荷兰经济学家丁伯根（J. Tinbergen）是这一理论的始作俑者之一，他认为混合经济模式是两种社会制度都能接受的，"不可能存在着纯而又纯的计划经济和市场经济，所有经济模式都是两者的混合，社会主义和资本主义都在追求最优结合的市场加计划的模式，在这一点上，他们是趋同发展的。"① 因为社会主义和资本主义在经济发展的战略、政策、方针方面，各具有相似性和互补性。早期新自由主义者加尔布雷思强调两种社会制度的"计划趋同"特征，晚期新自由主义弗里德曼（M. Friedman）则强调二者之间的"市场趋同"特征。

社会主义公有制与市场兼容的市场社会主义思潮的崛起，尤为令人瞩目。他们大多把市场社会主义视为一种兼顾效率和公平，既区别于计划社会主义又区别于市场资本主义的关于"经济体制的理论概念或模式。"② 或泛指一种凸显市场机制的社会主义新经济组织形式、经济运行方式和经济制度。

国际上流行的市场社会主义思潮经历了六代，三次大论战，以及三大发展阶段。

第一代兼容论者可追溯到"原始市场社会主义"（D. Belkin 语）的创始人穆勒（John Stuart Mill，1806~1873）。

第二代兼容论者首推 19 世纪下半期 20 世纪初期的德国学者谢夫勒（A. Schaffle）、瑞士洛桑学派的瓦尔拉（L. Walras）、帕累托（V. Pareto）和巴罗内（Enrico Barone）、奥地利学派的维塞尔（F. Wisser）以及考茨基（K. Kautsky）等。他们最早提出和充分肯定社会主义条件下的资源配置的可行性问题。被称为"资产阶级的卡尔·马克思"的帕累托，实际上主张市场机制和计划机制均能达到"帕累托最优"。这里已隐含了资源配置效率或方式不取决于社会制度性质的思想萌芽。

第三代兼容论者的代表人物是在 20 世纪 20~30 年代的大论战中脱颖而出的兰格（O. Lange）、勒纳（A. Lerner），以及泰勒（F. Taylor）和迪金森（H. Didhinson）等人。他们对非兼容派人物米塞斯、哈耶克和罗宾斯做了无情的批判，提出了著名的"兰格模式"、"兰格—勒纳方案"和"竞争解决

---

① 丁伯根：《共产主义经济与自由经济是样板式趋同吗?》，载于《苏联研究》1961 年 3 月号，第 333~343 页。
② 参阅《新帕尔格雷夫经济学大辞典》，经济科学出版社 1992 年版。

社会主义"。

第四代兼容论者在20世纪60～70年代明确提出了关于经济机制可与所有制相脱离的思想。他们明确指出，经济体制问题的一个重要原则就是"应懂得占统治地位的管理原则不取决于所有制的性质"①。美国的格雷戈里（P. Gregory）、斯图尔特（R. Stuart）、林德布洛姆（C. Lindbolm）进而提出"中性机制"（neutral mechanism）的思想，所谓中性论就是工具论，并指出南斯拉夫市场社会主义的特点之一是"资源配置过程转向'中性'的市场机制"；"经济体制的机制能够从一种（经济）环境移植到另一种（经济）环境中"②；此外还有丁伯根的"股份制中性论"。但从总体上看，这仍然是折衷主义二元机制论。把经济体制从经济制度中分离出来而作为一个独立的经济学概念和范畴，是20世纪60年代以来比较经济学研究的一个成果。布鲁斯（W. Bruse）在《社会主义经济的运行问题》一书中，首次对经济制度和经济体制以及经济模式作了明确区分。他提出，经济制度是"基本的生产关系"，而经济体制是"社会经济组织的"具体"形式"和"经济运行机制"，是经济制度的"变种"③。

第五代兼容论者的突出代表是英国的市场社会主义者埃斯特林（S. Estrin）、米勒（D. Miller）、普兰特（R. Plant）、霍奇森（G. Hodgson）等人。他们在20世纪80年代把兼容论推进到一个新的阶段，其代表性理论有"社会主义+市场"的联姻论、社会主义市场主导机制论。这种市场导向的市场社会主义（Market – Oriented Socialism）克服了折中主义的二元机制论。

第六代兼容论者提出了若干市场社会主义新模式，从社会形态这一总体上综合考察和把握社会主义与市场经济的结合问题，并提出许多具体模式和设计方案。尤其是工党社会主义新模式，从"决不支持私有制的复兴"、扩大国有化的政策，发展到与其初衷相背离的所谓私有制加"奠定在效率和公共基础上的公有制"的混合经济体制或"社会所有制"，即"第三条道路"模式，从而把市场社会主义模式推向成熟阶段。市场社会主义者十分

---

① 参见韦贝尔等：《趋同理论及其困难性》，载于《东欧经济年鉴》1971年第2卷，第210页。
② 参见格雷戈里等：《比较经济体制学》，英文版，霍顿·米夫林出版公司，1985年，第281、166、113、285、516、547页；林德布洛姆：《政治与市场》，上海三联书店1992年，第133、139页。
③ 布鲁斯：《社会主义经济的运行问题》，中国社会科学出版社1984年版，第3页。

推崇既有国有经济又有私有经济的混合经济体制和"第三条道路"理论，世界各主要资本主义国家都不同程度地予以采纳，并涌现了诸种新模式以及相互交替的国有化与私有化运动浪潮。

但是，必须看到一个新的动向——市场社会主义理论有一个从注重公有制到淡化乃至否定公有制的衰变过程，现阶段市场社会主义不仅把公有制从社会主义本质中剔除出来（罗默把社会主义的本质视为平等），甚至把公有制视为阿基里斯（指社会主义市场经济）的"脚"，因而现阶段市场社会主义又被称为"修正的市场社会主义。"①

如何科学地评价西方兼容理论思潮及其各种变种？

一是兼容理论在经济学说史上的地位。以市场社会主义为标志的兼容理论完成了西方市场经济学说史上的第三次大综合。它宣扬市场机制"中性"或非制度性、非意识形态化理论，主张市场既可与资本主义私有制度也可和社会主义公有制度相结合的"联姻论"，以及社会主义"市场主导机制论"或"市场本位论"。这是对市场经济理论的制度假设（市场只能依附于私有制度）的再一次扬弃和否定，并且是较之混合经济论更为明显地针对自身制度体系的一种扬弃、脱离和否定。

二是兼容理论在科学社会主义学说史上的地位。其中关于社会主义应当而且必须选择市场作为经济运行机制的主体和新经济形态的标志性特征，并在资源配置中起基础性和主导性的决定作用的思想，使"只有一种经济机制形式适合于社会主义经济的看法现在早已成为陈迹。"② 这是对传统的市场资本主义和计划社会主义思维定式的突破，有助于释放出社会主义的强大生命力，因而对于发展科学社会主义的原理做出了重要的贡献。

三是兼容论者在其发展的早期阶段往往沉溺于"抽象"，善于把资源配置的两大主要形式即市场机制及计划机制从社会经济制度中抽象出来，赋予其"中性机制"的地位；联想到我国学术界长期以来关于市场经济姓"社"抑或姓"资"的争论以及"五大混淆"之风盛行——混淆马克思科学社会主义（西方学者称为"古典社会主义"）和现实的社会主义的区别，混淆资

---

① 参阅 Pierson C., *Socialism Arter Communism*, the New Market Socialism Polity Press. 1995; Kornai, J., Market Socialism Revisited, In P. Bardhan and J. Roemer (eds.), *Market Socialism: The Current Debate*, New York: Oxford University Press. 1993.

② 转引自诺夫著：《可行的社会主义经济》，中国社会科学出版社1988年版，第289页。

本主义私有制与资本主义文明成果的区别，混淆制度和体制的区别，混淆资源配置形式和生产关系的区别，混淆带有主观性质的体制和制度与带有客观属性的生产关系的区别，以及混淆反映前者的主观辩证法运动与体现后者的客观辩证法的区别——的现象，这是具有重要借鉴意义的。但同时又要看到，在具体经济问题的研究中，市场机制又是带有一定历史痕迹的，并与一定经济关系及社会制度相联系的，并非仅仅涉及资源配置形式的孤立的"纯粹"范畴。虽然"一切生产阶段所共有的、被思维当作一般规定而确定下来的规定，是存在的，但是所谓一切生产的一般条件，不过是这些抽象要素，用这些要素不可能理解任何一个现实的历史的生产阶段。"[①]

因此，离开具体的经济环境及社会历史环境，亦即特定的经济关系和社会制度的规定性而一味奢谈中性机制，是违背关于抽象和具体的辩证法运动法则的。兼容理论的演变证明，从早期重视公有制转向对公有制的歪曲、阉割和否定，例如罗默就认为，社会主义的本质特征是平等而不是公有制；或者淡化和抹杀两种所有制的界限，滑向宣扬旨在模糊社会主义和资本主义两大制度本质区别的趋同论，例如工党市场社会主义实质上是把资本主义国有制、国有企业、公共企业或混合经济体制等同于社会主义公有制，主张用一种财产的公有制代替生产资料的公有制；或者在西方产权理论的基础上，试图通过模糊产权与所有制的界限来淡化和取消社会主义公有制。

四是兼容论者在后期发展阶段大力构筑各种市场社会主义新模式和新体系，虽然揭示了传统社会主义的缺陷以及相对于现代资本主义所显示出来的优越性，但其理论或模式大多是脱离具体环境的纯粹的理念的"构造物"，并且始终没有找到实现这一理想社会的主体力量，因而市场社会主义从某种意义上讲，要么是一种乌托邦，要么是社会民主主义或改良的社会主义，两者必居其一。

五是兼容论的理论基础主要是西方经济学说，尤其是市场经济理论、福利经济学、制度经济学、产权理论和边际效用理论，以及超阶级的人道主义伦理价值观等待。不可否认，有些市场社会主义者力图运用马克思主义的理论和方法来阐释当代资本主义和当代社会主义运行过程中所出现的新情况、新问题、新条件和新矛盾，提出了富有启迪意义的新观点。

[①] 《马克思恩格斯全集》第三十卷，人民出版社1995年版，第29页。

六是兼容论者大多从市场失灵理论出发，用以说明国家干预问题。他们力图尽可能地削弱国家的宏观调控职能，凸显市场功能，这种淡化和削弱社会主义宏观调控和计划手段的倾向，易于滑向市场拜物教或市场万能论。波兰学者沙夫（Adam Sharf）坚决反对自 80 年代以来社会主义国家的市场经济崇拜"新浪潮"。批判"把西方经济的成就都归功于市场经济"以及"把市场经济看作是唯一神圣武器，能够解决社会主义经济问题"的观点，并坚决反对自 20 世纪 80 年代以来社会主义国家的市场经济崇拜热，主张"经济计划的力量和市场的力量必须在其各自的范围内，在每个国家的经济生活中共同有效地发挥作用"，"当今经济的正常发展需要计划与市场这两种推动力量的合作。"[①]

七是现阶段必须警惕"中性论"、"价值无涉"、价值中立和"中级原理"，这是西方学者固有的方法论顽症和通病。西方学者的通病一是回避一定的经济模式的阶级属性和意识形态性质，往往热衷于从经验或者政策工具层面对中国模式加以梳理和总结。二是推崇价值无涉、价值中立。价值判断就是一定主体的价值观即好恶或偏好的表现，从而认为价值为一种主观的事体，而科学理论作为对事实的描述，客观性是其本质和核心，也是其所追求的理想状态。在他们看来，关于生产关系或者基本制度阶级属性或者意识形态属性的分析，就是一种主观的价值判断，是非科学的。三是渊源于培根关于科学的"中级原理"。总而言之，构建新时代中国特色社会主义政治经济学体系不能搞体系中性化或者价值中立化，一定要凸显其基本经济制度的性质，即公有制为主体、多种所有制经济共同发展这一本质特征，这是题中必有之意亦即第一要义。我们不能犯斯密式的错误，谨防中性化的实证主义取向，不能仅仅在现象层次上兜圈子而看不到中国经济学体系的本质特征、阶级属性和意识形态色彩。

德国思想家马克斯·韦伯的"价值无涉"和"价值关联"观点，值得反思。在他看来，"经验科学的问题应该'不加评价地'加以解决，它们不是评价的问题。但是，社会科学中的问题是根据被讨论的现象的价值关联而选择出来的。"韦伯认为，在开始选择研究的课题前，可以有自己的价值判断，按照社会需要和自己的兴趣爱好确定自己研究的内容，因为任何一种历

[①] 戈尔巴乔夫等：《未来的社会主义》，中央编译出版社 1994 年版，第 101～102 页。

史性的叙事都是对过去事件有选择的整理，因此提出概念与假设都必须运用价值关联的方法。但是，进入研究过程后，则不能有任何的偏见，而应遵循科学的原则，就研究对象的本来面目进行探索，根据自己所发现的资料进行科学研究。也即韦伯认为研究前期是"价值关联"的，而进入研究过程则应是"价值无涉"的。概而言之：在研究过程中，"价值无涉"是必须坚持的科学通则，应持不偏不倚的研究立场，唯如此方能达至科学意义上"求真"；但是，在进入研究过程之前，研究立场则常常是"价值关联"的。

总的来说，关于市场经济与社会主义公有制兼容的理论尽管有许多缺陷和弊端，并且在一系列根本问题上与中国社会主义市场经济理论大相径庭，其中包括对待公有制的态度，以及在理论基础和最终目标上的差异。但它的积极意义，是大胆否定关于市场只能依附于资本主义私有制这一西方主流派市场经济理论赖以成立的制度假设和既定前提，大胆突破市场与社会主义水火不容的思维定式和传统见解，并且为中国改革开放提供了富于启迪的思想材料。

2. 公有制与市场机制相结合的中国实践。

中国作为最大的社会主义发展中国家，在国际共运史上第一次执着地从理论和实践上探索公有制与市场经济的对接、结合、磨合、兼容、融合和亲和这一世纪性和世界级的难题，并构筑和首创世上新型的社会主义市场经济体制及其理论体系，因此难免产生思想碰撞和理论交锋。美国市场社会主义者施韦卡特（David Schweickart）是"特色市场社会主义"的倡导者。他不仅认为东欧各国而且发达资本主义国家的工人阶级也力图建立本国特色的市场社会主义，并认为："如果有中国特色的市场社会主义的大胆创新实验是成功的，那么21世纪必将是中国的世纪。"[1] 这是一种误解，即把中国初级阶段的社会主义市场经济的理论和实践完全等同于市场社会主义。其实，尽管两者都重视市场经济、效率、民主和社会公正，但在一系列根本问题上却大相径庭，其中包括对待公有制的态度，以及在理论基础和最终目标上的差异。

传统计划经济体系向社会主义市场经济体系转型，是一个从"创造性毁灭"到"创造性再生"的过程（熊彼特语）。社会主义市场体制并非是公

---

[1] 施韦卡特：《反对资本主义》，中国人民大学出版社2002年版，中文版"序"。

有制和市场经济这两者简单的叠加,而是这种新型公有制和新型市场经济有效结合的产物,两者共生共长、相辅相成、互克互补,因而产生一种"合力"和新的品质。这体现了中国朴素的辩证法思想——"和实生物,同则不继"、"兼相爱,交相利"和"有容乃大"——的真谛。① 这也正如马克思所指出的那样,"两个相互矛盾方面的共存、斗争以及融合成一个新范畴,就是辩证运动。"② 我们要力图把握这个新"生"之"物"和"新范畴",即社会主义市场经济体制这个"特殊对象的特殊逻辑",揭示其新的品质。

新品性之一:这种市场经济体制是同社会主义基本经济制度结合在一起的,体现它的社会主义性质。尤其在所有制结构上,以公有制为主体、多种所有制经济共同发展,一切符合"三个有利于"所有制形式都可以而且应该用来为社会主义服务,但绝不能搞私有化。

新品性之二:社会主义市场经济体制就是"使市场在资源配置中起决定性作用和更好发挥政府作用",发挥好"看不见的手"和"看得见的手"两方面的优势的体制。

新品性之三:以人民为中心,党和政府注重民生问题。深化分配制度改革,调整和规范国家、企业和个人的分配关系;建立健全与经济发展相适应的社会保障体系;完善按劳分配为主体、多种分配方式并存的分配制度,集中各种生产要素投入经济建设,从而充分调动广大劳动者的积极性和创造性,让一切创造财富的源泉充分涌流,以造福于人民,造福于社会。

任重道远,但中国共产党人已完成了社会主义经济思想史上的一次大飞跃,不仅从理论上论证了公有制与市场经济的内在统一性,并在理论与实践的结合上初步完成计划经济体制向社会主义市场经济体制的转变,基本上解决了在一个发展中大国如何搞社会主义市场经济、社会主义基本经济制度如何与市场经济体制相结合的问题,既能发挥公有制的优越性以及市场机制高效率配置资源的优化性,又能克服各自的弊端,它所焕发的巨大制度潜能已被中国改革开放的成果所证实。

而新时代中国特色的社会主义政治经济学体系,又是在不断的实践过程

---

① 语出周太史史伯语,参见《国语》卷6,"郑语";墨子:《兼爱中》。
② 《马克思恩格斯文集》第一卷,人民出版社2009年版,第605页。

中以及中国国情与马克思政治经济学体系构建学说的结合过程中，把催生出来的新鲜经验升华到理论层次，形成关于这一理论体系的新概括、新思想和新成果。作为公有制和市场经济的结合体的中国社会主义市场经济形态，已由理论家关于历史必然性和现实可能性的论证和政治家的方案和政策设计转化成活生生的现实。我们已经完成了实践探索—理论论证—实践检验的两次大飞跃。从党的十六大的"十条经验"、党的十七大的"十大结合"到党的十九大报告的"贯彻新发展理念，建设现代化经济体系"，就是一个典范。

当然，它自身不是一成不变的，各地不断涌现的实践成果和理论成果将进一步充实、验证和完善这个新体制。毋庸置疑，社会主义公有制与市场经济如何结合，两者的磨合更具有艰巨性和长期性。这是一个带开拓性的世纪性难题。但是，社会主义非兼容论或悲观论是不足为凭的。我们一定能解决好在社会主义公有制与市场经济磨合过程中所产生的矛盾和问题，并在理论和实践的结合上完善、巩固和发展这一新生的经济形态，这是时代赋予的历史重任。我们没法规定完成两者真正实现兼容和亲和的时间表，而"一切都在于实践，现在已经到了这样一个历史关头：理论在变为实践，理论由实践赋予活力，由实践来修正，由实践来检验。"[①]

（三）有效市场经济与有为政府的有效结合

1. 概述。

有效市场和有为政府，涉及什么是市场，什么是政府或计划，建立什么样的市场和政府，以及市场和政府的关系，从而确定政府与市场的边界和结合部，才能真正把握有为政府和有效市场的辩证关系。这是中国经济体制改革和发展的核心问题，涉及高效能运行机制和高质量发展这一条主线，涉及如何构建市场机制有效、微观主体有活力、宏观调控有度的经济体制，这也是构建新时代中国特色政治经济学理论体系所要解决的核心问题。从某种意义上讲，有效市场与有为政府这二者如何实现有效结合，实际上是关于公有制与市场机制相结合这一根本性难题所衍生出来的另一个有效结合问题。

有效市场与有为政府的辩证统一，就是使市场在资源配置中起决定性作

---

① 《列宁专题文集　论社会主义》，人民出版社 2009 年版，第 59~60 页。

用和更好发挥政府作用；就是"市场有效以政府有为为前提，政府有为以市场有效为依归"；就是发挥好"看不见的手"和"看得见的手"两方面的优势。这是为改革开放实践所证明的中国经验、中国智慧和中国方案。辩证法的两点论要求我们：

首先，一方面，从表象上升到抽象的行程中，把体制从基本制度中抽象出来，强调计划与市场都是资源配置的机制，与社会制度无关，与姓社姓公无关。另一方面，从抽象上升到具体的行程中，又不能忽视普照之光即社会主义生产关系尤其公有制的重大作用。

其次，一方面，市场在资源配置中起决定性作用，并不是起全部作用；市场并不是万能的，应该消除其市场失灵的弊端。另一方面，在切实转变政府职能、建设法治政府与服务型政府、谨防政府失灵的同时，更不可以忽视政府和国家的治国理政能力尤其党的决定性领导作用，这正是确保中国伟大复兴梦如期实施的政治之锚。

2. 对于政府或计划与市场关系的探索。

中国共产党人对政府或计划与市场的关系的认识，随着改革实践的发展经历了一个逐步深化的过程，亦即从否认市场作用到计划与市场相结合，再到发挥市场的基础性作用，最终到市场的决定性作用的过程，以及从指令性计划到指导性计划，最终到正确发挥政府作用的过程，并且有效市场与有为政府趋于辩证统一的过程。这是中国三十多年来绚丽多彩的改革过程中最显著的主色调之一。

党的十一届六中全会《关于建国以来若干历史问题的决议》（1981）中冲击了所谓把商品和市场与资本主义画等号的传统观念，肯定了社会主义存在商品生产和商品交换，这是一个历史性进步。

"计划经济为主，市场调节为辅"是在党的十二大（1982）提出的概念。但在实际上仍把市场机制放在从属的补充作用的地位。

"公有制基础上有计划的商品经济"是党的十二届三中全会（1984）通过的《中共中央关于经济体制改革的决定》中提出的话语，首次将商品经济作为社会主义经济运行的基础框架，为全面展开经济体制改革提供了新的理论支撑点。邓小平把这个决定视为马克思主义的基本原理和中国社会主义实践相结合的政治经济学。这是我们党在社会主义经济理论方面的重大突破，也是改革理论的重大突破。

党的十三大进而提出"社会主义有计划商品经济的体制应该是计划与市场内在统一的体制","总体上来说应当是国家调节市场,市场引导企业的机制"。但是,这个提法还是没有解决计划与市场何者为主导的争论。1989年中共十三届五中全会通过的《中共中央关于进一步治理整顿和深化改革的决定》,提出了"计划经济与市场调节相结合"的原则,这一提法又把主导的地位摆向计划经济。

1992年初邓小平南方谈话明确回答了多年来困扰和束缚人们思想的许多重大认识问题,区分了基本"制度"与具体"体制",为党的十四大确立社会主义市场经济体制的目标模式最终扫清了理论上的障碍。

经济理论界又推出各种各样具体的结合方式,其中包括"板块结合说""渗透结合说""板块—渗透多层次结合说""重叠立体结合说""胶体结合说""宏观微观结合说""两次调节说"等。同时,还应该强调指出,西方有识之士的颇具借鉴价值的经济学理论和政策建议也是中国社会主义市场经济体制产生的补充性来源。

党的十八大以来,正确界定市场或者有效市场的作用、政府或有为政府,理顺政府与市场的关系,使市场在资源配置中起决定性作用,更好地发挥政府作用,"是我们党对中国特色社会主义建设规律认识的一个新突破,是马克思主义中国化的一个新的成果,标志着社会主义市场经济发展进入了一个新阶段。"①

党的十八届三中全会指出:"市场决定资源配置是市场经济的一般规律,健全社会主义市场经济体制必须遵循这条规律,着力解决市场体系不完善、政府干预过多和监管不到位问题",要"推动资源配置依据市场规则、市场价格、市场竞争实现效益最大化和效率最优化。"而"政府的职责和作用主要是保持宏观经济稳定,加强和优化公共服务,保障公平竞争,加强市场监管,维护市场秩序,推动可持续发展,促进共同富裕,弥补市场失灵。"

党的十八届四中全会进一步规范了政府与市场关系的具体途径和方向:依法治国,依宪执政,建设法治政府。

---

① 习近平:《"看不见的手"和"看得见的手"都要用好》(2014年5月26日),引自《习近平谈治国理政》,外文出版社2017年版,第116页。

党的十九大报告提出了"着力构建市场机制有效、微观主体有活力、宏观调控有度的经济体制",以及建设"法治政府""服务型政府""政府治理和社会调节、居民自治良性互动""创新性国家""学习大国""教育强国""文化强国""美丽中国""人类命运共同体"等。

经济理论界不仅大力批判一度甚嚣尘上的主张经济私有化、市场化、自由化的经济自由主义,其中包括"市场万能和市场神话论""私有产权神话""市场经济只能以产权明晰的私有制为基础",以及公有制是"通向奴役的道路"、计划经济永远是无效的空想等观念,并且突破"计划和市场姓社姓资"的羁绊,区分了制度与体制、计划机制与计划经济、市场机制与市场经济,清楚地认识到,计划和市场都是社会经济运行方式、资源配置方式或经济手段,社会主义和资本主义都可以用。

其次,许多学者认为中国特色社会主义市场经济,就是要形成市场有效、政府有为的,强市场和强政府并举的"双强"模式。政府需要市场,市场离不开政府,两者相互制约又互为补充。作为法治政府和服务型政府,政府大力践行依法行政,依法治理。而且政府与市场的关系是动态的,应当适应经济社会发展的需要。

另外,部分学者关注政府与市场的分工领域,强调分工明确又相互配合。市场的决定作用应该主要体现在微观经济领域,政府的作用主要体现在宏观调控、市场监管、社会管理、保护环境、公共产品和公共服务、收入分配等方面。并且要弄清楚哪些行业可以市场化,哪些是处在市场和政府接合部的行业,哪些是要通过国家产业政策扶持乃至需要运用国家力量实现跨越式发展的战略产业。

3. 从西方的理论和政策中吸取丰富的思想资料。

据西方文献记载,"有效政府"或"有为政府"(efficient government, enabling state, smart government, reformed government, democracy and efficient government) 术语概念是英国学者托伦(Henry G. Turner) 于 1904 年最早提出的。而"有效市场"(the efficient market) 则与金融市场有关,至少可以追溯到 1900 年法国数学家巴舍利耶(Louis Bachelier) 开创性的理论表述,后经法玛(Eugene Fama) 等进一步发展和深化,逐步形成了包括弱有效市场、半强型有效市场和强有效市场在内的一个系统性、层次性的概念,并建立了一系列用于验证市场有效性的模型和方法。但一般而言,经济学界涉及的"有效市场"概念的外延已经扩展到所有的市场。

市场与政府作用的边界如何界定，放任主义即经济自由主义与保护主义即国家干涉主义为此争论了数百年。这是经济思想史上的一条不可或缺的主题。

第一代市场社会主义者穆勒（J. S. Mill）在150多年前，采取折中混合的手法，阐述了包括市场缺陷论和国家缺陷论在内的"双缺陷论"，提出了政府适度干涉的理论。20世纪20~30年代期间有关在社会主义国家中配置资源可能性的辩论，可圈可点。时至今日，"计划和市场仍然是今天的争论热点"[①]。过去几十年，自由市场经济学家一直没有停止对计划经济的鞭挞。计划经济有可能以一种全新的形式复活吗？大数据有望让计划经济复活？约翰·桑希尔在英国《金融时报》（2017年9月11日）撰文，指出："我们现代世界的数据爆炸——至少在理论上——为进行更好的管理决策、减少计划与市场经济之间的信息失衡提供了指引。中央计划者正迅速获得能够更有效处理数据的工具。"

一个发展趋势和共识是，政府作用在所谓"后金融危机"与"后全球化"时代，大有作为。20世纪30年代的资本主义经济大危机时期、"二战"后的世界经济萧条时期，以及六七十年代的经济复苏期，大规模的"政府力量"脱颖而出。新公共服务理论、新公共服务型政府角色和预算国家理论应运而生，以后衍化为全球性"政府治理革命"运动。电子政府（electronic government）、一站式政府（one-stop government）、电视政府（TV government）、移动政府（mobile government）、虚拟政府、信息政府、智慧政府等方兴未艾，并有不同程度的进展。

另外一个动向是，西方国家干预主义与经济自由主义这两大思潮现已呈现融合的趋势。"计划与市场一直被教条的社会主义者和教条的反社会主义者看作是两个不可调和的对立物。然而，完全有理由宣称，任何现代社会都以两者的混合为基础。"[②] 第三种道路理论、混合经济体制、政府主导型市

---

① 《新帕尔格雷夫经济学大辞典》第三卷，经济科学出版社1996年版，第947页。例如，斯蒂格利茨（Joseph Stiglitz）在《政府经济学》一书中分析市场失灵的八大表现形式，以及政府承担的八个角色。认为政府的非市场机制，有助于维持社会公平、经济效率、社会稳定及经济成长。而卡尔·波兰尼（Karl Polany）的《大转型：我们时代的政治与经济起源》提供了另一种迥异于经济自由主义对市场经济制度的崇拜性解读之外的，持否定态度的有价值的文本。

② 《新帕尔格雷夫经济学大辞典》第三卷，经济科学出版社1996年版，第946页。

场经济模式等由此应运而生。在融合或者兼容学派看来，政府干预或管制和市场机制是市场经济条件下可以相互替代的两种调节经济活动的方式。因为市场失灵与政府或管制失灵在实际上界定了政府与市场的行为边界，其动态演变决定了政府干预机制与市场机制的相互替代是一个动态调整的过程。市场经济的发展和健康运行需要政府规范和系统的管制，并且要求政府管制随着市场条件的变化、市场结构的动态调整和管制绩效的变化做出灵活及时的相应调整，并不断探索政府治理的最佳途径和模式以更好地克服市场失灵或者政府失灵。

西方上述两大流派尽管在理论主张上对立，其对内政策导向实际上却又趋于融合，即统一于对资本主义的维护之中。而对外政策导向实际上却又宣传旨在私有化、自由化、市场化的原市场教旨主义和"华盛顿共识"。这是值得我们警惕的。

4. 什么是有效市场。

有效市场就是要切实保障市场在资源配置中起决定性作用。市场经济本质上就是市场决定资源配置的经济，这是市场经济的一般规律或者价值规律，即通过价格、供给、需求、竞争以及生产要素的流动，调节着社会生产，促使人们节约劳动时间，实现社会总劳动在各个部门之间的按比例分配。其基本要求是：统一开放、竞争有序的现代市场体系是市场配置资源的基础；企业是市场配置资源的主体，生产什么、生产多少、怎样生产和为谁生产由企业根据市场需要自主解决；价格机制是市场配置资源的核心，利用价格信息反映资源的供求状况，充当市场经济有效的自动调节器，直接影响人们的经济利益来调节社会经济活动；市场经济是法治经济，完善的市场秩序是市场配置资源的保障；经济全球化有助于国际国内要素有序自由流动、资源高效配置、市场深度融合，形成开放型经济新体制。

这就需要：把市场机制能有效调节的经济活动交给市场，减少政府对资源的直接配置，减少政府对微观经济活动的直接干预，把政府不该管的事交给市场，让市场在所有能够发挥作用的领域都充分发挥作用，推动资源配置实现效益最大化和效率最优化。

但是，市场在资源配置中起决定性作用，并不是起到全部作用。资源配置有宏观、中观和微观等不同层次，还有非经济领域。在资源配置的宏观层次的某些方面（如供需总量的综合平衡、部门和地区的比例结构、自然资源和环境的保护、社会分配公平），公共品，以及非经济的某些特殊领域（如基本制度、核心价值观以及社会建设），就不能主要依靠市场来调节资源配置。与此同时，市场不是万能的，存在"市场失灵""市场失效""市场失败"。其根源在于市场配置资源以市场主体个人的利益最大化为目标，是一种利益激励型、自由选择型、自由竞争型经济，并且在提供进行经济决策必要的信息的同时，还存在信息局限性以及由此带来的盲目性、事后性。基于这两个方面的理由，有效市场是否有效，或者是否长期有效，这就需要发挥政府的有为作用。

5. 什么是有为政府。

有为政府的特征是采用计划机制、政府或行政配置资源，即通过国家制定和执行经济计划，在规划和调节社会经济活动中颇有作为。这种配置或调节的"有为"性质来自马克思的社会经济调节理论。他在人类思想史上第一次提出，调节经济的一级本质是社会总劳动时间的分配和调节，适用于一切社会经济形态，其二级本质是社会总劳动时间的分配和调节规律，在各个具体的社会经济形态中具有不同的表现形式。在他看来，没有一种社会形态能够阻止社会所支配的劳动时间以这种或那种方式调节生产。

2015年《关于实行市场准入负面清单制度的意见》是一个创举。以清单形式列明试点部门行政权责及其依据、行使主体、运行流程等，推进行政权责依法公开，强化行政权力监督和制约，加快形成边界清晰、分工合理、权责一致、运转高效、依法保障的政府职能体系，有助于政府引领经济行稳致远。

中共中央办公厅、国务院办公厅印发了《关于创新政府配置资源方式的指导意见》（2017年1月）。改革开放以来，随着市场化改革的不断深化，市场在资源配置中的作用日益增强，政府配置资源的范围和方式也在不断调整。在社会主义市场经济条件下，政府配置的资源主要是政府代表国家和全民所拥有的自然资源、经济资源和社会事业资源等公共资源。为解决当前政府配置资源中存在的市场价格扭曲、配置效率较低、公共服务供给不足等突出问题，需要从广度和深度上推进市场化改革，大幅度减少政府对资源的直接配置，创新配置方式，更多引入市场机制和市场化手段，提高资源配置的效率和效益。其中包括：创新自然资源配置方式、创新经营性国有资产配置方式、创新非经营性国有资产配置方式，以及创新资源配置组织方式、创新资源配置监管方式。

国家发改委新修订的《政府制定价格成本监审办法》（2018年1月）即将正式实施。我国政府定价的范围主要是重要公用事业、公益性服务和自然垄断经营的商品和服务等，具体以中央定价目录和地方定价目录为准。

中央定价目录主要包括中央层级的垄断行业，如天然气、水利工程供水、电力、重要交通运输服务等7个种类。而这些定价一般是国家根据经营者的生产成本、市场供求状况、社会承受能力等因素制定价格后向社会公布。任何一个商品，成本是核心、是基础，对价格的形成有决定性影响。要想制定合理、公正的价格，前提就是要对垄断企业或者行业的成本进行科学的监审，想要破解这个问题，难度很大。以前对于垄断行业的成本监审是一个制度真空。例如，垄断行业中，电网企业的成本监审是比较难啃的硬骨头。国家发改委于是首先将南方电网深圳供电局作为试点单位，开展有史以来第一次的输配电价成本监审工作。电网企业是重资产，主要家底是固定资产。其折旧费是成本的最主要部分。经裁定，按照通用设备的中间值9.5年进行审核。2015年出台了全国第一个针对超大网络型自然垄断行业的成本监审办法《输配电定价成本监审办法（试行）》。2016年10月，在总结国内天然气管道运输价格管理实践经验、借鉴市场经济成熟国家通常做法的基础上，国家发改委制定出台了《天然气管道运输定价成本监审办法（试行）》，并进一步推广到天然气行业、铁路、水利工程这些跨流域、跨区域的垄断性行业。2017年，国家发改委对13家跨省天然气运输企业进行了成本监审，使天然气运输价格平均成本降低了15%，减负100多亿元，减少了下游用户的负担，同时也有力地促进了天然气的价格改革。2017年11月7日国家发改委发布了新修订的《政府制定价格成本监审办法》。在专家看来，新修订的成本监审办法最大的变化就是通过全过程的机制设计，加强了对垄断企业成本的控制。据统计，2013~2016年国家发改委以及地方价格主管部门累计开展成本监审项目近24 000个，覆盖电力、天然气、城市供水、教育、有线数字电视、旅游景点、出租车等垄断行业和重要公用事业、公益性服务等20多个行业，核减不应计入定价成本的费用约8 000亿元。按照"准确核定成本、科学确定利润、严格进行监管"的思路，各地价格主管部门也在积极探索推进价格成本信息公开。政府通过成本监审，晒成本、亮底牌、念好垄断行业成本约束的紧箍咒，逐步改变了以前消费者被动是有机统一的。换而言之，使市场在资源配置中起决定性作用和更好发挥政府作用，二者是有机统一的，不是相互否定的，不能把二者割裂开来、对立起来，既不能用市场在资源配置中的决定性作用取代甚至否定政府作用，也不能用更好发挥政府作用取代甚至否定使市场在资源配置中起决定性作用。

处理好政府和市场的关系，既是一个重大理论命题，又是一个重大实践命题。必须倡导两点论，摒弃壹点论。否则要么走向市场神话和市场失灵；要么走向政府神话和政府失灵。应该看到，政府和市场不是作用于同一资源配置领域、同一层面，处理得当，以政府主导改革来弥补市场失灵的核心功能，是不会出现"强政府"和"强市场"此消彼长的对立现象的。中国经济奇迹产生之秘密，从某种意义上讲，一是市场有效，充分发挥市场机制在资源配置中的决定性作用，保持市场经济的活力。二是政府有为即"更好发挥政府作用"，充分发挥党的指引作用和保证作用，充分发挥社会主义制度的政治优势，才能促进经济持续健康发展。

（四）逻辑起点四大规定性的辩证统一

何为中国特色政治经济学体系的逻辑起点？这是在学术界是一个长期争论不休、莫衷一是的热门问题。有的学者选择了社会主义公有制或者基本经济制度①，或者社会主义本质，或者市场经济一般、国家、人民主体、社会主义产品、自主的联合劳动、社会化的劳动一般、企业抑或消费需求，也都一一被选入。确定了中国社会主义政治经济学体系的逻辑起点，就是抓住了事物的主要矛盾。如前所述，起点范畴即经济学元范畴包含着此后展开的一切矛盾的胚芽，其终端以扬弃的形式包含着自己开端的规定性，这充分体现了辩证逻辑运动的一以贯之的内在联系和自我运动的特性。

1. 马克思关于逻辑起点的理论。

第一，抉择中国社会主义政治经济学体系起点的唯物主义前提。马克思指出："相同的经济基础——按主要条件来说相同——可以由于无数不同的经验的情况，自然条件，种族关系，各种从外部发生作用的历史影响等，而在现象上显示出无穷无尽的变异和色彩差异，这些变异和差异只有通过对这

---

① 详见张宇、谢地、任保平、蒋永穆主编：《中国特色社会主义政治经济学》，高等教育出版社2017年版。

些经验上已存在的情况进行分析才可以理解。"① 摆在面前的研究对象，是处在社会主义初级阶段，处于转轨期和经济新常态状况下的一种特殊的经济的社会形态。应该从具体的国情和时代主题出发，从实际出发，从国情出发，调查研究，实事求是，这是构建当代中国马克思主义政治经济学体系的唯物主义前提。如何抉择中国社会主义政治经济学体系起点、元范畴或始点范畴，也必须如此。

第二，逻辑起点选择的四大原则。关于逻辑体系的元范畴即起点或始点范畴的定位，牵一线而动全局。逻辑起点选择的应该遵循现实性（唯物性）、抽象性、始基性（胚芽性）和历史性这四大原则。

四性合一原则，要求我们把现实性（唯物性）置于首位，反对从概念或定义出发，反对为抽象性或简单性牺牲现实性，这也是《资本论》选择具有现实品性的商品而不是价值作为逻辑起点的原因。② 这就要求抽象性服从现实性。庞大的商品堆积是资产阶级社会财富的看得见、摸得着的特征，具备现实性。马克思之所以最后抛弃具有简单规定性的价值范畴而选择更为复杂的商品范畴作为起点范畴，是因为价值是看不见、摸不着的"幽灵"，仅仅具备抽象性而缺乏现实性。这是为了现实性牺牲了抽象性。

四性合一的原则，要求我们应以历史与现实相结合的眼光确定逻辑起点。这符合经典作家关于包括"变形的商品"（die modifizierte ware）在内的概念、术语或范畴变形理论。它是建立在关于包括商品、资本在内的概念、术语或范畴变形理论基础之上的，也是马克思商品学说的深化和丰富。因此，马克思反对把概念"限定在僵硬的定义中，而是要在它们的历史的或逻辑的形成过程中来加以阐明"③，在他看来，任何概念、范畴和规律都具有"历史的痕迹""它本身显然是已往历史发展的结果，是许多次经济变革的产物，是一系列陈旧的社会生产形态灭亡的产物"，④ 同时，包含有在

---

① 《马克思恩格斯文集》第 7 卷，人民出版社 2009 年版，第 894~895 页。
② 毛泽东批评苏联政治经济学教科书，说"这本书的写法不好，总是从概念入手。研究问题，要从人们看得见、摸得到的现象出发，来研究隐藏在现象背后的本质，从而揭露客观事物的本质的矛盾"。"教科书对问题不是从分析入手，总是从规律、原则、定义出发，这是马克思主义从来反对的方法。"这本书"是先下定义，不讲道理。定义是分析的结果，不是分析的出发点。研究问题应该从历史的分析开始。"《毛泽东读社会主义政治经济学批注和谈话》，中华人民共和国国史学会印，1997 年，第 712、742、743 页。
③ 《马克思恩格斯文集》第七卷，人民出版社 2009 年版，第 17 页。
④ 《马克思恩格斯文集》第五卷，人民出版社 2009 年版，第 197 页。

品劳动力并存,以及按劳分配与按要素分配并存,等等。

总而言之,应该以大量存在于社会主义初级阶段中、现实的社会主义市场经济形态条件下的"变形的商品",作为中国特色社会主义政治经济学体系的逻辑起点。这是一种从特殊的"普照片之光"(公有制与非公有制双层所有制结构),商品形态二元化(商品与公共品并存、劳动力商品化与非商品劳动力并存)以及多种规律或机制(市场机制与政府作用并存)制约条件下生产出来的特殊的变形商品。这是一篇需要结合当代中国新的实际加以丰富发展的大文章,并从中演绎出中国特色社会主义政治经济学体系。

(五)生产与分配、交换、消费的辩证统一

应该把握马克思关于生产四环节的辩证法,这也是中国新时代条件下的理论增长点,是党的十九大阐述的关于供给侧结构性改革主线、建立现代化经济体系、产业体系和经济体制的理论基础,有着正本清源的意义。

"我国经济已由高速增长阶段转向高质量发展阶段,正处在转变发展方式、优化经济结构、转换增长动力的攻关期,建设现代化经济体系是跨越关口的迫切要求和我国发展的战略目标。必须坚持质量第一、效益优先,以供给侧结构性改革为主线,推动经济发展质量变革、效率变革、动力变革,提高全要素生产率,着力加快建设实体经济、科技创新、现代金融、人力资源协同发展的产业体系,着力构建市场机制有效、微观主体有活力、宏观调控有度的经济体制,不断增强我国经济创新力和竞争力。"[1] 其中包括:建设六个体系、一个体制,涉及多个环节、多个层面、多个领域,勾勒了建设现代化经济体系的"路线图",体现了鲜明的系统思维和战略思维,即把现代化经济体系必须作为一个兼容生产与分配、交换、消费相互关系的有机整体来统筹推进。这包括了建设创新引领、协同发展的产业体系,统一开放、竞争有序的市场体系,体现效率、促进公平的收入分配体系,彰显优势、协调联动的城乡区域发展体系,资源节约、环境友好的绿色发展体系,多元平衡、安全高效的全面开放体系,以及充分发挥市场作用、更好发挥政府作用的经济体制。

---

[1] 习近平:《决胜全面建成小康社会 夺取新时代中国特色社会主义伟大胜利》,人民出版社2017年版,第30页。

这是马克思生产四环节辩证法的现代中国版。基于生产四环节的辩证统一思想，供给侧结构性改革和现代化经济体系的建构，也是价值观和方法论层面的改革，改革的目的是实现高质量生产，实现有效供给、中高端供给，有助于解决"人民日益增长的美好生活需求和不平衡不充分发展之间的"主要矛盾，体现了以人民为本的理念，拓宽了21世纪马克思主义政治经济学体系的新境界。

三、"术语革命"与中国特色政治经济学体系

政治经济学领域的术语革命或者话语革命包含着两层含义：一是从属型含义，即对老话语的改造或者推陈出新；二是创造型含义即提出新的话语。

中国经济学界在某种程度上患上了"失语病征"即"学术失语"和"集体失语征"：以至于在经济学许多领域甚至在实业界和部分主流媒体言必称西方经济学——当前中国学界热衷的话语、规则、观念、标准等大多是西方的，"影子主义"和"影子模式"（如新自由主义、新新凯恩斯主义、新重商主义）很有市场，出现了马克思主义经济学弱化和西方经济学强势化现象。而中国本土仍具文化活力与生命力的学术话语、语言、资源、概念、范畴、表述、思维方式、思想文化等则被有意、无意地遗忘与抛弃，民族学术正逐渐被西方学术或者普世价值所侵蚀甚至取代，最终很有可能引致软实力匮乏、文化安全和颜色革命。因此，必须开展中国经济学的"术语革命"，构建凸显中国特色、中国气派、中国风格的，具有鲜明的时代性、科学性、民族性、开放性和大众性的话语语汇、知识概念和话语规则及其学术话语体系。

1993年，中共中央十四届三中全会颁布实施《中共中央关于建立社会主义市场经济体制若干问题的决定》。迄今为止所创造的举世瞩目的中国经济发展"奇迹"，表明建立中国社会主义市场经济体制具有历史发展的必然性和正当性。时代是思想之母，实践是理论之源。唯有"术语革命"和话语创新使中国经济体制及其理论体系充满活力，与时俱进。现阶段应该对于现行社会主义经济体制和体系进行前瞻性的可行性考察和研判，审时度势，在一定的历史发展节点上，适时转向以构筑社会主义调节经济体制为标志的新术语或新话语体系。这是对于"社会主义市场经济"术语或话语的深化、

升华和发展。

(一) 马克思调节经济理论

马克思在人类思想史上第一次提出比较系统的社会经济调节（Regeln）理论，而凯恩斯等人提出类似思想要晚一个甲子。调节经济的一级本质是社会总劳动时间的分配和调节，并且适用于一切社会经济形态。它的二级本质是，社会总劳动时间的分配和调节规律，在各个具体的社会经济形态中具有不同的表现形式。[①] 马克思指出："实际上，没有一种社会形态能够阻止社会所支配的劳动时间以这种或那种方式调节生产"（In der Tat, keine Gesellschafts formkann verhindern, daß one way or another die disponible Arbeitszeit der Gesellschaft die Produktionregelt），[②] "这种按一定比例分配社会劳动的必要性，决不可能被社会生产的一定形式所取消，而可能改变的只是它的表现形式，这是不言而喻的。自然规律是根本不能取消的。在不同的历史条件下能够发生变化的，只是这些规律借以实现的形式"（Daß diese Notwendigkeit der Verteilung der gesellschaftlichen Arbeit in bestimmten Proportionen durchaus nicht durch die bestimmte Form der gesellschaftlichen Produktion aufgehoben, sondern nur ihre Erscheinungsweise ändern kann, ist self-evident. Naturgesetze können überhaupt nicht aufgehoben werden. Was sich in historisch verschiednen Zuständen ändern kann, ist nur die Form, worin jene Gesetze sich durchsetzen）[③]。

马克思还以此剖析了三种社会经济形态的调节规律。一是以"农村家长制生产"为特征的自然经济形态："家庭内的分工和家庭各个成员的劳动时间，是由性别年龄上的差异以及随季节而改变的劳动的自然条件来调节的"；二是商品经济形态，生产商品的"社会必要劳动时间作为起调节作用的自然规律强制地为自己开辟道路"[④]；三是"自由人联合体"即产品经济

[①] 马克思在1861~1863年经济学手稿《剩余价值理论》中第一次系统阐述了社会总劳动时间的分配及其调节机制的问题。马克思指出：在一个单位商品上花费的劳动时间不超过社会必要劳动时间，即不超过生产这个商品平均所需要的时间，这是资本主义的结果，而且资本主义生产在不断降低这个必要劳动时间的最低值。当然，这是以资本主义生产必须在不断扩大的规模上进行为前提的。马克思提问："必要劳动时间究竟按怎样的量在不同的生产领域中分配？"——他回答说："竞争不断地调节这种分配，正像它不断地打乱这种分配一样。"（《马克思恩格斯全集》第二十六卷第1册，人民出版社1972年版，第234~235页）

[②] 《马克思恩格斯文集》第十卷，人民出版社2009年版，第276页。

[③] 《马克思恩格斯文集》第十卷，人民出版社2009年版，第289页。

[④] 《马克思恩格斯文集》第五卷，人民出版社2009年版，第96页。

形态,"劳动时间的社会的有计划的分配,调节着各种劳动职能同各种需要的适当的比例";一方面,"社会化的人,联合起来的生产者,将合理地调节他们和自然之间的物质变换,把它置于他们的共同控制之下,而不让它作为盲目的力量来统治自己;靠消耗最小的力量,在最无愧于和最适合于他们的人类本性的条件下来进行这种物质变换"[①];另一方面,他们的社会关系作为他们自己的共同的关系,也是服从于他们的共同的控制的,人们也就成了自己社会结合的主人。

市场调节在马克思调节经济理论中,居于重要地位。马克思在早期是以英国作为研究典型。在他看来,资本主义之后的未来社会,尽管不存在商品经济,但是,"价值决定仍会在下述意义上起支配作用:劳动时间的调节和社会劳动在不同的生产类别之间的分配"[②]。尤其在晚年,马克思以发展中国家或者俄国、印度和中国等东方社会作为考察对象,提出了另外一条东方社会发展中国家跨越"卡夫丁峡谷"的发展道路,就是利用市场关系或市场机制来发展社会主义生产力总量。另一方面,马克思对于市场经济的二重性,即在一定历史条件下促进生产力发展,以及伴随而来的"李嘉图定律"陷阱(社会生产力发展和社会的进步是以牺牲某些阶级或阶层的利益为代价,这一论断被英国古典经济学家李嘉图称之为绝对合理的必然规律)尤其商品拜物教、货币拜物教和社会不公平不公正等资本主义异化做了科学的剖析。

(二) 西方调节经济理论

应该吸收和借鉴四百多年来西方资本主义国家搞市场调节经济的理论和政策。其中包括凯恩斯主义学派和法国调节学派。他们实质上是适用于经济危机时期的一种有限度的改良主义的调节经济理论。

1. 法国调节学派。

20 世纪 70 年代末,以米歇尔·阿格利埃塔为代表的法国经济学家,在研究现代经济危机的进行的过程中,成了一种以调节概念为分析工具,都非常重视运用马克思的利润率下降趋势规律的经济学流派,并且强调资本主义经历了不同的"积累体制",每一种积累体制都有一种特定的"调节方式",

---

[①]《马克思恩格斯文集》第七卷,人民出版社 2009 年版,第 928~929 页。
[②]《马克思恩格斯文集》第七卷,人民出版社 2009 年版,第 965 页。

与之相应的调节方式分别为"旧调节""竞争性调节""垄断性调节"。这种调节方式支配积累过程。每种积累体制都在特定的调节方式的框架内运行。

调节学派内部的理论多样性，使之划分为三个学派，即以米歇尔·阿格利埃塔为首的巴黎学派，格勒诺布尔学派、体制学派或者"政治经济流派"。除了米歇尔·阿格利埃塔（Michel Aglietta）的著作《调节与资本主义危机》（1997）是该学派的开山之作，还有阿兰·利比茨《调节方法与政治生态》（1994）、罗贝尔·布瓦耶的《调节理论：一种批判分析》（1986）、保尔·波卡拉的《国家垄断资本主义研究》（1976）以及弗洛朗丝·雅尼－卡特里斯的《财富新指数》、《总体绩效：资本主义新精神》等。

法国调节学派的调节主张包括：

一是国家与市场关系的调节。他们主要采纳后凯恩斯主义的观点。国家在积累体制中代表社会集体价值（信条、共同信仰、法律准则）并对个人的意志和利益进行调节（米歇尔·阿格利埃塔），突出了国家干预的作用的原因在于现代社会的复杂性、社会—技术发展范式的内在要求以及各国经济发展相互依赖性，并且主张充分发挥中介组织和机构的作用，规范政府行为，从而最大限度地减少寻租活动（布瓦耶）。

二是政府与企业关系的调节。这种国家调节方式可以称为从财政赤字政府向企业投资政府的转变。其背景是发达国家遭遇20世纪70年代初战后"黄金30年"结束、主要发达国家经济进入"滞胀"时期、国家垄断资本主义陷入危机。国家调节方式转变的目标和任务是改变战后经济增长方式，使之适应新技术发展和国际竞争日益加剧的需要。美国是带领者，形成了一种新的增长方式即金融资产增长方式，即内生增长方式，以增加供给、扩大投资的理论为基础。金融资产增长方式是从福特主义增长方式向金融资产增长方式的转变，是国家宏观调控的结果。这一转变在微观层次的反映是：企业股权分散化，推行雇员股东制和机构投资，强调股市赢利水平；强调在价格的制约下，采用个别谈判方式决定工资标准，尽量降低工资成本。

三是雇主与雇员关系的调节，两者之间建立起较长时期和稳定的合约关系有助于稳定积累体制。涉及到雇佣关系的调节、劳动力使用和管理的调节、收入的调节、就业保障和社会保障等。

四是国际经济关系的调节。可以划分为三个层次：第一层次的目标是保护正常情况下市场资金的流动，保护消费者；第二层次的目标是确保银行支付能力，监督支付能力比率和内部控制；第三层次的目标是处理金融危机，解决银行破产问题，抑制系统传染。

调节学派是一种改良主义学派，强调资本主义具有自我调节、自我更新、自我发展的能力。只有法共经济学家保尔·波卡拉坚持社会主义必将取代资本主义；调节学派主张以社会制度为中介建立相应的调节方式，重视社会上各种制度与意识形态所起的作用。

这一学派对资本积累体制发展（具有大规模消费的内生性积累体制即所谓的福特主义模式，转向实行金融资产的增长方式）的描述在一定程度上反映了社会化大生产的规律。调节学派运用马克思利润率下降趋势规律的理论，从资本积累过剩和资本贬值角度出发，分析了资本主义经济危机发生的原因，并强调指出，战后资本主义国家对市场的干预和通货膨胀政策，只不过缓和了这个规律的作用，但是无法改变这个规律。国际学术界对调节学派在方法论方面的创新和贡献评价较高，认为它更坚持了马克思历史唯物主义的观点并对其有所发展。

2. 美国的社会积累结构调节理论。

这一理论的领军人物是马萨诸塞州立大学大卫·科兹（David M. Kotz）的社会积累结构调节理论或者积累的社会结构理论。

在他看来，改革以来的中国经济在总体上并不是一种新自由主义体制，但是这并不否认在中国经济中存在着不少新自由主义的因素。其次，从两个最基本的维度观察制度或者体制，第一个维度是关于资本和劳动之间的关系。第二个维度是市场和国家的关系。由此，他提出了解决中国经济问题的两条路径：一条是对中国目前的混合模式进行反新自由主义的改良；另一条是对经济体制进行更彻底的调整，增大政府计划及公共所有制的比例。

（三）从社会主义市场经济体制到社会主义调节经济体制[①]

从具有资本主义历史痕迹的"社会主义市场经济"术语，转向具有马

[①] 详见颜鹏飞下述论著：《关于国家干预与经济自由主义两大思潮的再研究——兼论从"社会主义市场经济"到"社会主义调节经济"》，载于《经济学家》2015 年第 1 期；《政治经济学"术语革命"或者话语革命——兼论"社会主义调节经济"新话语体系》，载于《政治经济学评论》2015 年第 1 期；《马克思经济调节理论研究：兼论社会主义调节经济新术语》，载于《福建论坛》2015 年第 3 期；《政治经济学"术语革命"或者话语革命——兼论社会主义调节经济》，载于《华南师大学报》2015 年第 4 期。

克思主义元素的"社会主义调节经济"新术语。对于新时代中国特色社会主义经济体制的这种前瞻性研判,其实质就是把市场机制和政府作用作为其内生变量纳入以生产资料公有制为主体的社会主义调节经济总体之中,有助于精确寻找市场机制和政府作用的合理边界,既能克服市场失灵又能克服政府失灵,在诸种纷繁复杂的调节要素交叉作用过程中,寻找推动中国经济社会可持续健康发展的"合力"。

1. 关于转型期中国经济体制变迁的前瞻性研究,这是实践的需要、理论诉求,并且基本具备了一定的历史条件。这是在"社会主义市场经济"话语基础之上的深化、升华和发展。

首先,中国经济改革和社会经济的迅猛发展已经到了一个新的阶段,即中国初级阶段的经济总体不同于以往的单一的计划经济体或者市场经济体,已经是一个以公有制为主体、多种所有制成分和若干调节要素并存的多元化的复杂的经济系统。中国经济体制变迁的物质基础已经趋于成熟。

其次,马克思主义经济理论发展也到了一个新的发展时期。对于未来新型体制的理论诉求呼之欲出,不可阻挡。

有相当一部分负笈去西方取经的满腹经纶的经济学家,忘情地亲吻亚当·斯密的"看不见的手",沉沦于制度经济学派的产权神话,推崇脱离中国国情的、排斥工人阶级和党的领导的所谓现代企业制度,而全然忘了我们的真正鼻祖马克思,甚至于不如我们的网络企业家。中国的互联网企业似乎出现了一股"共产主义思想热",即互联网技术和大数据的发展,产生了类似的按需求进行生产的公共平台,使技术共产主义经济生态成为可能,马云强调:企业在未来必须要有"家国情怀""世界担当""未来30年计划经济会越来越大""大数据时代,上医治未病,中医治欲病、下医治已病";① 此外,还有学者主张"订制计算社会主义"②"计划主导型市场经济体制",③以及市场设计理论、新计划经济、社会主义有组织的市场经济制度、新鸟笼经济,不一而足,蔚为大观。

---

① 马云:《科技创新在未来社会治理中的作用》,2016 - 10 - 22, http://www.tmtpost.com/2509559.html。
② 李玲:《中国经济理论需要升级》,2017 - 03 - 10, http://www.szhgh.com/Article/opinion/xuezhe/2017 - 03 -08/132629.html。
③ 王彬彬、李晓燕:《大数据、平台经济与市场竞争——构建信息时代计划主导型市场经济体制的初步探索》,载于《马克思主义研究》2017年第3期。

最后，这一新型体制的技术基础正在夯实过程之中。世纪之交，以智能化为核心，以人工智能、"互联网+"、大数据技术、云计算、物联网等技术为代表的第四次新工业革命已经来临。信息成为生产要素乃至于一种生产方式和生活方式。调节的技术基础已日趋成熟，正在破除"全面计算之不可能性"。[1]

这就可以破解一百年前关于社会主义资源配置问题争论所产生的著名的"米塞斯之问"。哈耶克的老师米塞斯批评兰格与勒那（A. Lerner）的"有效率的计算机社会主义"，强调两个因素：(1) 全面计算之不可能性。(2) "利润"与"价格"在公有产权下不可能提供有效率行为的激励。兰格针对米塞斯提出社会主义无法进行经济计算之问，不无调侃地说："这有什么难处？让我们把联立方程放进一架电子计算机，我们将在一秒钟内得到它们的解。"[2] 兰格因此被讽刺为"乌托邦计算机社会主义"，因为计算机当时还是子虚乌有之事。

2. 中国社会主义初级阶段调节经济的规定性。

顾名思义，推动生产力—生产关系运动和经济发展的调节要素，以及与此相关的制度、体制、机制、途径、发展模式和政策选择等，是社会主义调节经济所着重考察的对象。

社会主义调节经济话语体系的规定性，就是多元化（诸多调节因素）一体化（社会主义调节经济体制作为总体）的混合调节（把看不见的手、看得见的手和"第三只手"等纳入总体调节和协调框架）的经济体系。它既不同于西方兼容理论尤其市场社会主义思潮，也不同于法国调节学派理论；既区别于计划经济话语，避免重返传统社会主义经济学话语体系，也不套用或者照搬市场经济话语，避免被强行纳入当代西方经济学话语体系；目的在于重铸以本土化的学术话语为标志的社会主义调节经济话语体系，开启"后西方经济学话语时代"之门。

多元化的调节要素包括：

---

[1] 更有甚者，盖茨2017年夏季书单推荐了五本书，赫拉利的 *Sapiens*（人类简史）。作者提出，那些在社会中约定俗成的准则将在21世纪发生巨大的变化并且带来重大影响。300年后统治地球的已不是人类，而是一个充斥着无意识超级智能的世界，计算机将夺走人类的工作，使人类在经济上沦为无用之物。

[2] 奥斯卡·兰格：《社会主义经济理论》，王宏昌译，中国社会科学出版社1981年版，第183页。

第一，就抽象层次若干关系的调节而言，生产力系统诸因素可以区分为"生产力的永恒因素"（自然条件、社会条件、活劳动、生产资料等）以及领先因素或主导因素（科学、管理、信息等）；生产关系系统诸因素可以区分为原生态生产关系，以及"派生的、转移来的、非原生的生产关系""第二级的和第三级的东西"，① 生产方式、交换方式、发展方式、经济制度、经济体制、产权、分工、管理、股份制等，可以列入领先的生产力因素和非原生的生产关系行列；三是生产力—中介范畴—生产关系、上层建筑—经济基础之间的关系。

第二，调节机制层次，涉及第一配置（市场机制）；第二配置（计划机制）；第三配置（伦理道德、习俗、权力寻租设租、裙带关系）。

第三，调节主体层次，涉及企业、国家、非政府组织（如工会、慈善机构、智库），以及社会、个人、家庭之间的调节问题。

第四，其调节范围则把微观规制、中观协调、宏观调控、社会政策安排、国家经济关系排序等，囊括其中。

第五，就保障和支撑意义而言，调节经济也是区别于权力调节的法治经济，不能忽视法治对于调节经济的保驾护航作用。

总而言之，这是一体（以公有制经济为主体）多元化混合型调节机制。它把市场调节、计划调节或者国家调节以及诸多调节因素，作为其内生变量，纳入作为总体的社会主义调节经济体系中，锁定在社会主义公有制为主体的经济框架或区间内运行而不出轨。可以审时度势，在诸种纷繁复杂的调节要素交叉作用过程中，游刃有余，纵横捭阖，旨在精确寻找市场机制和政府作用的合理边界，有利于厘正各个调节方式尤其政府调节和市场调节的边界和活动区间，有利于谨防市场或者政府的"错位"、"越位"、"缺位"或者"在其位而不谋其政"亦即"尸位素餐"；② 它有利于杜绝两个异化即政府异化和市场异化或者两个失灵、两个缺陷，使其回归本位即政府本位和市场本位。

3. "社会主义调节经济"新话语体系的特征。

中国已经成为世界上第二大经济综合体。作为其上层建筑组成部分的话

---

① 《马克思恩格斯全集》第三十卷，人民出版社1995年版，第51页。
② 语出自东汉班固《汉书·朱云传》："今朝廷大臣，上不能匡主，下亡以益民，皆尸位素餐。"

语权，理所应当在世界学术界占有一席之地。应该大力克服中国特色社会主义经济学话语体系建设存在的滞后，以及马克思主义经济学边缘化和西方经济学泛化问题。"社会主义调节经济"新话语体系的特征如下：

一是具有中国本土化文化根基、价值支撑和话语，"社会主义调节经济"应该具有中国古代民生本位的话语体系和"轻重之术"的遗传元素。

首先，秦汉以来一直把经济学视为经邦济世、强国富民之学，富民、保民、养民、裕民、爱民是先秦以来诸子文献的主流思想，充分体现其厚生、惠民的人文主义、人本本位和主体本位思想。这是明显地区别于丧失道德制高点、以物本本位和利润取向为标志的西方"经济人本位"话语体系。例如，"欲至于万年惟王，子子孙孙永保民"（《尚书》）、"民之所以生者，衣食也"（《论语》）；"乐民之乐者，民亦乐其乐；忧民之忧者，民亦忧其忧。乐以天下，忧以天下"（《孟子·梁惠王上》）；"以人为本"（《管子·霸言》）、"凡治国之道，必先富民"（《管子·治国》），或者把"民生"视为"吾将上下而求索"的问题（《屈原·离骚》）；"德者本也，财者末也"、"道得众则得国，失众则失国。是故君子先慎乎德……外本内末，争民施夺。是故财聚则民散，财散则民聚"（《礼记·大学》）。先秦文献充分体现中国经济思想具有厚生、惠民、彰显民生本位的特征，具有原始的朴素的鲜明的人文主义、人本主义、主体本位色彩。秦汉以后延续了这种色彩。西汉贾谊提出："闻之于政也，民无不为本也。国以为本，君以为本，吏以为本"（《贾谊集》），刘晏、白居易、王安石、李觏等思想家无不如此。诸如，"利用厚生，为政之本"（《李觏集》）。

其次，把国家调节和市场调节融为一体的轻重之术，是中国对于经济学的重大贡献。老子提出"天之道，损有余而补不足"的思想（《道德经》第七十七章）。孟子强调：藏财富于民，"民之为道也，有恒产者有恒心，无恒产者无恒心"（《孟子·滕文公上》）既推行重农抑商政策也崇尚"轻重之术"（《管子·轻重》）。汉代董仲舒要求适当"调均"贫富，在他看来，认为"大富则骄，大贫则忧"，应该使富者足以示贵而不至于骄，贫者足以养生，而不至于忧，"以此为度，而调均之"（《春秋繁露·度制》）。轻重之术就是包括"管氏之轻重，李悝之平籴，耿寿昌之常平"（唐·白居易

《辨水旱之灾明存救之术策》）在内的平抑物价和调节经济之术。[①] 此外，被誉为"群经之首，大道之源"的《易经》蕴藏着"天人合一"的系统观、和合思维、人本理念和朴素的辩证方法。这是社会主义调节话语体系的本土化理论渊源。

二是社会主义调节经济具备有马克思主义的元素、话语和遗传基因，明显地区别于反映资本主义意识形态的西方市场本位的话语体系。

马克思在人类思想史上首次提出比较系统的社会经济调节理论，并且区分了调节经济的一级本质和二级本质。在他看来，没有一种社会形态能够阻止社会所支配的劳动时间以这种或那种方式调节生产。并且首次推出了总体性方法论（或者"总体性"原则、"整体性"研究方法、政治经济学话语体系构建学说），还有恩格斯社会历史发展的"合力"理论。[②] 此外，马克思很重视"总体"这一术语，现代经济就是由生产、分配、交换和消费各个环节构成的"总体"、"统一体"和"有机整体"，[③] 是一个复杂的非线性的协调工程。

必须从整体、总和、体系、方法论和发展观上把握社会主义调节经济理论，把包括市场调节和政府调节在内的诸种调节要素作为其内生变量而纳入作为总体的社会主义调节经济体系。以往，在制定具体的经济发展战略和政策，往往无形中陷入西方经济学的"概念陷阱"，而且关于"中国模式""中国道路"的分析也往往在西方经济学范式的框架内进行的，以至于无形中导致马克思主义经济学话语体系的边缘化。必须跳出西方范式或者话语体系陷阱的范例。

4. 破解社会主义调节经济三大难题。

第一，着重寻找政府调节和市场调节之间边界厘定、变动和修正的规律，是这一新话语体系的重中之重。政府调节和市场调节之间关系是一种对立统一的辩证关系。完全由政府调节，就会走向计划经济；完全由市场调

---

① 中国历史上平抑物价的调节之术。例如，汉武帝时，桑弘羊推行平准政策："大农诸官尽笼天下之货物，贵则卖之，贱则买之。……万物不得腾跃，故抑天下之物。"（见《管子·国蓄》）。西汉宣帝五凤四年"（耿）寿昌遂令边郡皆筑仓，以谷贱时增其贾而籴，以利农，谷贵时减贾而粜，名曰常平仓。便民之"。（见《汉书·食货志》）这是"看不见的手"（市场供求关系决定商品价格）和"看得见的手"（大农诸官尽笼天下之货物）相结合的典范。
② 《马克思恩格斯全集》第四卷，人民出版社1995年版，第695~697页。
③ 《马克思恩格斯文集》第八卷，人民出版社2009年版，第22、23页。

节，就会走向市场原教旨主义或者新自由主义经济。应该尽全力寻找和剖析经济发展全过程中平衡各种关系的契合点、调节点或者制约经济发展的合力，适时调整相关调节政策，不断地纠正市场缺陷和市场异化或者政府缺陷和政府异化亦即错位、越位、缺位现象，有针对性地处理不同阶段遇到的不同性质的问题。

例如，习总书记根据改革开放中出现的新问题新情况，提出了一个新的理论概括：核心问题是处理好政府和市场的关系，使市场在资源配置中起决定性作用，更好发挥政府作用。一方面，市场在资源配置方面起决定性作用。既不能用市场在资源配置中的决定性作用取代甚至否定政府作用，也不能用更好发挥政府作用取代甚至否定使市场在资源配置中起决定性作用。另一方面，在如何更好发挥政府作用方面，搞好政府自身建设是重中之重。这是一篇大文章。应该坚持法治国家、法治政府、法治社会一体建设，实现科学立法、严格执法、公正司法、全民守法，促进国家治理体系和治理能力现代化，力图清除滋生权力寻租—设租亦即权力调节或配置资源的土壤。

此外，各地方尤其四个自贸区的实践创造了用"清单"明晰"边界"，简政放权、放管结合、优化服务"三管齐下"的好经验。一系列"权力清单""责任清单""负面清单"的公布，政府和市场的界限将更为明晰。一是把行政权力来源法定化；二是行政权力内容标准化；三是实现行政权力运行平台化，提高行政效能。四是有助于消除权力寻租空间。

第二，要真正区分私人产品、公共产品（包括基础教育、环境保护、科学研究等）和准公共产品（包括高等教育、文化卫生、基础设施等社会公益事业）。凡是供给和服务涉及住、行、信息对称、司法公正、社会治安、环境保护，尤其医疗保险、义务教育、社会保障都属于广义的公共品范畴。实践证明：医疗卫生领域的市场化改革是失败的，教育领域的市场化和产业化试验问题丛生，社会保障覆盖面有限，房地产的泡沫化，因此成为破坏社会和谐的重灾区。因此，要真正弄清楚哪些行业可以市场化，哪些是处在市场和政府接合部的行业，哪些是要通过国家产业政策扶持乃至需要运用国家力量实现跨越式发展的战略产业。另外，还要正确处理具有发散型、开放型及风险型特征的市场改革与带有集中及凝聚型倾向的政府改革之间的关系。政府自身的治理严重滞后，政府还掌管大量本来应该交由市场配置的资源。

第三，如何着重从理论上阐释先进的社会主义公有制社会形式与市场经济的相互融合和调节，并由此而构建一种话语逻辑体系，这是构建社会主义调节经济话语体系的难点和创新处。私有制与市场经济这两者关系的调节、兼容和相互融合，曾经呼唤出巨大的生产力和资本主义物质文明，公有制社会形式与市场经济这两者关系的调节、兼容和相互融合，必将在更高一级程度上创造出前所未有的灿烂和辉煌。

中国特色社会主义政治经济学体系及若干理论探索

丁为民

天津师范大学教授，博士生导师，天津市首届教学名师。中国《资本论》研究会、中国马经史学会常务理事，中国经济发展研究会副会长。

长期从事马克思主义经济学的教学与研究工作。主要研究方向为马克思主义经济理论、当代资本主义经济、当代中国特色社会主义经济。20世纪90年代以来，在《马克思主义研究》《经济学动态》《当代经济研究》等期刊上发表论文、译文50余篇，独立或合作出版著作、译著8部；5项成果获天津市社科优秀成果二等奖。合作专著《嬗变与断裂——如何认识资本主义发展的历史进程》，由德国卡努特国际出版集团和土耳其卡尔西顿出版社出版英文版和土耳其文版。

通过对当代资本主义经济中的所有制结构、合作制企业、城镇化、经济危机等问题的研究，对当代中国经济中的国有企业改革、劳动关系、供给侧结构改革等问题的研究，深化了对马克思主义经济理论的宣传与研究。通过介译西方左翼经济学家成果，推动了马克思主义经济学的国际交流。

近期相关的主要学术成果

1. 《企业劳动关系与经济绩效变动》，载于《福建论坛》2004 年第 7 期。
2. 《中国企业劳动关系：转型，紧张，走向和谐》（合作论文），载于《当代世界与社会主义》2008 年第 1 期。
3. 《新自由主义体制下经济增长的矛盾与危机》，载于《经济学动态》2009 年第 3 期。
4. 《对中国经济发展模式的探讨（合作论文）》，载于《黑龙江社会科学》2011 年第 2 期。
5. 《合作与共赢：通往合作劳动关系的必由之路》，载于《教学与研究》2012 年第 4 期。
6. 《皮凯蒂曲线：两极分化、资本趋势与解决方案》，载于《马克思主义研究》2015 年第 3 期。
7. 《城镇化与资本积累和资本空间运动》，载于《当代经济研究》2015 年第 9 期。
8. 《供给侧结构性改革的实质、路径与实现条件》，载于《政治经济学评论》2016 年第 2 期。
9. 《对人的本质和人的发展研究的再思考》，载于《经济思想史评论》2015 年第 7 辑。
10. 《新自由主义与资本主义多重性危机》，载于《当代经济研究》2017 年第 8 期。

2015年11月，在主持政治局第二十八次集体学习时，习近平指出，要立足我国国情和我国发展实践，揭示新特点新规律，提炼和总结我国经济发展实践的规律性成果，把实践经验上升为系统化的经济学说，不断开拓当代中国马克思主义政治经济学新境界。在学习宣传贯彻党的十九大精神的背景下，探索中国特色社会主义政治经济学的理论体系，不仅对开拓这一理论的新境界，而且对深入理解和丰富完善新时代中国特色社会主义思想和中国特色社会主义理论体系，有重要意义。

一、研究方法：马克思主义方法论

习近平指出："马克思主义哲学深刻揭示了客观世界特别是人类社会发展一般规律，在当今时代依然有着强大生命力，依然是指导我们共产党人前进的强大思想武器。"[①] 因此，明确马克思主义哲学和它所揭示的基本方法，必然成为研究当代中国马克思主义政治经济学的思想武器。

（一）马克思主义方法论的基本框架

马克思主义方法论，就是马克思主义的基本哲学世界观，是指导我们不断开拓当代中国马克思主义政治经济学新境界的根本方法。关于马克思主义的方法，列宁做了明确论述："马克思主义的哲学就是唯物主义……但是，马克思并没有停止在18世纪的唯物主义上，而是把哲学向前推进了。他用德国古典哲学的成果，特别是用黑格尔体系（它又导致了费尔巴哈的唯物

---

① 2013年12月3日，习近平同志在中央政治局第十一次集体学习时的讲话。

主义）的成果丰富了哲学。这些成果中主要的就是辩证法，即最完备最深刻最无片面性的关于发展的学说，这种学说认为反映永恒发展的物质的人类知识是相对的。不管那些'重新'回到陈腐的唯心主义那里去的资产阶级哲学家的学说怎样说，自然科学的最新发现……都出色地证实了马克思的辩证唯物主义。""马克思加深和发展了哲学唯物主义，而且把它贯彻到底，把它对自然界的认识推广到对人类社会的认识。马克思的历史唯物主义是科学思想中的最大成果……这种科学理论说明，由于生产力的发展，如何从一种社会生活结构中发展出另一种更高级的结构，例如从农奴制中生长出资本主义。""人的认识反映不依赖于它而存在的自然界即发展着的物质那样，人的社会认识（……）反映社会的经济制度。政治设施是经济基础的上层建筑。我们看到，例如现代欧洲各国的各种政治形式，都是为巩固资产阶级对无产阶级的统治服务的。"[①]

列宁的论述，对辩证唯物主义和历史唯物主义作了简短而又完整的论述，从而揭示了马克思主义方法论的最基本框架：第一，唯物主义是马克思主义最核心的内容；第二，辩证法使唯物主义成为辩证唯物主义和关于发展的学说；第三，历史唯物主义是辩证唯物主义推广到对人类社会的认识；第四，生产力的发展是从一种社会生活结构中发展出另一种更高级的结构的基本动因；第五，人的认识反映发展着的物质；同样也反映社会的经济制度；第六，政治制度是经济基础的上层建筑。第七，各种政治形式是为巩固阶级统治而服务的。所有这些要点，进一步体现了马克思主义方法论的本质特征："哲学家们只是用不同的方式解释世界，而问题在于改造世界。"[②] 坚持马克思主义的方法论，是不断开拓当代中国马克思主义政治经济学新境界的基本前提。认真贯彻这一方法，也是作者在研究和写作时应努力坚持的指导思想。

（二）划清马克思主义与实证主义的界限

坚持马克思主义的方法论，开拓当代中国马克思主义政治经济学新境界，必须首先划清马克思主义的方法论与非马克思主义方法论的界限。马克

[①] 《列宁选集》第二卷，人民出版社 2012 年版，第 310~311 页。
[②] 《马克思恩格斯文集》第一卷，人民出版社 2009 年版，第 502 页。

思主义的方法论就是在与各种非马克思主义方法论的斗争中不断发展并扩大自己影响的。当前，划清马克思主义方法论与西方主流经济学方法的界限，最为紧迫。这不仅因为这一方法论在不断扩大着自己的影响；而且因为，它以实证主义为旗帜，在研究中主张大量使用经验资料和数学方法，最具迷惑性。

把实证主义方法作为经济学研究的最主要的基础性方法，是由现代西方主流经济学的重要代表人物弗里德曼提出的。1953 年，他在《实证经济学的方法论》一文中，通过划分实证经济学与规范经济学，说明了实证经济学在主流经济学中的重要性和支配地位，在西方经济学界产生了巨大影响。实际上，在 20 世纪之前，在西方主流经济学界，其重要代表人物配第、斯密、西尼尔等人就曾提倡和利用实证方法；但在那时，实证主要是作为一种从属手段为其理论观点服务的。20 世纪 50 年代以来，在弗里德曼等人的大力推动下，经济学的实证方法逐渐成为主流经济学得出结论的一种最重要手段和时尚，甚至成为其展示理论客观性和科学性的标志。弗里德曼就曾提出：作为现代经济学重要组成部分，"实证经济学是，或者说可以是——就像任何自然科学一样——一门'客观的'科学。"[①] 他认为，通过经验证据的检验，可以解决人们在经济政策的制定和选择中的一切纷争。

但是，在马克思主义者看来，这一方法存在一些致命弊端：第一，这种实证研究仍是建立在单个个人基础上的，而在主流经济学看来，这些个人则是追求自我利益、能够进行理性选择的经济人。这一假设把人的生物（自然）本性作为出发点的，否定任何形式的社会矛盾和历史变革，是古典的以人本主义为特征的机械唯物论在当代西方主流经济学中的进一步延续和展开，与马克思主义的矛盾观、发展观形成根本对立；第二，他们所关注的，往往是浅层次和阶段性的经验资料，缺乏历史感和整体视野，因而必然会掩盖甚至歪曲事物本质和深层次规律，其实证结论有可能揭示一些"小真理"，但"决不能提供关于社会秩序本身的大真理，"[②] 也难以对那些重大的、根本性问题做出正确的判断和预测。第三，他们用数学语言掩盖了经济研究者的立场和研究成果的阶级属性，使经济研究在很大程度"转变为数

[①] Milton Friedman, *The Methodology of Positive Economics*, In *Essays In Positive Economics*, Chicago: Univ. of Chicago Press, 1966, P. 4.

[②] 保罗·巴兰、保罗·斯威奇：《垄断资本》，商务印书馆1977年版，第8页。

学上的复杂性思想的操练;当用直白的语言加以陈述,却显露它的极明显的平庸。显然,这是希望给赤裸裸的意识形态帝王穿上一件数学的外套,'就像真正的科学家的使用'能够使那些容易受骗的观察者相信今日带有欺骗性的新自由主义逻辑具有了经验基础。"[1] 而实际上,在经济学的方法体系中,数学只是一种手段和工具。"数学是一门非意识形态的学科,而经济学则不同,它可能是学术领域中最具意识形态特征的学科。"[2] 主流经济学所奉行的实证主义充其量只能是自然观的机械唯物主义,或历史观的唯心主义。在研究中国特色社会主义政治经济学时,只能借鉴,不能依靠。

(三)防止对马克思主义教条式的运用

坚持马克思主义的方法,开拓当代中国马克思主义政治经济学新境界,还应该防止对马克思主义政治经济学教条式的运用。

马克思的政治经济学是马克思运用辩证唯物论和历史唯物论,研究资本主义生产方式以及和它相适应的生产关系和交换关系的成果。在当代,这一研究对象已经发生了巨大变化;更重要的是,当代中国的基本国情与马克思所研究的代表资本主义经济关系的典型地点英国有根本不同。因此,不能把《资本论》的结论简单用于对中国问题的分析。在使用时,要注意这些结论的背景和条件;否则,就可能导致教条主义或原教旨主义错误,从而违背马克思主义方法论的要求。

二、研究对象:中国的国情与当代中国的发展实践

(一)认清中国国情是明确研究对象的基本前提

中国的国情与当代中国的发展实践,是广义的当代中国马克思主义政治经济学的研究对象。

明确研究对象的性质,对于探寻内在机制、发现规律、构建理论极其重

---

[1] 该书中文版序言。
[2] 黄瑾:《经济危机视角下的资本主义——对话大卫·施韦卡特》,载于《国外理论动态》2012年第10期。

要。毛泽东同志在《中国革命和中国共产党》第二章中指出："认清中国社会的性质，就是说，认清中国的国情，乃是认清一切革命问题的基本的根据。"① 经过多年探索，以毛泽东为首的中国共产党正确认识了民主革命时期中国的社会性质、主要对象和革命形式，提出了一整套新民主主义的理论，才领导中国革命取得胜利。这正如邓小平同志指出："中国革命为什么能取得胜利？就是以毛泽东为首的中国共产党人，独立思考，把马列主义的普遍原则同中国的具体情况相结合，找到了适合中国情况的革命道路、形式和方法。"② 在完成新民主主义革命以后，中国的建设也需要理论的指导，而这一理论的形成也需要进一步深化对中国国情的认识。

从经济角度深化对中国国情的认识，需要对中国国情进行再认识。在新民主主义革命中，毛泽东领导的中国共产党人已经着力探索中国的基本国情。但是，这主要是从推翻"三座大山"和夺取政权的视角，而不是从经济特别是经济建设视角进行的。马克思主义认为，人的认识反映发展着的物质；同样也反映社会的经济制度；但是，这些认识是在实践中发展的，马克思主义的认识论是能动的唯物主义反映论。这一认识论告诉我们，实践使人们产生了认识的要求，实践使人们与认识的对象接触，实践检验着人们认识的结果，实践使人们的认识不断发展和深化。离开了实践的观点，就不能说明认识源泉，也不能说明在诸多客观事物、客观过程中，人们为何选择某一类现象进行观察思考。③ 毛泽东同志领导的新民主主义革命本质上是一场伟大的政治革命和社会革命，即使当时有经济工作，也是服务于这场政治革命和社会革命的。这一性质决定了通过当时的实践所得到的认识主要是关于新民主主义革命的规律和道路的理论，这在《新民主主义论》等著作中，得到了最充分的体现。

(二) 要在实践中认识中国国情

应当承认，新中国成立以来的一段时间里，受实践所限，我党对中国国情的经济层面即经济国情的认识是相当有限的，对发展经济规律特别是有关

---

① 《毛泽东选集》第二卷，人民出版社1991年版，第633页。
② 《邓小平文选》第三卷，人民出版社1993年版，第27页。
③ 张俊山：《经济学方法论》，南开大学出版社2003年版，第169页。

经济发展的规律的认识并不充分,[①] 这是新中国成立后在"前三十年"经济建设中走弯路的重要原因。在评价"前三十年"经济建设的经验教训时,邓小平指出:"毛泽东同志是伟大的领袖,中国革命是在他的领导下取得成功的。然而他有一个重大的缺点,就是忽视发展社会生产力。不是说他不想发展生产力,但方法不都是对头的,例如搞'大跃进'、人民公社,就是没有按社会经济发展的规律办事。"[②] 我们现在知道,对经济规律的认识就是建立在对国情的认识和实践基础之上的,受到对国情认识的限制。在经过党和人民 90 多年的奋斗特别是新中国成立近 70 年的发展实践后,我国对国情和经济建设的规律的认识不断深化,中国特色社会主义就是这一实践的重大结晶。习近平同志在十八届中央政治局第一次集体学习时指出:"中国特色社会主义是改革开放新时期开创的,也是建立在我们党长期奋斗基础上的,是由我们党的几代中央领导集体团结带领全党全国人民历经千辛万苦、付出各种代价、接力探索取得的。"[③] 这一认识,进一步说明中国的发展实践对深化中国的国情认识的极端重要。

我党对经济国情认识不充分,也与经济问题的复杂性直接有关。经济问题是有层次的,涉及到自然资源、自然环境、科学技术、人口数量和素质、基础设施状况、要素组合和互动形式、分工和产业结构、经济关系的性质、经济体制类型、文化历史传统、意识形态作用等一系列问题;更为重要的是,它与每一个当事者的利益息息相关,难以通过运动乃至激进方式解决全部经济发展问题。在经济全球化日益深化的条件下,中国的经济发展是否成为世界经济发展的组成部分呢?回答当然是肯定的。这就需要我们把中国经济发展摆进来,研究国际经济状况和世界经济发展问题,进而研究中国经济与世界经济的互动问题,在互动中谋求发展。这就进一步增大了研究对象的复杂性。

---

① 在《资本论》中,马克思同意将经济规律分为两类:一种是支配着现象使之具有完成形式并在一定时期内相互联系的规律;另一种是现象由一种形式过渡到另一种形式、由一种联系秩序过渡到另一种联系秩序的有关变化和发展的规律。(《马克思恩格斯文集》第五卷,人民出版社 2009 年版,第 20 页)
② 《邓小平文选》第三卷,人民出版社 1993 年版,第 116 页。
③ 《习近平谈治国理政》,外文出版社 2014 年版,第 7 页。

(三) 对中国现阶段基本国情认识的重大转变

任何实践都是在一定的理论指导下进行。从长期看，实践检验理论、发展理论；但是，在中短期内，理论也会影响实践，从而影响我们对客观事物的认识。我党在一段时间内对中国国情的认识有偏差，甚至轻视或忽略对国情的认识，与我党对社会主义建设的理论准备不足、不充分有关。这种不充分首先表现为对社会主义本质的认识存在偏差。

我们都知道，社会主义和人类的进步是中国共产党追求的目标，是共产党员的初心。但是，如果把社会主义简单理解为为了实现人人平等特别是经济平等，那就会把平等看作社会主义的标准，把经济不平等看作非社会主义的温床，进而有可能在实践中把平均主义当作追求的目标，而不是看作应该解决的劣势，其结果往往是阻碍生产力的发展。事实上，由于生产力水平的限制，新中国经济建设的前三十年，经济平等就已经被演变为平均主义的实践。对此，我们将在第一章予以重点分析。邓小平同志指出："什么叫社会主义，什么叫马克思主义？我们过去对这个问题的认识不是完全清醒的。马克思主义最注重发展生产力……所以社会主义阶段的最根本任务就是发展生产力，社会主义的优越性归根到底要体现在它的生产力比资本主义发展得更快一些、更高一些，并且在发展生产力的基础上不断改善人民的物质文化生活。如果说我们建国以后有缺点，那就是对发展生产力有某种忽略。社会主义要消灭贫穷。贫穷不是社会主义，更不是共产主义。"[①] 当我们重新认识了社会主义的本质和条件，我们就会进一步深化对我国生产力水平和基本国情的认识，得出我国正处在社会主义初级阶段的结论。

在党的十五大上，江泽民同志指出："十一届三中全会以来，党正确地分析国情，作出我国还处于社会主义初级阶段的科学论断。我们讲一切从实际出发，最大的实际就是中国现在处于并将长时期处于社会主义初级阶段。我们讲要搞清楚'什么是社会主义、怎样建设社会主义'，就必须搞清楚什么是初级阶段的社会主义，在初级阶段怎样建设社会主义。十一届三中全会前我们在建设社会主义中出现失误的根本原因之一，就在于提出的一些任务和政策超越了社会主义初级阶段。近二十年改革开放和现代化建设取得成功

---

① 《邓小平文选》第三卷，人民出版社 1993 年版，第 63~64 页。

的根本原因之一,就是克服了那些超越阶段的错误观念和政策,又抵制了抛弃社会主义基本制度的错误主张。这样做,没有离开社会主义,而是在脚踏实地建设社会主义,使社会主义在中国真正活跃和兴旺起来,广大人民从切身感受中更加拥护社会主义。"①

在党的十九大上,在我国生产力水平明显提高的情况下,习近平同志再次重申:"必须认识到,我国社会主要矛盾的变化,没有改变我们对我国社会主义所处历史阶段的判断,我国仍处于并将长期处于社会主义初级阶段的基本国情没有变,我国是世界最大发展中国家的国际地位没有变。全党要牢牢把握社会主义初级阶段这个基本国情,牢牢立足社会主义初级阶段这个最大实际,牢牢坚持党的基本路线这个党和国家的生命线、人民的幸福线,领导和团结全国各族人民,以经济建设为中心,坚持四项基本原则,坚持改革开放,自力更生,艰苦创业,为把我国建设成为富强民主文明和谐美丽的社会主义现代化强国而奋斗。"据此,我们可以明确得出结论:中国特色社会主义政治经济学就是以社会主义初级阶段的经济为狭义研究对象的。通过研究,揭示社会主义初级阶段的经济发展规律,探寻这些规律的实现机制,以保证我国经济的长期可持续发展,更好地满足人民群众追求美好生活的需要。

三、研究起点和主线:社会主义初级阶段与解放和发展生产力

(一)确定研究起点的基本规定

根据马克思创立他的政治经济学的方法,确定一个理论体系的起点或出发点,至少有两个规定:第一,必须抓住研究主体,不能随意扩大或转换主体的外延或内涵。在讨论以资本主义经济关系为对象的政治经济学的起点时,马克思就曾明确指出:"在研究经济范畴的发展时,正如在研究任何历史科学、社会科学时一样,应当时刻把握住:无论在现实中或在头脑中,主

---

① 《江泽民文选》第二卷,人民出版社 2006 年版,第 13 页。

体——这里是现代资产阶级社会——都是既定的。"① 这就要求，作为起始的范畴，必须是研究主体所特有的范畴，不是几个甚至所有社会所共有的范畴。第二，必须是包含整个体系基本思想萌芽的简单、基本范畴，具有抽象性、阐发性、普遍性。在 1857~1858 年经济学手稿的《导言》部分，马克思论述了政治经济学研究的两种方法和两个起点：一种是从实在和具体出发，另一种是从一些最简单的规定出发。马克思说："后一种方法显然是科学上正确的方法。"因为作为理论研究结果的具体，"是许多规定的综合，因而是多样性的统一。因此它在思维中表现为综合的过程，表现为结果，而不是表现为起点，虽然它是现实的起点，因而也是直观和表象的起点。"② 这两个规定，明确告诫我们：确立中国特色社会主义政治经济学体系及其起始范畴：第一，应时刻抓住研究的主体：社会主义初级阶段或初级阶段社会主义，找寻该阶段所特有的范畴；第二，必须具有抽象性、阐发性、普遍性，能够以此为基础阐发中国特色社会主义政治经济学体系。

（二）与有关起始范畴几种观点的讨论

目前，关于这个体系的起点，有各种观点。有人提出应把"劳动"作为起点；有人提出应把"社会劳动"作为起点；有人提出应把"变形商品"作为起点；还有人提出应把"国家"作为起点。这些观点都有一定道理，但都有明显问题：前两种观点所提范畴显然是经济学的简单范畴，但或者过于抽象（如"劳动"范畴，马克思曾说它是"最抽象的范畴"，与中国现阶段基本经济关系还相距较多环节），或者未能包含中国现阶段经济中的重要经济要素（如"社会劳动"范畴，难以引进市场经济关系），难以成为社会主义初级阶段所特有的范畴，有扩大研究对象外延或改变研究对象内涵之嫌；最后一种观点则把上层建筑作为研究起点，尽管国家在中国特色社会主义建设中发挥着巨大作用，但它本身并不是经济要素，更不是可以扩展和自然生长的经济细胞。

在这些观点中，颜鹏飞教授提出的"变形商品说"最接近前面所设定

---

① 《马克思恩格斯文集》第八卷，人民出版社 2009 年版，第 30 页。
② 《马克思恩格斯文集》第八卷，人民出版社 2009 年版，第 25 页。

的规定①。但是，仔细思考，仍有讨论余地：变形商品是在商品基础上发展而来的。商品是资本主义经济的细胞形式和研究起点，但资本主义经济关系并不是商品关系的直接继续，而是商品经济关系裂变的结果。正是由于劳动力成为商品，"以商品生产和商品流通为基础的占有规律或私有权规律，通过它本身的、内在的、不是可避免的辩证法转变为自己的直接对立物。"②从这个意义上讲，资本主义经济关系也要物化为"变形商品"，后者也要在不断变形中承载资本主义经济关系变化。随着资本主义的发展，在其内在矛盾作用下，资本主义经济关系总是要发生某些变形的。

当然，在社会主义初级阶段，由于社会主义经济关系的作用，商品中所包含的关系也不会是纯粹的以私有经济为基础的商品生产者之间的关系，也要反映公有企业之间或公有企业与私有企业之间的关系。与单纯的私有经济为基础的商品所反映的原生经济关系相比，社会主义初级阶段的商品所包含的关系也要发生变形，从这个意义上讲，也可称为变形商品。但是，它与资本主义条件下的变形商品所反映的关系截然不同：前者是内在矛盾引发的，后者是外在矛盾造成的，尽管从形式上看都是变形。这说明，变形商品很难成为社会主义初级阶段的特有范畴，它可以用于不同经济关系的分析，因而不符合前述方法论的第一个规定。

（三）把社会主义初级阶段作为起始范畴的探索

实际上，我们在理论上遇到的困难，我国改革开放近40来的实践已经提供了初步答案，这就是"社会主义初级阶段"这个范畴。

首先，我国的实践表明，不论是在生产力比较落后的改革开放初期，还是在生产力水平明显提高后的新时代，"社会主义初级阶段"都是分析中国特色社会主义政治经济学的起点。如果我们稍加深入分析，就可看到，相对于其他政治经济学（如政治经济学资本主义部分），它是特有范畴；相对于中国特色社会主义政治经济学的全面展开部分，它又是相对简单的范畴；一个范畴简单与否，都是在与其他范畴的比较中鉴别的。这已经完全符合前述方法论的要求。如果一定要在表达方式上体现该术语的起始性质，也可使用

---

① 颜鹏飞：《马克思政治经济学逻辑体系构建方法的精髓及其当代价值》，工作手稿，2017年1月。

② 《马克思恩格斯文集》第五卷，人民出版社2009年版，第673页。

"社会主义初级阶段基本规定"或"初级阶段社会主义基本规定"范畴,使之与作为阶段整体的范畴(即"社会主义初级阶段"本身)相区别。在此基础上,只进一步明确主线和基本内容,就可以通过艰苦研究使初级阶段社会主义的理论体系跃然纸上。

其次,社会主义初级阶段的基本规定,不仅具有中国特色社会主义政治经济学对中国经济发展和民族复兴的指导意义,而且包含该理论对发展中国家的借鉴意义,因而具有一定普遍性。习近平同志在十九大报告中指出:"中国特色社会主义道路、理论、制度、文化不断发展,拓展了发展中国家走向现代化的途径,给世界上那些既希望加快发展又希望保持自身独立性的国家和民族提供了全新选择,为解决人类问题贡献了中国智慧和中国方案。"这说明,中国智慧和中国方案提供了一种不同于发达资本主义已有道路的另一种道路,即初级阶段社会主义的道路;展示了一个相对独立的不同于以往和现有主流社会的社会形态,即初级阶段社会主义的社会形态。这个社会形态和由它所提供的经验、道路,对发展中国家可能具有重大的借鉴意义。由此,中国特色社会主义政治经济学的系统性力量,也得到了更充分的彰显。

(四) 研究主线及其两个侧面

明确了研究起点,实际上也就是明确了研究主线。这个主线就是党的基本路线所强调的,贯穿于整个社会主义初级阶段的解放和发展生产力。对于这一主线,我们绝不能只理解为它是一个单纯的资源配置和再配置的过程。如果这样理解,我们所探索的经济学就只能是西方主流经济学,而不是中国特色社会主义政治经济学,因为西方主流经济学一再表明,它就是以资源的有效配置为研究对象的。如前所说,它把孤立的个人即经济人作为研究的出发点,就规定了它所设定的主线不可能包含经济关系特别是资本主义的阶级关系。

如果我们客观考察,就可发现,解放和发展生产力,实际上包含两个侧面:一方面,是技术不断改进、效率不断提高、产业结构不断优化升级、社会财富不断增长的过程;另一方面,又是经济关系不断调整、经济体制改革不断深化、各方面积极性持续发挥、经济体制不断成熟的过程。这两个侧面持续的良性互动,就是不断解放和发展生产力;进一步说,就是社会主义初级阶段基本规定逐渐展开和发展的过程。这样,我们不仅看到研究起点和研究主线的内在统一，而且看到基本路线的"一个中心"和"两个基本点"的内在统一。马克思主义者一直认为，政治经济学是以生产关系为研究对象的；其意义，就在于马克思主义者认为，任何生产力都是在某种社会生产关系内部发展的，这种生产力和生产关系之间永无休止的相互作用，既推动了生产力的发展，又推动了生产关系的变革。正是在这一意义上，马克思主义政治经济学提出要把生产关系作为研究对象。从更广阔的视角看，经济与政治之间也存在着永无休止的相互作用。正如当代美国著名左翼经济学家谢尔曼所说：在人类社会中，社会结构（包括思想和制度）是经济结构（包括生产关系和生产力）的函数；经济结构是社会结构的函数；就像数学中的一组联立方程一样，在同一时间，两类函数关系是可能存在的。① 显然，作为中国特色社会主义政治经济学，应该把注意力放在如何改革和完善能够解放和发展生产力的社会主义初级阶段的生产关系和经济体制上，把它作为研究主线；同时，也要关注上层建筑特别是国家（政府）对经济发展和经济结构的反作用。

在提出和探寻中国特色社会主义政治经济学的研究起点和主线之后，受各种原因所限，本研究无意构建它的理论体系，只试图始终抓住主线，就其中的几个重要理论问题谈一些研究成果，并试图在这些成果中进一步展示上述研究起点和主线。本文作者认为，中国特色社会主义政治经济学的理论体系构建是以理论研究为基础的，理论体系的构建是理论研究的结果，同时又对理论研究起重大推动作用。希望下面的研究能够对这一体系的构建起到积极推动作用。

四、社会主义初级阶段：既是现实，又是目标

确认我国正处在社会主义初级阶段，是我党十一届三中全会以来最重要的理论成果。近 70 年社会主义建设的历史和 40 年改革开放的实践，使我们深切体会到，坚持与完善初级阶段的社会主义，既是我国的现实任务，又是我国在相当长的历史时期建设有中国特色社会主义的目标。因此，以初级阶

---

① 霍华德·谢尔曼：《激进政治经济学基础》，云岭译，商务印书馆 1993 年版，第 59 页。

段社会主义经济为研究对象的中国特色社会主义政治经济学，不仅对经济现实要有深邃洞察力，具有重大现实意义；而且要有长期开放的历史视野，具有长期的历史意义。

（一）社会主义初级阶段长期性的生产力依据

1. 实现社会主义目标的两种路径。

社会主义的最终目标是实现消灭阶级对立、阶级差别意义上的平等。这是科学社会主义的基本原理。但是，理论和历史表明，如何实现这一目标，却存在着空想社会主义与科学社会主义的不同路径。

空想社会主义者力图通过"理性"的力量，依靠"先哲"的努力，消灭私有制，消灭一切由阶级对立、阶级差别而产生的不平等。为实现这一点，他们企望建立生产资料乃至财产的公有制，通过经济计划或计划经济消灭资本主义的生产无政府状态，协调个人利益与社会利益的关系。但是，由于这些主张不是建立在对人类社会生产力高度发展、资本主义基本矛盾长期运动和人类社会发展规律正确认识的基础之上，因此，他们的主张不可能变为现实；并且，这些理论本身，就表现出由于忽视生产力作用而产生的明显错误。

在这方面，18世纪的空想社会主义者摩莱里和马布利有着突出的表现。从消灭资本主义的罪恶，实现人类的平等出发，摩莱里和马布利都主张禁止财产私有。但是，由于他们是在当时的手工工场生产力水平的条件下实现公有制和平等，他们的理论主张就不可避免地带有平均主义和禁欲主义色彩。摩莱里主张人为地取消生产领域的分工和三大差别，绝对平均地分配消费品；马布利则提倡清心寡欲，节制自足。这种学说的重要特征就是"禁欲主义的、禁绝一切生活享受的、斯巴达式的共产主义"。① 这说明，不论承认与否，生产力决定生产关系的规律总是要强制地表现出来。如果脱离生产力塑造生产关系，谈论消灭阶级，生产力会最终迫使生产关系及其具体形式发生扭曲、变形，从而使现实或理论背离实践或思维着的主体的初衷。

在唯物史观和剩余价值理论基础上，马克思和恩格斯确立了科学社会主义，从而彻底解决了空想社会主义理论的矛盾。科学社会主义毫不掩饰以工人阶级和全人类的解放为自己的历史使命，由此主张生产资料公有制、按劳

---

① 《马克思恩格斯文集》第三卷，人民出版社2009年版，第525页。

分配或按需分配。但是，并不把这一使命变成空中楼阁，而是把它们看作在生产力高度发展基础上资本主义基本矛盾运动的必然结果。这样，科学社会主义不仅说明了工人阶级和全人类解放的必然性，而且找到了实现这一解放的基本途径和主体力量。继马克思恩格斯之后，列宁则进一步结合在落后国家建设社会主义的实践，探索了社会主义的发展阶段问题，从而把科学社会主义的现实性提高到一个新高度。

2. 对实现社会主义目标的艰难探索。

由于列宁逝世较早，他关于社会主义阶段问题的论述还处于不系统的萌芽状态；更重要的是，由于人们对生产力的强制性还缺乏实践上的认识和切肤的感受，所以，在列宁以后，急于建成社会主义的思想仍时时困扰着人们的行动。这特别表现在"继续革命理论"及其具体实践即"文化大革命"中。

客观地说，毛泽东发动"文革"的主观意愿是要在经济、政治、思想上实现彻底的社会主义革命。但是，随着"革命"进程，人们惊奇地发现，贫困不仅未能摆脱，它的阴影却进一步加深了；平均主义不仅未能被削弱，这种倾向反而更严重了。在强调整体利益的背景下，个人崇拜和个人迷信发展到了极端。在突出全体人民利益的同时，全体人民中的几乎每一个人的合法权利和利益都未能得到应有的尊重。从当时的社会生活中，人们似乎可以找到摩莱里、马布利理想社会的影子。这种现实与"文革"发起人的初衷形成明显的反差。

这里，我们应明确指出形成这一反差的原因：在于我国阶段的生产力，根本无法支撑这一超前的生产关系和上层建筑的变革。这种所谓的"文化大革命"，"既没有经济基础，也没有政治基础。"[①] 同理论已表明的那样，实践也向我们表明，在我国现阶段生产力水平基础上，不可能建立纯而又纯的社会主义。如果谁还试图如此，不管其意志多么坚强，动机多么纯洁，都不会得到其主观所希望的回报。

我国社会主义建设的实践已经表明，正确认识我国社会现在所处的历史阶段，是建设有中国特色的社会主义的首要问题，是我们制定和执行正确的路线和政策的根本依据。"我国正处在社会主义的初级阶段"，是我们党把马克思主义政治经济学基本原理同改革开放新的实践结合起来，经过艰

---

① 《三中全会以来》（下），人民出版社1982年版，第759页。

难探索，不断丰富和发展马克思主义政治经济学所得出的最重要命题。

3. 十九大对中国所处阶段认识的再深化。

党的十三大的报告指出，社会主义初级阶段，"不是泛指任何国家进入社会主义都会经历的起始阶段，而是特指我国在生产力落后、商品经济不发达条件下建设社会主义必然要经历的特定阶段。"①

在历经了近40年的改革开放之后，我国生产力水平明显提高，应怎样认识我国社会所处阶段？十九大报告明确回答了这一问题："必须认识到，我国社会主要矛盾的变化，没有改变我们对我国社会主义所处历史阶段的判断，我国仍处于并将长期处于社会主义初级阶段的基本国情没有变，我国是世界最大发展中国家的国际地位没有变。"为什么在生产力水平已经明显提高、商品经济已经比较发达的情况下仍然做出这样的判断？我们认为，它反映了我党对社会主义、初级阶段的社会主义理论和实践以及对当代世界经济政治走势认识的重大深化。

首先，够格的社会主义需要更高生产力水平。与纯粹或够格的社会主义所要求的生产力水平相比，我国的经济发展水平仍差得很远。不论与马克思对社会主义的预期相比，与当代西方左翼学者所提出的具体设想相比，还是与实践的现实要求相比，我国的生产力水平，不仅在新中国成立后和改革开放初期搞社会主义不够格，而且在目前情况下仍然不够格。

在此，我们有必要重温马克思主义经典作家关于社会主义和共产主义所需生产力条件的理论。在马克思恩格斯看来，共产主义（包括社会主义阶段）是建立在高度发达的生产力基础之上的。这种高水平生产力主要表现在：第一，交往关系普遍化；② 第二，消灭旧式分工；③ 第三，劳动者能力

---

① 《十三大以来重要文献选编》（上），人民出版社1991年版，第12页。
② 马克思恩格斯在《德意志意识形态》中指出：在共产主义情况下，"现在情况就变成了这样：各个人必须占有现有的生产力总和，这不仅是为了实现他们的自主活动，而且从根本上说也是为了保证自己的生存。这种占有首先受所要占有的对象的制约，即受发展成为一定总和并且只有在普遍交往的范围里才存在的生产力的制约。因此，仅仅由于这一点，占有就必须带有同生产力和交往相适应的普遍性质。对这些力量的占有本身不外是同物质生产工具相适应的个人才能的发挥。"（《马克思恩格斯文集》第一卷，人民出版社2009年版，第580~581页）
③ 马克思恩格斯《德意志意识形态》中指出："当分工一出现之后，任何人都有自己一定的特殊的活动范围，这个范围是强加于他的，他不能超出这个范围……只要他不想失去生活资料，他就始终应该是这样的人。而在共产主义社会里，任何人都没有特殊的活动范围，而是都可以在任何部门内发展，社会调节着整个生产，因而使我有可能随自己的兴趣今天干这事，明天干那事。"（《马克思恩格斯文集》第一卷，人民出版社2009年版，第537页）

大幅提高；① 第四，有较多自由时间。② 结合当代资本主义实际，当代一些左翼经济学家又进一步把这些观点具体化。例如，曼德尔提出"逐个产品界定丰裕"的观点③；在此基础上，又提出自治的条件是大幅缩短劳动时间的思想。④ 与这些理论所阐述的生产力水平相比，我国的经济发展水平仍差得很远。这些理论和中国的实践都告诉我们，在一个相当长的历史时期，我国不仅不可能建立纯粹的社会主义，而且将在一个较长时间处于社会主义的初级阶段。

其次，我国改革开放以来所取得的成绩，是在社会主义初级阶段基本制度基础上取得的，这恰好说明现阶段的生产关系和经济体制在总体上是适应生产力发展要求的。我们绝不能急于向更高阶段的经济关系过渡。如果非要如此，必然使已经发展起来的生产力遭到严重破坏。我们现在的任务，并不是急于"转段""升级"，而是像十九大所指出的，"坚持和完善我国社会主义基本经济制度和分配制度，毫不动摇巩固和发展公有制经济，毫不动摇鼓励、支持、引导非公有制经济发展"，并根据经济发展和社会进步要求，动态调整二者关系，通过长期的努力，继续为社会主义提供够格的生产力基础。

改革开放以来我国生产力发展所取得的成绩，可以通过我国人均收入在世界人均收入中排名的不断提高表现出来（见表 1）。著名英国经济学家安格斯·麦迪森（Angus Maddison）在《世界经济千年史》中，对世界 124 个国家（地区）1950 年至 20 世纪末的人均 GDP 变动情况进行了统计。该统计用购买力平价法估算各国 GDP 年度估计值和人均 GDP（GDP 年度估计值÷人口的年度估计值），货币单位为 1990 年的国际元。

---

① 恩格斯："阶级的存在是由分工引起的，而迄今为止的分工方式将完全消失。因为要把工业和农业生产提高到上面说过的水平，单靠机械和化学的辅助手段是不够的，还必须相应地发展使用这些手段的人的能力。……教育将使年轻人能够很快熟悉整个生产系统，将使他们能够根据社会需要或者他们自己的爱好，轮流从一个生产部门转到另一个生产部门。"（《共产主义原理》，引自《马克思恩格斯文集》第一卷，人民出版社 2009 年版，第 688~689 页）
② 马克思说："真正的经济——节约——是劳动时间的节约（生产费用的最低限度——和降到最低限度）。而这种节约就等于发展生产力。……节约劳动时间等于增加自由时间，即增加使个人得到充分发展的时间，而个人的充分发展又作为最大的生产力反作用于劳动生产力。"（《马克思恩格斯文集》第八卷，人民出版社 2009 年版，第 203 页）
③ 曼德尔说："丰裕在理论上的正确定义是指需求的饱和。当某一产品的需求的边际弹性大约为零或在零以下，这时该产品可以说是丰裕的。"（《权力与货币：马克思主义的官僚理论》，孟捷等译，中央编译出版社 2001 年版，第 250 页）
④ 曼德尔："为此我们必须把大规模发展自治的理想条件设定为 4 小时即半天工作日，或一周工作 20 小时。"（《权力与货币：马克思主义的官僚理论》，孟捷等译，中央编译出版社 2001 年版，第 250 页）

表1　　　　　　　1950年以来中国历年人均GDP及排名变化

年份	人均GDP	排名	国际上的影响力
1950	439元	倒数第5	仅高于缅甸、蒙古国、博茨瓦纳、坦桑尼亚
1951	479元	倒数第8	超越佛得角、马里、毛里塔尼亚
1952	537元	倒数第10	超越尼泊尔、乍得
1953	554元	倒数第12	超越孟加拉国、柬埔寨
1954	558元	倒数第11	被柬埔寨超越
1955	575元	倒数第12	再超柬埔寨
1956	619元	倒数第13	超越冈比亚
1957	637元	倒数第13	超越卢旺达，再次被柬埔寨超越
1958	693元	倒数第19	超越巴基斯坦、柬埔寨、老挝、科摩罗、多哥、乌干达
1959	697元	倒数第17	被柬埔寨、乌干达超越
1960	673元	倒数第14	被老挝、科摩罗、多哥超越
1961	557元	倒数第5	被缅甸、尼泊尔、孟加拉国、蒙古国、巴基斯坦、乍得、冈比亚、毛里塔尼亚、卢旺达超越
1962	553元	倒数第6	超越孟加拉国
1963	592元	倒数第6	超越乍得，被孟加拉国超越
1964	648元	倒数第10	超越孟加拉国、缅甸、尼泊尔、卢旺达
1965	706元	倒数第11	超越蒙古国
1966	753元	倒数第14	超越阿富汗、柬埔寨、老挝
1967	712元	倒数第11	被柬埔寨、老挝、蒙古国超越
1968	678元	倒数第11	超越越南，被阿富汗超越
1969	722元	倒数第11	超越阿富汗，被越南超越；
1970	783元	倒数第14	超越越南、老挝、柬埔寨
1971	799元	倒数第14	
1972	802元	倒数第13	被博茨瓦纳超越
1973	839元	倒数第17	超越中非、尼日尔、苏丹、乌干达
1974	836元	倒数第17	
1975	874元	倒数第17	超越科摩罗，被苏丹超越
1976	852元	倒数第17	

续表

年份	人均GDP	排名	国际上的影响力
1977	895元	倒数第17	
1978	979元	倒数第21	超越印度、安哥拉、毛里塔尼亚、赞比亚
1979	1 040元	倒数第24	超越蒙古国、肯尼亚、苏丹
1980	1 067元	倒数第27	超越冈比亚、马达加斯加、多哥
1981	1 103元	倒数第26	被蒙古国超越
1982	1 192元	倒数第32	超越蒙古国、加纳、利比里亚、莫桑比克、塞拉利昂、索马里
1983	1 265元	倒数第35	超越海地、贝宁、尼日利亚
1984	1 396元	倒数第38	超越巴基斯坦、塞内加尔、津巴布韦
1985	1 522元	倒数第38	
1986	1 597元	倒数第38	
1987	1 706元	倒数第41	超越喀麦隆、象牙海岸、吉布提
1988	1 816元	倒数第42	超越尼加拉瓜
1989	1 827元	倒数第42	
1990	1 858元	倒数第42	
1991	1 940元	倒数第45	超越伊拉克、埃及、洪都拉斯
1992	2 098元	倒数第46	超越菲律宾
1993	2 277元	倒数第48	超越古巴、也门
1994	2 475元	倒数第51	超越玻利维亚、朝鲜、刚果
1995	2 653元	倒数第54	超越萨尔瓦多、阿尔及利亚、摩洛哥
1996	2 820元	倒数第55	超越斯威士兰
1997	2 973元	倒数第55	
1998	3 117元	倒数第56	超越印度尼西亚
1999	3 259元	倒数第57	超越巴拉圭

资料来源：安格斯·麦迪森：《世界经济千年史》，武晓鹰等译，北京大学出版社2003年版，第302页。

上述资料显示，自1950年以来，我国人均GDP就开始呈现增长态势。

其表现，就是人均 GDP 不断超越原来处在我国之前的国家。但是，从 1958 年起，这种赶超状态开始停滞，在 20 世纪 50 年代末和 60 年代初，甚至出现被有些国家反超的现象。在 1979 年以来，这种局面被彻底扭转，随着我国 GDP 年度估计值迅速增加，我国人均 GDP 的位次不断攀升。更新的统计资料表明，这种态势一直持续到新世纪以来。①

最后，我国人的总体发展水平仍然有限。1894 年，恩格斯为即将出版的《新纪元》周刊题词，用简短的字句表达了未来社会的基本思想："除了《共产党宣言》中的下面这句话（……），我再也找不出合适的了：'代替那存在着阶级和阶级对立的资产阶级旧社会的，将是这样一个联合体，在那里，每个人的自由发展是一切人的自由发展的条件。'"② 从这一意义上讲，我们为争取社会主义做的一切，都是在为人的自由发展创造条件。马克思在其手稿中指出：人类在经历人的依赖关系的社会形式、以物的依赖性为基础的人的独立性的社会形式之后，必将进入一个以"自由个性"为特征的社会③。其中，第二个阶段不仅形成了自由程度高于"人的依赖关系"的雇佣劳动这种"形式自由"④，而且创造了"普遍的社会物质变换，全面的关系，多方面的需求以及全面的能力体系"⑤，从而为第三个阶段即自由个性为特征、自由人联合体为基础的社会创造了条件。用这一标准衡量，我国目前人的发展程度还不可高估，但发展势头良好。人们不仅对物质文化生活提出了更高要求，而且在民主、法制、公平、正义、安全、环境等方面提出日益强烈的期许。为此，十九大报告强调指出，"必须坚持以人民为中心的发展思想，不断促进人的全面发展"。这从更深层次说明，以习近平为核心的党中央抓住了各项工作的根本；同时也说明，为了达到第三个阶段即以"自由个性"为特征的社会，我们还有漫长的路要走，要长期奋斗。

---

① 据有关资料，中国在 2011 年的排位为第 89 位，2012 年为第 84 位，2013 年为第 85 位，2014 年为第 80 位。
② 《马克思恩格斯文集》第十卷，人民出版社 2009 年版，第 666 页。
③ 参见马克思：《1857～1858 年经济学手稿》，引自《马克思恩格斯文集》第八卷，人民出版社 2009 年版，第 52 页。
④ 拉马钱德兰（V. K. Ramachandran）指出："马克思区分了（……）资本主义下工人的形式自由与前资本主义制度下工人的真实不自由：'工人改换雇主的自由使他有了在更早的生产方式中不曾有过的自由'。"（*Wage Labour and Unfreedom in Agriculture: An Indian Case Study*, Oxford: Clarendon Press, 1990, pp. 1 - 2）
⑤ 《马克思恩格斯文集》第八卷，人民出版社 2009 年版，第 52 页。

(二) 社会主义初级阶段长期性的世界经济与国际经济关系依据

1. 长期性的世界经济依据。

当今世界,仍是资本主义制度占统治地位。应看到,资本主义作为一种社会制度,在其内在矛盾作用下,已经开始步入下坡通道。但是,我们必须认识到,它还将在较长时间内存在,发达资本主义国家的相对优势在短时期内不会丧失。如果我们不仅从 GDP 这样的经济总量,而且从资本分布和产业层面的企业主导权,来衡量经济权力,就可以看到,欧美企业仍在主要产业掌控着主导地位。[1] 据此,我们可以得出结论,西方发达国家的体制还能够不同程度激发或容纳较强创新能力。日本共产党资深领导人不破哲三甚至保守地估计:"日本正处在资本主义经济发展的中期"。[2] 在经济全球化背景下,"中国开放的大门不会关闭,只会越开越大。"这样,势必使我国与其他不同经济体相互融合,使我国经济成为一个具有中国特色的"混合经济",也使世界成为一个具有辩证统一关系的"命运共同体"。这一变化包含着深刻的政治经济学含义。

在马克思的研究中,资本主义崩溃并被新生的社会制度取代有两个时间节点:一是在其基本矛盾和派生矛盾破坏性作用下,工人阶级通过革命,推翻资本统治。由此,他在《资本论》中得出结论:"资本主义私有制的丧钟就要响了。剥夺者就要被剥夺了。"[3] 这可以看作资本主义制度灭亡的最短界限,是我们通常使用的判断标准。二是科学高度发达,劳动生产力高度发展,这样,"一旦直接形式的劳动不再是财富的巨大源泉,劳动时间就不再是,而且必然不再是财富的尺度,因而交换价值也不再是使用价值的尺度。群众的剩余劳动不再是一般财富发展的条件,同样,少数人的非劳动不再是人类头脑的一般能力发展的条件。于是,以交换价值为基础的生产便会崩溃,直接的物质生产过程本身也就摆脱了贫困和对立的形式。"[4] 这可以看作资本主义制度灭亡的最长界限。事实表明,资本主义制度正在突破最短界

---

[1] 肖恩·斯塔尔斯:《全球融合的幻想》,李科熠译,载于《国外理论动态》2015 年第 9 期。
[2] 曹天禄、吴健义:《不破哲三关于中国社会主义市场经济建设的几点建议》,载于《国外理论动态》2005 年第 8 期。
[3] 《马克思恩格斯文集》第五卷,人民出版社 2009 年版,第 874 页。
[4] 《马克思恩格斯文集》第八卷,人民出版社 2009 年版,第 196~197 页。

限，逐渐逼近最长界限。一个重要原因，就是在强大国家力量的作用下，资本主义经济关系不断调整，劳资关系阶段性、周期性得到缓和，资本发展生产力的历史使命仍未最终完成。在本研究的最后一章，要对当代资本主义正在爆发的多重性危机及其经济政治意义进行分析，以求对如何认识资本主义的发展趋势和世界经济的未来有深刻的认识。

2. 长期性的国际经济关系依据。

那么，是否意味着我国只能走资本主义道路？回答也是否定的。

我国不能走资本主义道路，首先是由近现代以来国际经济政治关系的特点决定的。资本主义是以商品经济和世界市场为前提的。资本主义的产生和发展已经打破了各国、各地区的界限，如果有人试图摆脱世界经济的影响而单独发展，已不可能的。但是，由于资本主义基本经济规律的作用，资本主义又是一种以强凌弱的经济。盘剥弱小国家和民族，建立殖民地、附属国或势力范围，既是资本主义的必然趋势和本质要求，又是它生存和发展的必要条件。因此，正是在这种格局下，由于近代史上西方列强的入侵，打断了我国社会独自发展的道路，使中国失去发展资本主义的机会，迫使中国变为半殖民地半封建的社会，并最终走上社会主义道路。同样，在现代，如果想在中国搞资本主义，实行不受国家干预的以私有制为基础的市场经济，发达资本主义国家也会利用其总体比较优势，居高临下，使中国沦为它们的原料产地和剩余产品倾销市场，将中国推向已在国际范围内发挥作用的资本主义积累规律所形成的贫困一极。[①] 这说明，伴随着世界市场发展所形成的生产国际化和资本关系国际化，已不允许中国等发展中国家走资本主义已经走过的老路，更不允许中国这个大国用资本主义富强起来。从这个意义上讲，中国走初级阶段社会主义的发展道路，不单是中国本身生产力发展的结果，更是世界范围内生产力发展的结果；而这种生产力，在目前情况下，首要的还是垄断资本的生产力。

从直接意义上讲，决定中国社会历史走向的内因就是活跃在中国近现代历史舞台上的各阶级、阶层及其矛盾或相互作用。正是这些因素，直接否定了中国走资本主义道路的可能性。历史表明，有一个经济独立、政治成熟的

---

① 赫德森指出："一旦一国取得先发优势，它所获得的优势就开启了扩大全球两极分化的反馈过程，除非其他国家通过引导市场提升其劳动、工业和农业的质量。"（《国际贸易与金融经济学：国际经济中有关分化与趋同问题的理论史》，丁为民等译，中央编译出版社2014年版，第19页）

资产阶级，是一国走上资本主义道路的前提。但是，在中国近现代史上，从来就没形成这样一个阶级。由于封建社会的重荷，中国的资产阶级先天不足。在西方列强入侵后，它又很快分化，一部分与帝国主义、封建势力勾结，靠政治特权和对劳动人民的盘剥发育成大资产阶级；一部分作为民族资产阶级虽还保持着独立的政治经济要求，但由于它在经济上过于软弱，政治上又表现出强烈的摇摆性。这样，无论是大资产阶级，还是民族资产阶级，都不能充当民主革命和建设的领导，完成民主革命和建设的任务。不仅如此，由于大资产阶级的买办性、封建性和垄断性，它非但未能成为民主革命和建设的同路人，反而成为革命的对象。历史的重任必然落在深受三座大山压迫、具有很强的革命性，并最终接受马克思主义的工人阶级及其政党即中国共产党身上。

3. 长期性的经济政治制度优势。

毋庸置疑，如果仅就生产力而论，我国建设社会主义的物质基础是不充分的。这正是中国走社会主义道路的困难之所在。但是，近70年社会主义的经济建设特别是40年改革开放的历史表明，初级阶段社会主义有着巨大的优越性：它可以利用生产资料公有制集中各种社会资源，有效地解决经济发展中最迫切、最紧要的问题。它的具体形式又有着较大的弹性或选择区间，可以不断进行自我调整，以调动各方面的积极性。它还可以最充分地利用由国家独立、祖国兴旺、人民当家做主而激发起来的广大人民群众的热情、民风、民气，并把它们正确地引导到改革和建设轨道上来。其中最重要的，就是有中国共产党的领导。这正如习近平同志在十九大报告中所指出的："中国特色社会主义最本质的特征是中国共产党领导，中国特色社会主义制度的最大优势是中国共产党领导，党是最高政治领导力量，提出新时代党的建设总要求，突出政治建设在党的建设中的重要地位。"因此，实践表明，在我们这样一个人口多、耕地少、底子薄、人均占有资源相对不足的国家，完全可以建设初级阶段的社会主义。这是一个被实践证明了的真理，也是我国今后继续沿着既定道路前进的最基本依据。

然而，也应看到，在我国初级阶段社会主义条件下，虽然生产关系的具体形式有着较大的弹性或选择区间，但其调整方向仍不是由人的主观意志决定的，而是由包括全体人民在内的生产力决定的。我们关于我国现有生产力水平基础上不能建立纯粹社会主义的论述，就已说明了这一点。正反两方面的历史表明，为了保证我国的长期可持续发展，我国只能建立以公有制经济为主体，多种经济形式共同发展的所有制结构；只能利用有国家积极作用的市场经济体制，协调各种经济形式、各个生产要素主体之间及其内部的关系，推动经济发展；只能大力实施对外开放，推动形成全面开放新格局。换言之，我国现阶段必然存在具有社会主义性质的阶级、阶层与非社会主义性质的阶级、阶层之间的差异与矛盾，存在工农两大基本阶级之间的差异与矛盾，存在工农内部各利益集团的差异与矛盾。一句话，我国尚不能消除以生产资料所有制的差异为基础的阶级差异和矛盾，只能建设初级阶段社会主义。

五、坚持和完善社会主义初级阶段是我国相当长历史时期的奋斗目标

（一）社会主义初级阶段的总体框架和主要工作

确认我国处在社会主义初级阶段，不仅准确反映了我国的现实，而且描述了我国在相当长的时间里建设社会主义的总体框架。这一框架，在习近平中国特色社会主义思想中已经得到充分体现。从构建中国特色社会主义政治经济学体系的角度看，主要包括以下重要环节：

第一，坚持以人民为中心。人民是历史的创造者，是决定党和国家前途命运的根本力量。必须坚持人民主体地位，坚持立党为公、执政为民，践行全心全意为人民服务的根本宗旨，把党的群众路线贯彻到治国理政全部活动之中，把人民对美好生活的向往作为奋斗目标，依靠人民创造历史伟业。

第二，坚持全面深化改革。只有社会主义才能救中国，只有改革开放才能发展中国、发展社会主义、发展马克思主义。必须坚持和完善中国特色社会主义制度，不断推进国家治理体系和治理能力现代化，坚决破除一切不合时宜的思想观念和体制机制弊端，突破利益固化的藩篱，吸收人类文明有益成果，构建系统完备、科学规范、运行有效的制度体系，充分发挥我国社会主义制度优越性。

第三，坚持新发展理念。发展是解决我国一切问题的基础和关键，发展必须是科学发展，必须坚定不移贯彻创新、协调、绿色、开放、共享的发展

理念。必须坚持和完善我国社会主义基本经济制度和分配制度，毫不动摇巩固和发展公有制经济，毫不动摇鼓励、支持、引导非公有制经济发展，使市场在资源配置中起决定性作用，更好发挥政府作用，推动新型工业化、信息化、城镇化、农业现代化同步发展，主动参与和推动经济全球化进程，发展更高层次的开放型经济，不断壮大我国经济实力和综合国力。

第四，坚持在发展中保障和改善民生。增进民生福祉是发展的根本目的。必须多谋民生之利、多解民生之忧，在发展中补齐民生短板、促进社会公平正义，在幼有所育、学有所教、劳有所得、病有所医、老有所养、住有所居、弱有所扶上不断取得新进展，深入开展脱贫攻坚，保证全体人民在共建共享发展中有更多获得感，不断促进人的全面发展、全体人民共同富裕。建设平安中国，加强和创新社会治理，维护社会和谐稳定，确保国家长治久安、人民安居乐业。

第五，坚持人与自然和谐共生。建设生态文明是中华民族永续发展的千年大计。必须树立和践行绿水青山就是金山银山的理念，坚持节约资源和保护环境的基本国策，像对待生命一样对待生态环境，统筹山水林田湖草系统治理，实行最严格的生态环境保护制度，形成绿色发展方式和生活方式，坚定走生产发展、生活富裕、生态良好的文明发展道路，建设美丽中国，为人民创造良好生产生活环境，为全球生态安全做出贡献。

第六，坚持推动构建人类命运共同体。中国人民的梦想同各国人民的梦想息息相通，实现中国梦离不开和平的国际环境和稳定的国际秩序。必须统筹国内国际两个大局，始终不渝走和平发展道路、奉行互利共赢的开放战略，坚持正确义利观，树立共同、综合、合作、可持续的新安全观，谋求开放创新、包容互惠的发展前景，促进和而不同、兼收并蓄的文明交流，构筑尊崇自然、绿色发展的生态体系，始终做世界和平的建设者、全球发展的贡献者、国际秩序的维护者。

以上六个环节，勾勒了中国特色社会主义政治经济学体系的基本框架；同时，也描述了我国在坚持和完善社会主义初级阶段过程中应做的主要工作。

（二）社会主义初级阶段的中长期奋斗目标

在解决人民温饱问题、人民生活总体上达到小康水平这两个目标已提前实现的情况下，党的十九大还对我国社会主义现代化建设的发展阶段重新作出战略安排。提出，从现在到 2020 年，是全面建成小康社会决胜期。要按照党的十六大、十七大、十八大提出的全面建成小康社会各项要求，紧扣我国社会主要矛盾变化，统筹推进经济建设、政治建设、文化建设、社会建设、生态文明建设，坚定实施科教兴国战略、人才强国战略、创新驱动发展战略、乡村振兴战略、区域协调发展战略、可持续发展战略、军民融合发展战略，突出抓重点、补短板、强弱项，特别是要坚决打好防范化解重大风险、精准脱贫、污染防治的攻坚战，使全面建成小康社会得到人民认可、经得起历史检验。

党的十九大提出，从 2020 年到 21 世纪中叶，我国的经济社会发展再分两个阶段来安排。第一个阶段，从 2020 年到 2035 年，在全面建成小康社会的基础上，再奋斗 15 年，基本实现社会主义现代化。到那时，我国经济实力、科技实力将大幅跃升，跻身创新型国家前列；人民平等参与、平等发展权利得到充分保障，法治国家、法治政府、法治社会基本建成，各方面制度更加完善，国家治理体系和治理能力现代化基本实现；社会文明程度达到新的高度，国家文化软实力显著增强，中华文化影响更加广泛深入；人民生活更为宽裕，中等收入群体比例明显提高，城乡区域发展差距和居民生活水平差距显著缩小，基本公共服务均等化基本实现，全体人民共同富裕迈出坚实步伐；现代社会治理格局基本形成，社会充满活力又和谐有序；生态环境根本好转，美丽中国目标基本实现。

第二个阶段，从 2035 年到 21 世纪中叶，在基本实现现代化的基础上，再奋斗 15 年，把我国建成富强民主文明和谐美丽的社会主义现代化强国。到那时，我国物质文明、政治文明、精神文明、社会文明、生态文明将全面提升，实现国家治理体系和治理能力现代化，成为综合国力和国际影响力领先的国家，全体人民共同富裕基本实现，我国人民将享有更加幸福安康的生活，中华民族将以更加昂扬的姿态屹立于世界民族之林。到那时，社会主义的优越性会进一步显示出来，从而为建设合格的社会主义奠定更充分的基础。

（三）中国特色社会主义政治经济学的动态经济学特征

十九大报告的上述内容，规定了中国特色社会主义政治经济学必然是一部动态经济学。既然如此，我们有必要研究中国特色社会主义政治经济学的另一重要方法，即长期动态分析法。

长期动态分析并非现代经济学流派普遍使用的方法，它首先受制于对研究对象的认识。从根本上说，新古典经济学和新自由主义者是反对长期动态分析的。新古典经济学的鼻祖马歇尔在其奠基之作《经济学原理》中，就把"自然界没有飞跃"作为格言写入该书扉页①，而该格言又来自机械唯物主义巨擘爱尔维修的信条："不间断的规律始终被准确地遵守着，而在自然界里没有飞跃。"② 马歇尔的格言作为方法论，为主流经济学长期坚持的均衡分析方法提供了哲学基础，借此得出任何人都可以通过市场竞争实现自身的生存和发展，否定任何形式的阶级冲突、经济危机和历史变革的结论。这显然是不符合历史事实的。而凯恩斯的追随者（如萨缪尔森）则在凯恩斯比较静态分析的基础上加入"加速原理"，试图通过"过程分析"使凯恩斯主义转变为长期动态分析。"但是凯恩斯主义者分析的总量，是不受特定生产关系制约的，抹杀了阶级内容的总量，因而不管怎样加以长期化、动态化，都丝毫不能反映资本主义经济的实质和再生产过程中的对抗性矛盾。"③

与新古典经济学和凯恩斯主义根本不同，马克思主义认为，矛盾存在于事物运动的始终，也存于人类社会的始终，正是这些矛盾，成为推动事物发展的根本动力。因此，马克思主义是"辩证唯物主义和发展的学说"。事实表明，在社会主义初级阶段，同样存在社会矛盾，正是这些矛盾推动了中国的改革开放；正是改革开放，推动了这些矛盾的发展、变化和解决。因此，社会主义初级阶段的内在矛盾，同样是该阶段经济发展和社会进步的根本动力。中国特色社会主义政治经济学的长期动态方法，是建立在对该阶段矛盾的认识的基础之上的。对此，习近平同志在十九大报告中指出："实现伟大梦想，必须进行伟大斗争。社会是在矛盾运动中前进的，有矛盾就会有斗争。我们党要团结带领人民有效应对重大挑战、抵御重大风险、克服重大阻力、解决重大矛盾，必须进行具有许多新的历史特点的伟大斗争，任何贪图享受、消极懈怠、回避矛盾的思想和行为都是错误的。全党要更加自觉地坚持党的领导和我国社会主义制度，坚决反对一切削弱、歪曲、否定党的领导和我国社会主义制度的言行；更加自觉地维护人民利益，坚决反对一切损害人民利益、脱离群众的行为；更加自觉地投身改革创新时代潮流，坚决破除

---

① 马歇尔：《经济学原理》上卷，朱志泰译，商务印书馆1964年版，第4、18页。
② 转引自汪子嵩等编著：《欧洲哲学史简编》，人民出版社1972年版，第103页。
③ 许涤新主编：《政治经济学辞典》（中），人民出版社1980年版，第522页。

一切顽瘴痼疾；更加自觉地维护我国主权、安全、发展利益，坚决反对一切分裂祖国、破坏民族团结和社会和谐稳定的行为；更加自觉地防范各种风险，坚决战胜一切在政治、经济、文化、社会等领域和自然界出现的困难和挑战。全党要充分认识这场伟大斗争的长期性、复杂性、艰巨性，发扬斗争精神，提高斗争本领，不断夺取伟大斗争新胜利。"因此，在研究中国特色社会主义政治经济学体系时，我们不应回避现阶段的社会矛盾，而是要高度重视矛盾分析法和以此为基础的长期动态分析法，并力图自觉地把这些方法运用到理论体系和重要理论的研究中。在下面的论述中，本文作者也试图根据历史的变化，逐渐加入新的变量或规定，在"逐渐逼真"（successive approximations）的过程中，反映中国特色社会主义经济的发展历程，揭示深层规律和机制，构建中国特色社会主义政治经济学的动态理论。

总之，由于经济社会发展的长期不平衡，我国将长期存在多种经济形式，由此决定，我国也将长期存在多种社会意识形态，我国将在相当长的时间里处在社会主义的初级阶段。其间，我国在生产关系方面变革的任务，既不是急于建设典型或纯粹的社会主义；也不是否定已占主体的社会主义生产关系，转向资本主义。而是坚持初级阶段的社会主义，并在此基础上，进一步调整公有制内部的各种关系，调整公有制经济与非公有制经济之间的关系，在此基础上，调整人们之间的利益关系，调整经济基础和上层建筑的关系。这就是说，我们应大胆提出坚持和完善初级阶段社会主义的口号，并从战略高度认识这一问题，为社会稳定、经济发展创造更为有利的条件。

六、社会主义初级阶段动态分析的基础：主要矛盾和发展动力

随着改革开放以来我国工作中心的转变，经济社会发展的根本动力也发生重大转换，这首先是由我党对现阶段经济社会主要矛盾认识的转变引发的。党的十一届三中全会指出："我们党所提出的新时期的总任务，反映了历史的要求和人民的愿望，代表了人民的根本利益。我们能否实现新时期的总任务，能否加快社会主义现代化建设，并在生产迅速发展的基础上显著地改善人民生活，加强国防，这是全国人民最为关心的大事，对于世界的和平

和进步事业也有十分重大的意义。实现四个现代化，要求大幅度地提高生产力，也就必然要求多方面地改变同生产力发展不适应的生产关系和上层建筑，改变一切不适应的管理方式、活动方式和思想方式，因而是一场广泛、深刻的革命。"① 这一论述，揭示了我国的社会主要矛盾及人民内部矛盾，是推动我国社会主义初级阶段动态发展的基础，因而必然成为中国特色社会主义动态分析的基础，开启了以正确处理人民内部矛盾作为经济社会发展动力的新阶段。

（一）社会主义初级阶段的社会主要矛盾及其变化

1. 对中国社会主要矛盾认识的历史过程。

新中国成立以来，中国共产党作为执政党，已经四次对主要矛盾进行集中梳理、认识，对主要矛盾的内容、性质做出判断。

1956年9月，在我国生产资料私有制的社会主义改造基本完成以后，党的八大提出，国内的主要矛盾，已经"是人民对于经济文化迅速发展的需要同当前经济文化不能满足人民需要的状况之间的矛盾"②。这一表述，基本正确表达了在新的经济和社会关系下人民的主体地位及其需要的根本变化和特点；同时，也实事求是地概括了与这种需要相对应的供给短缺状况，是对我国当时社会基本矛盾的第一次积极、有益的探索。但是，仅一年后，1957年10月，受反右斗争扩大化影响，党的八届三中全会提出，无产阶级和资产阶级的矛盾，社会主义道路和资本主义道路的矛盾，仍然是当前社会的主要矛盾，从根本上改变了八大的判断。在1962年9月的党的八届十中全会上，毛泽东进一步"发展了他在一九五七年反右斗争以后提出的无产阶级同资产阶级的矛盾仍然是我国社会主要矛盾的观点"③。这两次判断，分别成为随后制定的总路线和基本路线的基础，对我国后来的政治经济形势产生了重大影响。特别是第二次判断，为后来进行的长达十年的"文化大革命"埋设了导火索。

1978年底，在第二次判断的21年后，党的十一届三中全会果断否定了以阶级斗争为纲的基本路线，结束了"文化大革命"，把全党工作的着重点

---

① 《三中全会以来——重要文献选编》，人民出版社1982年版，第4页。
② 《三中全会以来》（下），人民出版社1982年版，第751页。
③ 《三中全会以来》（下），人民出版社1982年版，第755页。

和全国人民的注意力转移到社会主义现代化建设上来。1981年6月，在改革开放背景下，党的十一届六中全会通过的《关于建国以来党的若干历史问题的决议》明确提出，"我国所要解决的主要矛盾，是人民日益增长的物质文化需要同落后的社会生产力之间的矛盾。党和国家工作的重点必须转移到以经济建设为中心的社会主义现代化建设上来"。1987年10月，党的十三大全面论述了社会主义初级阶段的理论，提出了社会主义初级阶段的基本路线。这两个论断，成为党制定改革开放方针的基础和推动改革开放最重要的命题。

上述历史表明，明确主要矛盾和矛盾主要方面，对于执政党组织、带领人民群众，确定前进方向，明确主要问题和主要任务、工作重点，制定路线、方针和政策，具有重大影响，事关全局和长远。我们必须高度重视。

2. 十九大对中国社会主要矛盾的新判断。

习近平同志在党的十九大报告中指出："中国特色社会主义进入新时代，我国社会主要矛盾已经转化为人民日益增长的美好生活需要和不平衡不充分的发展之间的矛盾。"这是自十一届三中全会以来（39年以来）和十一届六中全会以来（36年以来）党对我国社会主要矛盾作出的新判断，是第四次判断，必将对我国经济社会全局和长远产生重大、深远影响。明确这一判断的主要依据和提出过程，对于更深刻地理解这一判断，增加工作自觉性，有重要意义。

首先，新判断是依据近40年来社会生产力发展和人民生活需要变化做出的正确论断。改革开放以来，我国社会生产力水平明显提高，社会生产能力在很多方面进入世界前列。"落后的社会生产力"的提法已经不能真实反映我国发展现状。另一方面，人民生活显著改善，对美好生活的向往更加强烈，不仅对物质文化生活提出了更高要求，而且在民主、法制、公平、正义、安全、环境等方面的要求日益强烈，再只讲"物质文化需要"已经不能真实全面放映人民群众的愿望和要求。[①] 与此同时，发展不平衡不充分的问题却不断凸显，成为制约人民群众对美好生活要求得以实现的主要矛盾的主要方面。因此，党对我国社会主要矛盾作出的新判断，是对我国现实生活

---

① 编写组：《党的十九大报告学习辅导百问》，党建读物出版社、学习出版社2017年版，第21页。

中矛盾变换的正确反映，是贯彻科学认识论的结果，而不是一种单纯的认识变化，更不是思想路线的转换，与八届三中全会对主要矛盾的误判有根本区别。

其次，我国原有主要矛盾的解决有一个逐渐累积变化的过程，党对主要矛盾的认识也在逐渐变化。几十年的实践表明，人民日益增长的物质文化需要同落后的社会生产力之间的矛盾，是推动我国改革开放和经济发展的根本动力。但是，它不是在短期内解决或发生质变的，有一个由量变到质变的过程。这一过程，通过我国社会生产力水平的逐渐提升直接得以反映（例如，我国 GDP 的世界排名，1990 年是第 10，2000 年是第 6，2005 年是第 5，2010 年是第 2），也可以通过近年来我国宏观经济管理战略的转变间接得以证明：由当时的主要矛盾和"落后的社会生产力"这一矛盾主要方面所决定，20 世纪末以前，中央一直把增加有效供给作为经济工作的基本方针。但是，自 20 世纪 90 年代末（1998 年）以来，中央开始从需求侧探寻影响经济发展的原因和解决路径。党和政府的文件中曾多次强调把扩大内需作为实现我国经济发展的"基本立足点""根本途径""着力点""主要动力"和"长期战略方针"。这表明，在宏观管理思想上，党对我国经济形势的重要变化已经做出反映。与此同时，资料表明，在党的十六大（2002 年）报告、十七大（2007 年）报告、十八大（2012 年）报告起草过程中，都曾有人提议修改对我国社会主要矛盾的表述。因为时机还不成熟，这个问题未有定论。直到党的十九大报告起草调研，几乎所有的反馈都认为，重新定义我国社会主要矛盾的时机已经成熟。[①] 这说明，我党对社会主要矛盾作出新判断是非常慎重的。这也说明，我党关于社会主要矛盾的理论和社会主义初级阶段的理论，为保证改革开放的顺利进行，提供了基本框架；十一届三中全会特别是十八大以来的各项工作，为我国社会主要矛盾的解决和矛盾主要方面的转变创造了历史性条件。

最后，供给侧结构性改革的提出，为新判断提供了方针政策方面的铺垫。在历经了 17 年（1998~2015 年）的扩大内需（需求管理）的改革之后，2015 年底召开的中央经济工作会议明确提出："推进供给侧结构性改

---

① 《面向新时代的政治宣言和行动纲领——党的十九大报告诞生记》，载于《光明日报》2017 年 10 月 28 日。

革,是适应和引领经济发展新常态的重大创新,是适应国际金融危机发生后综合国力竞争新形势的主动选择,是适应我国经济发展新常态的必然要求。"这实际上已经明确,我国社会主要矛盾的主要方面已经由过去的"落后的社会生产力"转变为"经济结构方面的问题",尽管表述并不像十九大报告那样严格和全面。在十九大报告中,在作出关于主要矛盾新判断之后,习近平同志进一步指出:在今后的工作中,必须"以供给侧结构性改革为主线,推动经济发展质量变革、效率变革、动力变革",继续深化供给侧结构性改革。由此可见,供给侧结构性改革,既是新判断的先声和铺垫,更是新判断的结果。加强供给侧结构性改革的研究,深化供给侧结构性改革,就是抓住了主要矛盾和矛盾主要方面,抓住了我国新时代经济发展的根本动力,事关全局和长远,必须排除干扰,扭住不放。

3. 对社会主要矛盾认识转变的再思考。

揭示和判断一个社会主要矛盾的性质和状况,是揭示该社会内部结构、运行机制和主要趋势的前提。根据唯物史观的方法,马克思主义把资本主义生产方式的基本矛盾概括为"社会化生产和资本主义占有之间矛盾"[①](the contradiction between socialized production and capitalistic appropriation);以此为基础,说明了资本主义社会的阶级矛盾和资本主义生产方式产生、发展、灭亡的必然性。西方主流经济学则在机械唯物论和唯心史观基础上,竭力掩盖资本主义的深层矛盾,把这一矛盾描述为(总)供给和(总)需求之间的矛盾,认为只要自由竞争,就可以实现供求均衡和资源的有效利用,从而构建了一个以自由竞争和一般均衡为核心的理论体系。

中国社会主义实践的表明,正确揭示所处阶段的主要矛盾,与正确认识基本国情和所处阶段同样重要,是运用唯物史观的方法,分析社会基本矛盾和主要矛盾,坚持马克思主义的重要表现。与苏联那本《政治经济学教科书》否认在社会主义阶段存在矛盾、不分析生产关系的做法相反,中国共产党人一贯认为,在我国生产资料所有制的改造基本结束以后,我国的社会基本矛盾,仍然是社会生产力与生产关系之间、上层建筑和经济建筑之间的矛盾。不过同以往社会相比,它已经具有根本不同的性质和情况。揭示这一对矛盾的性质及其运动规律,是研究中国特色社会主义政治经济学必须回答的问题,

---

① 《马克思恩格斯文集》第九卷,人民出版社 2009 年版,第 288 页。

也是中国共产党人对研究中国特色社会主义政治经济学做出的重要贡献。

下面需要我们做的，是要在比较中加深对十九大所揭示的主要矛盾的思考。从形式看，在已经作出的对我国主要矛盾的判断中，有三次涉及对我国生产力与生产关系、经济基础与上层建筑矛盾关系状况的判断。其中的需求和供给主体，都是人民，这体现了中国共产党以人民为中心的指导思想。但是，如果我们再思考，就可看到，同1956年和1978年相比，中国改革开放以来，人民范畴的内涵已经发生重大变化，这主要由所有制结构的重大变化引发的。

改革开放40年来，我国所有制结构已经发生重大变化。主要表现为：在公有制经济特别是国有经济不断发展，经济总量和控制力、活力不断增长的同时，其相对量却在下降，各种形式的非公经济不论在总量上还是在相对量上都在迅速增长。资本性质的企业（含私营、港澳台商投资、外商投资）的从业人员占城镇就业人员的比重，从2005年的17.21%，增至2014年的32.59%（年均上升1.54个百分点）；公有性质的企业（含国有、城镇集体、股份合作）从业人员的比重，从2005年的27.39%，减至2014年的17.69%（年均下降0.97个百分点）。① 这说明，我国的所有制已经多元化，与此相对应，利益结构也发生重大变化，由改革初期的全民、集体经济为基础的二元利益结构转变为多元利益结构。这些利益主体的直接利益追求已经有重大差别：资本性质的企业显然追求的是利润率，越来越多的国有企业由于实现了股权多元化也把利润率作为自己的行为目标，广大职工则由于劳动制度改革而在事实上被承认拥有劳动力所有权，从而成为企业的工资（雇佣）劳动者（wage labour），把以工资为主体的收入作为自己的行为动力。这一变化，显然是与传统社会主义向初级阶段的社会主义这一重大转变相适应的；或者说，就是这一转变的组成部分。把这种利益关系转变的原因，归结为由传统社会主义向初级阶段社会主义转变的原因，也是适当的。这说明，改革开放40年来，我国人民范畴的内容已经发生变化：从生产资料所有制改造基本完成以后到改革开放初期，"一切赞成、拥护和参加社会主义建设事业的阶级、阶层和社会集团，都属于人民的范围②"，转变为一切赞

---

① 根据同期《中国统计年鉴》计算。
② 《毛泽东文集》第七卷，人民出版社1999年版，第205页。

成、拥护和参加"社会主义初级阶段"建设事业的阶级、阶层和社会集团，都属于人民的范围。基于这一事实，把"新时代我国社会主要矛盾"理解为"社会主义初级阶段主要矛盾"，可能更为准确。

（二）社会主义初级阶段经济社会的发展动力

1. 人民内部矛盾是现阶段发展的直接动力。

我国现阶段的社会主要矛盾，作为生产力与生产关系之间矛盾的集中和直接的表现，总是要在人与人之间利益关系的矛盾与冲突中显现出来。在《反杜林论》中，恩格斯曾指出：在资本主义条件下，"社会化生产和资本主义占有之间的矛盾表现为无产阶级和资产阶级的对立。"[1] 这就是说，生产力与生产关系的矛盾，必然表现为人与人之间的利益矛盾，尽管性质有所不同。这一矛盾及其解决，是经济社会发展的直接动因。

在阶级社会，生产力与生产关系之间的矛盾必然表现为阶级矛盾，是马克思主义的基本观点。但是，这一矛盾是否表现为对抗性矛盾，需作具体分析。从字面理解，所谓对抗性矛盾，是指根本利益不可调节的、只能通过对抗斗争方式加以解决的矛盾；对抗性矛盾与非对抗性矛盾，在一定条件下可以相互转化。以资本主义为例，这种以激烈的、对抗方式解决的矛盾，几乎伴随着资本主义发展的始终。其间爆发的危机和战争（特别是世界大战）就是这种对抗性矛盾的产物。但是，这些事实能够证明导致这些危机和战争的内在矛盾的对抗性，但还不足以证明资本主义内在矛盾在总体上已由非对抗性转变为对抗性，尽管前者与后者有密切联系。判断资本主义内在矛盾在总体上是否转变为对抗性的，可以考虑生产关系的标准或生产力的标准两类，但最重要的，还是生产力标准，看它在总体上能否继续推动生产力发展。这正如马克思在评价李嘉图关于利润率下降的观点所指出的："有人责难他，说他在考察资本主义生产时不注意'人'，只看到生产力的发展，而不管这种发展以人和资本价值的多大牺牲为代价。这正好是他的学说中的**重要之处**。"[2] 发展社会劳动的生产力，是资本的历史任务和存在理由。资本

---

[1] 《马克思恩格斯文集》第九卷，人民出版社2009年版，第288页。
[2] "重要之处"的黑体字为本文作者所加。在人民出版社1976年中文版《资本论》第三卷第288页，这几个字被译为"出色的地方"。

正是以此不自觉地创造着一种更高级的生产形式的物质条件。"① 根据这一标准，我们可以说，只要资本主义经济关系能够推动生产力发展，其基本矛盾在总体上就仍然是非对抗性的。历史表明，通过适当的机制，这种非对抗性的基本矛盾可以使劳资矛盾转化为未对抗性的。

在我国，基于各种历史原因，我党创造性地用敌我矛盾与人民内部矛盾的术语取代了对抗性矛盾与非对抗性矛盾的概念。这是马克思主义中国化的重要表现。我们已经看到，在社会主义初级阶段，我国生产力水平仍没有达到建设够格社会主义应有水平，甚至与发达国家还有明显差距，发展和解放生产力是我国一切工作的主线，是我国各族人民的根本利益之所在，因此，我们有理由把有利于发展和解放生产力的各个阶级、阶层都看作属于人民的范畴，把他们之间的矛盾看作人民内部矛盾。因此，正确认识和处理人民内部矛盾，必然成为社会主义初级阶段的主题和直接动力。

2. 中国现阶段人民内部矛盾的新特点和根本动力。

正确认识社会主义初级阶段和社会主义市场经济条件下的人民内部矛盾，是正确处理这一矛盾的重要前提。在《关于正确处理人民内部矛盾》一文中，毛泽东同志已经明确"提出正确处理人民内部矛盾的问题，以便团结全国各族人民进行一场新的战争——向自然界开战"②，并论述了人民内部矛盾的性质、内容、地位和处理原则等一系列问题。但是，同马克思恩格斯设想的成熟社会主义和毛泽东同志的有关论述相比，我国现阶段的人民内部矛盾呈现以下值得关注的新特点：

第一，人民内部矛盾带有多元阶级、阶层或社会集团矛盾的性质。马克思恩格斯认为，社会主义的目标是通过废除私有制，建立生产资料公有制，彻底消灭阶级和阶级对立。在社会主义阶段，由于生产力没有达到使社会财富充分涌流水平，公有制要采取两种形式，因而还将存在工人、农民及由此产生的矛盾。这种矛盾还将带有阶级矛盾的性质。但是，这种矛盾关系毕竟比较单一，并且不带有剥削性质，所以，它将是一种主体简单、关系明了的人民内部矛盾体系。在我国传统体制下，受"左"的思想影响，我国也曾有过全盘否定非公有制经济，发展单一公有制经济，试图建立主体简单、关

---

① 《马克思恩格斯文集》第七卷，人民出版社2009年版，第288页。
② 《毛泽东文集》第七卷，人民出版社1999年版，第216页。

系明了的人民内部矛盾体系的实践。然而，由于这种变革超越了生产力水平的要求，最终还是失败了。这从一个方面表明，为了发展和解放生产力，必须调动各方面的积极性，允许和鼓励一切有利于经济发展的阶级、阶层和社会集团的广泛存在和健康发展。

生产力的上述要求是通过人们的自觉行动即改革开放实现的。随着改革开放进程，特别是随着多种所有制经济和市场经济的发展以及城镇化的进程，我国原有农民不断分化，日益充实到工人、知识分子等阶层的队伍中；同时还逐渐形成了我国特定条件下的个体劳动者、私营企业主等社会集团。随着我国行政管理体制和国有企业管理制度改革的进程，在劳动者内部已形成行政管理者即公务员阶层和企业管理者阶层。他们不仅因专司国家行政管理或政府调控职能或企业生产经营管理工作而与直接从事物质生产和流通的工人相区别，而且由于其经济收入的直接决定因素的特点而与后者有所不同。在邓小平同志南方视察并发表南方谈话后，我国经济社会生活中阶级分化和改组的进程明显加快了。前面的资料表明，我国已逐渐形成一个主体多元、关系复杂的利益关系体系，受雇于资本的职工人数已经明显超过公有企业职工人数，前者甚至有可能超过城镇就业人员比重的50%以上；劳资矛盾，已经成为我国目前人民内部矛盾的主体和核心，正确认识和处理人民内部矛盾，主要表现为正确认识和处理劳资矛盾。

第二，人民内部矛盾各主体根本利益的一致性在于国家的统一和社会主义现代化，在于十九大提出的"发展利益"。从理论上讲，在社会主义条件下，人民内部各主体的根本利益是一致的。但是，在不同经济社会条件下，利益一致性的基础却有所不同。在马克思、恩格斯的论述中，生产资料公有制是社会主义条件下人民利益一致性的基础；在传统体制下，也表现出把公有制经济甚至以"一大二公"为特征的公有制经济作为共同利益基础的倾向。但是，在社会主义初级阶段，把我国把人民群众中各阶层或社会集团的根本利益均归置于生产资料公有制经济，显然是不行的。这是因为，以集体经济形式存在的公有制经济，只是这个企业范围内工人、农民的利益源泉和保障；国有经济以外的其他人也是不能从国有经济中直接受益的，尽管他们可以通过国有经济的不断发展和壮大间接受益。

但是，这并不意味各方面在现阶段不存在根本利益的一致性。这种一致性，在于公有制经济的繁荣离不开其他经济形式的发展，而其他经济的发展更有赖于公有制经济的繁荣。进一步说，这种利益一致性的基础在于进一步发展和解放我国的社会生产力，在于国家的安全、统一和社会主义的现代化。这是全国人民的共同利益、最高利益或根本利益，这就是十九大提出的"发展利益"，即通过发展每个阶级、阶层都可以得到的利益。这是全国人民大团结的基础，也是实现人民群众长远和目前利益的最重要保证。这是事实已经证明的真理，是我国40年改革开放经验的浓缩，应该引起高度重视。在改革过程中时而冒出的"国进民退"或"民进国退"言论，都与这一基本认识相悖，都是不能接受的。

第三，人民内部矛盾更多地表现为人民内部的物质利益矛盾，物质利益的差别成为人民内部矛盾的基础。然而，在传统体制下，由于片面强调共同利益和社会利益，限制或否定企业利益和个人利益，人民内部的物质利益矛盾被掩盖起来。当时的人民内部矛盾，更多地被确认为政治上、思想上的是非矛盾，[①] 而不是利益矛盾。这种把人民内部矛盾简单归结为是非矛盾，并把它进一步扩大化的做法，使人们在无休止的空泛争论和严重内耗中虚费了宝贵时光，转移了党和国家的工作重心，严重忽视了对经济问题和利益动机的关注。这个教训我们永远不能忘记。

3. 中国共产党的领导与根本利益的实现。

当人们从传统体制和"左"的错误所造成的误区中走出，就会发现，在我国这个人口众多、生产力水平较低的国度，人民内部利益矛盾处于较突出的地位是必然的。我国的经济改革就是以承认物质利益的激励作用和各主体利益的差别为重要特征的，这极大地调动了各方面的积极性；同时也使人民内部利益矛盾比较充分地暴露出来。当人民内部矛盾的主体即劳资矛盾进一步凸显以后，这两个方面的利益诉求有时会发生激烈冲突，甚至掩盖和冲击发展利益这一根本利益。因此，如何认识和处理这一矛盾，成为新时代正确认识和处理人民利益重要的内容。

从总体和动态看，社会主义初级阶段人民内部的利益矛盾可分为两类：从横向看，表现为各阶级、阶层、社会集团之间及这些阶层、社会集团内部各企业、单位、个人之间的利益矛盾；从纵向看，表现为中央、地方、企

[①] 毛泽东同志提出："敌我之间和人民内部这两类矛盾的性质不同，解决的方法也不同。简单地说起来，前者是分清敌我的问题，后者是分清是非的问题。"(《毛泽东文集》第七卷，人民出版社1999年版，第206页)

业、个人之间的利益矛盾。这两类矛盾相互交织,前者是后者的基础,后者对前者又有重大影响。它们涉及社会经济生活的方方面面,每一利益主体无不在一定位置充当着不同矛盾的载体,影响着矛盾运动的走向和社会经济政治状况;反过来,矛盾状况又从不同方面、不同程度影响和规定着各个利益主体的行为。因此,正确处理人民内部利益矛盾,特别是横向利益矛盾,实现和谐发展和社会稳定,具有极端的重要性。

下面需要讨论的是,当不同利益主体在追求自身利益的同时,怎样才能使全国人民的共同利益即"发展利益"得以凸显和实现?美国著名主流经济学家奥尔森提出,传统的集团行为理论认为,有共同利益的个人组成的集团通常总是试图增进那些共同利益,然而,"如果一个大集团中的成员有理性地寻求他们的自我利益最大化,他们不会采取行动以增进他们的共同目标或集团目标。"[①] 在此基础上,他认为,"马克思是用生产性财产的所有关系来定义阶级的。这样,资产阶级的所有成员就有共同利益,无产阶级的所有成员也有共同利益,因为当价格和工资变化时,这些集团的所有成员同时受损或受益。"但是,"问题的症结就是,马克思关于社会阶级的理论与其假设的追求个人利益的理性、自私的行为不一致。"[②] 奥尔森提出的集团行为理论的悖论构成了对我们提出的"实现"问题的挑战。

党的十九大报告以鲜明的语言回应了这一挑战:"实现伟大梦想,必须建设伟大工程。这个伟大工程就是我们党正在深入推进的党的建设新的伟大工程。历史已经并将继续证明,没有中国共产党的领导,民族复兴必然是空想。我们党要始终成为时代先锋、民族脊梁,始终成为马克思主义执政党,自身必须始终过硬。"改革开放以来的实践表明,中国共产党确实是带领中国人民追求共同利益、实现伟大梦想的核心和抗拒各种风浪的中流砥柱。仅就工资问题考察,就可看到,正是20世纪90年代以来,特别是21世纪以来,我国政府按照《劳动合同法》和《企业最低工资规定》的要求,根据经济形势和劳动市场状况调整最低工资标准,逐年抬高了最低工资,从而为消费结构、消费倾向的重大变化和人民生活显著改善创造了条件。它避免了静态层面利

---

① 曼瑟尔·奥尔森:《集体行动的逻辑》,陈郁等译,格致出版社、上海三联书店、上海人民出版社2014年版,第2页。

② 曼瑟尔·奥尔森:《集体行动的逻辑》,陈郁等译,格致出版社、上海三联书店、上海人民出版社2014年版,第100、104页。

益矛盾的激化和劳资博弈过程中的非理性行为，不仅具有拉动需求、激励劳动供给、调节分配关系、推动企业实现技术升级等多重经济效应，而且也成为近年来我国劳资关系得以重构、劳动纠纷得以控制、社会生活比较稳定的重要原因。因而，在中国共产党的领导下通过政府调控市场，形成积极的市场社会结构，处理好市场决定和政府调控的关系，是使"发展利益"得以凸显和实现的主要途径，也必然成为中国特色社会主义政治经济学的重要组成部分。从根本上说，它再一次证明了习近平同志在十九大报告中的重要结论："中国特色社会主义最本质的特征是中国共产党领导，中国特色社会主义制度的最大优势是中国共产党领导。"从这个意义上讲，在新形势下，我们对共同利益的认识已经超越了现实经济关系的约束，具有了民族利益的色彩，从而使中国特色社会主义政治经济学具有某些发展经济学的传统和特色。

（三）正确处理现阶段人民内部矛盾的原则和机制

1. 正确处理人民内部矛盾的原则。

人民内部矛盾，特别是人民内部的利益矛盾是在现阶段主要矛盾基础上产生的。因此，发展经济、增加有效供给，对解决人民内部利益矛盾有重要意义。现代资本主义的发展和苏东的变动表明，在正常情况下，如果有效供给总量相对较多，对抗性矛盾也有缓和的余地；如果物资匮乏，非对抗性矛盾亦有激化的可能。因此，我们必须坚持把发展经济作为处理人民内部利益矛盾的根本途径，把邓小平同志提出的三个"有利于"作为处理这一矛盾的根本原则，并据此设计处理人民内部利益矛盾的具体原则和机制。

第一，增加剩余产品价值的原则。把三个"有利于"作为处理人民内部利益矛盾的根本原则，并以此作为评价人民内部各主体利益得失是否合理的标准。但是，经济发展是一个广泛运用的一般范畴，将这一范畴直接拿来作为处理矛盾的具体标准，仍有困难。我们要将其具体化，关键是确定这一范畴在社会主义市场经济条件下的具体表现。应看到，在任何经济制度或经济体制下，经济发展都是围绕着一个能够反映经济关系本质的范畴展开的。随着我国经济由高度集中的计划体制到社会主义市场经济体制的转轨，我国经济发展的核心范畴也必然存在着由总产值（c + v + m）到净产值（v + m），再到剩余产品价值（m）的转变。剩余产品价值（以下可简称为经济剩余）成为经济发展的核心范畴，是市场经济条件下产权关系明晰化以后所有权规律作用的结果；也是提高经济效益、扩大积累、增强竞争能力的要求。从更广阔的意义上说，"剩余的大小是生产能力和财富的指标，是一个社会享有多大自由来完成它给自己树立的任何目标的指标。"① 既然增加剩余产品价值成为经济发展的集中体现，我们必然得出结论：凡能够或有利于较多地增加剩余产品价值的主体就应得到较多的利益；反之，只能得到较少的利益。只有这样，才能顺应市场经济的要求，促进我国经济沿着高质量、可持续发展的道路健康、迅速发展。

但是，我们应注意到，在以资本私有制为基础的私人企业中，由于劳动力是以商品形式与生产资料结合的，劳动者得到体现劳动力价值的工资，私人企业主得到剩余产品价值，尽管劳动者对剩余产品价值的增长做出重大贡献。这样，就会与这里设定的处理利益关系的根本原则相悖。如何认识和处理这一矛盾？

第二，实现社会公平的原则。公平作为一种评价标准，是一个历史范畴。我们注意到，马克思在研究社会评价问题时，实际上把社会评价分为两类，一类是该社会主流的评价标准，另一类是马克思自己设立的评价标准，二者不能混淆。第一类社会评价相当于该社会的自我评价。在分析其评价标准时，马克思认为，一个社会的主流评价标准是由其占统治地位的生产方式决定的。在资本主义经济中，作为以商品经济为基础和形式的资本主义占有和分配关系，要求市场的扩展、交易的公平（等价交换）和价值规律的作用。根据这个要求，只要工业企业按照劳动力的价值支付劳动者工资，商业按照商品的价值出售商品，货币贷放者或土地所有者按照双方约定收取利息或地租，就是公平的、正义的，尽管作为上述行为的结果，使产业资本、商业资本、借贷资本和土地所有者分别得到了不同形式的剩余价值。相反，弄虚作假、以次充好、强制劳动或依附劳动、垄断市场等，尽管在现实中屡见不鲜，但由于与占统治地位的生产方式相抵触、相矛盾，所以被判定为是不公平、非正义的②。第二类是马克思本人根据对某一社会的评价所确立的标准。这特别体现在马克思本人对资本主义生产方式本质和发展趋势的认识，由此形成的对未来社会肯定性的赞许及对资本主义的批判性评价等方面。在

---

① 保罗·巴兰、保罗·斯威奇：《垄断资本》，商务出版社1977年版，第15页。
② 参见《马克思恩格斯文集》第七卷，人民出版社2009年版，第379页。

这个意义上，英国左翼经济学家杰拉斯认为，马克思对资本主义生产方式的批判，是以所谓的"跨历史的原则"（transhistorical principles）为基本方法的。

党的十一届三中全会以前，由于对我国国情和未来社会认识的偏差，我党似过分地使用了"跨历史的原则"。以此为基础，我国曾对所有制结构进行了多次变革，使其逐渐向单一的公有制发展，因而在形式上确立了以消灭阶级差别为特征的未来社会的公平原则。但是，由于我国现阶段的生产力根本无力支撑这一超前变革，所以，在现实中这种原则必然被扭曲为以平均主义为特征的平均原则。用这一原则处理各主体的利益矛盾，虽然可以求得暂时的稳定，但由于阻碍了经济发展，最终不仅无助于矛盾的解决，反而培植了使之尖锐化的土壤。

社会主义市场经济理论的确立，使我们有可能从实际出发探索能够推动经济发展的公平原则。既然我们已经确认社会主义市场经济体制对经济发展的重大作用，那么，现阶段的公平就是保证社会主义市场经济正常运转所需要的公平，就是保证各主体合理增加剩余产品价值所要求的公平。其基本含义，既不是消灭阶级差别，更不是平均主义，而是在公有制经济为主体、非公经济共同发展的所有制结构的基础上，否定由宗法、行政、传统等原因造成的不平等，实现公平竞争，即各主体依靠其在增加剩余产品价值方面的能力、贡献所进行的以取得利益为目的的竞争；由此我们也可以得出另一结论：利用党和人民赋予的权力谋取利益，是对上述含义的公平原则的最大侵害，因而也是人民群众的最大不耻。

第三，法制的原则。法制是实现社会主义市场经济体制正常运转的必要条件，也是正确处理人民内部利益原则必不可少的手段。搞好法制建设，不论对维护公平竞争，打击不正当竞争，保护各主体正当利益，还是对化解各主体进入市场后所产生的利益纠纷，都有重要意义。为此，要加强和完善经济、民事立法和执法，将社会主义市场经济体制各环节的运行规则和各主体的行为规范法律、法规化，使人民内部利益矛盾的解决有章可循，有法可依；要加强经济、民事司法，对争议大、分歧深、通过自身调解不能解决的利益纠纷，及时诉诸法律法规，使人民内部利益矛盾得到司法解决；要加强对广大干部群众的法制教育，增强公民、法人的法治意识，自觉遵守各项经济、民事法律法规，不仅遵循生产力和市场经济规律，而且依法谋取正当的物质利益。

2. 正确处理人民内部矛盾的机制。

任何原则都是通过一定的机制实现的。处理现阶段人民内部利益矛盾的原则也需要与之相适应的机制。严格地说，这需要一个由经济、政治、思想、文化、道德、法制等多重机制组成的机制体系。但是，经济机制显然处于基础或核心地位，因而成为我们研究的主要对象。

20 世纪 50 年代，毛泽东曾提出用"统筹兼顾，适当安排"的原则处理人民内部的利益矛盾。在传统体制下，逐渐形成了完全利用国家计划分配利益、处理利益矛盾的直接计划机制。实践表明，在国民经济恢复时期等特殊条件下，实行这个机制是必要的。但是，随着经济发展和国民经济活动的复杂化，它却表现出极大的不适应性。首先，由于利益分配权高度集中，很难把它与生产运行机制有机结合起来，往往造成配置资源时不考虑企业、个人等经济活动主体的利益，分配利益时不考虑如何更有效地配置资源。其次，企业、个人完全处于被动地位，压抑了他们的利益要求，影响他们发展生产、增加供给的积极性。这说明，即使"兼顾"原则是正确的，通过直接计划运行的分配机制也会使它的正确性受到影响。这个机制不利于经济发展，也就不可能真正做到合理的"兼顾"。当时出现的"大锅饭"现象，就是被直接计划机制扭曲了的"兼顾"的具体体现。

党的十一届三中全会以来，我国对包括分配机制在内的传统体制进行了改革。在党的十四大和十八届三中全会等重要会议上，又分别明确我国经济改革的目标是建立和完善社会主义市场经济体制，使市场在资源配置中起决定性作用，这就为探索合理地处理人民内部利益矛盾的机制指明了方向。

第一，在市场经济条件下，处理人民内部利益矛盾的基本机制是市场机制。具体表现在：在增加剩余产品价值的过程中，物质生产、管理经营等劳动的贡献，资本的投入，科技的创新，资源的开发，信息的传播等广义资源的投入都发挥了重大作用，而其主体应得利益的多少，在同时就已经为市场确定。对经济剩余的生产来说，哪一主体贡献大，他所提供的资源的价格（包括工资、利润率、科技成果和信息转让费等广义价格）就高，他所得到的利益就多；反之则少。同时，市场供求对各种资源的价格，从而对资源主体利益的多少也有重大影响。正是在供求所引起的价格波动中，形成了资源的再配置。另外,当市场价格已定,各主体的生产经营状况对其利益的多少也有重大影响。正是这种为获得更多利益而进行的竞争,促成了优胜劣汰和效率的提高。

可见,在市场经济中,利益的分配机制是同资源的配置、利用机制密切相连的,它们是市场经济运行过程不可分割的两方面。没有利益的分配,资源的配置和经济利用就没有动力,就不能强制为自己开辟前进的道路;没有资源的合理配置和经济利用,利益的分配就没有意义,就失去了制定利益分配是否合理的标准。市场经济结束了传统体制下利益分配与资源配置相分离的状况,将两者有机结合起来,实现资源配置、经济利用与利益分配的统一。只有这时,"兼顾"原则才有可能得到实现。

第二,在社会主义市场经济中,仍需加强政府对各主体的利益调节。它的必要性,不仅来自保证再生产顺利进行的要求和不能进入市场的主体需要,而且来自以下几方面的要求:

其一,在增加经济剩余、取得利益的过程中,劳动者显然处于不利地位。因为,普通劳动者没有生产资料,在与生产资料所有者交易时,就已经处于劣势。再加上我国人口众多,普通劳动力的供给将长期大于需求,剩余产品价值生产过程中有机构成的提高还会进一步增加劳动力的供给,必然使劳动力的市场价格偏低。应当承认,在发展经济过程中,这种状况在一定限度内存在是必要的。舍此,就不能增加稀缺性较强的资源的供给,更好地发挥市场机制优化资源配置的作用。但如果普通生产者的收入长期普遍低下,必然成为经济危机和社会动荡的策源地。因此,要随着形势变化积极调整分配政策;更重要的是,我们应看到,这种利益关系的调整还具备推动经济发展的积极效应。

其二,市场机制在发挥优胜劣汰效应时,必然造成一些企业破产,使一部分主体利益受到影响。当经济运行处于周期性低谷时,影响面会扩大,也会妨碍社会稳定和经济发展。

其三,在向市场经济转轨过程中,市场体系和市场机制发育不完善、不成熟,这时,就像不能把资源配置的任务全都交给市场一样,也不能把利益分配的职能全都转给市场。这些都决定了政府作为整个社会利益的代表参与利益关系调节的必要。

七、国有企业：社会主义市场经济条件下的定位与改革

国有企业是我国社会主义经济的主要支柱，对保证社会主义的性质和经济社会健康发展发挥着重大作用。党的十二届三中全会以来，围绕着企业改革的阶段性目标，对国有企业进行了一系列改革。但是，时至今日，从总体上看，国有企业改革任务还未完成。现实迫使我们依据建立社会主义市场经济体制的要求，对国有企业改革的理论和措施进行再认识，以进一步明确国有企业改革的成功之路。

（一）市场经济对市场主体的要求与传统国有企业的特点

1. 传统国企的所有权特征不适应市场经济的要求。

改革以来的实践表明，我国的经济改革是以发挥市场作用为取向的。党的十四大明确提出我国经济体制改革的目标是建立社会主义市场经济体制，从而极大地推动改革的进程；同时，也使传统国有企业同市场经济对微观主体要求的不适应性更充分地暴露出来。

这首先表现在，国有企业的所有权特征不适应市场经济对微观主体的要求。社会主义市场经济是以公有制为主、多种经济共同发展的所有制结构为特征的；但是，它也具有市场经济的共性。市场经济作为商品经济的成熟形态，通过交换关系把错综复杂的社会分工和彼此独立的各个经济主体全面有机联系起来，并通过市场机制实现着资源的运动和配置。从形式上看，市场上流量运动表现为各种资源的运动，但由于进入市场的资源都各有其主，因此从内容上看，资源的运动又都是所有制的法权形式即所有权的转手，是资源所有权的运动。

市场经济正常运转所要求的所有权具有以下特征：其一，"商品交换本身除了包含由它自己的性质所产生的从属关系以外，不包含任何其他从属关系。"① 也就是说，在交换中，"这种具有契约形式的（不管这种契约是不是用法律固定下来的）法的关系，是一种反映着经济关系的意志关系。这种

---

① 《马克思恩格斯文集》第五卷，人民出版社2009年版，第195页。

法的关系或意志关系的内容是由这种经济关系本身决定的。"① 这是价值规律得以贯彻的基本前提,否则,就难以真正发挥市场机制作用、建立市场经济的基本框架。其二,它对拥有客体的所有关系是强有力的。正是因为各种资源都是彼此独立的私人劳动或企业劳动的产物而对他人具有毋庸置疑的排他性,社会分工又决定了它们只对别人有效用而对生产者自己只具有交换手段这种特殊的效用,才产生了通过等价交换既交换了使用价值又保护了所有权的要求。党的十四届三中全会提出,建立现代企业制度,是我国国有企业改革的方向,现代企业制度具有产权关系明晰等特征。中共中央、国务院在《关于完善产权保护制度依法保护产权的意见》中,进一步把现代产权制度概括为"归属清晰、权责明确、保护严格、流转顺畅",这准确地反映了现代市场经济的基本要求。其中的"归属明确",是市场经济所要求的产权特征的核心。

但是,传统国企的所有权特征不能满足上述要求。其一,政府是国企资产的所有者,其产出资源的所有权主体必然是政府,这种所有权反映的就不可能是纯粹的经济关系,必然带有非经济关系的色彩。从历史和现实看,这种非经济关系或者表现为政府直接参与企业生产经营活动,或者表现为政府通过间接方式干预企业生产经营活动。所有这些,都可能使国企的行为偏离市场准则要求。其二,随着国有资产范围扩大、规模增加、门类复杂,为了调动企业积极性,减少政府对企业的干预,我们对国企实施了所有权与经营权分离的改革,在当时条件下,这种改革具有重要积极意义,但也具有某些可能逐渐放大的消极效应:政府作为所有权主体对其资产的所有权约束有弱化现象,国有资产对他人难以具备足以使其保值的排他性,国有资产通过交易行为(如故意压低国有资源价格而交易者个人得到好处)或非交易行为(如请客送礼、行贿受贿、贪污浪费、明抢暗偷等)大量流失。于是,我们便看到了传统国企进入市场过程中的一个两难抉择:如果政府为了实现国有资产保值,就必然要强化对国有企业的所有权约束,这样,企业行为就难以避免超经济色彩;如果在保留国企性质前提下,要使其行为更符合市场准则要求,政府就必须放松对它的所有权约束,这又势必造成国有资产流失。仅此一点,我们就看到在传统国企改革中确实存在着深层次矛盾。

---

① 《马克思恩格斯文集》第五卷,人民出版社 2009 年版,第 103 页。

2. 传统国企的目标不适应市场经济的要求。

企业目标是企业本质关系在企业行为上的规律性表现。实践表明,虽然市场经济中的流量运动表现为资源运动,但是,由运动主体的所有权特征所决定,这种运动的基础和目标却是保值和增值。实际上,正是通过企业为了保值和增值而进行的资源供求活动,才实现了资源的运动和配置。因此,就市场经济中的一般竞争性企业来说,资源的配置只是其经营活动的必要条件和客观结果,价值增值即盈利最大化才是目标。盈利最大化和与此相连的积累最大化,是企业能够在激烈市场竞争中取胜的最根本保证。为了保证政府对经济活动的有效调节,企业要为实现宏观目标承担更多的义务,但这主要是通过合理纳税,再由政府根据需要建立某些制度、实施某些举措等外在于企业的方式完成的。就企业自身来说,它仍是盈利性实体,组织目标并没有变。

传统国企则不同。既然政府是国企所有者,政府又担负着宏观调控的任务,它必然把一部分任务分解给国有企业,从而使国企把实现宏观目标作为自己义不容辞的责任。在市场经济条件下,国家也会对国有企业提出盈利要求,但在实践中,往往是以完成政府赋予的宏观目标为必要前提或最终结果的。例如,企业不仅要以外在于企业的方式(如向国家缴纳更多的利税)向国家做贡献,还要以内在于企业的方式(如低价向其他企业提供原材料和技术、安排更多就业等)为政府排忧解愁。这往往导致传统国企长期盈利率与其所承担的宏观调控任务呈反方向变动。在政府支持不力时,其积累率和竞争力必然下降,企业也很难在市场竞争中站稳脚跟。于是,我们又看到了传统国企进入市场过程中的另一个两难抉择:如果企业对实现宏观目标负有更多责任,就很难获得正常水平盈利,进而难以成为市场竞争主体;如果要使国企成为强有力的市场竞争主体,就必须切断企业同政府宏观任务的联系,与其他竞争性企业一样平等地以外在方式承担社会义务。这样,国有企业就有可能失去原有性质,而国家也会丧失实现宏观调控的一个重要基础。

总之,就总体而论,由诸多深层次矛盾所决定,传统国企在进入市场后难以成为真正的市场竞争主体。如果传统国企在经济结构中处于统治地位,也难以真正建立社会主义市场经济体制。我们必须重新认识国有企业在市场经济中的地位和作用,重新认识国有企业改革目标,走出悖论,重筑国有企业改革之路。

（二）国有企业在社会主义市场经济下存在的根据和条件

1. 新型国有企业存在的主要根据。

国有企业不适应市场经济对微观主体的要求，并不意味着在市场经济条件下国有企业没有存在的必要性和根据。这种必要性主要来自实现宏观经济目标的要求，这个宏观目标，主要表现为实现经济的长期可持续发展，而宏观经济目标之所以存在，则在于市场经济本身的若干矛盾与问题（新古典经济学、凯恩斯经济学和马克思主义经济学有不同的解释）。

依据社会主义市场经济的要求和我国的国情，国有企业在社会主义市场经济中应发挥以下作用：

第一，在市场信号形成中起调控作用。价格是市场机制的重要环节，是反映并引导资源配置的最重要信号。党的十四大指出，我国应建立市场形成价格的机制；党的十八届三中全会进一步提出要使市场在资源配置中起决定性作用。这些论述都意味着在通常情况下国家将不再直接规定市场价格。但是，这并不表明国家对所有商品和劳务的价格都撒手不管、放任自流。按照市场规律对关系国计民生和社会安全的资源价格进行调控，已成为国际上市场经济国家的普遍做法；通过规定最低工资标准逐步抬高劳动力价格，更成为大多数国家的惯例，也成为我国宏观调控的重要内容。在市场的社会经济结构严重失衡、市场价格严重扭曲的情况下，这种调控就显得更为重要。

第二，在产业结构调整和升级中起服务和带头作用。从长期动态看，经济发展的过程就是产业结构调整和升级的过程。发达国家的历史表明，单纯靠市场机制也有可能实现产业结构的调整，但那将是缓慢、高成本和残酷的，当国家参与产业结构调整后，其进程就显得较为迅速和平缓。发展中国家的历史也表明，在发展中国家普遍存在"二元经济结构"，而在发达国家已享有科技和经济实力比较优势或垄断势力的情况下，单纯利用市场力量实现产业结构的合理化和高级化已无成功先例。仅此就说明，我国必须走在国家调控下，发展市场经济，实现产业结构调整和升级的道路。美国左翼经济学家赫德森指出："一旦一国取得先发优势，它所获得的优势就开启了扩大全球两极分化的反馈过程，除非其他国家通过引导市场提升其劳动、工业和农业的质量。"① 我国改革开放以来的大量事实,特别是 2018 年以来发生的中美贸易冲突,已经完全证明了这一观点。

国有企业则是实现产业结构调整的重要基础。在市场经济条件下,国有企业的这个作用,主要表现为它的资产不断地变换活动领域和活动范围,活跃在其他类型企业不能或不愿进入的投资多、风险大、见效慢的基础产业和支柱产业、新兴产业上。"二战"后,西方发达国家曾有过几次私有化浪潮,如仔细考察就可看到,每次较大的私有化浪潮大都发生在产业结构较大变动时期,两者具有很大的同期性。在私有化过程中,哪些企业要私有,哪些仍属国有国营,并不是任意规定的,也不是像有些人说的主要是把经营不善、效益低下的企业私有化,而是出自综合考虑。其根本出发点,还是为了获得新的财源,以兴办新产业,扶植原有产业。正是通过国有资产在市场经济中这种特有的运动方式,西方发达国家较顺利地完成了战后几次产业结构调整。② 我国的国有企业,也应主要根据市场经济的要求,以符合市场机制正常运转需要的规模和方式实现这个作用。

第三,在安排劳动就业方面起保障作用。随着科技进步和产业结构调整,"充分就业"已成为市场经济国家宏观经济目标的重要内容。为此,这些国家的政府除了运用财政政策和货币政策去刺激经济增长、增加就业机会外,还直接干预企业对劳动力的需求。如在经济衰退时,禁止国有企业随意裁减工人;对于那些对就业具有重要影响的私人企业给予政府资助,以防止其倒闭而造成大量工人失业等。可见,即使在西方市场经济条件下,国有企业对实现充分就业的作用也是不容忽视的。

在传统体制下,我国国企对劳动就业主要采取"包"下来的政策。这固然是两个"大锅饭"的重要体制原因,反映出我国传统体制就业机制的刚性特征,但同时也体现了国企在实现就业目标方面发挥着巨大的作用。在建设社会主义市场经济条件下,这一作用不能完全否定,也没有理由完全否定。西方主流经济学认为,就一般的竞争性企业而言,由盈利目标驱动,它对劳动力的需求量最终取决于劳动力的边际成本和边际收益,只有购买新的劳动力所支付的费用低于新增劳动力所创造的市场价值时,企业才会继续增加劳

---

① 迈克尔·赫德森:《国际贸易与金融经济学:国际经济中有关分化与趋同问题的理论史》,丁为民等译,中央编译出版社 2014 年版,第 19 页。
② 高峰等:《发达资本主义国家的所有制研究》,清华大学出版社 1998 年版,第 149~159 页。

所谓通过建立现代企业制度，实现对原国有企业的"两制"分流，是指以建立现代企业制度为契机，通过改革使一部分国有企业"改制"。它包括以下要点：第一，在原有工作基础上，通过产权出售，将一些竞争性国企转为集体、个人或外商所有，为市场经济的建立提供更广阔的微观基础，并将出售企业和股权的收入，转投于急需发展的产业和社保基金。第二，对与国家经济命脉和经济战略有关的大型国企继续坚持国有，这类企业将首先以完成宏观调控任务为目标。为实现这一目标，它们也应在改制基础（如改制为国家独资公司）上进入市场，进行成本、盈利核算；但是，由于实现宏观调控目标往往同盈利率呈反方向变动，这类企业的盈利率不可能是最大盈利率，只能是有弹性的适度盈利率，由此也就产生了国家支持的必要。第三，由诸多原因决定，在典型的非国有制企业和典型的国有企业之间，会出现众多色层，它们作为两极间的中间状态，要通过"积极发展混合所有制经济"，或者改制为国家控股的有限责任公司和股份有限公司，或者改制为国家持股的同种企业。这类企业不同于典型的国有企业，它注入了非国有经济的要素，在经营管理上有较大的自主权；同时又有别于典型的非国有企业，在一定程度上受国家直接或间接控制，不能单纯为追求盈利而进行经济活动。从我国国情出发，应大力发展这类企业。通过"改制"，使大批企业走上良性循环的轨道。从长远看，随着条件的变化，其中某些企业会同两极中的一极并轨。但这类企业作为一个整体，将长期存在，并在社会主义市场经济中发挥重要作用。

所谓在两制分流的基础上建立现代企业制度，主要是指对保留下来的国有企业，按社会化大生产和市场经济的要求进行改组，建立科学的企业组织制度；与此同时，探索国有资产管理和经营的合理形式、途径和机构。这主要表现在，"完善国有资产管理体制，以管资本为主加强国有资产监管，改革国有资本授权经营体制，组建若干国有资本运营公司，支持有条件的国有企业改组为国有资本投资公司。"[①] 在党的十九大报告中进一步指出："要完善各类国有资产管理体制，改革国有资本授权经营体制"。这样，通过加强对国有资本的所有权约束，尽量减少国有企业进入市场后的资产流失，并为其更好地实现宏观调控任务，提供组织制度上的保证。

---

① 《十八大以来重要文献选编》（上），中央文献出版社2014年版，第515页。

八、合作与共享：构建和谐劳动关系的必由之路

《中共中央国务院关于构建和谐劳动关系的意见》指出："劳动关系是生产关系的重要组成部分，是最基本、最重要的社会关系之一。劳动关系是否和谐，事关广大职工和企业的切身利益，事关经济发展与社会和谐。"①这一论述，肯定了我们对中国特色社会主义政治经济学主线的认识。社会主义初级阶段劳动关系的研究，必然成为中国特色社会主义政治经济学的重要组成部分。

（一）我国现阶段劳动关系的性质与合作的劳动关系

1. 对改革开放以来劳动关系性质的再认识。

坚持公有制为主体、多种所有制经济共同发展，是我国社会主义初级阶段的基本经济制度，也是实现我国经济长期可持续发展的重要条件和基本经验。改革开放以来，我国劳动关系的重大变化和劳资关系的逐渐凸显，就是这种所有制结构变动的必然结果和在经济关系上的具体表现。我们承认这种所有制结构及其变动趋势，就应该肯定企业劳动关系的重大变化，看到劳资关系已成为我国现阶段整个经济社会关系中一个非常重要的环节，并在这一认识的基础上做好构建和谐劳动关系的工作。

习近平在同全国总工会新一届领导班子成员和中国工会第十五次全国代表大会部分代表座谈时指出：在现阶段，"要充分认识到，国家利益、集体利益、个人利益是内在统一的，职工群众利益与企业发展是紧密相连的，只有尊重和保障职工群众合法权益，企业发展才有动力，社会才能和谐；只有实现企业发展和社会和谐，职工利益也才具有更可靠的保障。"② 中华全国总工会原主席王兆国同志在全总十四届十一次主席团（扩大）会议上的讲话也中指出："在社会主义市场经济条件下，我国劳动关系矛盾本质上是非对抗的，属于人民内部矛盾，矛盾双方是对立统一体和利益共同体，具有根

---

① 《中共中央国务院关于构建和谐劳动关系的意见》，载于《人民日报》2015年4月9日。
② 中华全国总工会研究室：《沿着中国特色社会主义工会发展道路奋勇前进》，中国工人出版社2013年版，第13页。

本利益的高度一致性和具体利益的相对差异性。"① 这是对我国现阶段劳资关系性质和状况的准确概括，与我们对社会主义初级阶段社会矛盾性质的判断是完全一致的。

劳资之间的矛盾是对立统一关系，是马克思主义的基本观点。马克思主义认为，劳资关系的形成、发展和演变是人类近代以来社会发展的主线。马克思恩格斯对资本主义的研究主要是围绕着这一主线完成的。他们对这一关系的研究成果丰富、精深、浩瀚。但是，我们仍可以按照他们的研究方法，首先从资本主义生产过程把握这一关系的"各种简单规定"②：第一，生产过程中的必要劳动和剩余劳动是劳动和资本存在的依据；第二，缩小必要劳动、增加剩余劳动是资本的趋势；第三，只有不断推动和增加必要劳动才能创造和增加剩余劳动；第四，剩余劳动增加的程度取决于必要劳动部分占整个工作日的比例，这个比例缩小的结果是资本自行增殖的困难；第五，"这一切不过是单个工作日中必要劳动和剩余劳动所占比例的应用……资本作为剩余劳动的设定，同样并且同时既是必要劳动的设定又是必要劳动的非设定；资本所以存在，只是由于必要劳动既存在而同时又不存在。"③ 马克思所概括的这些简单规定，在他的进一步研究特别是《资本论》中得到了展开。反之，如果我们对这些简单规定再作抽象，就可以进一步把劳资关系概括为对立统一关系。这一关系依历史阶段性而呈现出不同的性质。

2. 中国国情要求构建合作劳动关系。

历史和现实表明，从微观即从企业角度看，在这种对立统一关系中，仍有一个强调和突出哪一方面的问题。多位西方左派学者的研究表明，即使在资本主义国家，企业劳资关系具有对抗性，也在形式上存在有着较大差别的两类劳动关系。前者有着相对较长的员工岗位任期、较少的劳动监督和较小的收入差别，因而较多带有合作的性质，可称之为合作的劳动关系；后者则有着较短的岗位任期、较多的监督和较大的收入差别，因而有着较少的合作

---

① 王兆国：《坚持中国特色社会主义工会维权观，加强协调劳动关系，推动构建和谐社会》，引自《发展社会主义和谐劳动关系文献选编》，中华全国总工会研究室，2011年2月。
② 劳动和资本的关系中包含的"各种简单规定"是马克思的提法，为我们研究这些简单规定提供了依据。参见《马克思恩格斯全集》第三十卷，人民出版社1995年版，第223页。
③ 参见《马克思恩格斯全集》第三十卷，人民出版社1995年版，第379页。

性质，可称之为非合作的劳动关系①。

在对私企调研时，我们发现，我国也存在着合作的劳资关系企业与非合作的劳资关系企业之别。在那些劳资较为合作的企业，劳资双方能够做到真诚相待，企业注意提升员工对企业文化的认知，鼓励员工自主参与管理，在相互关心中实现共同发展；而在那些非合作的企业，数年不给一线员工涨工资，劳动条件恶劣，劳资双方缺乏正常沟通渠道，员工得不到应有的关心和尊重，有的甚至上厕所还需要"移动证"，往往成为劳资纠纷的发源地。这表明，从认识论和方法论的角度看，有一个如何认识和处理劳资之间的对立统一关系的问题。在人类历史的现阶段，在我国这种国情下，在看到劳资关系的存在具有必然性的情况下，更加强调劳资双方的统一性，积极创造条件，在加强这种统一性的过程中缓和、化解二者的矛盾，实现二者的共同发展，是处理二者矛盾的正确指导思想，也是实现我国经济可持续发展的重要条件。

21 世纪初，法国左派学者托尼·安德烈阿尼在总结分析中国改革开放前后对待所有制结构和阶级关系的政策变化后指出，根据处理对立统一关系的态度，可把辩证法分为否定辩证法和肯定辩证法两类，"文革"和"文革"前的中国实行了否定的辩证法，改革开放以来实行了肯定的辩证法，即"矛盾的双方在相互作用下各自得到加强，从而使各自都得到充分发展"的辩证法②。这一观点，很值得深思。

（二）合作的劳动关系与经济绩效

1. 关于劳动关系与经济绩效关系的西方主流观点。

较多的研究表明，合作的劳资关系不仅有利于社会和谐稳定，而且对以生产率为主要标志的经济绩效有积极影响，从而有利于实现劳资共赢和劳动关系的和谐。

在西方主流经济学中，生产率的变动主要是由技术和资本集约度的变动决定的；此外，员工的劳动努力对生产率的变动也有影响。其中，员工劳动

---

① 参见 Robert Buchele and Jens Chritiansen, Labor Relations and Productivity Growth in Advanced Capitalist Economies, *Review of Radical Political Economics*, 1999, 31 (1): pp. 87 – 110. David M. Gordon, *Fat and Mean*, The Free Press, 1996, P. 148. 丁为民：《企业劳动关系与经济绩效变动》，载于《福建论坛》2004 年第 3 期。

② 托尼·安德烈阿尼：《作为肯定辩证法的社会主义》，载于《国外理论动态》2003 年第 2 期。

努力程度又与劳动监督的程度、就业安全的状况和失业成本的大小直接相关。劳动监督的加强会减少工人偷懒的机会,可以增加工人的劳动努力;就业安全指工人是否具备稳定、有保障的工作,如果缺乏这种保障,工人在工作中就会小心翼翼,增加劳动努力,以保住自己的饭碗;失业成本则是指工人失业后的实际经济损失①,它与工人的劳动努力成正相关关系。

由此,在西方主流经济学看来,如果抽象技术变动和资本集约程度因素,生产率与劳动监督的程度和失业成本的大小呈同一方向变动,而与就业安全呈反方向变动;或者说,相对不合作的劳资关系更有利于经济绩效的提高。在现实经济活动中,一些企业的不合作的劳资关系,在很大程度上就是在这个理论指导下形成的。

2. 对劳动关系与经济绩效关系的再认识。

一些西方左派学者通过对15个发达资本主义国家在20世纪70年代末到90年代中期的劳动关系与生产率增长关系的调研,却得出了相反的结论。他们发现,那些带有较多合作性质劳动关系的国家,从总体(平均)上看,要比那些带有较少带有合作性质劳动关系的国家,有着较高的生产率增长。②另一研究表明,企业劳动关系状况,不仅对劳动生产率,而且对资本生产率、滞胀和就业等宏观经济状况都有重要影响。研究发现,在生产率增长、资本生产率增长、投资绩效、滞胀、就业等方面,较多带有合作性质劳动关系的国家要比带有非合作性质劳动关系的国家更好。③ 我国的一些合作型劳资关系企业的经营状况,以及全国总工会在2008年以后为抵御金融危机负面影响而组织的"共同约定行动",也证明,相对合作的劳动关系对经济绩效有着积极的影响。究其原因,主要有:

第一,合作的劳动关系不仅可以增加工人的劳动努力,而且可以使之得到更适当的组织和协调,成为"有效的努力"。在团队生产的条件下,企业劳动过程是由两个有机环节构成的,一是将工人的劳动能力转化为实际的劳动努力。二是经过合理的组织和协调,将工人的劳动努力转化为有效的劳动

---

① 失业成本 (CJL) 取决于工人的现岗收入 (I)、预期失业时间 (T) 和失业后得到的救济金 (B) 及其他形式的收入 (S),等于工人在失业期间的实际经济损失,即 $CJL = I \cdot T - (B+S)$。

② Robert Buchele and Jens Chritiansen, Labor Relations and Productivity Growth in Advanced Capitalist Economies, *Review of Radical Political Economics*, 1999, 31 (1): pp. 87 – 110.

③ David M. Gordon, *Fat and Mean*, The Free Press, 1996, pp. 148 – 150, 159, 163, 170.

努力。如果缺少这一环节，工人的劳动努力就不会形成一种有效的合力，其中的一部分劳动努力就会成为"虚费"，不会形成产品或价值。在技术密集和知识密集为特征的现代劳动过程中，这一环节更重要，作用更突出了；企业要在竞争中取得优势，对劳动有效性的依赖更加强化了。显然，与非合作的劳动关系相比，合作的劳动关系更有利于劳动过程的组织和协调，从而更有利于有效劳动努力的形成和价值创造。

第二，合作的劳动关系使职工与技术创新有积极的利害关系，从而更有利于推动技术创新。生产过程中的技术创新可分为两类：一类是与过程结果有关的创新，即人们所说的产品创新；另一类是有关过程的条件的创新，即人们所说的工艺创新。在非公企业中，这两类创新主要是由投资引发并由资本主导的。但它们也要受到企业劳动关系状况影响。这是因为，技术创新不仅是通过劳动者的努力完成的，而且对职工的利益有重要影响：前者有利于维护和扩大企业的市场份额，增加企业销售额，它为扩大职工就业、增加工人收入提供了可能，对职工利益的影响是积极的，至少不会产生消极影响。后者有利于提高企业单位时间内的产出，通过减少劳动耗费降低单位产品的成本，这就使一部分工人失业成为可能，因而它对职工利益的影响往往是消极的。所以，只有当工人与技术创新和生产率的变动有更直接的、积极的利害关系时，他们才会主动地参与上述创新。显然，合作的劳动关系有利于鼓励工人参与这一过程。反之，当工人缺乏工作保障或与技术创新没有积极的利益关系时，他们就会意识到单位时间内产出的提高有可能增加他们失业的机会，或者看到创新不会给自己带来任何好处。在这种情况下，工人是不会积极主动参与技术创新的。

第三，合作的劳动关系对增加企业内部骨干员工的劳动努力更为重要。由于骨干员工在企业中的特殊作用和企业对他们的依赖，企业对这些人的管理面临着一个重大课题，即如何在调动他们的主动性去进行技术和管理创新的同时又使他们最大限度地尊重企业权威。解决这一课题的途径，只能是为他们提供更多的薪酬、就业保障和升迁机会，从而形成合作的劳动关系。

第四，合作的劳动关系有利于增强企业的凝聚力和竞争力。在市场经济下，企业中资方和劳方是一个利益共同体。资方害怕由于经营失败而破产，员工则既害怕由于违反劳动纪律而受到解雇处罚，又害怕因企业竞争失败而裁员或破产。但是，员工所面临的这两种压力对企业的影响是不同的。资方可以利用第一种压力迫使员工紧张劳动，从而形成非合作的劳资关系；也可以利用第二种压力凝聚人心，形成合作的劳资关系。但分析表明，更多地利用第二种压力、形成合作劳资关系是明智的。这是因为，其一，在日常的企业管理中，由于工人违反劳动纪律而被解雇的案例是很少发生的，对于关键岗位的骨干工人更是如此；其二，相对于骨干工人，非关键岗位的工人会承受更大的违纪下岗威胁，但由于他们工资较低，失业成本也较低，根据失业成本与劳动努力从而与生产率成正相关关系的观点，这种威胁对工人劳动态度的影响并不大。因此，"工人，特别是核心工人，更害怕经历由于经营失败、企业缩减规模、企业从外部获得资源而不再自己组织生产以及工厂关闭等集体威胁所造成的就业机会减少。"[①] 这就为强调企业整体利益，建立合作性质的劳动关系提供了基础。形成合作的劳资关系，对于增强企业凝聚力，提高企业生产经营水平，有重要意义。

第五，合作的劳动关系对宏观经济的健康运行也有积极作用。首先，非合作的劳动关系具有降低实际工资与公众消费的倾向，因此，从长期看，它将导致总需求不足的问题。其次，非合作的劳动关系具有加剧阶级矛盾的倾向，这将潜在地降低投资者的投资欲望。再次，非合作的劳资关系所导致的激烈竞争，使得公司的职业经理人更倾向于注重短期效益的策略，这将不利于长期投资。研究表明，近年来发生的波及全球的金融危机，就是新自由主义体制造成的劳资关系恶化的结果。[②]

我们还应注意到，合作的劳资关系对经济绩效影响的这五个积极作用，是对二者关系的静态考察。实际上，从中长期动态角度看，对劳资矛盾的正确的认识和积极调处，也会对经济发展起到重要影响。

（三）通过提高经济绩效实现共享的含义和路径

1. 实现共享的含义。

合作的劳动关系更有利于提高经济绩效，是在一定条件下经济关系促进

---

① Robert Buchele and Jens Chritiansen, Labor Relations and Productivity Growth in Advanced Capitalist Economies, *Review of Radical Political Economics*, 1999, 31 (1): pp. 87–110.
② 参见 Kotz, D. M. (2006), *Contradictions of Economic Growth in the Neoliberal Era: Accumulation and Crisis in the Contemporary U. S. Economy*, 由丁为民等译：于《国外理论动态》2007 年 12 月发表。

生产力发展的具体表现。美国左翼经济学家大卫·戈登等人曾把以劳资关系为核心的资本主义企业生产过程和劳动市场中的关系概括为社会积累结构（SSA），研究了社会积累结构的变动对投资、效率和经济波动的影响。他们的研究也表明，能够实现劳资协议（labor-capital accord）的社会积累结构，更有利于积累和经济增长，而经济绩效的提高和经济增长，又为劳资共享奠定了基础。

所谓劳资共享，是指劳资共享企业发展成果。它主要表现在以下方面：

第一，资方保住企业，劳方保住岗位。在金融危机的冲击下，有些企业破产，资方失去了资本，劳方失去了岗位，工人再次经历了下岗的痛苦，这种劳资俱损的局面是由多种原因造成的，劳资关系紧张显然是重要原因。而在实际中也有很多企业，由于劳资合作，坚持民主管理，确定正确的经营方针，调动了各方面的积极性，实现了节能降耗、产品创新，使资方保住企业，劳方保住岗位。在国内外实践已经证明劳资关系的存在和有限发展是人类社会难以逾越的阶段这一大背景下，在重大的外部经济环境变动的过程中，这是劳资共享的最重要表现，也是我们在下面要研究的劳资共享的起点和基础。

第二，资方获得了更多的利润，劳方提高了实际工资。马克思指出，生产率的变动和工作日的长度、劳动强度是影响资本主义生产过程中劳资关系的三个主要变量。在此基础上，马克思揭示了"劳动生产率的提高会降低劳动力价值，从而提高剩余价值"的规律。同时，马克思又明确指出，"即使在情况允许这个规律发生作用的条件下，也会发生各种中间的变动。"只要劳动力价格下降的程度小于由于生产率的提高而引起的劳动力价值的下降程度，或者简言之，只要劳动力价格下降的程度小于生产率提高的程度，资本获得更多的利润与工人提高实际工资就可以并行不悖。而劳动力价格下降程度（从而实际工资提高的程度）则"取决于资本的压力同工人的反抗这二者的力量对比"[①]。

历史表明，在劳资合作的背景下，生产率提高而劳动力价值下降的规律通常是以企业利润和工人实际工资双增加（尽管比例不同）的形式表现出来的；而在劳资关系紧张（如新自由主义体制）的条件下，则往往表现为

[①] 《马克思恩格斯文集》第五卷，人民出版社 2009 年版，第 597 页。

企业利润的上升和工人实际工资的下降。我们认为，这两种不同的表现形式，很有可能是两类不同性质的劳动关系作用的必然结果；进一步说，在合作的劳动关系下，企业利润和工人实际工资双增加，可能是在合作的劳动关系下劳资共享的主要表现形式。

第三，劳资共享有效劳动增加带来的新价值。但是，我们必须看到，在上述情况下，工人实际工资上升很可能会掩盖劳动力价值的下降。从新价值分配的角度看，这是由于劳动力价值的下降引起了企业利润量的增加，因而，它还不是真正意义上的帕累托改进和正和博弈。我们认为，真正的正和博弈存在于由合作劳动关系和有效劳动增加而带来的新价值的分配中。正是这种由合作劳动关系形成的价值增殖和由此形成的劳资分享新增价值的局面，形成了劳资共享的最高境界。

由于合作劳动关系而增加的有效劳动投入是新增值的源泉。在社会化生产的条件下，一个企业的工人是作为"总体工人"来创造价值和使用价值的，而市场则根据全社会生产商品的平均有效劳动量确定商品的价值量。一个企业的总体工人投入的有效劳动越多，其创造的使用价值和价值就越多；反之，投入的无效劳动越多，其创造的使用价值和价值就越少。在价值形成与创造过程中，这种劳动本来就是较多（或较少）的劳动量，现在也作为较多（或较少）的价值量对待；而与个别企业改进技术后，单位商品中的较少劳动由于社会关系的作用而被当作较多的劳动和较多的价值对待，有着根本的不同。同时，正因为这种有效劳动所带来的价值增值是合作劳动的结果，所以，劳资共享这种新价值也是合作劳动关系的应有之义和必然结果。

2. 实现共享的路径。

党的十八大指出："发展是解决我国一切问题的基础和关键，发展必须是科学发展，必须坚定不移贯彻创新、协调、绿色、开放、共享的发展理念。"通过我们的论述可以看到，发展与共享之间存在着明显的积极互动关系。

在总结历史和现实经验的基础上，《中共中央国务院关于构建和谐劳动关系的意见》明确提出了构建和谐劳动关系的指导思想、工作原则、目标任务，系统论述了健全劳动关系协调机制、劳动关系矛盾调处机制和营造构建和谐劳动关系良好环境的途径等重大问题。这些内容，必然对构建和谐劳动关系，推动科学发展，实现共享理念，促进社会和谐，丰富中国特色社会主义政治经济学，起到重要推动作用。

九、政府调控：基于市场和价格历史性质的思考

党的十八届三中全会《决定》指出，深化经济体制改革的核心是处理好政府和市场的关系，使市场在资源配置中起决定性作用和更好地发挥政府作用。在中央政治局第二十八次集体学习时，习近平同志又指出，"关于发展社会主义市场经济、使市场在资源配置中起决定作用和更好地发挥政府作用的理论"，是当代中国马克思主义政治经济学的重要成果。近年的理论研究和经济实践表明，更好地发挥市场和政府"两个作用"，对于保证我国经济社会长期可持续发展有着重要意义，也应该成为中国特色社会主义政治经济学的重要组成部分。

（一）对市场的认识和由此决定的对政府作用的态度

1. 各学派对市场与政府关系的认识和态度。

承认市场在经济活动的作用，事实上已成为现有各主要经济学派的观点。即使曾主张计划为主配置资源的左翼经济学家，在全球性的由计划体制向市场体制转轨的大背景下，也放弃原有主张，有条件地肯定了市场在现代经济运行中的不可替代性。[1] 其结果，在资源配置方式问题上，各学派理论的区别，表面上看是对政府作用的态度有所不同。但是，只要我们深入考察，就可发现，实际上还是对市场性质和作用的认识有重要分歧。

凯恩斯主义肯定市场的作用，却把市场与效率型市场区别开来，认为市场的某些缺陷会造成市场失灵和经济衰退，主张政府对市场干预，只有如此，才能使市场转变为效率型市场，更好地发挥市场作用。而新古典经济学则认为市场本身就是有效率的，不受政府干预的市场就是效率型市场，而政府缺陷和政府失灵则干扰了市场效率，从而把经济衰退归于市场的外生变量（技术变动和政府作用），主张通过"去监管"为市场发挥作用扩展空间。

---

[1] 霍华德·谢尔曼：《激进政治经济学基础》，云岭译，商务印书馆1993年版，第234～289页。

马克思主义经济学则坚持把社会关系特别是阶级关系引入市场分析，认为市场具有两种属性。一方面，实现资源的配置和利用；另一方面，实现市场主体利益的分配。从这一意义上说，资本主义市场经济归根到底是劳资之间、资本之间交换关系的形式和外在表现；由于商品拜物教性质的作用，这种关系要通过物的关系和商品生产者与消费者之间的关系表现出来。因此，加强（或削弱）政府对经济的调节，实质上是经济上占统治地位的阶级（或阶层）利用（或否定）政治权力调节阶级关系的表现。① 这种调节可能在不同程度上有利于（或不利于）提高市场效率。② 但是，"各个派别的马克思主义者都认为，由于危机是根植于资本主义的结构性框架的，所以，不论是加强政府干预（如凯恩斯主义所主张），还是没有政府干预（如新自由主义所主张），危机都是不可避免的。"③

价格是市场机制的核心和理解市场运作的关键。因此，对市场认识的分歧也在对价格的研究中表现出来。新古典经济学认为，只有由"自然力量"决定的均衡价格才能保证经济正常运转，而这又是以私有制和货币使用为前提的。哈耶克的老师米塞斯就曾说过："让我们脱离生产资料私有制和货币使用的每一步，也就是让我们脱离理性经济④"，其政策建议必然是反对任何价格调控行为。凯恩斯主义则认为，由于市场缺陷，即使价格处于均衡状态，也无法治愈居高不下的失业率；对均衡理论把问题的解决寄托于某个可望而不可即的时限的做法，凯恩斯则坚决回击："长期而言，我们都会死的。"极力主张使用包括价格调控在内的手段调控经济。

马克思主义把价格变动及其对资源配置的作用，首先放在对价值规律的作用认识的基础上，认为，如果供求不平衡（意味着比例失调），会引起价格对价值的偏离，改变了商品生产者之间的利益关系，进而改变了他们的供求行为，最终实现了资源的再配置和新的供求平衡，同时也使价格与价值趋

---

① 这一判断在凯恩斯主义体制下特别明显地表现出来。参见热拉尔·迪蒙等：《新自由主义与当代资本主义阶级结构的变迁》，丁为民等译，载于《国外理论动态》2007 年第 10、11 期。
② 已经有足够证据证明，在政府调控时期，在保证经济稳定的同时，具有较高的增长率。大卫·科茨：《新自由主义与资本主义的长期积累》，刘祥琪译，载于《国外理论动态》2004 年第 10 期。
③ Andriana Vlachou and Georgios K. Christou, Contemporary Economic Theory: Some Critical Issues, in Vlachou, Andriana (eds), Contemporary Economic Theory, Radical Critiques of Neoliberalism, Macmillan Press Ltd, 1999, P. 15.
④ Ludwing von Mises, "Mconomic Calculation in the Socialist Commonwealth"，转引自尼古拉斯·维普肖特：《凯恩斯大战哈耶克》，闫佳译，机械工业出版社 2012 年版，第 25 页。

于一致，维护了多数商品生产者的利益。但是，马克思特别注意到，当劳动力成为商品、开启了以获取经济剩余为目的的经济活动以后，"表现为最初活动的等价物交换，已经变得仅仅在表面上是交换……其内容则是，资本家用他总是不付等价物而占有的他人的已经对象化的劳动的一部分，来不断再换取更大量的他人的活劳动。"这就是说，价值规律进而价格的作用已经是形式上的，而真正在资源配置中起支配作用的规律，已经是剩余价值或利润规律。因此，在马克思主义看来，价格又是不同历史阶段的阶级关系和阶级冲突的结果。正因如此，在资本主义历史上，存在着市场价格的基础由价值到生产价格，再到垄断价格的转变。20世纪70年代以来，美国左翼经济学家就当代资本主义经济中的价格问题展开了一场旷日持久的论战。一方以威利·塞姆勒（Willi Semmler，还包括Anwar Shaikh、John Weeks）为代表，主张即使在当代资本主义，巨型公司通过价格垄断所获得的"垄断利润也只不过是特例，从长期看，必然受到来自其他资本竞争的威胁，"最终使垄断价格消失，使价格趋于价值[1]；另一方以霍华德·谢尔曼（Howard J. Sherman，还包括P. Sweezy、John B. Foster）为代表，认为巨型寡头公司通过垄断势力所造成的垄断价格已经改变了资本主义的运行关系，形成了持久的垄断利润[2]。因此，反对和约束垄断资本，成为后者的重要政策主张。时至今日，这场论战仍在继续，它突出地表明了西方左翼经济学家对价格历史性质的高度重视和运用历史方法研究价格问题的重要性。

2. 中国学者的有关观点。

随着中国特色社会主义市场经济体制的基本确立，市场和价格在经济活动中发挥了越来越大的作用。与此同时，否定市场和价格的历史性质，甚至迷信市场作用、否定政府作用的理念也以各种形式表现出来，尽管其价格理论的基础即价值理论各不相同。

在这方面，张维迎教授的观点具有代表性。他认为："'市场能管理好的由市场管，市场管不好的由政府管'，这是经济学家为未来体制勾画的一个目标模式。我认为，现在的认识应该更进一步：市场管不好的政府也不一

---

[1] Willi Semmler, "Competition, Monopoly and Differentials of Profit Rates: Theoretical Considerations and Empirical Evidence," *Review of Radical Political Economics*, 1982, Vol. 13 (4).
[2] H. J. Sherman, Monopoly Power and Profit Rates, *Review of Radical Political Economics*, 1983, Vol. 15 (2).

定管，不要以为市场管不好的政府一定能管好。因为许多经验表明，政府往往比市场更不完善，政府在消除市场'缺陷'的同时常常会创造出更大的'缺陷'"。因此，他不仅反对政府监管和调控，甚至否定实施《反垄断法》。① 再例如，在产品价格基本放开和供给侧结构性改革背景下，有人提出，"社会劳动力的成本到底是多少，应该由市场决定"，进而提出，"延长最低工资调整周期，甚至是暂缓数年，也是落实让市场在资源配置中起决定性作用之举"，② 从而变相否定政府对最低工资的调节。

本章的宗旨是通过对中国两个市场的分析说明市场和价格的历史性质，进而说明政府调控的意义和主要任务。在简单各主要经济学派别的市场和价格理论、提出有关政府作用问题之后，第二节分析中国的劳动力市场的演变、劳动力价格所反映的关系及其变化所对劳动力市场效率的影响；第三节分析中国的房地产市场的演变、房价变动的真实意义及政府对房地产调控的主要任务；第四节是对有关理论的总结和必要深化。

（二）劳动力市场和劳动力价格

1. 劳动力市场和劳动力价格的社会历史性质。

劳动力市场是市场经济条件下劳动力商品交易的场所。在任何经济活动中，生产资料和劳动都是物质生产和以此为基础的经济活动的最基本要素。在市场经济条件下，二者的结合是以劳动力的交易为前提的。因此，劳动力市场是资本主导的市场体系的最重要的组成部分（马克思把"劳动力的买和卖"放在《资本论》第一卷资本的生产过程之前研究就是证明），劳动力商品的价格即工资是价格体系的基础性价格。由此可见，从产生之日起，劳动力市场和工资就已经具有鲜明的社会和历史性质。从这个意义上说，劳动力市场是较少拜物教性质的市场。

一般地说，在市场经济条件下，工资水平归根到底是由生产劳动力商品的社会必要劳动时间即劳动力价值决定的，同时，还要受到劳动力市场的供求关系影响。马克思就曾说过："供给和需求只调节着市场价格一时的变动。……这点无论对于工资来说，或对于其他一切商品的价格来说，都是一

---

① 张维迎：《市场与政府：中国改革的核心博弈》，西北大学出版社2014年版，第105、114、127页。
② 王传涛：《频繁调整最低工资可能破坏市场》，载于《中国青年报》2016年5月18日。

样的。"但是，马克思又指出，在劳动力市场上，这种供求之间的相互作用，又表现为资本和劳动之间围绕工资水平进行的斗争。因此，"工资决定于资本家和工人之间的敌对的斗争。"① 马克思认为，这种斗争的成果，不仅在于使劳动力的市场价格在长时间里与它的价值相一致，而且在于使劳动力价值中的历史的或道德的要素有可能扩大，而不至于降低到劳动力价值的最低界限甚至以下。

可见，在劳动力市场上的供求关系，实际上是劳资关系；进一步说，是以供求关系形式存在的劳资关系，已具有劳资关系的社会规定。这种关系，必然使货币转化为资本，使劳动转化为雇佣劳动的，使生产经济活动转变为以谋利为目的的活动。

2. 中国劳动力市场的形成和作用。

改革开放以来，随着非公经济的发展，我国劳动力市场逐渐形成，作为我国市场体系的重要组成部分，对促进劳动流动、配置劳动资源发挥了越来越大的作用。正视和承认我国劳动力市场的性质和地位，认识劳资之间在我国社会主义市场经济中的辩证统一关系，是完善市场机制、发挥市场决定作用的应有之义，具有重大的理论与现实意义。

在我国现阶段，劳动力市场上的劳资互动（矛盾与冲突）主要围绕着工资水平展开的，因此，劳动力市场配置资源的作用主要是通过工资机制实现的。企业员工工资水平的变动，作为影响员工收入和企业成本的基本因素，不仅对劳动供给和劳动需求有直接影响（表现为激励效应和成本效应），而且对消费需求有重要实际意义（表现为需求效应），因而直接反映了劳动与资本之间复杂的经济关系，一直成为关注和争论的焦点。对于工资水平问题，在现代经济思想史上，存在两种截然不同的态度，反映了两种不同的劳动力市场效率观：新自由主义者（以哈耶克为代表）强调工资的成本效应，认为在经济扩张期大规模投资造成工资水平提高，工资上升是经济减速、周期性危机的原因，因而只有低工资的市场才有可能是有效率的市场，这被后人概括为关于工资与周期关系问题的"投资过度论"②；凯恩斯主义、新古典综合派、凯恩斯左派等则强调工资的需求效应，主张提高工资

---

① 《马克思恩格斯文集》第一卷，人民出版社 2009 年版，第 115 页。
② 霍华德·谢尔曼：《激进政治经济学基础》，云岭译，商务印书馆 1993 年版，第 160 页。

水平，增加有效需求，以此提高市场的实现效率，他们被认为是"有效需求论"的倡导者。

实际上，工资的上述两个效应本身就是相互矛盾、相互制约的，其直接根源在于市场经济条件下企业生产的价值增值目标与市场的价值实现功能的冲突。而在资本主义经济发展过程中，这一矛盾运动很可能成为企业改进技术、使用机器的直接动力。马克思曾经指出："机器表现为从资本主义生产方式出发的、使一般生产方式发生革命的起点。"① 但是，在《资本论》及其手稿中，马克思曾几次谈到在资本支配的经济中，机器的使用并非无条件的：只有当机器的价值（K）和它所代替的劳动力价值（V）之间存在差额时（K＜V），机器才得以使用。这时，高工资事实上形成了一种"倒逼机制"。由此推理，使用机器的条件是：（1）机器价格较低；（2）被替代的劳动力价格（工资）较高。在机器价值比较昂贵的前提下，较高工资是使用机器的条件；相反，低工资则成为使用机器的障碍。在工资较低的情况下，机器价格较低是条件，只有等待机器降价，机器才可能被普遍使用；但在这时，使用机器的先发效应已经丧失。

在《资本论》中，马克思进一步指出：就部门来说，"机器本身在某些产业部门的使用，会造成其他部门的劳动过剩……以致其他部门的工资降到劳动力价值以下，从而阻碍机器的应用，并且使机器的应用在资本看来是多余的，甚至往往是不可能的"。就国别来说，美国人之所以对技术发明和使用持积极态度，是因为美国工资水平高："美国人发明了碎石机。英国人不采用这种机器，因为从事这种劳动的'不幸者'……的劳动只有很小一部分是有报酬的，所以对于资本家说来，机器反而会使生产变贵。"② 这说明，马克思已经看到，先进企业、行业或国家所形成的高工资—高技术格局，或者说市场的高工资—高技术结构（其实质是一种市场的社会结构），有可能成为他们为落后企业、行业和国家设置的陷阱。在这一背景下，如果劳动者的工资水平低于使用机器的成本，企业是不愿意使用机器的。反过来，在较高工资条件下使用机器，又为转变经济发展方式、降低成本、提高效率创造了条件，尽管二者之间可能存在时滞。

---

① 《马克思恩格斯全集》第四十七卷，人民出版社1979年版，第564页。
② 《马克思恩格斯文集》第五卷，人民出版社2009年版，第452、453页；《马克思恩格斯文集》第七卷，人民出版社2009年版，第291、292页。

马克思所说明的工资水平与使用机器、提高效率、产业升级之间的内在关联，或者说，工资水平的倒逼机制，进一步被美国等国的经济发展史所证实。在美国 19 世纪末的格罗弗·克利夫兰（Grover Cleveland）担任总统的两届美国民主党政府中，美国国务院起用了雅各布·舍恩霍夫（Jacob Schoenhof），一个主张自由贸易的民主党人。此人在 1861 年从德国移民到美国，曾到世界各地旅行，其间比较了各国的工资率和劳动生产率。他的统计数据证实，有利的生产率优势足以抵消美国的高工资水平。舍恩霍夫在 1884 年写道："美国不能通过降低工资来征服他国。"正是在 19 世纪后期，循着这一思路，美国开启了实际工资水平提高→生产率改进→企业利润修复→产业结构升级→经济现代化的进程。在这一长期动态过程中，实现了工资的需求效应与成本效应之间矛盾的缓解和解决。

近年来，随着我国劳动市场供求关系的变化，企业员工的工资水平有所提高，工资的激励效应、需求效应与成本效应和对企业转型升级的"倒逼效应"同时显现。总的看，其效果是积极的。与新自由主义统治下发达资本主义国家中工资水平下降（工资崩溃）局面形成鲜明对比。由此可见，劳动力市场的意义是多重的，其效率标准也是多样的。把它单纯看作实现劳动资源配置或降低劳动成本的手段，反映了西方主流经济学的狭隘眼界。

3. 政府对劳动力市场的调控。

下面需要我们关注的是，我国通过什么手段最终实现了工资的上调？从根本上讲，是劳资互动（斗争），但直接表现为最低工资标准制度的实施，进一步说，主要是通过政府逐年抬高最低工资标准实现的。这是政府调控价格最突出的表现。20 世纪 90 年代以来，特别是 21 世纪以来，按照《劳动合同法》和《企业最低工资规定》的要求，各省级政府根据经济形势和劳动市场状况确定最低工资标准，逐年调整、抬高了最低工资，而不是由工商企业和员工通过直接博弈确定最低工资水平，是一种政府模拟市场的行为。作为兰格模型的变形[1]，它避免了劳资博弈过程中的非理性行为，不仅具有拉动需求、激励劳动供给、调节分配关系、推动企业实现技术升级等多重经济效应，而且也是我国近年来劳动纠纷得以控制，社会生活比较稳定的重要

---

[1] 波兰经济学家兰格提出，社会主义可以通过计划机关模拟市场竞争的方式实现资源配置。他认为，在这种模式下，有真正的消费品和劳动市场，只存在由国家计划组织的生产资料模拟市场。

原因。因而，是政府代表劳动者控制（劳动力）市场，形成积极的市场社会结构，处理好政府作用与市场作用关系的表现，是中国特色社会主义政治经济学的重要组成部分。

那种试图否认政府应在劳动市场中发挥作用的观点，无视劳动力市场的主导力量和我国劳动力市场中劳资之间力量的严重非对称，不仅不利于实现市场力量的均衡，进而实现总量均衡和结构优化，提高我国劳动力市场的效率，也不利于实现社会稳定，其负面后果是非常严重的。

（三）市场性质与政府作用：必要的理论深化

分析劳动力市场，是为了说明市场的历史属性和政府调控的意义。我们可以清楚看到：

第一，市场和价格不是抽象的概念。不同的市场反映着不同的经济社会关系；市场价格就是在价值基础上不同的经济关系相互作用的结果。不同的市场关系的矛盾运动形成不同的市场结构和价格体系，这种市场的社会结构和价格体系决定了市场效率的高下。不同的市场有不同的效率评价标准，逐个市场确定效率的方法可能是唯一正确的方法。

综合前文和本部分的研究，我们可以看到，不论从静态角度看，还是从动态角度看，和谐劳动关系都有利于经济可持续发展；而这些论述又证明了本部分所论证的中国特色社会主义政治经济学研究的主题：正确处理人民内部矛盾，是初级阶段的社会主义的发展动力。在本章中，这一结论可通过下述命题进一步表现出来：由对称市场关系所决定的均衡市场结构和价格体系可能更有利于实现市场的效率，使之成为效率型市场。新古典经济学认为市场和价格是中性的，把市场等同于效率型市场，这种超历史的市场观已经被大量实践所否定。凯恩斯主义否认市场和价格中性观点，把市场与效率型市场区别开来，是对新古典经济学的重要突破；但是，他们未能真正揭示市场和价格的社会历史性质，因而未能真正揭示市场结构与市场效率的关系。马克思主义的阶级分析方法，为我们分析市场性质的演变和实现市场效率的途径提供了可行性。

第二，政府调控作为上层建筑的核心，始终是以经济为基础并为基础服务的。在市场经济条件下更是如此。政府不仅可以提供政治稳定、统一大市场和市场监管等引爆工业革命的外部条件,[①] 而且可以通过各种手段（包括抬高或压低某些商品价格）调控市场中的阶级、阶层之间的经济关系，形成均衡的市场的社会结构，使市场结构更有利于发挥配置资源作用而成为效率型市场，实现经济持续发展和社会稳定。因此，在市场经济条件下，政府调控的必要性和基本任务就在于通过调节阶级关系和市场结构，最终塑造效率型市场。如果政府逐渐丧失这一能力，市场结构不利于资源有效配置，则是这一社会开始走下坡路的重要标志。从这一意义上讲，我们肯定并支持林毅夫教授的论断：一个有为政府是有效市场得以出现和有效运作的前提和保障；并提出建议：应围绕着这一基本任务建设有为、廉洁、高素质的政府。

第三，马克思实际上已经发现，在市场经济条件下，由先进企业、行业或国家构建的高工资—高技术格局，或者说市场的高工资—高技术结构，有可能为落后企业、行业和国家设置发展陷阱。跨越这一陷阱，是我国目前面临的跨越"中等收入陷阱"的实质。历史经验告诉我们，更好地发挥政府的作用，逐步抬高工资水平，以此为先导逐步提升劳动、工业、农业、服务业的质量，是顺利地实现这一跨越的必由之路；而否定政府的作用，则是新自由主义为我们设置的又一个陷阱。事实表明，在中国共产党正确领导和中国特色社会主义政治经济学的指导下，中国已经审慎地排除了这一陷阱，并最终历史地跨越"中等收入陷阱"。

---

① 文一：《"自由"市场须由强大政府提供》，载于《环球时报》2017年8月22日。

《资本论》与中国特色社会主义政治经济学

邱海平

中国人民大学经济学院教授、博士生导师，中国人民大学《资本论》教学与研究中心主任，中国人民大学习近平新时代中国特色社会主义思想研究院副院长，中国人民大学全国中国特色社会主义政治经济学研究中心副主任，《政治经济学评论》执行主编，中国《资本论》研究会副秘书长，全国综合大学《资本论》研究会秘书长，中央马克思主义理论和建设工程专家组成员。

主要研究方向：《资本论》、当代资本主义经济、社会主义经济理论、马克思主义经济思想史。著有《中小企业的政治经济学》《21世纪重读〈资本论〉》《当代资本主义经济的新发展》《马克思主义政治经济学原理》等著作和教材。在《人民日报》《光明日报》《红旗文稿》《马克思主义研究》《教学与研究》《经济学动态》《当代经济研究》等报纸、杂志发表论文一百多篇。

近期相关的主要学术成果

1.《中国特色社会主义政治经济学的重大现实价值》，载于《改革》2016 年第 3 期。

2.《如何理解中国特色社会主义政治经济学》，载于《理论参考》2016 年第 6 期。

3.《中国特色社会主义政治经济学的重大理论与实践价值》，载于《前线》2017 年第 2 期。

4.《〈资本论〉与中国特色社会主义政治经济学的两种解读》，载于《南京财经大学学报》2017 年第 3 期。

5.《关于中国特色社会主义政治经济学的研究对象》，载于《社会科学辑刊》2017 年第 3 期。

6.《论中国特色社会主义政治经济学的研究对象和理论特性——兼评张宇的〈中国特色社会主义政治经济学〉》，载于《教学与研究》2017 年第 3 期。

7.《中国特色社会主义政治经济学的理论属性》，载于《中国社会科学院研究生院学报》2017 年第 5 期。

8.《〈资本论〉与中国特色社会主义政治经济学》，载于《财经问题研究》2017 年第 8 期。

9.《〈资本论〉与中国特色社会主义政治经济学的辩证关系》，载于《人文杂志》2017 年第 10 期。

10.《构建新时代中国特色社会主义政治经济学正当时》，载于《经济导刊》2017 年第 12 期。

序论

习近平总书记在 2015 年 11 月 23 日中央政治局集体学习时明确指出："要立足我国国情和我国发展实践，揭示新特点新规律，提炼和总结我国经济发展实践的规律性成果，把实践经验上升为系统化的经济学说，不断开拓当代中国马克思主义政治经济学新境界。"在 2015 年 12 月举行的中央经济工作会议上，习近平总书记第一次提出了"中国特色社会主义政治经济学"这一重要范畴。近几年来，我国经济学界特别是政治经济学界掀起了一个讨论和研究中国特色社会主义政治经济学理论体系构建问题的学术热潮，取得了许多新的理论进展。[①] 但是，我们必须清醒地看到，如果以"系统化的经济学说"作为标准来衡量目前已经出版的有关或直接名为"中国特色社会主义政治经济学"的专著和教材，那么我们应该实事求是地承认，中国特色社会主义政治经济学的理论体系仍然处在进一步构建和不断完善的过程之中，而不是说这个任务已经完成了。习近平总书记不仅明确提出了我国经济学努力的方向，而且提出了构建中国特色社会主义政治经济学理论体系的方法论原则，即以马克思主义政治经济学为指导，总结和提炼我国改革开放和社会主义现代化建设的伟大实践经验，同时借鉴和吸收西方经济学的有益成

[①] 例如，张占斌、周跃辉著述的《中国特色社会主义政治经济学》，于建荣、何芹、汤一用著述的《中国特色社会主义政治经济学》，张宇著述的《中国特色社会主义政治经济学》，李旭章主编的《中国特色社会主义政治经济学研究》，洪银兴著述的《中国特色社会主义政治经济学理论体系构建》，王立胜、裴长洪主编的《中国特色社会主义政治经济学探索》，中国人民大学出版社出版的《中国特色社会主义政治经济学十五讲》，等等。

分以及我国优秀传统文化。①

众所周知,《资本论》是马克思主义政治经济学的经典著作,因此,"以马克思主义政治经济学为指导",其中一个十分重要而且不可或缺的方面,就是必须认真研究《资本论》对于构建中国特色社会主义政治经济学的具体意义和价值,更进一步说,中国特色社会主义政治经济学不仅必须坚持以《资本论》中所贯彻和运用的马克思主义世界观和方法论为指导,而且必须体现出对于《资本论》的逻辑和具体理论的继承和发展。只有这样,中国特色社会主义政治经济学才能真正成为当代中国的马克思主义政治经济学。把马克思主义政治经济学对于中国特色社会主义政治经济学的指导意义,理解为只具有方法论的意义是远远不够的。

事实上,我国改革开放以前的社会主义政治经济学理论,多以《共产党宣言》《哥达纲领批判》《反杜林论》《资本论》等马克思恩格斯经典著作中关于未来社会主义(共产主义)的理论设想为主要依据,同时受到苏联的社会主义政治经济学理论体系的深刻影响,而对《资本论》的理论、逻辑和方法的继承和发展则体现得非常不充分。改革开放以来,我国社会主义政治经济学理论比较充分地反映了中国特色社会主义经济实践和政策内容,虽然在理论内容上已大不同于社会主义政治经济学的"苏联范式",但是,就目前已经出版的中国特色社会主义政治经济学专著和教材等成果来看,一方面还存在着"苏联范式"的明显痕迹;② 另一方面仍然未能充分体现出对于《资本论》的理论、方法和逻辑的继承和发展。这正是中国特色社会主义政治经济学还很不成熟的重要原因和表现。

我们必须承认,马克思和恩格斯关于共产主义和社会主义的基本理论一方面是社会主义实践的理论基础和指导,但是另一方面,马克思和恩格斯关于未来社会的理论观点并没有形成为一个"系统化的经济学说",而只是关于共产主义和社会主义的一些原则性论述。从经济学理论的体系性和成熟性角度来看,毫无疑问,《资本论》在马克思主义政治经济学中才是最具代表

---

① 马克思主义政治经济学、西方经济学和中国优秀传统文化都是中国特色社会主义政治经济学的理论资源,但是,马克思主义政治经济学仍然是中国特色社会主义政治经济学的理论基础和主要来源,因此,本文的讨论不涉及如何利用西方经济学的有用成分和中国优秀传统文化的问题。

② 这一点主要体现在理论体系上仍然以所有制为出发点。根据马克思关于所有制、生产方式、生产关系的有关论述可以看出,从所有制出发理解生产关系和构建理论体系并不是一种正确的方法。参见《马克思恩格斯文集》第一卷,人民出版社 2009 年版,第 638 页。

性的。因此，要把中国特色社会主义政治经济学构建为"系统化的经济学说"，既要坚持以马克思和恩格斯关于社会主义和共产主义的基本理论为指导，更需要深入研究《资本论》对于构建和完善中国特色社会主义政治经济学的具体意义和价值。从这个基本认识出发，围绕《资本论》与中国特色社会主义政治经济学的关系问题，下面讨论以下六个方面的问题。

一、《资本论》与中国特色社会主义经济的基本关系

众所周知，《资本论》不仅是马克思主义政治经济学的经典著作，也是全部马克思主义理论的百科全书。《资本论》深刻地揭示了资本主义经济运动规律，揭示了资本主义生产方式和经济制度的历史合理性和局限性，揭示了资本主义最终必将被社会主义所取代的历史必然性和发展趋势，从而为社会主义革命和建设奠定了科学的理论基础。因此，《资本论》为包括中国特色社会主义在内的一切社会主义实践提供了科学的理论基础，这一点几乎可以说是全世界马克思主义者的基本共识。

但是，在《资本论》对于分析社会主义经济的适用性这个问题上，人们的认识又是不一致的。其中一些人认为，由于《资本论》是研究资本主义经济及其运动规律的，而社会主义经济是完全不同于资本主义经济的，甚至是完全对立的，中国特色社会主义经济也不同于资本主义经济，因此，《资本论》的理论完全不适用于分析社会主义经济及其运动规律，也不适用于分析中国特色社会主义经济及其运动规律。我们认为这种观点是不能成立的。对此，我们可以从多个角度来加以说明。

第一，从马克思主义哲学的角度来看。马克思主义唯物辩证法认为，任何事物都是一般性、特殊性和个别性的有机统一体，换句话说，是一个具有多重属性的统一体。一般性反映着事物的普遍统一性和本体性，个别性反映着事物的个体差异性，而特殊性则是一般性与个别性的辩证统一，相对于一般性而言它具有个别性，相对于个别性而言它又具有一般性。就社会经济来说，它同样是一般性、特殊性和个别性的有机统一体。因此，研究和认识社会经济，不仅要认识它的个别性和特殊性，同时也要研究和认识它的一般性。诚然，马克思和恩格斯批判了资产阶级经济学家往往用

社会经济的一般性代替或冒充社会经济的特殊性的错误和虚伪性，深刻地揭示了政治经济学的历史性，[①] 但是，这并不意味着他们否定了社会经济的一般性和特殊性及其在政治经济学中的重要地位。例如马克思明确指出："生产的一切时代有某些共同标志，共同规定。生产一般是一个抽象，但是只要它真正把共同点提出来、定下来，免得我们重复，它就是一个合理的抽象。不过，这个一般，或者说，经过比较而抽出来的共同点，本身就是有许多组成部分的、分为不同规定的东西。其中有些属于一切时代，另一些是几个时代共有的。"[②] 因此，把资本主义经济与中国特色社会主义经济看作是毫无联系和共同之点，并据此认为《资本论》完全不适用于分析中国特色社会主义经济运动及其规律，在方法论上是片面的、形而上学的，不符合实际的。

第二，从《资本论》的理论内容来看。《资本论》以剩余价值理论为核心，侧重揭示了资本主义生产关系的本质及其与社会生产力和资产阶级上层建筑的关系，从而主要揭示了资本主义社会经济运动规律。同时，由于资本主义社会经济运动不仅表现为社会化大生产的发展过程，而且表现为商品生产和商品交换即市场经济的发展过程，因此，《资本论》不仅揭示了资本主义特有的社会经济运动规律，而且同时还揭示了社会化大生产和市场经济的一般运动规律，其中包括社会总劳动按比例分配的规律、分工协作规律、价值规律，等等。《资本论》不仅是关于资本的经典之作，而且也是关于社会化大生产和市场经济的经典之作。因此，《资本论》的理论对于分析一切社会化大生产和市场经济的运动规律都具有重要的指导意义和参考价值。因此，认为《资本论》仅仅只是揭示了资本主义社会的特殊运动规律从而完全不适合于用来分析其他社会经济运动，是完全不能成立的。[③]

第三，从中国特色社会主义经济的实际特点来看。中国特色社会主义经济的主要特点体现在四个层次和四个方面：其一，它同样以社会化大生产为基础；其二，它同样是以商品生产和商品交换为基础的市场经济；其三，它实行的是以公有制为主体多种经济形式共同发展的基本经济制度以及以按劳

---

① 参见《马克思恩格斯文集》第八卷，人民出版社2009年版，第11页；《马克思恩格斯文集》第九卷，人民出版社2009年版，第153~158页。
② 《马克思恩格斯文集》第八卷，人民出版社2009年版，第9页。
③ 马克思在《政治经济学批判·导言》中指出："人体解剖对于猴体解剖是一把钥匙"，这就说明了《资本论》的理论对于分析前资本主义社会经济所具有的重要意义。

分配为主多种分配方式并存的分配制度；其四，它以共产党领导的政治制度为基础和前提。显然，研究和认识中国特色社会主义经济及其运动规律，首先必须研究和认识中国特色社会主义基本经济制度和政治制度，但是，还必须研究和认识现代社会化大生产和市场经济的一般规律，就后一个方面来说，如上所述，《资本论》关于社会化大生产和市场经济的有关理论无疑是我们必须运用和借鉴的重要理论来源。不仅如此，由于中国特色社会主义经济不仅包含大量的非公有制经济，而且即使是公有制经济特别是国有经济，也大都采取了资本的组织方式和动作方式，因此，通过创造性转换和创新性发展，把《资本论》关于资本运动一般规律的理论用于分析中国特色社会主义经济运动，是中国特色社会主义政治经济学的重大理论任务和发展方向。

第四，从《资本论》的方法论及其适用性来看。众所周知，历史唯物主义是马克思主义的历史观、社会观和方法论，它在《资本论》中得到了全面的贯彻运用和有力的证明。列宁指出过："自从《资本论》问世以来，唯物主义历史观已经不是假设，而是科学地证明了的原理。"[①] 研究和认识中国特色社会主义经济及其运动规律，必须以历史唯物主义方法论为指导。同时，由于《资本论》通过劳动价值理论特别是其中的劳动二重性理论，将历史唯物主义的基本原理转化成为政治经济学理论和方法，并在其他各个具体理论中得到了全面的贯彻和运用，因此，研究和认识中国特色社会主义经济及其运动规律，更加需要继承和运用《资本论》的政治经济学理论和方法。

综上所述，那种认为《资本论》是研究资本主义经济的从而完全不适用于分析中国特色社会主义经济的观点是不能成立的，是根本错误的。当然，这并不意味着我们可以照搬照抄《资本论》，也不意味着我们只需要继承、运用和发展《资本论》的理论。究竟如何科学地、创造性地运用《资本论》的理论和方法分析中国特色社会主义经济及其运动规律，从而体现出中国特色社会主义政治经济学对于马克思主义政治经济学的继承和发展的关系，才是真正需要进一步深入研究的问题之所在。事实上，改革开放以来，我国政治经济学界一直在进行这方面的努力，并产生了大量的学术成果，不仅推进了中国特色社会主义政治经济学的理论发展，而且为中国特色

---

① 《列宁专题文集·论辩证唯物主义和历史唯物主义》，人民出版社 2009 年版，第 163 页。

社会主义经济实践提供了有力的理论支持。① 当然，在许多基本理论问题上，还有待进一步深入研究。

二、《资本论》与中国特色社会主义政治经济学的研究目的

明确认识中国特色社会主义政治经济学的研究目的，对于如何构建中国特色社会主义政治经济学具有十分重要的意义。无论是从整个经济理论发展史的角度来看，还是从社会主义经济理论发展史的角度来看，一定的研究目的的确立，是影响理论形态的首要因素。

例如，资产阶级重商主义经济学为了说明商业资本主义的合理性，提出了货币就是财富的观点，并以此为出发点提出了如何通过保护主义政策尽可能多地实现贸易顺差的主张。资产阶级古典政治经济学为了说明产业资本主义的合理性，提出了劳动价值理论，并以此为出发点提出了如何通过自由竞争实现国民财富增进的政策主张。马克思为了说明资本主义生产方式或经济制度的历史必然性及其局限性，在发展和创新劳动价值理论的基础上提出了剩余价值理论，全面论证了资本主义生产方式最终必然为共产主义生产方式所取代的历史趋势和最终结论，从而为无产阶级革命奠定了理论基础。19世纪70~90年代，为了对抗和取代马克思的政治经济学理论，为了论证自由竞争资本主义的合理性和优越性，资产阶级经济学家提出了边际效用理论和新古典经济学理论。20世纪30年代，为了论证资产阶级国家政府对于经济生活进行宏观干预的必要性和合理性，凯恩斯创立了宏观经济学。斯大林为了说明社会主义制度的优越性，提出了社会主义所有制理论，并在此基础上提出了社会主义基本经济规律、有计划按比例发展规律等理论。

由此可见，经济学的理论形态一方面是由客观的历史条件决定的，另一方面又是由一定的研究目的决定的。虽然几乎所有的经济学家都声称在科学

---

① 认真研究改革开放以来我国政治经济学的发展史，总结其中的重大理论成果和进展，是构建中国特色社会主义政治经济学的一项重要工作。漠视和忽略中国政治经济学界在中国特色社会主义政治经济学理论创建中的学术贡献，对于推进中国特色社会主义政治经济学的理论建设是十分不利的。

的意义上提出相关经济学理论，但事实上，经济学理论无不打上时代的、社会的和阶级的烙印，无不是为一定历史条件下的社会的现实需要服务的。当然，在这一点上，马克思与资产阶级经济学家的区别在于，他公开承认他的政治经济学理论是为无产阶级革命和全人类的彻底解放服务的，而大部分资产阶级经济学家却总是愿意把自己打扮成像自然科学家一样的那种科学家，然而在事实上和本质上，他们的经济学理论总是为资本主义和资产阶级服务的。从这个意义上来说，大部分资产阶级经济学家及其经济学理论都具有一定的伪善性，都具有一种科学的伪装。这就是马克思之所以把19世纪30年代之后的资产阶级经济学称为"庸俗经济学"的根本原因。事实上，自19世纪90年代以来，当代西方资产阶级经济学在本质上仍然属于马克思说的庸俗经济学，仍然是为资本主义和资产阶级进行理论辩护和政策服务的经济学。当然，这并不意味着庸俗经济学中完全没有任何科学的成分和可供借鉴的价值。当年马克思对于同样属于庸俗经济学家之列的许多资产阶级经济学家就曾经在理论分析的基础上进行过部分的肯定，对于当代西方资产阶级经济学家和经济学理论，我们仍然需要像马克思那样，必须进行科学的分析与借鉴。

除了认识到马克思政治经济学理论的研究目的与资产阶级经济学研究目的在本质上的差别之外，还必须认识属于同一个阶级性质的各种经济学理论在具体的研究目的上的差别及其对理论形态的影响。就《资本论》的研究目的和中国特色社会主义政治经济学的研究目的来说，毫无疑问，它们在本质上是一致的，即都是为无产阶级和劳动人民服务的经济学。但是，我们还必须认识到马克思当年的理论任务与我们现在的理论任务的历史性差别。

关于《资本论》的"研究目的"，马克思在《资本论》第一卷序言中明确指出："本书的最终目的就是揭示现代社会的经济运动规律"。我们认为，必须进一步区分《资本论》作为一部著作的研究目的与马克思主义理论本身的根本目的。众所周知，马克思创立马克思主义理论以及研究政治经济学和写作《资本论》，其根本目的就是揭示人类社会特别是资本主义社会的运动规律，从而论证无产阶级革命的必然性并为工人革命提供理论基础。那么，中国特色社会主义政治经济学面临的根本任务是什么呢？或者说中国特色社会主义政治经济学的研究目的是什么呢？这是我们首先必须弄清楚的问题。

马克思主义基本原理告诉我们，一定的社会意识形态总是由一定的社会存在决定的，并对社会存在本身的发展具有重要的能动作用。所谓社会意识形态，主要是指各种社会理论，其中最重要的是经济理论、政治理论、法学理论、哲学理论等。中国特色社会主义政治经济学作为一种社会科学理论和意识形态，其理论形态是由中国特色社会主义本身的客观性质和特点决定的，同时，中国特色社会主义政治经济学的根本任务就在于为中国特色社会主义经济及其发展提供理论依据和政策服务。

如果这样的理解是正确的，那么我们就可以清楚地看到中国特色社会主义政治经济学与《资本论》在研究目的上的辩证关系。一方面，作为一种社会科学理论，中国特色社会主义政治经济学的研究目的就是揭示中国特色社会主义社会经济运动规律，显然，在揭示经济运动规律这一点上，中国特色社会主义政治经济学与《资本论》是完全一致的；但是另一方面，中国特色社会主义政治经济学与《资本论》面临的任务又是存在着重大的差别，具体来说，《资本论》的任务是为无产阶级革命提供理论基础，而中国特色社会主义政治经济学的任务是为中国特色社会主义经济建设和发展提供理论支持和政策服务。

另外，众所周知，马克思在《资本论》中虽然考察的是发展到他那个时代的资本主义生产方式或经济制度，但事实上马克思是把当时的资本主义生产方式或经济制度理解为一种成熟的资本主义生产方式或经济制度的（现在看来，什么是成熟的资本主义，是一个值得研究的问题。是否应该承认，马克思时代的资本主义与今天的资本主义相比，仍然是不成熟的或者具有不成熟性。事实上，晚年的恩格斯也检讨过19世纪40年代马克思和他对于革命形势估计的过于乐观[1]）。然而，今天的中国特色社会主义，仍然是初级阶段的社会主义，而不是成熟的或发达的社会主义。这就决定了中国特色社会主义的某些社会经济运动规律有可能表现得不是十分充分，换句话说，中国特色社会主义社会经济运动的某些方面的规律性可能不是十分明显。从根本上来说，客观实践发展的成熟程度决定了理论本身的成熟程度。假如我们承认这一点，那么就不能要求中国特色社会主义政治经济学完全像《资本论》那样，只是揭示社会经济运动规律，而是必须在探索中国特色社

---

[1] 参见《马克思恩格斯文集》第四卷，人民出版社2009年版，第538～541页。

会主义社会经济运动规律的同时和基础之上，更加着眼于分析中国特色社会主义经济的现实运动状况及其存在的矛盾和问题。另外，改革仍然是推动中国特色社会主义经济发展的重要途径，因此，中国特色社会主义政治经济学还必须深入研究中国特色社会主义经济改革问题，进而提出关于社会主义经济改革的系统理论和建设性对策主张。

综上所述，我们可以把中国特色社会主义政治经济学的研究目的概括为：揭示中国特色社会主义社会经济发展规律，分析中国特色社会主义经济运动状况及其存在的问题，提出中国特色社会主义改革的建设性对策主张。必须把这三个方面统一起来，只有这样，中国特色社会主义政治经济学才能体现出科学性、现实性与建设性的有机统一，只有这样，才能有利于更好地构建中国特色社会主义政治经济学理论体系，也才能更好地符合中国特色社会主义实践发展的需要。

三、《资本论》与中国特色社会主义政治经济学的研究对象

马克思在《资本论》第一卷序言中明确指出："我要在本书研究的，是资本主义生产方式以及与它相适应的生产关系和交换关系。"可以说，整个《资本论》三大理论卷的理论体系正是围绕资本主义生产方式以及与它相适应的生产关系和交换关系来构建和布局的，其中第一卷研究资本的生产过程，第二卷研究资本的流通过程，第三卷研究资本主义生产的总过程，即生产、流通与分配相统一的过程。由此可见，研究对象规定了理论体系及其内容。进一步说，马克思之所以把《资本论》的研究对象确定为资本主义生产方式以及与它相适应的生产关系和交换关系，《资本论》的理论体系之所以是这样的而不是别样的，完全是由马克思设定的研究目的和理论任务以及运用的方法论所决定的。我们要构建中国特色社会主义政治经济学理论体系，必须进一步明确中国特色社会主义政治经济学的研究对象。

对于《资本论》以及政治经济学的研究对象问题，我国政治经济学界一直存在着不同的理解和争论，争论的焦点在于如何理解生产方式以及要不要把生产力理解为研究对象等方面。这里我们先不涉及这些理论争鸣，而是

对中国特色社会主义政治经济学的研究对象问题进行一些理论探讨。

对"中国特色社会主义政治经济学"可以有两种不同的解读，一种是"中国特色的社会主义政治经济学"，另一种是"中国特色社会主义的政治经济学"。在前一种解读中，强调的是社会主义政治经济学的"中国特色"；在后一种解读中，"中国特色社会主义"被理解或界定为政治经济学的研究对象。前一种解读是目前学术界比较常见的观点，而后一种解读则是比较少见的一种观点。这两种解读的差异是明显的，但无论是哪一种解读，都是值得认真研究的。

众所周知，在以往的"马克思主义政治经济学"这个概念和学科中，是包括关于社会主义的政治经济学理论的。过去人们往往把这部分理论称为"社会主义经济理论""社会主义政治经济学""社会主义经济学"，或者是"政治经济学（社会主义部分）"等。毫无疑问，把"中国特色社会主义政治经济学"理解为"中国特色社会主义的政治经济学"，它在本质上仍然是一种关于社会主义的政治经济学理论，从这个角度来说，它与一般意义上的社会主义政治经济学在理论属性上是具有一致性的。但是，我们认为，仅仅这样理解是远远不够的，是不到位和不充分的。我们在承认中国特色社会主义政治经济学与一般意义上的社会主义政治经济学的相同或相通之处的同时，更应该充分认识它们的重大差别。

从研究对象的角度来看，中国特色社会主义政治经济学的研究对象与一般意义上的社会主义政治经济学的研究对象既有共同点，又有明显的差别。共同点在于，二者都是研究社会主义的，套用《资本论》关于研究对象的表述，那就是二者都是研究社会主义生产方式以及与之相适应的生产关系和交换关系的，或者套用一般教科书的表述，二者都是研究社会主义生产关系及其运动规律的。但是，它们在研究对象上的差别应该是一目了然的，即中国特色社会主义政治经济学研究的并不是一般意义上的"社会主义"，而是"中国特色社会主义"，具体来说是中国特色社会主义生产方式以及与之相适应的生产关系和交换关系，或者说是中国特色社会主义生产关系及其运动规律。

以上两种解读都存在需要深入研究的问题，具体来说：

"中国特色的社会主义政治经济学"这种解读面临的问题是，经济学理论可以有国别特色吗？关于这一点，人们的观点并不是完全一致的。例如，在许多迷信西方主流经济学的人看来，正像世界上只有一种物理学一样，世界上也只能有一种经济学，而这个经济学就是当代西方主流经济学，并且它是世界上唯一科学的经济学，所谓"中国经济学"或"中国特色社会主义政治经济学"是根本不可能存在的。[①] 我们认为，这种观点是不能成立的。原因在于社会科学毕竟不同于自然科学，把社会科学等同于自然科学并认为只存在一种社会科学理论，是不符合社会科学实际的。事实上，经济学理论从来就不是只有一种，而是存在着各种不同的理论和流派，例如，马克思主义经济学与西方主流经济学就不同，新古典经济学与凯恩斯经济学也存在明显的差别。因此，没有任何理由认为世界上只能有一种经济学。显然，只有承认社会科学理论多元化的必然性，只有承认创建一种不同于现有各种经济学理论的新的经济学理论的可能性，我们才能进一步讨论创建中国特色社会主义政治经济学的问题。从这个角度来说，"中国特色的社会主义政治经济学"这一解读也是说得通的。但是，这种解读存在的另一个问题是，它仍然是传统的社会主义政治经济学的一种线性发展和延伸，而未能充分反映出"中国特色社会主义政治经济学"所具有的巨大理论创新含义和价值。

"中国特色社会主义政治经济学"这种解读面临的问题是，一个特定的国家的生产方式和生产关系有没有自己特定的发展规律？它能否构成政治经济学的研究对象？也就是说，以一个特定国家的生产方式或生产关系为研究对象而形成的理论能否称为学科意义上的政治经济学呢？其次，"中国特色社会主义的政治经济学"究竟是揭示中国特色社会主义的特殊发展规律还是揭示社会主义的一般发展规律？进一步说，中国特色社会主义与一般意义上的社会主义究竟是一种什么关系呢？这些问题都值得深入研究和讨论。

初看起来，"中国特色社会主义政治经济学"这一概念，如同"英国资本主义政治经济学"这一概念一样，是不太合乎经济学理论常规的。从一定意义上来说，自政治经济学作为一门学科产生以来，几乎从没有将某一特定国家的经济作为这门学科的研究对象。按照政治经济学理论界通行的理解，政治经济学是以一定的社会经济形态作为研究对象的，而不是以某一特定国家的经济运动作为研究对象。

[①] 参见钱颖一：《理解现代经济学》，载于《经济社会体制比较》2002年第2期；田国强：《现代经济学的基本分析框架与研究方法》，载于《经济研究》2005年第2期。

例如，马克思在《资本论》第一卷序言中明确指出："我要在本书研究的，是资本主义生产方式以及和它相适应的生产关系和交换关系。"那么，马克思是如何研究"资本主义生产方式以及和它相适应的生产关系和交换关系的呢？"关于这个问题，如果我们不了解马克思的研究方法和方法论以及他研究政治经济学和创作《资本论》的实际过程，可能会发生理解上的困难。马克思在前引那句话的后面紧接着指出："到现在为止，这种生产方式的典型地点是英国。因此，我在理论阐述上主要用英国作为例证。"[1] 在《资本论》第一卷英文版序言中恩格斯指出："这个人的全部理论是他毕生研究英国的经济史和经济状况的结果。"[2] 表面上看，马克思的说法与恩格斯的说法是不一致的。马克思把英国只是作为一种"例证"，这就说明马克思并不仅仅只是研究了英国，他的理论也不仅仅来源于对英国实践的考察和总结。恩格斯强调了马克思对英国的集中研究在形成《资本论》的理论中的首要地位，但是这并不意味着恩格斯不知道或者否定了马克思对其他国家情况的研究。事实上，马克思生前所做的研究恩格斯是非常了解的，而且1883年马克思去世之后不久，恩格斯就开始整理马克思的遗稿，从而对马克思的研究工作有了更加全面和具体的了解。从马克思发表的文献、遗留下来的笔记和手稿以及收集的资料来看，马克思研究的范围十分广泛，不仅包括法国、德国、美国和俄国，而且还包括印度、中国等国家。当然，在研究现实经济材料的同时，马克思又是通过对资产阶级古典政治经济学的批判和继承来创立自己的政治经济学理论的。

其次，这里还涉及马克思的方法和《资本论》的理论属性问题。马克思明确地将研究方法和叙述方法区别开来，他指出："当然，在形式上，叙述方法必须与研究方法不同。研究必须充分地占有材料，分析它的各种发展形式，探寻这些形式的内在联系，只有这项工作完成以后，现实的运动才能适当地叙述出来。这点一旦做到，材料的生命一旦在观念上反映出来，呈现在我们面前的就好像是一个先验的结构了。"[3] 这就是说，《资本论》所表现出来的理论体系是一个叙述体系和逻辑体系，而不是历史体系，它是马克思长期研究之后的结果。《资本论》的理论体系本身是一个范畴和理论按照辩

---

[1] 《马克思恩格斯文集》第五卷，人民出版社2009年版，第8页。
[2] 《马克思恩格斯文集》第五卷，人民出版社2009年版，第35页。
[3] 《马克思恩格斯文集》第五卷，人民出版社2009年版，第22页。

证逻辑展开的过程,而不是马克思的研究过程。

最后,这里实际上还涉及"国家"与"社会经济形态"这两个范畴之间的关系以及政治经济学或经济学的研究方法问题。长期以来,人们普遍地认为,经济学或政治经济学作为一门理论学科,主要是研究社会经济运动规律的,而不是研究国别经济的。从一定意义上来说,这样的理解并没有错。但是,在这样一种理解中,如果把国别经济研究与对于社会经济规律的研究割裂开来,则是错误的。这是因为"社会经济形态"既是一种客观存在,但更多的是通过理论抽象所得到的"范畴"。我们只有通过对大量的国别经济的研究,才能得到关于一定社会经济形态运动规律的认识。因此,从来不存在脱离开以一定国家的经济运动作为直接考察对象而得到的政治经济学理论。换句话说,政治经济学或经济学总是通过对具体的国家经济状况的研究,进而得到关于一定社会经济形态的一般理论。这一点对于政治经济学的研究来说具有普遍的极为重要的方法论意义,也是存在于全部经济学理论史中的客观事实。恩格斯曾经明确地指出:"政治经济学不可能对一切国家和一切历史时代都是一样的。"[1] 恩格斯深刻地指明了政治经济学或经济学的历史性和国别性,这对于构建中国特色社会主义政治经济学具有重要的方法论指导意义。

马克思研究经济和政治经济学以及创作《资本论》的经验告诉我们,必须区分研究过程的"对象"与叙述过程的"对象"。具体来说,研究过程的对象是各种不同国家的经济状况,而叙述过程的对象则是一定社会形态的经济运动及其规律。从人类认识发展规律的角度来说,没有对具体的个别和特殊的认识,也就不可能达到对于抽象的一般的认识,没有对具体国家的经济运动的研究,也就不可能得到关于一定社会形态的经济运动规律的认识。当然,政治经济学不同于国民经济学。在政治经济学的研究过程中,虽然面对的是具体国家的材料,但是,揭示一定社会形态的经济运动规律是它的出发点和目标,不能用国别经济研究代替了政治经济学的理论研究。事实上,对于国别经济的研究如果没有政治经济学理论的指导,也不能成其为国民经济学,而只是国别经济史。因此,政治经济学与国别经济研究是一种辩证关系。

上述讨论对于深刻理解中国特色社会主义政治经济学研究对象问题具有

---

[1] 《马克思恩格斯文集》第九卷,人民出版社 2009 年版,第 153 页。

十分重要的意义。众所周知，由于受到"苏联范式"的深刻影响，长期以来人们对于"社会主义政治经济学"研究对象的理解是"社会主义生产关系及其发展规律"或者是"社会主义生产方式以及与它相适应的生产关系和交换关系"。是否可以按照这样的理解，继续把中国特色社会主义政治经济学的研究对象理解为"社会主义生产关系及其发展规律"呢？我们认为，这样的理解起码是不充分的，甚至是不正确的。

从实践上来说，由于中国特色社会主义已经与以"苏联模式"为代表的传统社会主义具有了巨大的差别，因此，在理论上，我们就不应该仍然沿用"苏联范式"来理解中国特色社会主义政治经济学及其研究对象。我们认为，"中国特色社会主义政治经济学"这个概念和范畴的独特之处，就在于第一次明确地将"中国特色社会主义"（中国特色社会主义经济）确定为一门学科即社会主义政治经济学的直接研究对象，相对于传统认识来说，这是一个重大的理论认识上的突破。只有这样理解，才能体现出对于马克思的政治经济学研究方法的继承，即通过对一定具体国家经济过程的研究，进而揭示一定社会经济形态的运动规律。

这里实际上涉及另一个重大理论问题，即如何科学认识社会主义及其发展规律问题。众所周知，传统社会主义政治经济学起源于马克思恩格斯关于未来社会的基本设想，并在实践中得到一定的发展。由于现实社会主义起源于不发达国家，而不是起源于发达资本主义国家，并且表现为一个国家的现象，而不是一种超越国家的现象，因此，现实社会主义一开始就面临着究竟如何对待具体的实践同马克思恩格斯关于未来社会的基本设想的关系问题。到目前为止，人们总是把现实社会主义理解为马克思恩格斯关于未来社会的设想在实践中的运用，也正因为如此，在现实社会主义实践的很长一段历史时期内，实行单一的公有制和计划经济体制、取消商品生产等。从列宁到斯大林，再到毛泽东，虽然他们都对落后条件下究竟如何建设社会主义的问题进行了艰苦的探索，但是在理论上，从总体上来看，他们都没有能够超越马克思恩格斯关于社会主义的规范性认识和规定。我们认为，必须科学理解马克思恩格斯关于未来社会的设想与社会主义实践的辩证关系：一方面，必须坚持以马克思主义理论以及马克思恩格斯关于未来社会的设想为指导，否则，如果背离了马克思主义的社会主义基本理论，就不存在科学意义上的社会主义；但是另一方面，我们必须认识到，社会主义实践已经充分表明，从落后国家建设社会主义的现实可行性和可能性的角度来看，完全囿于马克思恩格斯关于未来社会的设想，把建设社会主义的具体方式和过程同社会主义的目标混为一谈，是不正确的。

正是在总结国内外社会主义实践经验和教训的基础上，我党第二代领导人邓小平同志开辟了建设中国特色社会主义的全新发展道路，在这个过程中，我党形成并不断完善了关于中国特色社会主义的许多政治经济学重要理论观点，并有力地推进了中国特色社会主义经济实践的发展。由此可见，中国特色社会主义政治经济学从根本上来说是对中国特色社会主义经济建设实践的理论概括。假如我们承认中国社会主义经济发展道路不仅具有中国特色，而且与马克思恩格斯关于未来社会的设想相比具有很大的差别，那么，我们就不应该把中国特色社会主义政治经济学的研究对象仅仅理解为一般意义上的社会主义生产关系及其发展规律，而是应该理解为"中国特色社会主义生产关系及其发展规律"。

中国特色社会主义政治经济学与一般意义上的社会主义政治经济学更为重大的差别在于，它们体现着对于马克思恩格斯关于未来社会的设想以及社会主义本身的不同理解和方法论态度。具体来说，中国特色社会主义政治经济学一方面坚持以马克思主义理论为指导，但另一方面又更加突出了社会主义的实践性、创造性和民族性，体现和贯彻的是一种一切从实际出发的唯物主义方法论以及理论指导性与实践创造性并重的思想方法，体现着从特殊性上升到普遍性以及一般性和特殊性相统一的辩证法。传统社会主义政治经济学则更多地贯彻的是一种从理论到实践的思想方法，更多地体现着将理论运用于现实的逻辑，更多地采用的是一种规范的思维方法，更多地侧重说明社会主义"应该如何"；而中国特色社会主义政治经济学则需要更多地分析现实社会主义究竟如何巩固和发展，发展的必然形式和道路是什么等问题。

习近平总书记指出："强调民族性并不是要排斥其他国家的学术研究成果，而是要在比较、对照、批判、吸收、升华的基础上，使民族性更加符合当代中国和当今世界的发展要求，越是民族的越是世界的。解决好民族性问题，就有更强能力去解决世界性问题；把中国实践总结好，就有更强能力为解决世界性问题提供思路和办法。这是由特殊性到普遍性的发展规律。"[①]

---

① 习近平：《在哲学社会科学工作座谈会上的讲话》，载于《人民日报》2016 年 5 月 19 日。

习近平总书记非常深刻揭示了"由特殊性到普遍性"的现实社会主义的发展规律。

中国特色社会主义的进一步发展，要求我们既不能照搬照抄马克思主义政治经济学，更不能照搬照抄西方经济学尤其是西方主流经济学理论。因此，我们需要创建一种既不同于一般意义上的社会主义政治经济学也不同于西方经济学的新的政治经济学理论。只有把中国特色社会主义政治经济学理解为中国特色社会主义的政治经济学，才能够满足这样一种需要。当然，这样的理解，绝不排斥对于马克思主义理论的进一步坚持和运用，更不排斥对于一般意义上的社会主义政治经济学的继承和发展，也不排除对于西方经济学中的有用成分和中国传统文化优秀部分的借鉴和吸收。

综上所述可见，只有把"中国特色社会主义"理解为"中国特色社会主义政治经济学"的直接研究对象，从而把中国特色社会主义政治经济学理解为"中国特色社会主义政治经济学"，才能充分认识中国特色社会主义政治经济学的鲜明理论特性和巨大的理论创新价值，也只有从这样一个认识出发，我们才能真正创建出既不同于传统社会主义政治经济学更不同于西方经济学的全新的"系统化的经济学说"，一种新的政治经济学"范式"。"中国特色社会主义政治经济学"最重要的思想和方法论原则是，一方面它坚持以马克思主义理论为指导，但绝不照搬马克思主义社会主义理论，另一方面它坚持一切从实际出发的思想方法和原则来理解什么是社会主义以及如何建设社会主义的问题。

如前所述，由于中国特色社会主义政治经济学的研究目的或者面临的理论任务和需要解决的问题具有三个方面的内容，因此，我们在确定中国特色社会主义政治经济学的核心对象的同时，还必须进一步扩展对于中国特色社会主义政治经济学研究对象的认识。中国特色社会主义政治经济学不仅要研究中国特色社会主义生产方式及其与之相适应的生产关系和交换关系，而且还要分析社会主义经济运行及其存在的矛盾与问题，而这种分析必须以历史唯物主义的基本理论为指导，也就是说必须深入研究我国生产力与生产关系、经济基础与上层建筑之间的关系及其矛盾运动，这就是中国特色社会主义政治经济学的第一层扩展研究对象。除此之外，由于中国特色社会主义整体制度仍然处在建设和发展之中，改革仍然是完善中国特色社会主义经济政治制度和促进经济发展的主要方式，因而，中国特色社会主义政治经济学还必须研究国家经济发展和改革政策，只有这样才能为中国经济改革和政策制定提供直接的建设性主张和建议。

总之，中国特色社会主义政治经济学的三重研究目的，决定了中国特色社会主义政治经济学在研究对象上同样必须体现科学性（经济规律）、实践性（经济运行）、建设性（经济战略与政策）的有机统一。从中国特色社会主义政治经济学面临的多重研究目的和理论任务出发，扩宽对于中国特色社会主义政治经济学研究对象的理解，这是中国特色社会主义政治经济学创新性的重要表现，也是进一步构建中国特色社会主义政治经济学理论体系的理论出发点。

四、《资本论》与中国特色社会主义政治经济学的方法与方法论

关于《资本论》对于中国特色社会主义政治经济学的指导意义，人们首先强调的是在方法论上的指导意义。毫无疑问，这是完全正确的。但是，如何将《资本论》的方法和方法论具体地贯彻和体现到中国特色社会主义政治经济学的研究过程与叙述过程之中，仍然是一个有待进一步研究的问题。而要做到这一点，前提是必须对于《资本论》的方法和方法论有一个全面的、正确的理解。关于《资本论》的方法和方法论，马克思和恩格斯在许多文献中都有一些论述，具有十分丰富的内容，而人们对于马克思和恩格斯的论述还存在着一些不同的认识，因此，对马克思和恩格斯关于方法和方法论的有关论述仍然需要做进一步的认真研究和正确解读。

（一）关于"抽象力"

马克思在《资本论》第一卷第一版"序言"中说："分析经济形式，既不能用显微镜，也不能用化学试剂。二者都不必须用抽象力代替。而对资产阶级社会说来，劳动产品的商品形式，或者商品的价值形式，就是经济的细胞形式。在浅薄的人看来，分析这种形式好像是斤斤于一些琐事。这的确是琐事，但这是显微解剖学所要做的那些琐事。……物理学家是在自然过程表现得最确实、最少受干扰的地方观察自然过程的，或者，如有可能，是在保

证过程以其纯粹形态进行的条件下从事实验的。"①

马克思的这段论述将作为一门社会科学的政治经济学的研究与自然科学的研究相比较，一方面揭示了它们之间的共同点；另一方面又强调了政治经济学研究的特殊性。首先，一切科学，无论是自然科学（以自然为对象）还是社会科学（以社会为对象），都是为了揭示事物的运动规律。其次，无论是自然还是社会，由于它们本身从来都不是天然地"纯而又纯的"，而是诸多不同性质的成分的混合体。因而，为了发现和揭示特定的规律，就必须对作为整体的自然或社会进行"分解"。于是，不仅自然科学和社会科学分成了各种的门类，而且即使是某一门学科在进行研究的时候，还必须对所要研究的对象进行"提纯"。自然科学家是通过实验的方法来实现这一点，也就是通过特定的手段（科学实验手段和工具，例如"显微镜"或"化学试剂"等），"人为地制造一个理想的研究环境和条件"。然后，反复地进行试验和观察，直到发现那些自然规律。社会科学的研究也一样，也需要对研究的对象进行"提纯"，并且需要"人为地制造一个理想的研究环境和条件"。但是，由于社会科学研究的是每天都活动着的社会本身，因而，也就不能通过任何物质的手段在实际上对研究的对象去进行"提纯"，当然更不可能在实际上将社会放进一个"理想的研究环境"之中。所以马克思说，必须"用抽象力来代替"。换句话说，人类对于社会自身的研究，依靠的是由于人类文明的发展而产生的抽象思维能力。具体来说，虽然社会科学研究者不能在实际上去分离社会的不同部分，但是，根据对社会的观察和已有的理论思想成果，仍然可以在"思维"即人的头脑中通过"假设"来实现这一点。

这就是说，作为科学研究，自然科学与社会科学有着相同的要求，但是，实现这一要求的途径或手段却存在着根本的差异，这一差异，正是使自然科学与社会科学具有很不相同的特点的根本原因。一切社会科学的共同之点是：相对于自然科学而言，它总是会更多地受到研究者的世界观、方法论、价值观等主观因素的影响。这正是人们往往把人文社会科学称为"软科学"的原因。当然，人类的任何行为都会受到世界观和价值观的影响，因而，自然科学家在进行科学研究的过程中同样会受到世界观和价值观的影响，例如正是由于世界观和方法论的不同，爱因斯坦与玻尔对于世界的本质

---

① 《马克思恩格斯文集》第五卷，人民出版社 2009 年版，第 8 页。

和运动规律的认识是存在差异的。

以上论述表明,把"抽象力"或者"抽象法"当作政治经济学或《资本论》特有的"方法"是完全不正确的。应该说,"抽象力"是一切科学家必须具备的思维能力,"抽象法"也是一切科学必然使用的方法。在这一点上,一些学者的理解是不正确的,而苏联的《资本论》研究专家卢森贝早就正确地指出过"抽象法"的普遍性及其限度。[①]

在经济学研究中,一方面,必须进行抽象,也就是必须通过"假设"将研究对象中的"杂质"或者"次要因素的影响"舍弃掉,同时,又要将研究的核心对象抽取出来;另一方面,究竟"舍象"什么,"抽取"什么,却不是一目了然的事情。在这一点,没有一个"公认的标准",而且实际上受到研究者的立场、方法和观点的重大影响。例如,对于马克思而言,由于商品是客观上的资本主义财富的"元素形式",因此,在理论上,"商品"就是资本主义的"经济细胞"。为了弄清整个资本主义经济体系的内部结构及其运动规律,也就必须首先从对商品的分析开始。于是,"商品"成为《资本论》的第一个范畴,并且也是最具抽象性的范畴。

然而,对于资产阶级经济学来说,虽然也都运用了抽象法或抽象力,但却得出了完全不同的结论。资产阶级经济学家从来都认为他们面对的不是一种特殊的经济形态,而是具有普遍性的、自然的、永恒的社会制度,因而,在理论上,他们不仅总是愿意从最抽象的那些"假设"开始(例如从"鲁宾逊的孤岛"开始),而且他们愿意把实际上只是反映了资本主义经济特点的那些范畴和理论看作是具有"普适性"的永恒的真理。对于现代资产阶级经济学理论而言,大量数学推导的引入,使这一点更加具有迷惑性。

可见,科学必须进行抽象,但是,并非"抽象的"即是"科学的"。问题不在于要不要"抽象",而在于"怎样抽象",什么才是"合理的抽象",什么又是"不合理的抽象"。其中,正确把握抽象的"界限"或限度是关键。马克思的《资本论》与现代资产阶级经济学的根本区别在于:马克思明确地把自己的研究对象严格地界定为"资本主义生产方式以及和它适应的生产关系和交换关系",虽然在一些地方也谈到了有关"生产一般"的内容(例如,第一卷第三篇第五章第一节"劳动过程"),但是那仅仅只是为

[①] 卢森贝:《〈资本论〉注释》,第1册,生活·读书·新知三联书店1963年版,第35~36页。

了"避免重复",而不是研究的落脚点,因而是一种"合理的抽象"。而现代西方主流经济学将抽象的"理性经济人假设"当作解释一切资本主义经济现象的出发点和一般依据,这种把"抽象的一般"直接当作"具体的特殊或个别"的做法,从方法论的角度就是完全错误的。事实上,从亚当·斯密一直到当代西方主流经济学家们讲的那个"经济人",并不是通行于各种不同社会历史阶段和形态中的"一般的人",而只不过是资本主义这一特殊条件下的"特殊的人"在经济属性上的一种概括罢了。把古罗马的奴隶当作和当代美国资本家毫无二致的"经济人",这不仅是毫无意义的,甚至是可笑的。退一步说,即使我们承认"经济人"假设在资本主义范围内的一定的合理性,但是,如果仅仅停留在这个抽象的、一般的认识水平上,也丝毫不能推进人们对于资本主义本身的了解与认识。

问题不在于是不是要认识事物的共性或一般特征,更重要的是必须认识事物的个性或特殊性。"人也是一种动物"这样一个判断,对于任何成年人来说,即使重复一千遍一万遍,也无助于推进人们对于人自身的更加具体的认识。就当代西方主流经济学来说,把资本家、雇佣工人、政府公务员等等一切社会成员都理解为没有任何区别的"经济人",这不仅是肤浅的,而且也是虚伪的。

那么,就《资本论》而言,马克思在进行抽象的时候,他遵循的原则又是什么呢?从方法论的角度来说,就是唯物辩证法了。唯物辩证法规定了需要进行抽象的对象和范畴,也规定了抽象的界限和不同的层次。

首先,根据唯物辩证法,马克思确立了《资本论》的研究对象是"资本主义生产方式以及和它相适应的生产关系和交换关系",因而,一切抽象以"资本主义"为边界,换句话说,凡不是资本主义的东西,至少是首先必须予以舍象。

其次,依据唯物辩证法,通过研究之后,马克思发现,对于资本主义经济体系而言,商品是资本主义"经济细胞",是资本主义社会财富的"元素形式",因而,首先必须从商品的分析开始。同时,资本主义生产作为商品生产,货币与商品紧密相连,并且是和商品一样普遍甚至更为普遍的现象。在依次研究"商品"和"货币"之后,然后再直接研究"资本"本身。这样,《资本论》给我们呈现出一个三层的逻辑结构,即:商品—货币—资本。

由此可见，真正科学的"抽象"必然以特定的"具体"为前提和对象。离开了这一原则，用抽象来代替甚至取消具体，抽象就是不科学的、不合理的。

(二) 关于唯物辩证法与"有机体"

马克思在《资本论》第一卷第二版"跋"中，对《资本论》中所运用的"方法"问题进行了更为详细的论述。概括起来主要有三点：

第一，把《资本论》的方法理解为"形而上学的方法"或"分析的方法"是不正确的，把《资本论》的研究方法理解为"实在论"的、把叙述方法理解为"辩证法的"，也是不正确的。

第二，《资本论》的研究方法和叙述方法从根本上来说，都是唯物辩证法。唯物辩证法是马克思对黑格尔的唯心辩证法进行批判继承的结果。所谓"唯物"，就是把一切观念或理念的东西，理解为"客观存在"在人们头脑中的反映，而不是相反，把人们的观念或理念理解为事物本身产生的原因。辩证法的根本特点，就在于对于一切事物总是从联系和运动的角度去理解，因而，"它是批判的和革命的。"唯物辩证法是一种世界观，从而也是一种方法论。马克思是自觉地把唯物辩证法引入政治经济学研究的第一人，也因此，马克思使政治经济学发生了革命。

第三，"在形式上，叙述方法必须与研究方法不同。研究必须充分地占有材料，分析它的各种发展形式，探寻这些形式的内在联系。只有这项工作完成以后，现实的运动才能适当地叙述出来。这点一旦做到，材料的生命一旦在观念上反映出来，呈现在我们面前的就好像是一个先验的结构了。"① 这就是说，"研究"与"叙述"是完整的科学研究的两个不同的阶段，无论是内容，还是形式，都是有区别的。研究阶段的内容是收集材料（即与研究对象有关的各种信息）—进行分析（去伪存真，去粗取精，定性分析与定量分析相结合）—探寻事物之间的内在联系（由表及里，归纳与推理，分析与综合，发现因果关系和规律）—形成概念与判断（即命题或理论观点）。这样一个过程，往往也就是从具体（现象）上升到抽象（本质）的过程。叙述阶段的内容则是陈述事物本身的发展，并且用已经发现的规律去加

---

① 《马克思恩格斯文集》第五卷，人民出版社 2009 年版，第 21~22 页。

以解释。

由于在形式上,理论"外在地"表现为由一系列范畴或概念组成的一个体系,因而,呈现在人们面前的就"好像是一个先验的结构"。而实际上,由于马克思坚持唯物主义方法,所以,理论结构的"先验性"即"主观性"(也就是各范畴的排列看起来完全是由马克思自己人为地决定的)完全只是一个"表面"现象。

另外,如前所引,马克思在第一卷第一版"序言"中说过:"对资产阶级社会说来,劳动产品的商品形式,或者商品的价值形式,就是经济的细胞形式。"① 第一卷第一版"序言"中还说:"甚至在统治阶级中间也已经透露出一种模糊的感觉:现在的社会不是坚实的结晶体,而是一个能够变化并且经常处于变化过程中的有机体。"② 这两句话表明,马克思把社会看作一个"有机体",而不是"结晶体"。任何一个活的有机体,它的各个部分之间都存在着有机的联系,从而表现为一个整体。正像一个活的人,不是手、胳膊、腿、头等各种器官的简单堆积一样,任何一个社会也不是各组成部分的机械相加。因此,在理论上,对于"社会有机体"的剖析,不能用形而上学的方法,而只能运用辩证法。

马克思运用辩证法来分析社会及其经济运动,首先在方法上,就比现代资产阶级经济学胜出一筹。自 19 世纪 70 年代"边际革命"以来,西方经济学家越来越将经济学发展成为一种"社会物理学"或"经济力学"。一方面,这为数学被大量引入经济学创造了条件;另一方面,也使所谓"现代经济学"离真实的历史和现实越来越远,从而离真正的科学也越来越远。可以说,现代西方资产阶级经济学,是徒有科学的外表与形式而全无科学的内容与实质。

还需要进一步指出,马克思虽然把社会理解为一种"有机体",但绝没有简单地照搬生物或生物有机体的演化规律,并以此来代替对于社会有机体所具有的独特的发展规律的研究。因为毕竟人类社会这个有机体与自然或生物有机体是本质上根本不同的东西。基于生物演化的生物学理论或定律,对于以社会为对象的政治经济学而言,顶多只具有"隐喻"或"类比"的意

---

① 《马克思恩格斯文集》第五卷,人民出版社 2009 年版,第 8 页。
② 《马克思恩格斯文集》第五卷,人民出版社 2009 年版,第 11~13 页。

义。真理往前再多走一步，就会走向谬误。

（三）关于方法的"两条道路"问题

撇开研究阶段的内容不说，在叙述过程中即安排已经形成的各个范畴的顺序时，马克思遵循的原则或方法又是什么呢？关于这一点，马克思在《政治经济学批判》"导言"第三节"政治经济学的方法"中做过详细的论述。在"导言"中，马克思不仅系统总结了古典政治经济学在研究方法上的特点与局限，而且对黑格尔的唯心辩证法进行了批判性的评价。马克思把古典政治经济学的发展按照方法的成熟水平划分为两个阶段，即17世纪古典政治经济学的产生和18世纪古典政治经济学的发展。前一个阶段的特点是，"从实在和具体开始，从现实的前提开始"，例如从人口、国家等开始，通过研究，最后形成了一些抽象的范畴或概念，例如分工、价值等。后一个阶段的特点正好与前一个阶段相反，它不是从"具体实在"开始，而是从已经形成的"抽象概念"开始，并用这些概念去理解和说明各个"具体的实在"。

马克思认为，"后一种方法显然是科学上正确的方法"。

需要特别注意的是，马克思在这里并没有认为前一种方法就是错误的方法。因为没有前一个阶段的政治经济学的产生，也就不可能有后一阶段的政治经济学的发展。而且前述马克思关于研究与叙述两个阶段的内容表明，任何一个经济学家在研究经济问题时，必须从具体开始，也就是必须从研究现象开始，而不应该从"本质"或某些抽象的概念开始。不研究现象，所谓的本质从何而来呢？以为科学就是为了揭示事物的本质和规律，从而就不需要研究现象，可以不注重对现象的观察，这纯粹是一种误解，甚至是对科学的一种无知。任何事物的"本质"，其实是不可能离开现象而独立存在的，也就是说，不存在脱离开现象的什么本质。所谓本质，本来就是指现象之间的"内在"联系。虽然"只看现象不看本质"是肤浅的，但是，"只看本质不看现象"则更可能是一种主观唯心主义了。

根据马克思对于政治经济学"第一条道路"和"第二条道路"的具体论述，大体可以把它们分别概括为"从具体上升到抽象"和"从抽象上升到具体"这样两个不同的形式。这里的"具体"，指的就是"客观实在"；这里的"抽象"也就是指通过研究而形成的反映事物内在联系的那些范畴或概念。"在第一条道路上,完整的表象蒸发为抽象的规定;在第二条道路上,抽象的规定在思维进程中导致具体的再现。"①

既然马克思明确表示"后一种方法显然是科学上正确的方法",那么毫无疑问,《资本论》也运用了这样一种方法,即"从抽象上升到具体的方法"。

众所周知,黑格尔哲学是一种唯心辩证法的哲学体系。在这个体系中,黑格尔同样运用了"从抽象上升到具体"的逻辑方法。但是,马克思深刻地指出黑格尔的根本错误:"黑格尔陷入幻觉,把实在理解为自我综合、自我深化和自我运动的思维的结果,其实,从抽象上升到具体的方法,只是思维用来掌握具体并把它当作一个精神上的具体再出来的方式。但决不是具体本身的产生过程。"②

在逻辑形式上,《资本论》与黑格尔哲学体系有相似的一面,即都运用了"从抽象上升到具体"的方法,都是辩证法理论体系,以至于列宁曾经说过,如果不懂黑格尔的逻辑学,就根本无法弄懂《资本论》。但是,另一方面,必须充分认识《资本论》在方法上与黑格尔哲学对立的那一面,即"我的辩证方法,从根本上来说,不仅和黑格尔的辩证法不同,而且和它截然相反。"③ 黑格尔运用"正—反—合"三段论,从逻辑学开始,再到自然哲学,最后到精神哲学,将整个世界、连同他自己的哲学本身,统统纳入到了一个神秘的哲学体系。虽然他对于事物之间的联系与转化的揭示,在很多方面完全是主观的、随意的,但这不妨碍他是第一个天才的辩证法大师。马克思剥去了黑格尔哲学的"神秘的外衣",发现了其中的辩证法这个"合理的内核",同时又继承了费尔巴哈的唯物主义哲学思想,创立了唯物辩证法的新哲学,这正是马克思能够实现政治经济学革命的深刻的哲学基础。

(四) 关于《资本论》排列范畴顺序的原则

贯彻辩证法,就必须按照"从抽象上升到具体"的方法来进行叙述和展开理论体系。因为只有通过这样一种逻辑的方法,才能够揭示出事物之间

---

①② 《马克思恩格斯文集》第八卷,人民出版社 2009 年版,第 25 页。
③ 《马克思恩格斯文集》第五卷,人民出版社 2009 年版,第 22 页。

的联系及其发展。那么，不同的范畴在理论体系中的地位究竟是由什么决定的呢？换句话说，当面对各种不同的范畴时，例如，国家、人口、交换、分工、价值、利润、土地所有权、价格、工资等等，依据什么来判断或决定哪一个是抽象的，哪一个又是具体的呢？

能否按照这些概念或范畴所出现的历史顺序，或者"按照它们在历史上起决定作用的先后次序"来排列它们的顺序呢？马克思明确地指出，这"是不行的，错误的"。那么又应该如何安排范畴的逻辑顺序呢？马克思说："它们的次序倒是由它们在现代资产阶级社会中的相互关系决定的，这种关系同表现出来的它们的自然次序或者符合历史发展的次序恰好相反。问题不在于各种经济关系在不同社会形式的相继更替的序列中在历史上占有什么地位，更不在于它们在'观念上'（在历史运动的一个模糊表象中）的次序。而在于它们在现代资产阶级社会内部的结构。"① 例如，土地所有权是先于资本存在的，但是，在资本主义社会结构中，它不再占有主导地位，而是受资本的支配。再比如，商业资本是资本的第一个形态，但是，在一切发达的、成熟的资本主义生产方式中，起决定作用的不是商业资本，而是产业资本。显然，只能用资本去说明土地所有权，也只能从产业资本出发去说明商业资本，而不能相反，完全按照这些范畴出现的历史次序来进行说明。在"导论"中，马克思对于上述安排范畴顺序的唯物主义原则进行了详细的论证，并根据这样一个原则，提出了一个"分篇"计划：（1）一般的抽象的规定……（2）形成资产阶级社会内部结构并且成为基本阶级的依据的范畴。资本、雇佣劳动、土地所有制。它们的相互关系……（3）资产阶级社会在国家形式上的概括……（4）生产的国际关系……（5）世界市场和危机。

需要指出的是，今天我们所看到的《资本论》三大理论卷，实际上只是相当于这个"五篇计划"中的第（2）篇中的第一部分，即"资本"这一部分。而后面的所有内容并没有按计划完成。

其次，由于马克思是按照从抽象上升到具体的方法来考虑这个五篇结构的，那么，毫无疑问，整个说来，《资本论》是马克思的整个理论计划中的属于"抽象"层次的内容。明确这一点，对于我们科学地认识与对待马克

---

① 《马克思恩格斯文集》第八卷，人民出版社2009年版，第32页。

思的《资本论》以及发展马克思主义政治经济学都具有十分重要的意义。

（五）关于唯物史观与《资本论》

除上述"导言"之外，马克思于 1859 年 1 月为《政治经济学批判》第一分册写的"序言"，也是马克思关于政治经济学方法或方法论的一部重要文献。在"序言"中，马克思第一次对历史唯物主义或者唯物史观的基本原理和核心观点进行了经典的概括，并且指出，它们是"指导"马克思进行政治经济学研究的"总的结果"。

首先需要指出的是，唯物史观虽然是唯物辩证法在对于人类社会历史发展的理解中的具体表现形式，但是从马克思和恩格斯的思想发展史来看，并不存在先创立一般的唯物辩证法，然后再将之运用于人类社会历史，进而创立唯物史观这样一个过程或顺序，而是相反，马克思和恩格斯先是共同创立了唯物史观，进而将其发展为更为普遍的唯物辩证法。恩格斯围绕哲学所写的一系列著作，例如《反杜林论》、《自然辩证法》、《路德维希·费尔巴哈和德国古典哲学的终结》等，都是在马克思已经出版了《资本论》第一卷之后的作品，都充分地说明了这一点。

正确理解历史唯物主义，既要坚持唯物主义，也要坚持辩证法，只有从唯物主义与辩证法的有机统一出发才能准确把握历史唯物主义的精髓。历史唯物主义认为，人类社会是一个有机整体，同时人类社会的生存和发展始终以自然作为永恒的基础和前提，因而，不仅社会的各组成部分之间存在着辩证关系，人类与自然之间同样存在着辩证关系。在相当长的历史时期内，由于社会生产活动是人类主要的生活和实践形式，是人类文明发展的基础，因而，人类社会的生产（广义的生产，是经济活动的核心内容）不仅决定了人类的物质文化生活发展水平，而且人类的社会生产关系也制约着人类自身的政治关系、社会关系、精神关系等其他各种关系。在人类的社会生产过程中，通过劳动人类社会利用和改造着自然，但是自然资源和生态环境是人类社会生产和生活的永恒的自然基础和制约条件。在人类社会生产中，一方面存在着人们之间的一定的社会生产关系；另一方面通过社会生产力又体现着人类与自然的关系。随着人类社会生产的发展，人类社会本身的结构即社会关系也会得到发展，并表现为不同的历史阶段即社会形态。由于社会的生产关系即经济关系是人类的其他社会关系的基础和核心部分，因而，根据社生产关系的性质和特点的不同，可以把人类社会历史划分为不同的社会经济形态。人类社会发展不同阶段的生产关系，从根本上来说，总是由物质生产力的一定发展阶段或水平所决定的；而一定社会的上层建筑即政治、法律制度等以及社会意识形态，从根本上来说总是由一定的社会生产关系决定的。但是，不能形而上学地理解生产力与生产关系以及生产关系与上层建筑和社会意识形态的关系。历史唯物主义进一步认为，生产关系对于生产力、上层建筑对于生产关系、社会意识对于社会存在都具有积极的能动作用，因而，正是生产力与生产关系、经济基础与上层建筑的矛盾运动推动着人类社会的历史发展。

由此可见，历史唯物主义深刻地揭示了社会各个组成部分的结构及其辩证关系以及人类社会与自然的辩证关系，从而发现了人类社会发展的一般机制与规律。历史唯物主义或唯物史观对于马克思的政治经济学研究或《资本论》的创作，有着巨大的方法论意义和价值。正是在这样的历史社会观的"指导"下，马克思确立了《资本论》的研究对象，也为自己确立了明确的"研究目的"，即"揭示现代社会的经济运动规律"，也就是资本主义社会的经济运动规律。

那么，什么是"社会的经济运动规律"呢？从一定意义上来说，所有的"经济规律"一定是"社会的经济运动规律"。因为所谓"社会"，也就是由所有的人组成的一个整体或集合。由于一切经济活动都必然都是人的活动，从而也必然具有社会性。但是另一方面，马克思这里所说的"社会的经济运动规律"却有着特定的含义。根据前面关于"研究对象"和"方法与方法论"的讨论可以看出，马克思并不力求研究所有的经济现象或问题，也没有打算揭示一切社会经济规律。马克思关心的核心是：作为一种社会经济形态，资本主义是如何产生的？它又是如何发展的？具体来说就是，资本主义生产关系是如何产生的？资本主义生产关系究竟具有怎样的性质与特点？它与物质生产力的发展是一种什么样的关系？资本主义的上层建筑与社会主义生产关系又是一种什么关系？因此，马克思所说的"社会的经济运动规律"，其核心是生产关系的性质及其发展规律。

唯物史观不仅决定了《资本论》研究什么，而且决定了如何研究，这就是：必须从物质生产力的发展阶段和历史性质或特点出发去说明资本主义生产关系产生的必然性；必须在物质生产力与资本主义生产关系的相互作用中、经济关系与国家上层建筑的相互作用中去说明资本主义社会的生产力的发展、生产关系本身的发展以及资本主义上层建筑的发展与变化。

由此可见，唯物史观为《资本论》提供了研究与分析的"理论框架"。因而，不懂得历史唯物主义或唯物史观，就不可能正确理解《资本论》。

（六）关于逻辑的方法与历史的方法

《资本论》运用了从抽象上升到具体的逻辑方法（辩证逻辑），因而，从"外在形式"上来看，它表现为由一系列理论范畴或概念的排列而形成的一种"逻辑体系"，《资本论》里虽然充满了各种关于历史的材料，但它本身仍然是一部政治经济学的理论著作，而不是历史或经济史著作。并且如前所引，马克思明确地否定了按范畴出现的历史次序来安排它们在逻辑上的顺序的做法。然而，作为一部唯物主义作品，《资本论》与实际的"历史"之间又有着极为密切的内在联系。那么，《资本论》的"逻辑的方法"与"历史的方法"究竟是一种什么关系呢？

关于这一点，恩格斯在为马克思的《政治经济学批判》第一分册写的书评中做了具体的阐述："对经济学的批判，即使按照已经得到的方法，也可以采用两种方式：按照历史或者按照逻辑。既然在历史上也像在它的文献的反映上一样，整个说来，发展也是从最简单的关系进到比较复杂的关系，那么，政治经济学文献的历史发展就提供了批判所能遵循的自然线索，而且整个说来，经济范畴出现的顺序同它们在逻辑发展中的顺序也是一样的。这种形式看来有好处，就是比较明确，因为这正是跟随着现实的发展，但是实际上这种形式至多只是比较通俗而已。历史常常是跳跃地和曲折地前进的，如果必须处处跟随着它，那就势必不仅会注意许多无关紧要的材料，而且也会常常打断思想进程；并且，写经济学史又不能撇开资产阶级社会的历史，这就会使工作漫无止境，因为一切准备工作都还没有作。因此，逻辑的研究方式是唯一适用的方式。但是，实际上这种方式无非是历史的研究方式，不过是摆脱了历史的形式以及起扰乱作用的偶然性而已。历史从哪里开始，思想进程也应当从哪里开始，而思想进程的进一步发展不过是历史过程在抽象的、理论上前后一贯的形式上的反映；这种反映是经过修正的，然而是按照现实的历史过程本身的规律修正的，这时，每一个要素可以在它完全成熟而具有典范形式的发展点上加以考察。"① 恩格斯已经非常清晰地揭示了逻辑方法与历史方法的辩证关系，因而无须再作更多的解释。

(七) 关于内在观察法与外在观察法

自18世纪以来，资产阶级经济学家已经开始从抽象的范畴和理论概念出发，试图建立各种理论体系。但是，无论是亚当·斯密还是大卫·李嘉图，他们在理论上最终都是不成功的。其中一个非常重要的原因，就在于他们不懂得辩证法，以致无法理解通过"内在观察法"所得到的范畴与通过"外在观察法"所得到的现象或表象之间的辩证关系，他们总是试图将它们直接等同起来，结果造成了一系列理论矛盾，最终导致了理论体系的瓦解。关于这一点，马克思在《资本论》第四卷即"剩余价值理论"中做了详尽的分析与评论。

在资产阶级古典经济学的发展中，亚当·斯密是一个重要的代表人物。在斯密的著作中，同时存在着"内在观察法"和"外在观察法"："斯密本人非常天真地活动于不断的矛盾之中。一方面，他探索各种经济范畴的内在联系，或者说，资产阶级经济制度的隐蔽结构。另一方面，他又把在竞争现象中表面上所表现的那种联系，也就是在非科学的观察者眼中，同样在那些被实际卷入资产阶级生产过程并同这一过程有实际利害关系的人们眼中所表现的那种联系，与上述内在联系并列地提出来。这是两种理解方式，一种是深入研究资产阶级制度的内在联系，可以说是深入研究资产阶级制度的生理学，另一种则只是把生活过程中外部表现出来的东西，按照它表现出来的样子加以描写、分类、叙述并归入图式化的概念规定之中。这两种理解方式在斯密那里不仅安然并存，而且相互交错，不断自相矛盾。"② 斯密著作中存在的这两种相互矛盾的"方法"一直被他的后继者们所继承。

古典经济学的最后代表李嘉图，是第一个自觉地试图将内在观察法贯彻到底的资产阶级经济学家。他力图将所有的经济范畴立于"价值决定于劳动时间"这一抽象的规定，并以此为出发点去揭示资产阶级社会各阶级之间的经济联系及其对立的根源。因此，"李嘉图的研究方法，一方面具有科

---

① 《马克思恩格斯文集》第八卷，人民出版社2009年版，第603页。
② 《马克思恩格斯全集》第三十四卷，人民出版社2008年版，第182~183页。

学的合理性和巨大的历史价值";但"另一方面,它在科学上的缺陷也是很明显的"①。对此,马克思通过考察李嘉图的所有具体理论上存在的缺陷与矛盾进行了论证与说明。概括起来说,李嘉图虽然有意识地坚持了"内在观察法",但是,由于他不懂得辩证法,不懂得只有通过范畴的不断转化、通过一系列理论上的"中介环节",才可能正确揭示通过内在观察法得到的抽象规律与通过外在观察法得到的现象或表象之间的辩证联系及其区别。一定意义上来说,李嘉图同样没有最终摆脱存在于斯密理论中的内在观察法与外在观察法之间的矛盾与冲突。这是导致李嘉图理论体系瓦解以及他的理论不断被庸俗化的方法论上的根本原因。

关于事物的本质与现象之间的关系,马克思曾经深刻地指出过:"如果事物的表现形式和事物的本质会直接合而为一,一切科学就都成为多余的了。"② 科学的任务正在于揭示事物的本质和发展规律。然而,不能认为科学只与"本质"有关,而与"现象"无关。把"本质"与"现象"完全割裂开来甚至对立起来,不是唯物辩证法的观点,甚至容易导致唯心主义。在彻底的唯物辩证法中,没有绝对脱离开现象的所谓本质,这一点,早由德国工人哲学家狄茨根做过正确的阐述。③ 因而,一些科学,包括自然科学,不仅在于"揭示本质",而且还必须"说明现象"。《资本论》不仅揭示了资本以及资本主义生产方式的本质,而且全面地说明了各种资本主义经济现象是如何产生的,并在此基础上,说明了直接反映这些现象的资产阶级经济学理论是如何产生的,也因此,《资本论》同时也就是《政治经济学批判》。

这里我们可以进一步指出,马克思经济学与当代西方资产阶级经济学的根本的方法论的区别,仍然在于马克思经济学运用的是唯物辩证法,因而,它能够将"内在观察"与"外在观察"辩证地统一起来。而现代西方资产阶级经济学继承了李嘉图体系解体之后的"庸俗经济学"的一贯的方法论特点,即彻底摒弃了"内在外观察法",完全满足于"外在观察法",满足于在资本主义经济生活的表面现象上兜圈子。从这个意义上来说,当代资产阶级经济学在根本上仍然属于马克思所说的"庸俗经济学"。

上述《资本论》中所运用和体现的以及马克思恩格斯关于政治经济学

---

① 《马克思恩格斯全集》第三十四卷,人民出版社 2008 年版,第 184 页。
② 《马克思恩格斯文集》第七卷,人民出版社 2009 年版,第 925 页。
③ 参见《狄慈根哲学著作选集》,生活·读书·新知三联书店 1978 年版。

的方法论与方法的丰富理论，对于构建中国特色社会主义政治经济学理论体系具有十分重要的指导意义，具体来说：

第一，唯物辩证法和唯物史观是马克思主义世界观和历史观，是马克思主义政治经济学的根本方法论，毫无疑问，作为当代中国的马克思主义政治经济学，中国特色社会主义政治经济学必须全面贯彻和运用唯物辩证法和唯物史观。这就必须坚持从人类社会发展一般规律的高度出发，坚持社会有机体的社会观，坚持以分析中国特色社会主义的生产力与生产关系、经济基础与上层建筑的对立统一关系作为根本的方法论，坚持把中国特色社会主义生产方式以及与之相适应的生产关系体系确立为直接的研究对象，同时坚持立足中国作为发展中国家和处于社会主义初级阶段的基本国情，把促进社会物质生产力的快速健康发展作为核心任务，努力探索中国特色社会主义的社会经济运动和发展规律。

第二，抽象和抽象法是一切科学的共同方法和要求，构建中国特色社会主义政治经济学，必须科学运用抽象和抽象法，必须在贯彻唯物辩证法和唯物史观的基础上，坚持从中国特色社会主义经济实践和实际出发，在继承、借鉴和改造已有的政治经济学和经济学范畴的基础上，努力提出一系列新的中国特色社会主义政治经济学的特有范畴，并在此基础上提出一系列新的经济学理论，进而按照逻辑与历史相统一的方法，构建新的经济学理论体系即"系统化的经济学说"。

第三，坚持以唯物辩证法为指导，科学认识中国特色社会主义经济的主要矛盾和矛盾的主要方面，始终把"中国特色社会主义经济"作为"普照的光"，科学认识社会化大生产的一般规律、商品生产或市场经济的特殊规律、中国特色社会主义生产的个别规律三者之间的辩证关系，科学认识中国特色社会主义经济与中国特色社会主义市场经济之间的辩证关系，全面揭示中国特色社会主义社会经济运动和发展规律。

第四，科学认识研究过程与叙述过程、研究方法与叙述方法、从具体到抽象和从抽象到具体的辩证关系，大力加强从具体上升到抽象从而形成新的经济学范畴和理论的研究过程，努力克服跳过或忽视研究过程直接进入叙述过程的错误方法，努力克服用叙述方法代替研究方法的错误认识，从而避免理论和理论体系上的照搬照抄和教条主义，使中国特色社会主义政治经济学成为一门真正的"实证科学"和严谨的理论体系，而不是零散的理论认识的简单拼凑。

第五,在坚持以《资本论》和马克思主义政治经济学的方法论和方法为指导的前提下,必须创造性地运用这些方法论和方法,而不是简单地照搬和模仿。事实上,由于中国特色社会主义经济与作为《资本论》研究对象的资本主义经济具有许多重大差别,从而要求我们在方法论和方法上也必须进行创新,只有这样,中国特色社会主义政治经济学才能真正成为全新的政治经济学或经济学理论体系。

五、《资本论》与中国特色社会主义政治经济学的起点范畴

《资本论》的成功经验表明,确立正确的起点范畴,是构建科学的政治经济学理论体系的重要基础和出发点。毫无疑问,构建中国特色社会主义政治经济学理论体系,确立正确的起点范畴是十分重要的一环。在这个问题上,我国政治经济学界已经进行了长期的探索,但是至今仍然没有取得理论共识。我国政治经济学研究的经验教训表明,把《资本论》的起点范畴"商品"直接理解为中国特色社会主义政治经济学的起点范畴是行不通的,因此,需要进行新的探索。

众所周知,马克思之所以把商品作为全部理论体系的起点范畴,是因为"商品"在现实资本主义社会中表现为财富的"元素形式"和"经济细胞"。这就启发我们,必须通过研究,发现中国特色社会主义经济中类似于"元素"或"细胞"的那个经济范畴。对此,这里进行一些探讨,供学界批评和参考。

改革开放近40年来,"中国特色社会主义理论体系"初步形成。然而,中国特色社会主义理论体系存在一个理论上的"软肋"甚至是空白点,即在马克思主义理论的基础上如何真正回答这样一些重大问题:中国为什么要实行以生产资料公有制为基础的社会主义经济制度?中国为什么在发达国家都没有搞社会主义的前提下搞社会主义?中国为什么要在生产力仍然相对落后的条件下搞社会主义?中国为什么在苏联解体、东欧国家剧变了的条件下仍然要搞中国特色的社会主义?而且为什么中国这样一种发展道路至今为止

是成功的？从一定意义上来说，这些问题是中国特色社会主义政治经济学首先必须回答的核心问题。

然而，中国现有的社会主义政治经济学（无论是"官方的"还是"学界的"）都没有很好地回答甚至根本没有回答上述重大理论问题。现有各种版本的社会主义政治经济学教科书，基本上都是先讲社会主义基本经济制度的建立，然后按照改革开放以来中央文件所论及的经济内容进行分述。不仅没有严谨的内在逻辑，而且上述最重要的问题被省略掉了。正像马克思曾经批评过古典经济学以私有制为前提却没有对它进行说明一样，中国的政治经济学也是以社会主义公有制为前提，却没有对它进行一个合理的理论解释。

人们之所以没有能够"从正面"回答上述重大理论问题，是因为实际上存在着另一个事实上的理论和逻辑的漏洞与尴尬，即一方面运用唯物史观强调"生产力标准"，用以解释中国为什么要改革开放，为什么要实行市场经济体制，为什么要发展非公有制经济，为什么只能搞初级阶段的社会主义而不是中级或高级阶段的社会主义，而另一方面，却不能彻底贯彻同一个"生产力标准"来解释中国为什么要搞公有制和社会主义。[①] 在解释中国为什么要走社会主义道路的时候，就从"生产力标准"这个"理论""大逃亡"了，逃到哪儿去了呢？逃到近代史上去了，[②] 或者根本就"逃避"了。

这就是中国社会主义政治经济学理论的基本现状。马克思说，理论只有彻底，才能掌握群众。中国现有的社会主义政治经济学在逻辑上不彻底甚至根本没有逻辑，自然也就失去了"说服力"或"话语权"。[③]

实际上，"生产力标准"理论与中国现实的矛盾并不是现在才存在的。具体来说，长期以来存在于我国理论界和学术界的"历史唯物主义"一开始就同中国现代以来的全部历史是相矛盾的。所有熟悉马克思主义理论的人

[①] 有些学者甚至用"唯生产力论"来论证中国不应该搞社会主义，而只能搞"民主社会主义"。
[②] 例如，张海鹏：《近代中国历史发展选择了社会主义道路》，载于《中国社会科学报》2009年12月10日。文中说"60年前，中国为什么要走上社会主义道路？我认为，这是近代中国历史发展的结果，是历史的选择。"这样的说法也是中国现行各种版本的社会主义政治经济学教科书的通行说法。
[③] 所谓"话语权"，首先是指理论上的学术话语权，从本质上来说它来自社会的实际存在状况以及由此而产生的各种现实的权力。马克思曾经指出，在经济上占统治地位的阶级在意识形态上也必然占据统治地位。

都知道：马克思的历史唯物主义理论和全部经济学理论表明，社会主义只能以发达的资本主义和高度发达的物质生产力为前提。马克思在《政治经济学批判·序言》明确地指出："无论哪一个社会形态，在它所能容纳的全部生产力发挥出来以前，是决不会灭亡的；而新的更高的生产关系，在它的物质存在条件在旧社会的胎胞里成熟以前，是决不会出现的。"[①] 新中国在1956年那个时候的生产力状况，可以肯定地说是并没有达到在全国范围建立社会主义公有制的水平的。假如我们从发展和动态的角度来看这个问题，把资本主义与社会主义联系起来考虑，那么，在中国为什么要搞公有制和社会主义就更加成为问题了。试想，连生产力水平比我们发达多了的欧美国家都没有搞社会主义，为什么一个落后的国家要搞社会主义？显然，"简单地照搬"或"直接套用""生产力—生产关系—上层建筑"这个"决定与反作用范式"，并不能从理论上科学地解释中国现代以来的历史，特别是30多年来改革开放和经济发展的现实。

中国社会主义政治经济学在方法论上的根本缺陷，是在强调"坚持马克思主义的理论指导"这样一个正确命题之下，却在实际上仍然未能摆脱对于历史唯物主义的教条主义理解及其束缚，这是导致理论与现实发生矛盾的根本原因。

只要我们坚持一切从实际出发的唯物主义方法论，我们就会清楚地看到，中国现代历史的演变与发展，同"生产力决定生产关系、经济基础决定上层建筑"这一"理论范式"至少在直接意义上是冲突的。新中国成立以来，不是在发达的生产力基础上建立社会主义生产关系和相应的上层建筑，相反，它是通过政治革命先建立起一定的上层建筑（即新民主主义性质的国家），然后再去建立社会主义的生产关系（即生产资料公有制，国有制和集体所有制），进而使"新民主主义国家"发展为"社会主义国家"，并在此基础上进一步发展中国的社会生产力。由此可见，中国现代社会的发展与演进，具有一种完全不同于"生产力决定生产关系、经济基础决定上层建筑"这一"理论范式"的"发展逻辑"。

这里提出的问题，自然涉及一个重要的理论或认识上的问题，即究竟如何看待和认识马克思的历史唯物主义理论及其与现代中国社会发展

---

① 《马克思恩格斯选集》第二卷，人民出版社2012年版，第3页。

的关系?① 我们说中国现代社会的"发展逻辑"与"生产力—生产关系—上层建筑"这一"决定与反作用范式"不一致,是否必然陷入这样一个"两难困境":要么是说中国现代社会的发展否定了历史唯物主义,要么是说中国现代社会的发展根本就是违背了社会发展的一般规律?

我认为,并不存在这样的"两难选择"。问题的关键在于,必须克服对于历史唯物主义理论的形而上学的片面理解,必须恢复对于历史唯物主义理论本身的科学认识。

第一,必须科学认识历史唯物主义理论的不同内容或要素及其与实际历史的关系。历史唯物主义理论本身包含着各种不同的理论要素,具体来说,历史唯物主义理论强调了生产力在人类历史发展中的终极决定作用,从而揭示了人类社会历史发展的客观性;这个理论用"生产力—生产关系—上层建筑—意识形态"这个"范式"描述了社会发展的一般机制或机理;根据不同生产方式和生产关系的性质和区别,这个理论把人类社会历史从最一般意义上划分为依次递进的"五种形态",即原始社会、奴隶社会、封建社会、资本主义社会和共产主义社会;这个理论还认为历史发展的客观规律性与人类的主观创造性是有机统一的;人类社会历史的发展表现为个人行为和集体行动的共同结果②;等等。

我们认为,对于历史唯物主义理论中所包含的不同理论要素,应该可以有不同的认识。具体来说,物质生产力的发展对于人类社会发展的最终决定作用,这是历史唯物主义理论中最具有"硬核"性质的内容,从而具有"一般"即最普遍的适用性和终极性的解释力。而人们心目中存在的"生产力—生产关系—上层建筑"的"决定与反作用范式"和"社会发展五形态论"则并不一定具有一般性。例如,从世界范围来看,有的国家或民族在某种特殊条件下,可能正是因为并不直接遵循"生产力—生产关系—上层建筑"这个"决定与反作用范式",从而也并不完全依次经历全部五个社会

---

① 关于历史唯物主义与中国历史的关系,早在中国史学界关于中国究竟有没有奴隶社会的争论中就呈现出不同的理论倾向。在这个争论中,一些"理论家"之所以坚持"奴隶制"说,一个重要的动机在于使中国的历史发展与马克思的"五种社会形态"理论相一致,从而间接地说明"中国社会主义"的"合规律性"。为了使问题简化,本文将同一个性质的问题,限定在新中国成立以来的时间范围之内。

② 学术界对于历史唯物主义理论的内容有不同的概括,参见林岗、张宇:《马克思主义经济学的五个方法论命题》,引自《马克思主义与制度分析》,经济科学出版社2001年版,第3~34页。

发展阶段，而是有可能跨越"卡夫丁峡谷"或其他什么"峡谷"。美国没有经历封建时代，中国没有经历资本主义时代，就是两个最典型的例子。因此，坚持历史唯物主义中最具有一般性的"硬核"部分，并不意味着必须照搬这个理论中并不具有一般性的其他内容。换句话说，承认具体国家或民族的一定具体历史发展路径与历史唯物主义理论的一定区别，并不意味着对于历史唯物主义的根本否定，相反，正是体现了唯物史观中的辩证法原则。人类社会发展极为丰富的历史本身表明，我们必须坚持唯物主义与辩证法的统一，否则，我们根本无法正确认识人类发展的一般性和多样性的辩证统一关系。

中国社会主义政治经济学之所以存在前述方法论上的缺陷，一个重要原因，就在于没有能够将历史唯物主义理论中的不同内容做出科学的区分，将坚持历史唯物主义方法论这个本来正确的原则，误解成为照搬这个理论中的所有内容。这正是导致理论与现实发生矛盾的理论认识上的根源。因而，中国特色社会主义政治经济学的创建，必须以对历史唯物主义理论的科学认识为前提，必须突破照搬历史唯物主义的传统"分析范式"和方法，必须坚持从近代以来的世界体系及其对中国社会发展轨迹影响的分析作为创建中国特色社会主义政治经济学理论的出发点，只有通过创立一个新的历史发展理论和分析框架才能对中国这一独特的发展道路进行科学的解释。①

第二，必须全面完整地理解历史唯物主义的理论内容。从历史唯物主义理论的形成来看，它具有两个来源，一方面，它是马克思在批判各种旧的社会理论和历史理论，特别是批判黑格尔的法哲学理论的基础上创立起来的。正是为了批判各种唯心主义历史观和社会观，马克思正确地揭示了经济发展在全部社会发展中的基础作用，正确地揭示了物质生产力的发展在社会经济发展中的终极作用。但是，这并不意味着马克思否定了政治、法律等上层建筑以及社会意识形态对于经济发展和生产力发展的巨大能动作用。关于这一点，晚年的恩格斯曾经进行了许多重要的论述。

例如，恩格斯在1890年9月21~22日致约瑟夫·布洛赫的信中指出："根据唯物史观，历史过程中的决定性因素归根到底是现实生活的生产和再

---

① 在这方面，毛泽东创立的新民主主义论已经为我们提供了一个典范和理论发展的起点。而列宁的帝国主义理论正是我们运用马克思主义理论的一般原理解释中国现代发展史所不可缺少的"理论中介"。

生产。无论马克思或我都从来没有肯定过比这更多的东西。如果有人在这里加以歪曲,说经济因素是唯一决定性的因素,那么他就是把这个命题变成毫无内容的、抽象的、荒诞无稽的空话。经济状况是基础,但是对历史斗争的进程发生影响并且在许多情况下主要是决定着这一斗争的形式的,还有上层建筑的各种因素:阶级斗争的各种政治形式及其成果——由胜利了的阶级在获胜以后确立的宪法等等,各种法的形式以及所有这些实际斗争在参加者头脑中的反映,政治的、法律的和哲学的理论,宗教的观点以及它们向教义体系的进一步发展。这里表现出这一切因素间的相互作用,而在这种相互作用中归根到底是经济运动作为必然的东西通过无穷无尽的偶然事件(即这样一些事物和事变,它们的内部联系是如此疏远或者是如此难于确定,以致我们可以认为这种联系并不存在,忘掉这种联系)向前发展。否则把理论应用于任何历史时期,就会比解一个简单的一次方程式更容易了。""青年们有时过分看重经济方面,这有一部分是马克思和我应当负责的。我们在反驳我们的论敌时,常常不得不强调被他们否认的主要原则,并且不是始终都有时间、地点和机会来给其他参与相互作用的因素以应有的重视。"[1]

在1893年7月14日致弗兰茨·梅林的信中恩格斯再一次明确指出:"只有一点还没有谈到,这一点在马克思和我的著作中通常也强调得不够,在这方面我们大家都有同样的过错。这就是说,我们大家首先是把重点放在从基本经济事实中引出政治的、法的和其他意识形态的观念以及以这些观念为中介的行动,而且必须这样做。但是我们这样做的时候为了内容方面而忽略了形式方面,即这些观念等等是由什么样的方式和方法产生的。这就给了敌人以称心的理由来进行曲解或歪曲,保尔·巴尔特就是个明显的例子。"[2]

晚年的恩格斯对于历史唯物主义理论的这些补充论述表明,我们必须坚持从唯物主义与辩证法的有机统一出发去理解人类社会的发展规律问题,既不能因为强调生产力在人类社会发展中的终极作用而陷入庸俗机械唯物主义的泥潭,也不能因为强调上层建筑对于经济基础、生产关系对于生产力的能动作用而落入唯意志论的唯心主义陷阱。总之,必须从唯物辩证的方法论高

---

[1] 《马克思恩格斯文集》第十卷,人民出版社2009年版,第591~592、593页。
[2] 《马克思恩格斯文集》第十卷,人民出版社2009年版,第657页。卡尔·波普尔把历史唯物主义理解为"历史决定论",无疑是歪曲历史唯物主义理论的一个现代例证。

度出发去理解历史唯物主义理论以及人类社会的历史发展规律本身。

另一方面,历史唯物主义主要是从西欧国家的历史中总结出来的,特别是其中的"生产力—生产关系—上层建筑"这一"决定与反作用范式"更是直接从西欧国家封建社会到资本主义社会的发展史概括出来的,而不是基于世界历史的研究而总结出来的。这正是马克思晚年不惜一再延迟《资本论》第二、三卷的整理和出版,而致力于人类学和历史学研究的重要原因。另外,无论人们对于马克思的"亚细亚生产方式理论"有何认识上的分歧,但有一点却是共同的,即马克思对于亚细亚生产方式的研究本身表明,马克思不仅认识到了人类社会发展的一般性,同时也认识到了世界不同民族发展的多样性。因而,历史唯物主义中具有特殊性的理论内容,需要通过世界史、民族史和人类学的研究来加以丰富和发展。

第三,必须用发展的眼光来对待历史唯物主义。列宁曾经指出:"自从《资本论》问世以来,唯物主义历史观已经不是假设,而是科学地证明了的原理。"[1] 列宁的这个观点并不意味着历史唯物主义理论的形成已经终结了人类对于社会发展规律的进一步探索和认识。辩证唯物主义理论认为,任何事物都是个性与共性、一般性与特殊性的有机统一。从人类认识形成和发展的一般规律来说,人们对于事物之间的共性和一般性的认识,都是从对于事物的个性和特殊性出发并从事物的个性和特殊性之中抽象和总结出来的。就人类对于社会的发展规律的认识来说,同样是首先必须认识人类社会发展的不同阶段及其特点、人类社会发展的不同形态及其特点,只有在这个认识的基础上,通过一定的理论抽象和总结,才能认识和揭示出人类社会发展各阶段所共有的规律性以及人类社会发展的不同形态所共有的规律性。显然,人类对于社会及其发展规律的科学认识,必须以对社会发展呈现出的无限丰富的事实本身的科学归纳和分析为前提,这正是恩格斯提出建立广义政治经济学的深刻理论背景和重大理论意义。

由于人类社会发展中的历史与现实的材料本身是一个不断被发现的过程,从而使人们对于社会发展规律的认识也呈现出一个不断发展的过程。从历史唯物主义理论的创建和发展过程来看,当马克思和恩格斯在1848年发表《共产党宣言》的时候,由于那个时代整个社会科学界对于人类早期的

---

[1] 《列宁专题文集·论辩证唯物主义和历史唯物主义》,人民出版社2009年版,第163页。

历史材料了解得并不充分,所以马克思恩格斯提出了"至今一切社会的历史都是阶级斗争的历史"的结论。1861年巴霍芬发表了《母权论》,1877年摩尔根发表了《古代社会》,这些关于人类早期历史著作的发表,引起了马克思和恩格斯的高度重视,不仅马克思对《古代社会》做了详细笔记,并且为了实现马克思的"遗愿",1884年恩格斯发表了《家庭、私有制和国家的起源》。在这部著作中,恩格斯不仅用古代社会的历史材料进一步证实了历史唯物主义关于"直接生活的生产和再生产"是"历史中的决定性因素"这一基本观点,同时,也纠正了1848年《共产党宣言》中的"至今一切社会的历史都是阶级斗争的历史"这一观点。① 由此可见,随着人类社会的历史和现实材料的不断被发现,人们对于社会发展及其规律的认识就不会不断得到深化和发展。

恩格斯深刻地指出过:"马克思的整个世界观不是教义,而是方法。它提供的不是现成的教条,而是进一步研究的出发点和供这种研究使用的方法。""对德国的许多青年著作家来说,'唯物主义'这个词大体上只是一个套语,他们把这个套语当成标签贴到各种事物上去,再不做进一步的研究,就是说,他们一把这个标签贴上去,就以为问题已经解决了。但是我们的历史观首先是进行研究工作的指南,并不是按照黑格尔学派的方式构造体系的杠杆。必须重新研究全部历史,必须详细研究各种社会形态的存在条件,然后设法从这些条件中找出相应的政治、私法、美学、哲学、宗教等等的观点。在这方面,到现在为止只做了很少的一点工作,因为只有很少的人认真地这样做过。在这方面,我们需要人们出大力,这个领域无限广阔,谁肯认真地工作,谁就能做出许多成绩,就能超群出众。"② 毫无疑问,恩格斯已经为我们指明了进一步发展历史唯物主义的任务和方向。

综上所述可见,从一定意义上来说,历史哲学理论或历史认识的创新,不仅是创建中国特色社会主义政治经济学的方法论前提和首要任务,而且也是中国特色社会主义政治经济学的创新性的集中体现。

自近代以来,中国社会已经深受世界资本主义体系的影响,并开始融入"世界历史",进而成为世界体系的一个不可分割的部分,从此,中国社会

---

① 《马克思恩格斯文集》第二卷,人民出版社2009年版,第31页注②。
② 《马克思恩格斯文集》第十卷,人民出版社2009年版,第691页、第587页。

的演进不再是一个独立和孤立的过程。在一个全球化的世界历史中，对于任何一个民族而言，在"社会"与"世界"之间，"国家"就是必然的"桥梁"与"中介"。在理论上，也就不能简单地用"生产力—生产关系—上层建筑"这个"决定与反作用"分析范式，仅仅从中国社会内部的社会生产力出发，去解释中国的生产关系和上层建筑，而是应该把近代以来的世界历史给予中国社会发展所形成的外部约束与中国社会自身的现实条件结合起来，只有这样，才能科学地解释近代以来中国的历史发展及其规律。这样一来，"国家"也就必然成为中国特色社会主义政治经济学的逻辑起点和核心范畴。

首先，提出这一观点的现实客观依据是，在苏联十月社会主义革命的影响下，中国现代历史以新中国的成立为起点，即以一种新的国家形态为起点，而且中国现有的全部经济制度，一开始就是以新的"国家"的形成为前提的。直到今天，中国社会的所有现象离开了"国家"，几乎都无法得到合理的解释。可以说，"国家"的影响无所不在。即使是现在实行市场经济体制，承认了市场机制在配置资源方面的基础作用或决定性作用的前提下，这一点也没有根本的改变。正像马克思认为"资本"是资本主义所有经济范畴中的"普照的光"一样，"国家"在中国也是一种"普照的光"，它应该成为中国特色社会主义政治经济学的核心范畴和思想起点。而中国"现代国家"的建立，根本无法照搬"生产力—生产关系—上层建筑"这个"决定与反作用范式"加以解释。因为中国现代的国家形态并不是简单地由经济基础决定的，相反，正是通过政治革命建立了新的"国家"，才去创建那个"经济基础"。中国社会主义公有制的建立，不是源于发达的社会生产力，而是源于国家的存在和发展的需要。对于新中国来说，社会主义不仅是一种目标，更是一种手段，即解放、发展和保护生产力。当代中国以及整个现代中国的社会主义，其特色正在于它天然地与"国家"紧密地联系在一起。[①]

其次，提出上述观点的另一个理论依据是，我们必须坚持逻辑与历史相

[①] 从近代以来的世界历史经验来看，任何一个民族的发展，都离不开"国家"的作用，所谓"自由的市场经济"只是理论上的一个神话而已。更为重要的是，几乎所有处于相对落后的国家在崛起的过程中，"国家"都曾起到十分突出的作用，例如19世纪末的德国、美国，20世纪的日本、韩国，等等。

统一的方法论原则。恩格斯曾经指出过，历史从哪里开始，思想进程就应该从哪里开始。既然中国现代社会以新的"国家"的形成为起点，并且在整个现代中国社会中起着支配作用，那么在理论上，当然就应该以"国家"作为思想和逻辑的起点。

也许在一些人看来，"国家"是政治学的研究对象而不是政治经济学的研究对象。其实这完全是一种误解。马克思的《资本论》以及他的"六册计划"都表明，"国家"或"上层建筑"本来就是马克思的政治经济学研究内容的一部分。只不过由于以上已经指出过的原因，马克思将"国家"排在"资本"、"雇佣劳动"和"土地所有权"之后了。① 因此，我们有理由把"国家"作为中国特色社会主义政治经济学的起点范畴，以全球化为背景和前提，对现代中国的国家性质、结构与职能，国家与生产资料所有制及其结构的关系、国家与物质生产力发展的关系等展开全面的研究，创建一个新的国家理论，并且以政治与经济的关系为主线，对中国的所有制结构、国家或政府与市场的关系、企业、劳动、土地所有权、对外经济关系等等现象和范畴进行科学的说明。

再次，把"国家"作为中国特色社会主义政治经济学的逻辑起点，是对于政治经济学研究对象认识上的重大突破，从而极大地扩展了中国政治经济学的研究范围与内容。由于缺乏对于马克思政治经济学理论的全面了解和正确认识，长期以来，人们只看到并总是片面强调了"生产关系"在政治经济学研究中的重要地位，却又忽视了对于物质生产力的发展以及上层建筑和意识形态对于生产关系的巨大作用的研究。正像新古典经济学在理论上存在"企业暗箱"这一重大缺陷一样，中国特色社会主义政治经济学在理论上也存在一个"国家暗箱"。离开了对于"国家"的研究，中国特色社会主义政治经济学也就必然陷入新古典经济学同样的命运与悲剧，即它仅仅只是一种"黑板经济学"，从而失去了对于现实生活发挥积极作用的功能。我们相信，一旦把"国家"引入中国特色社会主义政治经济学的研究，中国特色社会主义政治经济学将展示出全新的活力、广阔的发展前景以及对于现实的巨大作用。

---

① 马克思曾经指明，他的资本原始积累理论更多地反映的是西欧国家尤其是英国的历史；恩格斯指出过，《资本论》的全部理论是马克思终生研究英国经济史的结果。

综上所述，为了实现政治经济学的创新，我们必须真正坚持一切从实际出发的原则，以资本主义的全球化或全球化的资本主义体系为背景，以列宁的帝国主义理论为基础，重新构建新的国家及其发展理论，在此基础上，展开对中国特有的经济发展道路和经济关系的全面研究与解释，进而创立一个全新的政治经济学理论范式和体系，即中国特色社会主义政治经济学理论体系。

六、《资本论》与中国特色社会主义政治经济学理论体系

《资本论》是由一系列范畴和理论构成的完整理论体系，正如马克思自己所言，《资本论》的范畴和理论顺序的排列，完全是依据各个范畴在资本主义社会经济结构中的客观地位来决定的，并且遵循从抽象上升到具体的逻辑法则，体现着逻辑与历史的辩证统一关系。如何创建和确立一系列反映中国特色社会主义经济现实的理论范畴，并且以这些范畴为要素构建出一系列理论，最后按照从抽象上升到具体以及逻辑与历史辩证统一的方法将这些理论构建出完整的理论体系，是构建中国特色社会主义政治经济学理论体系的根本方向。

目前关于中国特色社会主义政治经济学的研究中，虽然在某些具体的理论研究方面取得了许多新的进展，但是，无论从范畴和理论的创新性方面来看，还是从范畴和理论之间的逻辑性、体系性和完整性等方面来看，应该说中国特色社会主义政治经济学理论体系仍然处在一个探索与构建的过程之中，这个理论任务还并没有完成。具体来看，我国社会主义政治经济学理论的总体情况是：

第一，各种版本的社会主义政治经济学理论体系。主要有以下几种类型：

一是政治经济学教科书。这类教科书大都沿用"苏联范式"的"二分法"，即把政治经济学分为社会主义部分与资本主义部分，资本主义部分基本上是《资本论》和《帝国主义论》的通俗化，以资本主义必然灭亡社会主义必然产生的结论为终点。社会主义部分从对社会主义革命和社会主义经济制度的建立的历史过程的描述开始，然后继续采取历史的方法，依次阐述我国改革开放以来若干方面的问题，包括发展阶段、改革开放、市场经济、

宏观调控等问题。总的来看，这类教材书的一个共同的突出特点在于无论是从理论构成还是从理论范式的角度来看，资本主义部分与社会主义部分之间存在较大的反差。①

二是社会主义政治经济学教科书。也许正是为了克服上述政治经济学教科书在体系上存在的弱点，一些学者进行了新的尝试，编写出专门的社会主义政治经济学教材。由于是单独的教科书，所以这类教科书的第一个特点就是增大或扩展了社会主义政治经济学研究的内容，另外，为了分析改革开放以来我国社会主义产生的新现象和新问题，这类教科书更加注意吸收包括西方经济学在内的各种经济学理论成果。这类教科书为构建社会主义政治经济学理论体系做出了积极努力和有益探索，但是在理论的规范性、与经典政治经济学理论的内在联系、对西方经济学某些分析方法和工具运用的合理性等方面仍然存在着许多需要进一步研究和解决的问题。②

三是具有专题性质的社会主义经济理论研究。这类成果无论是不是直接命名为教科书，从内容上看多数都具有社会主义经济专题研究的特征，涉及的专题主要有社会主义市场经济问题、改革与转型问题、中国经济等方面内容。这类研究成果以计划经济向市场经济转型过程为背景，分析了社会主义市场经济发展过程中产生的新特征和新问题，深化了对经济转型和中国经济改革和发展的过程认识和理论认识，丰富了社会主义政治经济学研究的内容，但都不是完整的社会主义政治经济学理论体系。③

第二，社会主义政治经济学教科书的叙述起点。主要有以下几种类型：

一是以"社会主义经济制度"为叙述起点。社会主义政治经济学的大

---

① 这类教科书主要有宋涛主编的《政治经济学教程》，刘诗白主编的《政治经济学》，逄锦聚、洪银兴、林岗、刘伟主编的《政治经济学》以及马工程教材《马克思主义政治经济学概论》等。
② 这类教科书主要有林木西、柳欣主编的《政治经济学（社会主义部分）》（第10版北方本），钱连源编写的《社会主义政治经济学》，叶祥松的《政治经济学（社会主义部分）》等。
③ 关于社会主义市场经济的有伍柏麟编的《社会主义市场经济学教程》，刘诗白主编的《社会主义市场经济理论》，杨干忠的《社会主义市场经济概论》，李丰才的《社会主义市场经济理论》，王军旗、白永秀主编的《社会主义市场经济理论与实践》，邹东涛的《社会主义市场经济学》，李兴山的《社会主义市场经济理论与实践》等；关于改革与转型的有张宇的《转型政治经济学——中国经济改革模式的理论阐释》，谷书堂的《社会主义经济学通论——中国转型期经济问题研究》，洪银兴主编的《转型经济学》，景维民、孙景宇编著的《转型经济学》，吴光炳主编的《转型经济学》等；关于中国经济的有卫兴华、张宇的《社会主义经济理论》，杨瑞龙主编的《社会主义经济理论》，张雷声、顾钰民的《社会主义经济理论与实践》，伍装的《社会主义经济理论》，陈承明、陈伯庚、包亚钧编写的《中国特色社会主义经济理论教程》，关于中国经济的主要有张宇、卢荻的《当代中国经济》，何干强主编的《当代中国社会主义经济》，李建建《当代中国经济》，史晋川、李建琴编写的《当代中国经济》等。

多数版本仍然是以"社会主义经济制度"为叙述起点,首先通过阐述社会主义经济制度建立的历史过程,试图说明中国社会主义道路以及我国社会主义初级阶段的历史必然性和特殊性。

二是以"市场经济一般"为起点。党的十四大以来,由于确立了建立和完善社会主义市场经济体制的改革目标,为了与这种客观形势相适应,政治经济学界出现了以"市场经济一般"作为叙述起点的社会主义政治经济学理论体系。这样的体系运用"从一般到特殊"、"从抽象到具体"的逻辑方法,侧重说明社会主义和市场经济相结合的可能性、必然性和结合方式。

三是其他各种尝试。主要有以"劳动"、"自主劳动"、"联合劳动"、"商品生产"、"市场经济"、"生产力"、"社会分工"等等不同范畴作为叙述起点的各种观点,并进行了理论体系创建方面的尝试。

第三,社会主义政治经济学的主线及结构。构建中国特色社会主义政治经济学理论体系,必须有一条贯穿始终的主线,并以此为灵魂来进行理论体系的构建。例如,《资本论》的主线是剩余价值,第一卷揭示剩余价值生产规律、第二卷揭示剩余价值的流通规律,第三卷揭示剩余价值的分配规律。社会主义政治经济学的主线是什么,在这个问题上学术界的认识也很不相同,存在着各种不同的类型,主要有:

一是以"经济制度变迁和经济体制改革"为主线。改革开放以来,我国经济发展实践为构建社会主义政治经济学理论体系提供了一系列新的实践经验。因此,现有的大部分社会主义政治经济学教科书都以"经济制度变迁和经济体制改革"为主线,按照"经济制度—经济运行—经济发展"的整体框架进行理论体系建构。这些教科书围绕着中国经济改革和发展这一主题,全面分析社会主义本质、社会主义初级阶段、基本经济制度、市场经济体制,内容涵盖企业、市场、政府、宏观管理体制、经济发展战略、工业化与信息化、新型城镇化、农村与农业、对外开放等各个方面问题。

二是以"社会主义市场经济运行"为主线。这类教科书从市场经济一般出发,探讨市场经济与社会主义的结合问题,阐述社会主义市场体系及市场主体,分析市场经济运行及宏观调控方式以及市场经济的全球化发展等问题,在内容上涵盖了所有制结构、企业制度、市场体系、收入分配、对外经济关系、宏观调控、经济增长和发展等方面。

三是以"人的利益关系和人的全面自由发展"为主线。以人为本和实现人的全面自由发展是马克思主义关于共产主义的经典要义。中国实行和坚持的是社会主义制度，因此必须始终坚持以人民为中心，实现共同富裕，促进人的自由全面发展。秉持这一理念，一些学者将经济发展与人的发展结合起来，以"人的利益关系和人的全面自由发展"为主线，从不同侧面对社会主义经济建设实践进行理论阐释（例如，李兴山的《社会主义市场经济理论与实践》、谷书堂的《社会主义经济学通论——中国转型期经济问题研究》、何干强的《当代中国社会主义经济》）。

综上所述可见，目前我国政治经济学界在社会主义政治经济学的起点范畴或叙述起点、理论主线以及理论结构和内容体系等重大问题上都进行了长期艰苦的探索，但是至今仍然没有形成多数人的共识。这一方面反映了中国社会主义政治经济学理论研究充满了生气和活力，另一方面也反映了中国社会主义政治经济学在理论上的不成熟。而所有这些尝试的一个突出的共同点在于，都缺乏类似于《资本论》或者西方经济学中所表现出来的范畴原创性、理论规范性、逻辑严密性和一贯性。因此，构建具有"系统化的经济学说"性质和特征的中国特色社会主义政治经济学理论体系，仍然是我国政治经济学界面临的重大理论任务。

在借鉴已有社会主义政治经济学理论成果的基础上，根据上述有关理解，这里提出一个关于中国特色社会主义政治经济学理论体系的构想，供交流讨论之用。

中国特色社会主义政治经济学（研究大纲）

（以国家为起点、以经济与政治的关系为主线）

导论

  第一节　社会主义从理论到实践的发展
  第二节　中国特色社会主义的产生及其历史地位
  第三节　社会主义经济理论简史
  第四节　中国特色社会主义政治经济学的产生
  第五节　中国特色社会主义政治经济学的目的和任务
  第六节　中国特色社会主义政治经济学的研究对象与方法论
  第七节　中国特色社会主义政治经济学的理论来源
  第八节　中国特色社会主义政治经济学的理论属性

第一章　国家与社会主义
　　第一节　国家的形成与发展
　　第二节　帝国主义与社会主义的国家性
　　第三节　社会主义的国家与社会
　　第四节　现代中国的国家制度及其性质
　　第五节　中国传统与现代中国国家制度
　　第六节　西方文化与现代中国国家制度
　　第七节　传统国家理论批判
第二章　现代中国的政治与经济
　　第一节　经济与政治的一般关系
　　第二节　现代中国政治制度的经济职能
　　第三节　现代中国经济制度的政治基础
　　第四节　从政治挂帅到以经济建设为中心
　　第五节　国家治理现代化
　　第六节　传统经济学与政治学批判
第三章　国家与生产资料所有制结构
　　第一节　社会主义原始积累
　　第二节　国家与两种公有制形式
　　第三节　从单一公有制到多种所有制的发展
　　第四节　多元所有制结构与国家职能的变化
　　第五节　多种所有制之间的政治经济关系
　　第六节　传统所有制理论批判
第四章　国家与国有企业
　　第一节　国家所有制与国有企业
　　第二节　国有企业的属性
　　第三节　国有企业的经济政治职能
　　第四节　国有企业的内在矛盾
　　第五节　国有企业改革与社会化
　　第六节　国有企业私有化理论批判
第五章　国家与农村集体所有制
　　第一节　国家与农村集体所有制的建立

第二节　农村集体所有制的经济政治职能
　　第三节　农村集体所有制的发展
　　第四节　农业经营体制与农业现代化
　　第五节　城镇化与农民市民化
　　第六节　国家生态文明与新农村建设
　　第七节　土地私有化理论批判
第六章　国家与非公有制
　　第一节　国家与非公有制的恢复
　　第二节　非公有制的经济政治性质
　　第三节　国家与非公有制的关系
　　第四节　非公有制与公有制的关系
　　第五节　非公有制发展的范围与限度
　　第六节　非公有制万岁论批判
第七章　国家与市场
　　第一节　国家经济职能的实现方式
　　第二节　计划经济及其内在矛盾
　　第三节　社会主义市场经济及其性质
　　第四节　国家、政府、市场的关系
　　第五节　国家管理市场的目标与手段
　　第六节　市场波动与国家动态管理
　　第七节　国家崇拜论与市场万能论批判
第八章　国家与收入分配
　　第一节　生产关系与分配关系
　　第二节　市场经济与收入分配
　　第三节　国家税制和中央与地方的关系
　　第四节　收入分配与经济增长
　　第五节　收入差距与国家稳定
　　第六节　国家和国民收入分配与再分配
　　第七节　共同富裕及其实现途径
　　第八节　西方收入分配理论批判
第九章　国家与经济发展

近期相关的主要学术成果

1.《开拓当代中国马克思主义政治经济学的新境界》，载于《经济研究》2016 年第 1 期。

2.《新发展理念的马克思主义政治经济学探讨》，载于《马克思主义与现实》2016 年第 1 期。

3.《马克思经济学"术语的革命"与中国特色"经济学说的系统化"》，载于《中国社会科学》2016 年第 11 期。

4.《政治经济学对象：从〈导言〉到中国特色"系统化的经济学说"》，载于《山东社会科学》2017 年第 1 期。

5.《治国理政与中国特色"系统化的经济学说"——基于中国特色社会主义政治经济学主线、主题、主导的探索》，载于《中国高校社会科学》2017 年第 1 期。

6.《〈资本论〉"崭新的因素"与马克思经济学"术语的革命"》，载于《马克思主义与现实》2017 年第 2 期。

7.《夯实治国理政的政治经济学的基础——从十八大以来历次中央经济工作会议精神看中国特色社会主义政治经济学的创新》，载于《人民日报》2017 年 6 月 7 日。

8.《"一论二史"：中国特色"系统化的经济学说"的学理依循》，载于《光明日报》2017 年 7 月 11 日。

9.《商品范畴作为〈资本论〉始基范畴的整体阐释及其意义——马克思〈直接生产过程的结果〉手稿研究》，载于《经济学家》2017 年第 10 期。

10.《马克思主义政治经济学的中国智慧》，载于《人民论坛》2017 年第 27 期。

"从当前的国民经济的事实出发"①,是马克思开始经济学研究时就提出的观点。这一"经济的事实"的基本内涵,就是社会经济关系的实际。中国特色社会主义经济学就是从当代中国改革开放和现代化建设的"国民经济的事实"出发的,进而以中国社会主义初级阶段的经济关系的实际为对象的。

党的十八大以后,在对新时代中国社会主要矛盾的把握中,习近平经济思想得到重要发展,形成以新发展理念为主要内容的"系统化的经济学说"。党的十九大以来,面向新时代中国特色社会主义经济改革和发展的新要求,以坚定不移地推进新发展理念为主导,形成了以供给侧结构性改革为主线的建设现代化经济体系的新理论,拓新了中国化马克思主义政治经济学的理论境界。

一、马克思关于政治经济学对象的当代意蕴

(一) 马克思关于政治经济学对象的两种理解

对政治经济学对象的理解,在马克思主义经济学形成时期,有两种基本的观点:一是马克思在《资本论》第一卷中提出的对象的典型性的观点;二是恩格斯在《反杜林论》中提出的对象的特殊性的观点。

在《资本论》第一卷中,马克思对资本主义经济关系的研究,主要以英国资本主义发展为"例证"的。这是因为,英国是当时资本主义经济最

---

① 参见《马克思恩格斯文集》第一卷,人民出版社 2009 年版,第 156 页。

发达、最典型的国家，英国的无产阶级的和资产阶级阶级斗争也最为尖锐，通过对英国资本主义经济关系的分析，能够透彻理解资本主义经济运动规律，深刻揭示资本主义经济现象和经济过程的内在的、本质的必然的联系，认识资本主义经济关系发展的必然趋势。"工业较发达的国家向工业较不发达的国家所显示的，只是后者未来的景象"①，所以对英国发达资本主义经济关系研究的理论结论，对于包括德国、法国在内的其他资本主义国家都具有普遍的意义。唯有现实的典型性，才有理论上的典型性；唯有理论上的典型性，才有现实中的普遍性。对象的典型性，是由马克思《资本论》研究的任务决定的。

但是，值得注意的是，马克思晚年对《资本论》的对象及其特点有过新的思考。马克思晚年曾经指出："极为相似的事变发生在不同的历史环境中就引起了完全不同的结果，如果把这些演变中的每一个都分别加以研究，然后再把它们加以比较，我们就会很容易地找到理解这种现象的钥匙"②。他对那些把《资本论》第一卷的一些重要论断当作"万能钥匙"的观点很不以为然，认为"一定要把我关于西欧资本主义起源的历史概述彻底变成一般发展道路的历史哲学理论，一切民族，不管它们所处的历史环境如何，都注定要走这条道路……但是我要请他原谅。（他这样做，会给我过多的荣誉，同时也会给我过多的侮辱。）"③。因此，"使用一般历史哲学理论这一把万能钥匙，那是永远达不到这种目的的，这种历史哲学理论的最大长处就在于它是超历史的。"④ 显然，马克思并不认为他对英国资本主义经济关系研究得出的结论，适合于其他任何国家和地方。

马克思晚年的这些新的思考，对恩格斯肯定有着重要影响。在《反杜林论》中，恩格斯对马克思的这一新的思考作出呼应，提出了对象的特殊性的观点。恩格斯认为："人们在生产和交换时所处的条件，各个国家各不相同，而在每一个国家里，各个世代又各不相同。因此，政治经济学不可能对一切国家和一切历史时代都是一样的。"恩格斯还举例说明："火地岛的居民没有达到进行大规模生产和世界贸易的程度，也没有到达出现票据投机

---

① 《马克思恩格斯文集》第五卷，人民出版社2009年版，第8页。
② 《马克思恩格斯文集》第三卷，人民出版社2009年版，第466~467页。
③ 《马克思恩格斯文集》第三卷，人民出版社2009年版，第466页。
④ 《马克思恩格斯文集》第三卷，人民出版社2009年版，第467页。

或交易所破产的程度。谁想把火地岛的政治经济学和现代英国的政治经济学置于同一规律之下，那么，除了最陈腐的老生常谈以外，他显然不能揭示出任何东西。"[1] 经济学对象的特殊性，决定了经济学国别特色的必然性。

中国特色社会主义经济学的对象，强调的是中国的特殊国情和处于社会主义初级阶段经济关系的特殊性质。社会主义初级阶段论断，就是对这个"国民经济的事实"认同的基本结论。在党的十三大前夕，邓小平提出："我们党的十三大要阐述中国社会主义是处在一个什么阶段，就是处在初级阶段，是初级阶段的社会主义。社会主义本身是共产主义的初级阶段，就是不发达的阶段。一切都要从这个实际出发，根据这个实际来制定规划。"[2] 社会主义初级阶段，是当代中国最重要的、也是最基本的"国民经济的事实"；社会主义初级阶段的经济关系，就是中国特色社会主义政治经济学的对象和研究的出发点。

显然，中国特色社会主义经济学是以社会主义发展道路的多样性为前提的，是以发展中的社会主义经济关系为对象的。这就是说，中国特色社会主义政治经济学的对象，是对马克思和恩格斯对政治经济学对象探索的新的发展。

（二）《导言》关于政治经济学对象社会性和历史性规定

《〈政治经济学批判〉导言》写于1857年，这一年马克思经济思想发生了重要转折。这一转折的显著的特征，就是马克思从1843年开始的以研究为主的政治经济学发展阶段，转向以叙述为主的政治经济学发展阶段。在《导言》正文的开头两节"1. 生产"和"2. 生产与分配、交换、消费的一般关系"中，马克思对政治经济学对象问题的阐释，形成了马克思主义政治经济学对象问题的基本观点，对马克思主义政治经济学的发展有着重要的指导意义。

《导言》开宗明义，提出政治经济学"对象"首先就是"物质生产"[3]。以"物质生产"为政治经济学出发点，是马克思在《1844年经济学哲学手

---

[1] 《马克思恩格斯文集》第九卷，人民出版社2009年版，第153页。
[2] 《邓小平文选》第三卷，人民出版社1993年版，第252页。
[3] 《马克思恩格斯文集》第八卷，人民出版社2009年版，第5页。

稿》中提出的"从当前的国民经济的事实出发"①观点的赓续。在"国民经济的事实"意义上的"物质生产",具有一定的社会的和历史的规定性,这是马克思对政治经济学对象理解的核心观点,是马克思主义政治经济学的基本立场。

马克思认为,亚当·斯密和大卫·李嘉图的古典政治经济学,都以"虚构"和"假象"的"单个的孤立的猎人和渔夫"为出发点。这种"虚构"和"假象",是古典政治经济学对18世纪以后资本主义发展理解上的"错觉","因为按照他们关于人性的观念,这种合乎自然的个人并不是从历史中产生的,而是由自然造成的。"②以这种"虚构"和"假象"为出发点,无非为了表明现社会是从来就存在的,是"自然"生成因而也是永久存在的。这种"虚构"和"假象",在马克思当年面对的"最新的"经济学中得以延续,只是在形式上有所差别。如在法国经济学家弗·巴师夏那里,"非历史的要素只不过是对18世纪的法国概括方式的留恋";在美国经济学家亨·查·凯里那里,"非历史的因素是现在北美的历史原则"③。值得注意的是,马克思之后一个半世纪以来的经济思想史表明,西方的许多"最新的经济学"一直因袭这种"虚构"和"假象",一再将这种"错觉"当作各自经济学的出发点。

政治经济学对物质生产的社会的和历史的规定性的观点,内在地包含在物质生产的一般性质和特殊性质的理解之中。马克思认为,生产一般中包含的对不同时代的物质生产"经过比较而抽出来的共同点",有些是属于一切时代共有的,有些是几个时代共有的,有些则是最新时代和最古时代共有的。在政治经济学中,不能因为有了生产一般的规定,而忘记不同社会、不同历史阶段存在的生产特殊之间的"本质的差别"。生产一般寓于生产特殊之中,生产特殊是一定社会物质生产的社会性和历史性的存在方式。在方法论上,对物质生产的社会和历史规定性的理解,就在于厘清生产一般和生产特殊的关系,既要搞清它们之间的联系,又要澄清它们之间的区别。马克思提出的最根本的问题就在于:"一切生产阶段所共有的、被思维当做一般规定而确定下来的规定,是存在的,但是所谓一切生产的一般

---

① 《马克思恩格斯文集》第一卷,人民出版社2009年版,第156页。
② 《马克思恩格斯文集》第八卷,人民出版社2009年版,第6页。
③ 参见《马克思恩格斯全集》第三十卷,人民出版社1995年版,第11页。

条件，不过是这些抽象要素，用这些要素不可能理解任何一个现实的历史的生产阶段。"①

对政治经济学对象的社会的和合理的规定性的观点，贯穿于马克思经济思想发展的全过程。在《导言》中，马克思还强调："在研究经济范畴的发展时，正如在研究任何历史科学、社会科学时一样，应当时刻把握住：无论在现实中或在头脑中，主体——这里是现代资产阶级社会——都是既定的；因而范畴表现这个一定社会即这个主体的存在形式、存在规定、常常只是个别的侧面；因此，这个一定社会在科学上也决不是在把它当做这样一个社会来谈论的时候才开始存在的。"② 两年之后，他在1859年发表的《政治经济学批判》第一分册中指出，《政治经济学批判》是"考察资产阶级经济制度"③ 的。10年之后，在《资本论》第一卷德文第1版序言中进一步明确："我要在本书研究的，是资本主义生产方式以及和它相适应的生产关系和交换关系。"④ 马克思关于政治经济学对象社会的和历史的规定性的观点，是马克思关于政治经济学对象问题的本质所在。

中国特色社会主义政治经济学，是以中国社会主义初级阶段的"物质生产"为出发点的，是以社会主义初级阶段的"国民经济的事实"为基础的。中国特色的"系统化的经济学说"对象所具有的社会的和历史的规定性，就体现于社会主义初级阶段的经济关系及其相联系的经济制度和经济体制中。

以社会主义初级阶段的物质生产为出发点，立足于中国经济改革和发展的实际，集中于中国特色社会主义经济关系特殊的探索，就要确立与此相联系的"问题意识"。在对党的十八届三中全会《关于全面深化改革若干问题的决定》的说明中，习近平指出："要有强烈的问题意识，以重大问题为导向，抓住关键问题进一步研究思考，着力推动解决我国发展面临的一系列突出矛盾和问题。"⑤ 在对《决定》的说明中，习近平紧紧扣住中国特色社会主义经济关系的社会的和历史的规定性，凸显社会主义市场经济发展中的"问题意识"，提出"经过二十多年实践，我国社会主义市场经济体制已经

---

① 《马克思恩格斯文集》第八卷，人民出版社2009年版，第5页。
② 《马克思恩格斯文集》第八卷，人民出版社2009年版，第30页。
③ 《马克思恩格斯文集》第二卷，人民出版社2009年版，第588页。
④ 《马克思恩格斯文集》第五卷，人民出版社2009年版，第8页。
⑤ 中共中央文献研究室编：《十八大以来重要文献选编》（上），中央文献出版社2014年版，第497页。

初步建立，但仍存在不少问题，主要是市场秩序不规范，以不正当手段谋取经济利益的现象广泛存在；生产要素市场发展滞后，要素闲置和大量有效需求得不到满足并存；市场规则不统一，部门保护主义和地方保护主义大量存在；市场竞争不充分，阻碍优胜劣汰和结构调整，等等。这些问题不解决好，完善的社会主义市场经济体制是难以形成的。"①

社会主义市场经济理论是我们党把马克思主义政治经济学基本原理同改革开放实际结合起来形成的重要理论成果。《导言》关于政治经济学对象中"生产一般"和"生产特殊"关系的观点不仅得到应用，而且还得到多方面的拓展。社会主义市场经济既有市场经济体制的"生产一般"的含义，又有社会主义经济制度"生产特殊"的含义，它是经济体制一般和经济制度特殊的统一。社会主义市场经济是社会主义条件下市场对资源配置起决定作用的经济体制，是以社会主义基本经济制度为根基的经济关系。党的十八届三中全会《决定》据此指出："以公有制为主体、多种所有制经济共同发展的基本经济制度，是中国特色社会主义制度的重要支柱，也是社会主义市场经济体制的根基。"②

在中国特色的"系统化的经济学说"中，社会主义基本制度和市场经济的结合，集中体现于三个方面：一是与公有制为主体多种经济形式共同发展这一基本经济制度背景下，市场经济体制和机制与不同所有制经济之间的结合。习近平强调："要坚持社会主义市场经济改革方向，坚持辩证法、两点论，继续在社会主义基本制度与市场经济的结合上下功夫，把两方面优势都发挥好"③。二是在市场经济运行中，不同所有制经济形式在统一的市场主体地位和作用基础上的结合。在社会主义市场经济中，要坚持和完善社会主义基本经济制度，毫不动摇巩固和发展公有制经济，毫不动摇鼓励、支持、引导非公有制经济发展，推动各种所有制取长补短、相互促进、共同发展。同时，公有制主体地位不能动摇，国有经济主导地位不能动摇，这是保证我国各族人民共享发展成果的制度性保证，也是巩固党的执政地位、坚持

---

① 中共中央文献研究室编：《十八大以来重要文献选编》（上），中央文献出版社2014年版，第500页。
② 中共中央文献研究室编：《十八大以来总要文献选编》（上），中央文献出版社2014年版，第514～515页。
③ 《立足我国国情和我国发展实践　发展当代中国马克思主义政治经济学》，载于《人民日报》2015年11月25日。

我国社会主义制度的重要保证。三是在市场作用和政府作用的问题上，使市场在资源配置中起决定性作用和更好地发挥政府作用，二者是有机统一的，不是相互否定的，不能把二者割裂开来、对立起来，既不能用市场在资源配置中的决定性作用取代甚至否定政府作用，也不能用更好地发挥政府作用取代甚至否定市场在资源配置中起决定性作用。

中国特色社会主义政治经济学，是以中国社会主义初级阶段的物质生产为出发点，是以中国经济现实及其社会的和历史的规定性为背景的，说的是中国的事情，直面的是中国发展的问题，提出的是解决好中国问题、办好中国的事情、建设好和发展好中国经济的理论和对策，因而形成的也是适合于中国社会主义初级阶段国情和时代特点的当代中国马克思主义政治经济学。

（三）《导言》关于政治经济学对象的要素及其关系的论述

进入19世纪，流行于欧洲国家的政治经济学教科书已经开始对生产、交换、分配和消费问题作出论述。让·巴蒂斯特·萨伊1803年出版的《政治经济学概论》，就分作"财富的生产"、"财富的分配"和"财富的消费"三篇。詹姆斯·穆勒1821年出版的《政治经济学要义》小册子分作四章，标题分别为"生产"、"分配"、"交换"和"消费"。马克思认为，这些教科书的共同特点在于：其一，认为生产不同于分配，生产"应当被描写成局限在与历史无关的永恒自然规律之内的事情"，这样"资产阶级关系就被乘机当做社会一般的颠扑不破的自然规律偷偷地塞了进来。这是整套手法的多少有意识的目的。"其二，把分配同生产"粗暴割裂"开来，或者同样抹杀分配的社会性和历史性，其实质就是"把一切历史差别混合或融化在一般人类规律之中"。[①]

在批判这些隶属于"资产阶级关系"的经济学错误观点的基础上，马克思对生产与分配、交换、消费的关系从三个方面作出展开论述。

第一，关于生产和消费的关系。在经济运行过程中，生产和消费之间的统一和对立的关系，体现于两者的相互作用中。生产对消费的决定作用主要体现在三个方面：一是生产为消费提供了材料和对象；二是生产在提供消费对象的同时，也创造了产品的消费方式和消费者；三是生产的产品在消费者

---

① 参见《马克思恩格斯文集》第八卷，人民出版社2009年版，第11页。

身上引起新的需要，成为人们追求新的消费的动力。消费对生产的反作用主要体现在两个方面：一是生产的产品只有在消费中才成为现实的产品，消费使生产得到最后完成；二是消费作为人的需要得到满足的过程，又会产生对新的需要追求，从而在观念上提出生产的方向，提供再生产的动力。可见，生产和消费在经济运行过程中是相互依存、互不可缺的：生产为消费创造外在的对象，即提供可供消费的产品；消费则为生产创造内在的对象，即规定生产内在的动力和目的。因此，"没有生产就没有消费；没有消费就没有生产。"①

第二，生产和分配的关系。在经济运行过程中，生产和分配是反映社会经济关系本质的两个相互联系的方面。生产对分配起着决定的作用，"分配的结构完全决定于生产的结构。分配本身是生产的产物，不仅就对象说是如此，而且就形式说也是如此。就对象说，能分配的只是生产的成果，就形式说，参与生产的一定形式决定分配的特定形式，决定参与分配的形式。"②因此，李嘉图把分配规定为政治经济学对象，就是因为他直觉地感到，分配形式正是资产阶级生产关系得以确立的最确切的表现。

社会成员在生产中的地位，是由社会的分配规律所决定的。人们在对产品分配之前，已经存在着对生产工具的分配和对社会成员在各类生产部门的分配。这种对生产条件的分配，"包含在生产过程本身中并且决定生产的结构，产品的分配显然已是这种分配的结果。"③ 在考察生产时，如果撇开了对生产条件的分配，那么，生产也就是一个空洞的抽象。可见，生产条件的分配决定了生产的结构，但不能由此认为分配决定生产，因为对生产条件的分配形式是由社会生产方式的发展决定的，就如马克思后来在《哥达纲领批判》中所指出的："消费资料的任何一种分配，都不过是生产条件本身分配的结果；而生产条件的分配，则表现生产方式本身的性质。"④

第三，生产和交换的关系。流通是从"总体"上来看的交换，"总体"上的交换表现于四个方面：一是生产过程中发生的各种活动和各种能力的交换，如生产过程中劳动者在分工和协作过程中发生的活动和能力的交换，它

---

① 《马克思恩格斯文集》第八卷，人民出版社 2009 年版，第 17 页。
② 《马克思恩格斯文集》第八卷，人民出版社 2009 年版，第 19 页。
③ 《马克思恩格斯文集》第八卷，人民出版社 2009 年版，第 20 页。
④ 《马克思恩格斯文集》第三卷，人民出版社 2009 年版，第 436 页。

"直接属于生产,并且从本质上组成生产";二是生产过程中的产品交换,如在生产成品过程中各道工序之间的原材料或半成品的交换,它本身就是"生产之中的行为";三是产品在最后进入消费领域之前,各个不同生产单位之间在产品生产运输、包装、保管等过程中的交换;四是直接为了消费而进行的交换,即产品进入最后消费领域的交换。显然,交换的性质也是由生产的性质决定的,以私有制为基础的生产决定了交换的私有性质;交换的深度、广度和方式也是由生产的发展和结构决定的。可见,"交换就其一切要素来说,或者是直接包含在生产之中,或者是由生产决定。"①

马克思对生产与分配、交换、消费关系的阐释,不仅在中国特色社会主义政治经济学中得到应用而且还得到多方面的拓展。经济新常态和供给侧结构性改革理论,是中国特色社会主义政治经济学的重要组成部分,在理论资源上就是对马克思关于生产与分配、交换、消费关系基本观点的应用与拓展。

2014 年 7 月,习近平在提出"适应新常态,共同推动经济持续健康发展"问题时强调:"要把转方式、调结构放在更加突出的位置,针对突出问题,主动作为,勇闯难关,努力提高创新驱动发展能力、提高产业竞争力、提高经济增长质量和效益,实现我国社会生产力水平总体跃升。"② 我国经济发展进入新常态,没有改变我国经济发展过程总体向好的基本面,改变的是这一过程中生产和再生产的内涵和条件,改变的是经济运行的方式和经济过程的结构,改变的是社会生产与交换、分配、消费之间的关系及其作用方式和途径。

马克思认为,社会再生产是"连续地并列进行的"③。对经济过程的时间维度和空间维度及其综合性的科学把握,是经济新常态对生产与交换、分配、消费关系理解的重要特征。从时间维度上看,经济新常态适应了进入 21 世纪以来我国经济发展更替变化的内在逻辑。改革开放以来,我们用几十年的时间走完了发达国家几百年走过的发展历程,经济总量跃升为世界第二。但是,随着时间的推移,经济总量的不断扩大,关键的是"过去生产

---

① 《马克思恩格斯文集》第八卷,人民出版社 2009 年版,第 22~23 页。
② 《中共中央召开党外人士座谈会》,载于《人民日报》2014 年 7 月 30 日。
③ 《马克思恩格斯文集》第六卷,人民出版社 2009 年版,第 117 页。

什么都赚钱、生产多少都能卖出去的情况不存在了"[1]，生产环节长期累积的低端产能增长过快甚至产生产能过剩，必然对原有的生产与交换、分配、消费方式作出结构性调整；相应地，生产环节的问题延伸地表现为交换过程阻塞，特别表现在消费环节上结构性矛盾更为突出；生产环节中长期形成的主要以低成本资源和要素投入形成的驱动力明显减弱，生产环节的中高端产业成长受制于经济过程其他环节的制约；以创新为核心的更为强劲的经济增长驱动力，亟待经济运行过程各环节及其关系的调整。从空间维度上看，改革开放以来几十年间形成的国内国外两个资源、两个市场的整体格局，在2008年国际金融危机爆发后发生了深刻变化，世界经济范围内交换环节和过程受到生产和消费环节和过程呆滞和阻隔的冲击，全球贸易进入发展低迷期。从交换总体上对国际市场和资源的有效利用，不仅对生产也对分配和消费环节及其关系调整提出了新的要求，经济增长动力在转到更多地依靠创新驱动和扩大内需特别是消费需求上的时候，如何在生产和交换、分配环节和过程上推进世界贸易的发展，成为我国经济发展的必然要求。

马克思对生产与分配、交换、消费关系的阐释，在供给侧结构性改革理论中得到新的创造性运用。马克思认为："在供求关系借以发生作用的基础得以说明以前，供求关系绝对不能说明什么问题。"[2] 供给和需求作为市场经济内在关系的两个基本方面，是既相对立又相统一的辩证关系，也是基于一定的社会的和历史的规定性的经济关系。马克思认为："说到供给和需求，那么供给等于某种商品的卖者或生产者的总和，需求等于这同一种商品买者或消费者（包括个人消费和生产消费）的总和。而且，这两个总和是作为两个统一体，两个集合力量来互相发生作用的。"因此，这供给和需求两种力量的竞争，在根本上"显示出生产和消费的社会性质。"[3] 这就是说，供求关系体现的就是生产和消费关系的"社会性质"。马克思对生产与分配、交换、消费关系的阐释，特别是关于生产和消费关系的阐释，为供给侧结构性改革问题的探讨提供丰富的理论资源。

从"两个总和"、"两个统一体"或"两个集合力量"来看，供给侧和

---

[1] 习近平：《在省部级主要领导干部学习贯彻党的十八届五中全会精神专题研讨班上的讲话》，载于《人民日报》2016年5月10日。
[2] 《马克思恩格斯文集》第七卷，人民出版社2009年版，第202页。
[3] 《马克思恩格斯文集》第七卷，人民出版社2009年版，第215页。

需求侧是宏观经济的两个基本方面，供给侧管理和需求侧管理则是宏观经济管理的两个基本方面。在这一意义上，供给侧管理"重在解决结构性问题，注重激发经济增长动力，主要通过优化要素配置和调整生产结构来提高供给体系质量和效率，进而推动经济增长"；需求侧管理"重在解决总量性问题，注重短期调控，主要是通过调节税收、财政支出、货币信贷等来刺激或抑制需求，进而推动经济增长。"[①] 深化供给侧结构性改革，就是要从生产端发力，促进产业优化重组、降低企业成本、发展战略性新兴产业和现代服务业以及增加公共产品和服务供给，就是要在消费端着力，促进交换、分配、消费端对过剩产能和库存在的有效化解，在适度扩大总需求的同时，反作用于供给侧结构性改革。供给侧结构性改革与经济新常态连为一体，既注重生产环节的决定性作用又凸显交换、分配和消费的反作用，既发力于供给的结构性改革又着力于需求的结构性调整，既重视发挥市场在资源配置中的决定性作用又强调更好发挥政府作用，既突出发展社会生产力又注重完善社会生产关系。在这里，马克思关于政治经济学对象的要素及其关系的理论观点得到广泛运用和深度发展，开拓了中国特色的"系统化的经济学说"的新境界。

二、马克思主义政治经济学原理与中国实际的结合

（一）以马克思主义中国化的"第二次结合"为思想引领

1956年初，在中国社会主义基本制度确立这一历史时刻到来之际，毛泽东已经把如何选择中国自己的社会主义建设道路问题提上了重要议程。对于从半殖民地半封建社会脱胎而来的经济文化比较落后的中国如何建设社会主义的问题，成为以毛泽东为主要代表的中国共产党领导集体当时面对的最为重要而紧迫的课题。在对中国社会主义建设道路选择问题探索中，毛泽东进一步立足于国内和国际两个大局，审时度势，从历史、理论与现实的结合

[①] 习近平：《在省部级主要领导干部学习贯彻党的十八届五中全会精神专题研讨班上的讲话》，载于《人民日报》2016年5月10日。

上，提出了马克思主义中国化的"第二次结合"的思想，对中国特色社会主义政治经济学的理论和方法作了开创性研究。

1956年2月14日到4月24日，为准备《论十大关系》讲话，毛泽东作了长达43天的调查研究。调查研究一开始，毛泽东就点明主题，提出苏联的经验和道路哪些该学哪些不该学的问题。2月25日，他强调"要打破迷信"，提出我们"完全应该比苏联少走弯路"，"不应该被苏联前几个五年计划的发展速度所束缚"①。就在毛泽东提出这一问题时，莫斯科时间24日深夜，赫鲁晓夫向参加苏共二十大代表作了《关于个人崇拜及其后果》的秘密报告。毛泽东敏锐地抓住国际共产主义运动初见端倪的这一重大转折，高瞻远瞩，对中国社会主义建设道路的选择问题作了新的战略思考，对中国社会主义政治经济学问题也作了新的探索。

1956年3月12日，中共中央政治局扩大会议在讨论苏共二十大问题时，毛泽东指出，赫鲁晓夫秘密报告值得认真研究，"现在看来，至少可以指出两点：一是它揭了盖子，二是它捅了娄子。说揭了盖子，就是讲，他的秘密报告表明，苏联、苏共、斯大林并不是一切都是正确的，这就破除了迷信。说捅了娄子，就是讲，他作的这个秘密报告，无论在内容上或方法上，都有严重错误。"②毛泽东这一透彻分析，既揭示了赫鲁晓夫秘密报告的根本错误，也明确破除对苏联模式的迷信，阐明探寻中国自己的社会主义建设道路的必然性和必要性。十天之后，毛泽东在主持召开中共中央书记处扩大会议时，再次谈到"揭了盖子"和"捅了娄子"的问题。他指出："赫鲁晓夫这次揭了盖子，又捅了娄子。他破除了那种认为苏联、苏共和斯大林一切都是正确的迷信，有利于反对教条主义，不要再硬搬苏联的一切了，应该用自己的头脑思索了。应该把马列主义的基本原理同中国社会主义革命和建设的具体实际结合起来，探索在我们国家里建设社会主义的道路了。"③毛泽东提出了三个新的观点：一是要破除迷信，反对教条主义；二是有针对性地提出不要"硬搬"苏联模式那一套，应该独立思考中国自己的社会主义建设道路问题；三是提出了要把马克思主义基本原理同中国社会主义革命，也同中国社会主义建设的具体实际"结合起来"的命题。

---

① 中共中央文献研究室编：《毛泽东年谱》第二卷，中央文献出版社2013年版，第537页。
② 中共中央文献研究室编：《毛泽东年谱》第二卷，中央文献出版社2013年版，第545页。
③ 中共中央文献研究室编：《毛泽东年谱》第二卷，中央文献出版社2013年版，第550页。

为了应对国际共产主义运动大局的变化，这次中央书记处扩大会议提出撰写《关于无产阶级专政的历史经验》文章，以表明中国共产党的基本立场和观点。4月4日，在最后一次讨论这篇文章的修改稿时，毛泽东谈道："发表这篇文章，我们对苏共二十大表示了明确的但也是初步的态度。议论以后还会有，问题在于我们自己从中得到什么教益。"毛泽东"对我们自己从中得到什么教益"问题的回答就是："最重要的是要独立思考，把马列主义的基本原理同中国革命和建设的具体实际相结合。"回顾中国共产党的历史，毛泽东深有感触地谈道："民主革命时期，我们在吃了大亏之后才成功地实现了这种结合，取得了新民主主义革命的胜利。现在是社会主义革命和建设时期，我们要进行第二次结合，找出在中国怎样建设社会主义的道路。"他进一步提到："这个问题，我几年前就开始考虑。现在农业合作化问题上考虑怎样把合作社办得又多又快又好，后来又在建设上考虑能否不用或者少用苏联的拐杖，不像第一个五年计划那样搬苏联的一套，自己根据中国的国情，建设得又多又快又好又省。现在感谢赫鲁晓夫揭开了盖子，我们应该从各方面考虑如何按照中国的情况办事，不要再像过去那样迷信了。"毛泽东的结论就是："我们过去也不是完全迷信，有自己的独创。现在更要努力找到中国建设社会主义的具体道路。"①

毛泽东关于"进行第二次结合"、"更努力找到中国建设社会主义的具体道路"等重要思想的提出，是对中国革命和建设历史反思和现实思考的结果，是在中国社会主义建设道路选择的关键时期和国际共产主义运动逆转时期作出的重大战略调整，总结经验，破除迷信，不再"搬苏联的一套"，在把马克思主义基本原理同中国实际的"第二次结合"中，对"中国怎样建设社会主义的道路"问题上作出中国共产党人的回答。

4月25日下午，毛泽东在有各省市自治区党委书记参加的中共中央政治局扩大会议上，发表了《论十大关系》的讲话。毛泽东后来肯定，《论十大关系》"开始提出我们自己的建设路线，原则和苏联相同，但方法有所不同，有我们自己的一套内容。"② 也就是说，"从一九五六年提出十大关系起，开始找到自己的一条适合中国的路线。"③《论十大关系》实际上是毛泽

---

① 中共中央文献研究室编：《毛泽东年谱》第二卷，中央文献出版社2013年版，第557页。
② 《毛泽东文集》第七卷，人民出版社1999年版，第369~370页。
③ 中共中央文献研究室编：《毛泽东年谱》第四卷，中央文献出版社2013年版，第419页。

东提出"第二次结合"思想后,对中国社会主义建设道路探索的最初的重要成果,是对中国特色主义政治经济学探索的最初重要成果。

自《论十大关系》到《关于正确处理人民内部矛盾的问题》的一年间,毛泽东对"第二次结合"作了进一步思考。"第二次结合"是中国共产党在新民主主义革命时期和社会主义过渡时期的马克思主义中国化过程的继续。1956 年 8 月 24 日,毛泽东在同中国音乐家协会负责人谈道:"社会主义的内容,民族的形式,在政治方面是如此,在艺术方面也是如此"。他强调:"要向外国学习科学的原理。学了这些原理,用来研究中国的东西,把学的东西中国化。中国的和外国的东西要有机地结合,而不是套用外国的东西。要用外国有用的东西来改进和发扬中国的东西,创造中国独特的新东西。"他还提到:"应该越搞越中国化,而不是越搞越洋化。要反对教条主义,也要反对保守主义,这两个东西对中国都是不利的。"①

1956 年 8 月,毛泽东在对党的八大政治报告修改稿中提到的社会主义制度在各国的具体发展过程和表现形式不可能有千篇一律的格式问题作了修改,提出"我国是一个东方国家,因此,我们不但在民主革命过程中有自己的许多特点,在社会主义改造和社会主义建设的过程中也带有自己的许多特点,而且在将来建成社会主义社会以后还会继续存在自己的许多特点。"② 8 月底,在党的八大的预备会议上,毛泽东提出:"马克思主义的普遍真理一定要同中国革命的具体实践相结合,就是说,理论与实践要统一。理论与实践的统一,是马克思主义的一个最基本的原则。思想必须反映客观实际,而且在客观实践中得到检验,证明是真理,这才算是真理,不然就不算。"③ 9 月 15 日,在党的八大的开幕词中,毛泽东再次对这一思想作了概括:"我国的革命和建设的胜利,都是马克思列宁主义的胜利。把马克思列宁主义的理论和中国革命的实践密切地联系起来,这是我们党的一贯的思想原则。"④ 毛泽东特别强调了社会主义建设中"有自己的许多特点"的必然性,凸显了社会主义建设道路作为一个"过程"的重要性。对有中国"许多特点"的社会主义建设道路和过程的探索,成为"进行第二次结合"的根本原则,

---

① 中共中央文献研究室编:《毛泽东年谱》第二卷,中央文献出版社 2013 年版,第 607 页。
② 中共中央文献研究室编:《毛泽东年谱》第二卷,中央文献出版社 2013 年版,第 603 页。
③ 《毛泽东文集》第七卷,人民出版社 1999 年版,第 90 页。
④ 《毛泽东文集》第七卷,人民出版社 1999 年版,第 116 页。

也成为马克思主义政治经济学在中国发展和创新的基本立场。

"第二次结合"是中国特色社会主义政治经济学发展的基本遵循。习近平所概括的"把马克思主义政治经济学基本原理同改革开放新的实践结合起来,不断丰富和发展马克思主义政治经济学"论断,同毛泽东提出的"第二次结合"的思想原则一脉相承。在决战决胜全面建成小康社会的新的进程中,习近平把"第二次结合"的思想融会贯通于中国特色的"系统化的经济学说"发展之中。在2015年12月召开的中央经济工作会议上,习近平还明确地把"坚持解放和发展社会生产力"和"坚持调动各方面积极性,充分调动人的积极性"这两个方面,作为"要坚持中国特色社会主义政治经济学的重大原则"提出来[1]。以毛泽东《论十大关系》和《关于正确处理人民内部矛盾的问题》为始创的中国特色社会主义政治经济学,在中国特色的"系统化的经济学说"的新篇章中得到了适合于时代发展的新的阐释。

(二)毛泽东对中国特色社会主义政治经济学的开创

以毛泽东为主要代表的中国共产党人,"在探索社会主义建设道路过程中对发展我国经济提出了独创性的观点,如提出社会主义社会的基本矛盾理论,提出统筹兼顾、注意综合平衡,以农业为基础、工业为主导、农轻重协调发展等重要观点。"这三个方面理论,是毛泽东在《论十大关系》到《关于正确处理人民内部矛盾的问题》中,对中国社会主义建设道路探索的最主要的理论,是毛泽东这一时期形成的社会主义政治经济学的最富特色的理论结晶,也是"我们党对马克思主义政治经济学的创造性发展"[2]。

一是社会主义社会基本矛盾的理论。1956年3月,在准备《论十大关系》讲话中,毛泽东就指出:"社会主义社会,仍然存在着矛盾。否认存在矛盾就是否认唯物辩证法。斯大林的错误正证明了这一点。矛盾无时不在,无所不在。有矛盾就有斗争,只不过斗争的性质和形式不同于阶级社会而已。"[3] 在《论十大关系》讲话的结束语中,毛泽东更为清晰地指出:"没有矛盾就没有世界。我们的任务,是要正确处理这些矛盾。这些矛盾在实践

---

[1] 《中央经济工作会议在北京举行》,载于《人民日报》2015年12月22日。
[2] 《习近平在中共中央政治局第二十八次集体学习时强调立足我国国情和我国发展实践发展当代中国马克思主义政治经济学》,载于《人民日报》2015年11月25日。
[3] 中共中央文献研究室编:《毛泽东年谱》第二卷,中央文献出版社2013年版,第549页。

中是否能完全处理好，也要准备两种可能性，而且在处理这些矛盾的过程中，一定还会遇到新的矛盾，新的问题。"①

在社会主义政治经济学说史上，斯大林对社会主义社会矛盾问题作过探索，他在1938年的《辩证唯物主义和历史唯物主义》中提出："苏联的社会主义国民经济是生产关系完全适合生产力性质的例子，这里的生产资料的公有制同生产过程的社会性完全适合，因此在苏联没有经济危机，也没有生产力破坏的情形"，他断言社会主义制度中"生产关系同生产力状况完全适合，因为生产过程的社会性是由生产资料的公有制所巩固的。"② 在1952年《苏联社会主义经济问题》一书中，斯大林对先前的说法有所改变，认为"生产关系同生产力状况完全适合"的说法，"是不能在绝对的意义上来理解的"，"应该理解为在社会主义制度下，通常不会弄到生产关系和生产力发生冲突，社会有可能及时使落后了的生产关系去适合生产力的性质。社会主义社会有可能做到这点，是因为在这个社会中没有那些能够组织反抗的衰朽的阶级。"③ 但斯大林终究没有能够认识生产力和生产关系之间、经济基础和上层建筑之间的矛盾作为社会主义社会的基本矛盾，是推动社会主义社会发展的根本力量，也是正确理解社会主义社会性质及其规律的基本理论。

面对1956年发生在东欧国家特别是波兰和匈牙利的一系列事件，毛泽东提出："根据波匈事件的教训，好好总结一下社会主义究竟如何搞法。矛盾总是有的，如何处理这些矛盾，就成为我们需要认真研究的问题。"④ 反思波匈事件的教训，毛泽东认为："我们要从这些事情中得到教育。将来全世界的帝国主义都打倒了，阶级没有了，那个时候还有生产关系同生产力的矛盾，上层建筑同经济基础的矛盾。生产关系搞得不对头，就要把它推翻。上层建筑（其中包括思想、舆论）要是保护人民不喜欢的那种生产关系，人民就要改革它。"⑤ 对社会主义社会基本矛盾及其性质的理解，是关系社会主义"如何搞法"的重大问题，是理解社会主义经济关系"改革"的关

---

① 《毛泽东文集》第七卷，人民出版社1999年版，第44页。
② 《斯大林文集》，人民出版社1985年版，第221页、第226页。
③ 《斯大林文集》人民出版社1985年版，第637页。
④ 中共中央文献研究室编：《毛泽东年谱》第三卷，中央文献出版社2013年版，第23页。
⑤ 中共中央文献研究室编：《毛泽东年谱》第三卷，中央文献出版社2013年版，第33页。

键问题,更是认识和把握社会主义发展规律的根本问题。

在《关于正确处理人民内部矛盾的问题》中,毛泽东指出:"在社会主义社会中,基本的矛盾仍然是生产关系和生产力之间的矛盾,上层建筑和经济基础之间的矛盾。不过社会主义社会的这些矛盾,同旧社会的生产关系和生产力的矛盾、上层建筑和经济基础的矛盾,具有根本不同的性质和情况罢了。"因此,"我们今后必须按照具体的情况,继续解决上述的各种矛盾。当然,在解决这些矛盾以后,又会出现新的问题、新的矛盾,又需要人们去解决。"① 毛泽东提出的社会主义社会基本矛盾的理论,是对"第二次结合"中马克思主义中国化的最为重要的理论建树,也为中国特色社会主义政治经济学的形成和发展奠定了最为坚实的方法和理论基础。

二是关于统筹兼顾、注意综合平衡的理论。在《论十大关系》中,毛泽东提出,对于中国社会主义建设发展中出现的各种"矛盾"和"问题",要用"兼顾"和"统筹"的原则和方法来解决和处理。毛泽东提出:"必须兼顾国家、集体和个人三个方面,也就是我们过去常说的'军民兼顾'、'公私兼顾'。鉴于苏联和我们自己的经验,今后务必更好地解决这个问题。"② 前车之覆,后车之鉴。"我们对农民的政策不是苏联的那种政策,而是兼顾国家和农民的利益。"③ 特别在经济利益分配问题上,毛泽东提出:"国家和工厂,国家和工人,工厂和工人,国家和合作社,国家和农民,合作社和农民,都必须兼顾,不能只顾一头。无论只顾哪一头,都是不利于社会主义,不利于无产阶级专政的。"④《论十大关系》讲话之后,毛泽东进一步指出:"统筹兼顾,各得其所","这是我们历来的方针,在延安的时候,就采取了这个方针。这是一个什么方针呢?就是调动一切积极力量,为了建设社会主义。这是一个战略方针。"⑤ "统筹兼顾"是与"各得其所"联系在一起的,是实现调动一切积极力量的重要方针。

在《关于正确处理人民内部矛盾的问题》中,毛泽东对"统筹兼顾、适当安排"作了专题阐释,认为"这里所说的统筹兼顾,是指对于六亿人

---

① 《毛泽东文集》第七卷,人民出版社1999年版,第214、215页。
② 《毛泽东文集》第七卷,人民出版社1999年版,第28页。
③ 《毛泽东文集》第七卷,人民出版社1999年版,第30页。
④ 《毛泽东文集》第七卷,人民出版社1999年版,第30~31页。
⑤ 中共中央文献研究室编:《毛泽东年谱》第三卷,中央文献出版社2013年版,第69页。

口的统筹兼顾。我们作计划、办事、想问题，都要从我国有六亿人口这一点出发，千万不要忘记这一点。"① 显然，在毛泽东看来，"统筹兼顾"作为社会主义经济建设的方法和原则，是心系全国人民、情怀广大群众，是党和政府"作计划、办事、想问题"的基本立场，深刻蕴含了中国共产党治国理政的根本理念和方法。

毛泽东在《论十大关系》中提出的"要把国内外一切积极因素调动起来，为社会主义事业服务"的"基本方针"，在《关于正确处理人民内部矛盾的问题》中以"统筹兼顾"的方法和原则得以落实和实现。毛泽东指出："无论粮食问题，灾荒问题，就业问题，教育问题，知识分子问题，各种爱国力量的统一战线问题，少数民族问题，以及其他各项问题，都要从对全体人民的统筹兼顾这个观点出发，就当时当地的实际可能条件，同各方面的人协商，作出各种适当的安排。"包括经济建设在内的许多事情，"可以由社会团体想办法，可以由群众直接想办法，他们是能够想出很多好的办法来的"，这在根本上也"包括在统筹兼顾、适当安排的方针之内"②。

三是以农业为基础、工业为主导、农轻重协调发展的理论。重视农业的基础作用，是毛泽东关于国民经济中农轻重协调发展理论的核心内容。进入1956年，毛泽东把制定《一九五六年到一九六七年全国农业发展纲要》提到重要议程。1月17日，他在讨论修改这一发展纲要草案时就提出："农业发展纲要必须放在可靠的基础上，不能凭一时的想法，也不能把生产品增产后的出路放在出口的希望上，而应当以国内市场为主。"他特别提醒："这个纲要主要是动员农民来实行，是依靠群众，国家只是给以一定的帮助，因此是个群众行动的纲领。"③

在《论十大关系》中，毛泽东提出了以正确处理农、轻、重关系为主要内容的国民经济协调发展和综合平衡的思想。在1957年1月召开的中央省市自治区党委书记会议上，毛泽东还是强调农业在国民经济中的基础作用问题，提出"全党一定要重视农业，农业关系国计民生极大。要注意，不抓粮食很危险。不抓粮食，总有一天要天下大乱"；从国民经济整体上看，"农业发展起来了，就可以为发展工业提供更多的原料、资金和更广阔的市

---

① 《毛泽东文集》第七卷，人民出版社1999年版，第227~228页。
② 《毛泽东文集》第七卷，人民出版社1999年版，第228页。
③ 中共中央文献研究室编：《毛泽东年谱》第二卷，中央文献出版社2013年版，第512页。

场。因此，在一定意义上可以说，农业就是工业。"在这一问题上，毛泽东提醒大家，"全党都要学习辩证法，提倡照辩证法办事。"① 这时，毛泽东已经实际地表达了"以农业为基础、工业为主导"的思想。

在《论十大关系》讲话之后，鉴于苏联和东欧国家的经验教训，毛泽东在强调农业的基础作用的同时，对农轻重协调发展提出了两个重要的观点：一是更加注重处理好重工业同轻工业和农业的关系。他提出："苏联牺牲轻工业和农业来搞重工业这条路，恐怕不那么合适。过去，批评资本主义国家，说他们是先搞轻工业后搞重工业。结果，社会主义国家重工业搞起来了，轻工业很差，人民不满意，农民不满意。"毛泽东认为，"斯大林错误中，恐怕也要算进这一条。"立足于中国经济发展的实际来，"适当地（不是太多地）增加轻工业方面的投资、农业方面的投资，从长远来看（五年、十年），既可以搞积累，又满足了人民的需要，反而对于重工业的发展有利。这样一来，就跟苏联走的那条道路有点区别，不完全抄它那条路。"从发展道路上来看，"轻工业、农业当然是最低限度的，必要的，重工业在投资里头总是居最大多数。"②

二是更加注重把提高人民物质生活水平作为经济发展重要目标。以东欧一些国家发展教训为鉴，毛泽东提出："加强民主、独立、平等以及在发展生产的基础上提高人民物质福利的要求，这些要求是完全正当的。"③ 在之后主持省市自治区党委书记会议时，再次谈到要吸取苏联经济建设的教训，认为"他们是有了重工业，丧失了人民"，对于中国来讲，"我们是不是可以又有重工业，又得了人民？这个问题没有解决，要靠以后找出一条道路来。"在这一条道路的探索中，要把"民生"问题摆在重要的位置，"保证必要的民生，无非是使轻工业发展起来，这是增加积累的道路。"④

农轻重之间的比例关系，是事关社会主义建设道路发展的重大问题。在《关于正确处理人民内部矛盾的问题》中，毛泽东指出："我国有五亿多农业人口，农民的情况如何，对于我国经济的发展和政权的巩固，关系极

---

① 中共中央文献研究室编：《毛泽东年谱》第三卷，中央文献出版社2013年版，第71页。
②④ 中共中央文献研究室编：《毛泽东年谱》第三卷，中央文献出版社2013年版，第65～66页。
③ 中共中央文献研究室编：《毛泽东年谱》第三卷，中央文献出版社2013年版，第20页、第21页。

大。"① 中国作为一个农业大国,"发展工业必须和发展农业同时并举,工业才有原料和市场,才有可能为建立强大的重工业积累较多的资金。大家知道,轻工业和农业有极密切的关系。没有农业,就没有轻工业。重工业要以农业为重要市场这一点,目前还没有使人们看得很清楚。但是随着农业的技术改革逐步发展,农业的日益现代化,为农业服务的机械、肥料、水利建设、电力建设、运输建设、民用燃料、民用建筑材料等等将日益增多,重工业以农业为重要市场的情况,将会易于为人们所理解。"②

从《论十大关系》到《关于正确处理人民内部矛盾的问题》这一年间,毛泽东阐释的这三大理论,成为中国社会主义建设道路探索初期马克思主义政治经济学的理论结晶,对中国特色社会主义政治经济学的形成产生着深刻的影响,同时也在中国特色的"系统化的经济学说"中得到赓续和创新。

(三) 对马克思主义政治经济学基本原理的新的研究

当代中国马克思主义政治经济学是马克思主义政治经济学基本原理与中国具体实际相结合的结果。这里讲到的马克思主义政治经济学基本原理,在与当代中国具体实际的结合中,也就是说在中国经济改革实践的具体运用中,发生着两个重要的变化:一是在如何科学对待问题上的变化,二是在如何丰富发展问题上的变化。

在"科学对待"上,对我们原来理解的马克思主义政治经济学原理,提出了"四个分清楚"的要求,"四个分清楚"是指分清哪些是必须长期坚持的马克思主义基本原理,哪些是需要结合新的实际加以丰富发展的理论判断,哪些是必须破除的对马克思主义的教条式的理解,哪些是必须澄清的附加在马克思主义名下的错误观点。与马克思主义政治经济学基本原理相关,中央马克思主义理论研究和建设工程设立的"马克思主义经典著作基本观点研究课题组",对"经典作家关于政治经济学一般原理的基本观点"和"经典作家关于劳动价值理论和剩余价值理论的基本观点"、"经典作家关于所有制和分配理论",以及相关的"经典作家关于经济文化落后国家发展道路的基本观点"、"经典作家关于农业和农民问题的基本观点"和"经典作

---

① 《毛泽东文集》第七卷,人民出版社 1999 年版,第 219 页。
② 《毛泽东文集》第七卷,人民出版社 1999 年版,第 241 页。

家关于全球化和时代问题的基本观点"等作了专题研究,在"科学对待"马克思主义政治经济学原理上取得突出成效。

"经典作家关于政治经济学一般原理的基本观点"课题组在研究中提出:分清哪些是需要长期坚持的基本原理,能够为解决社会主义经济建设过程中的现实问题和进一步发展马克思主义政治经济学奠定坚实的理论基础;分清哪些是必须结合新的实际加以丰富和发展的理论判断,能够为真正实现马克思主义政治经济学与时俱进的内在品质确定正确的方向,有助于增强马克思主义政治经济学的活力和吸引力;破除教条式的理解有助于在马克思主义政治经济学研究中真正实现解放思想,为发展和创新马克思主义政治经济学提供广阔的空间;澄清附加在马克思主义名下的错误观点有助于在与错误理论做斗争的过程中坚定马克思主义政治经济学的立场、观点和方法,真正做到坚持和发展马克思主义政治经济学。

用科学的方法去研究马克思主义基本原理,要求我们在历史、理论和社会经济关系现实变化的结合中,探寻马克思主义政治经济学及其基本原理的科学性和时代意义。对历史而言,我们要根据经典作家所处的历史背景和历史条件,以及他们面临的历史任务去理解他们的政治经济学思想。对理论而言,我们要按照马克思主义经典作家的思想发展的内在逻辑来理解他们的思想(这实际上是一个思想的历史问题)。从理论的本质属性看,我们要认识马克思主义经典作家的理论体系开放和发展的本质。就现实而言,它既包括对"历史的现实"的理解,也包括对社会主义国家建设面临的实际任务的理解。我们要努力去理解和把握社会主义建设实践中为解决新的实际任务而产生的一系列新的理论观点和理论判断。要随着现实的变化、实践的展开、研究的深入而不断对马克思主义政治经济学作出创新和发展,丰富和发展当代马克思主义政治经济学。

在"丰富发展"上,对马克思主义政治经济学基本原理理解的视域更为宽广。在马克思主义政治经济学的基本原理,主要如经济的社会形态发展理论、商品经济一般规律和资本主义商品经济理论、劳动价值理论、剩余价值理论、资本积累和资本主义历史趋势理论、资本循环和资本周转理论、社会资本再生产理论、平均利润和生产价格理论、垄断资本主义理论、资本主义经济危机理论、未来社会发展和社会主义经济特征理论等方面,在中国社会主义经济的新的实践中都得到广泛的运用和多方面的丰富发展。在"丰富发展"上，还特别表现在对马克思恩格斯提出的原来不为我们所知的一系列重要经济思想的深入研究和运用，给中国特色社会主义经济学以新的理论滋养，彰显了马克思主义政治经济学的时代特色。

生产力理论是马克思主义理论体系的基石，也是马克思主义政治经济学最基本的范畴。1978年3月，邓小平提到："科学技术是生产力，这是马克思主义历来的观点。早在一百多年以前，马克思就说过：机器生产的发展要求自觉地应用自然科学。并且指出：'生产力中也包括科学'。"① 这里提到的"科学技术是生产力"的观点，见于马克思《1857～1858年经济学手稿》。马克思这一长期被湮没的理论观点，在中国经济改革的现实中得到显著运用，由此而形成中国政治经济学中一系列重要的理论观点。

经济的社会形态理论是马克思主义政治经济学的基本原理。改革开放以来，在中国特色社会主义政治经济学发展中，不仅对为我们所熟知的"五大形态"的经济社会演进理论，有着广泛的研究和运用，而且还对我们所不熟知的"三大形式"的经济社会演进理论作出了新的研究和运用。马克思在《1857～1858年经济学手稿》中提出的人的发展的"三种形式"理论认为，在社会经济关系演进中，由于"社会条件"的变化，作为生产主体的人的发展，以"人的依赖关系"为第一大形式的特征。这时，人的生产能力只是在狭窄的范围内和孤立的地点上发展着，人只是直接从自然界再生产自己。以物的依赖性为基础的人的独立性的形成，是第二大形式的特征。一方面生产中人的一切固定的依赖关系已经解体，另一方面毫不相干的个人之间的互相的全面的依赖，构成人们之间的社会联系，而这一联系的纽带就是普遍发展起来的产品交换关系，从而"人的社会关系转化为物的社会关系；人的能力转化为物的能力"。正是在这种普遍的社会物质交换关系中，才形成了人们之间的"全面的关系、多方面的需要以及全面的能力的体系"。第三大形式就是以自由个性发展为特征的。这一社会形式中的"自由个性"，具有两方面的规定性：一是个人的全面的发展；二是人们共同的社会生产能力成为他们共同的社会财富。② 人的发展的"三大形式"理论，为社会主义市场经济体制的提出作了理论铺垫，为以人的发展为主体的发展理

---

① 《邓小平文选》第二卷，人民出版社1994年版，第87页。
② 参见《马克思恩格斯全集》第三十卷，人民出版社1995年版，第107页。

念提供了思想方法和基本思路。

在对马克思恩格斯关于社会主义社会发展理论的新的探索中，发掘了恩格斯关于"所谓'社会主义社会'不是一种一成不变的东西，而应当和任何其他社会制度一样，把它看成是经常变化和改革的社会"① 理论的深刻内涵。丰富了马克思恩格斯晚年关于"跨越卡夫丁峡谷"的思想。马克思认为，对于经济落后国家来说，"正因为它和资本主义生产是同时存在的东西，所以它能够不经受资本主义生产的可怕的波折而占有它的一切积极的成果。"② 像商品经济、股份资本、金融资本、虚拟资本等这样一些"积极的成果"，为中国特色社会主义经济理论和实践所"占有"。

资本主义社会发展理论是马克思主义政治经济学的最为重要的理论。在对当代资本主义社会发展理论的理解中，一方面深刻把握《共产党宣言》提出的"两个最彻底的决裂"的观点，即"共产主义革命就是同传统的所有制关系实行最彻底的决裂；毫不奇怪，它在自己的发展进程中要同传统的观念实行最彻底的决裂。"③ 另一方面也深刻理解《〈政治经济学批判〉序言》中提出的"两个决不会"的观点，即"无论哪一个社会形态，在它所能容纳的全部生产力发挥出来以前，是决不会灭亡的；而新的更高的生产关系，在它的物质存在条件在旧社会的胎胞里成熟以前，是决不会出现的。"④ 对这两个理论判断作出全面的、辩证的理解，极大地拓展了马克思恩格斯关于资本主义社会发展理论的视野，既利于我们把握马克思主义政治经济学关于社会主义生产方式必然取代资本主义生产方式的历史总趋势，也利于我们理解社会主义与资本主义长期并存的时代总格局。这种并存，既有两种社会经济制度之间的合作与交流，也有它们之间的矛盾和冲突，从而使我们能够更为全面地从和平与发展的时代主题中，理解当代资本主义社会发展的特征及其历史趋势，处理好经济全球化背景下国际经济关系发展的一系列重大问题。

人与自然的和谐协调发展理论，是马克思主义政治经济学重要理论原理。恩格斯指出，"我们不要过分陶醉于我们人类对自然界的胜利。对于每

---

① 《马克思恩格斯文集》第十卷，人民出版社2009年版，第588页。
② 《马克思恩格斯文集》第三卷，人民出版社2009年版，第571页。
③ 《马克思恩格斯文集》第二卷，人民出版社2009年版，第52页。
④ 《马克思恩格斯文集》第二卷，人民出版社2009年版，第592页。

一次这样的胜利,自然界都对我们进行报复。"他特别提出,"我们每走一步都要记住:我们决不像征服者统治异族人那样支配自然界,决不像站在自然界之外的人似的去支配自然界——相反,我们连同我们的肉、血和头脑都是属于自然界和存在于自然界之中的;我们对自然界的整个支配作用,就在于我们比其他一切生物强,能够认识和正确运用自然规律。"① 深感于此,更能理解"要构筑尊崇自然、绿色发展的生态体系。人类可以利用自然、改造自然,但归根结底是自然的一部分,必须呵护自然,不能凌驾于自然之上。我们要解决好工业文明带来的矛盾,以人与自然和谐相处为目标,实现世界的可持续发展和人的全面发展"②的道理。中国特色社会主义政治经济学关于生态文明的理论,赋予马克思恩格斯这些重要思想以新的理论活力。

对马克思主义政治经济学基本原理和主要理论的这些新的研究和运用说明,中国政治经济学在把马克思主义基本原理运用于当代中国与世界实际时,也在正本清源,厘清和深化对马克思主义政治经济学基本原理的理解;也在拓展视野,丰富并赋予马克思主义政治经济学基本原理以新的时代内涵。

(四)新发展理念对马克思主义政治经济学原理的丰富

新发展理念是对马克思主义政治经济学理论的当代运用和丰富,特别是对马克思恩格斯关于经济的社会发展理论和人的全面发展理论的当代阐释与现实应用。在人的本质的意义上,马克思恩格斯认为,人的全面发展是随着经济社会的发展而发展的,共产主义作为实现人的主观性与自然的客观性真正统一的新社会,最根本的就在于实现了人的自由而全面的发展,也就是"已经生成的社会创造着具有人的本质的这种全部丰富性的人,创造着具有丰富的、全面而深刻的感觉的人作为这个社会的恒久的现实。"③ 马克思以人的发展的三大形式理论,从政治经济学意义上阐明了这一过程的必然性及其内涵。

马克思在对社会经济关系发展问题的探讨中,虽然没有直接使用过

---

① 《马克思恩格斯文集》第九卷,人民出版社 2009 年版,第 559、560 页。
② 习近平:《携手构建合作共赢新伙伴 同心打造人类命运共同体》,载于《人民日报》2015年9月29日。
③ 《马克思恩格斯文集》第一卷,人民出版社 2009 年版,第 192 页。

"创新"概念，但他对创新的政治经济学意义还是作过多方面的论述。马克思特别注重从生产力的根本变革意义上，探讨生产力作为经济社会"创新"源泉和动力问题。他认为，"蒸汽、电力和自动走锭纺纱机甚至是比巴尔贝斯、拉斯拜尔和布朗基诸位公民更危险万分的革命家。"[①] 他提出，"随着一旦已经发生的、表现为工艺革命的生产力革命，还实现着生产关系的革命。"[②] 由生产力发展和科学技术革命为根本牵引力的创新理念，既强调了科学技术作为社会生产力要素的根本驱动力量，而且强调了这种驱动力量对经济运行、经济体制乃至经济制度变迁的根本推动力量。恩格斯在对马克思这一理论取向的评价时认为："任何一门理论科学中的每一个新发现——它的实际应用也许还根本无法预见——都使马克思感到衷心喜悦，而当他看到那种对工业、对一般历史发展立即产生革命性影响的发现的时候，他的喜悦就非同寻常了。例如，他曾经密切注视电学方面各种发现的进展情况，不久以前，他还密切注视马塞尔·德普勒的发现。"[③]

创新于新发展理念之首位，强调创新在培育发展新动力，形成促进创新的体制框架，塑造更多依靠创新驱动、更多发挥先发优势的引领型发展等方面的意义。创新是涵盖科学技术、经济运行、经济体制及经济制度的创新的总体理念，如习近平所指出的："实施创新驱动发展战略，最根本的是要增强自主创新能力，最紧迫的是要破除体制机制障碍，最大限度解放和激发科技作为第一生产力所蕴藏的巨大潜能。面向未来，增强自主创新能力，最重要的就是要坚定不移走中国特色自主创新道路，坚持自主创新、重点跨越、支撑发展、引领未来的方针，加快创新型国家建设步伐。"[④] 创新发展理念彰显了马克思主义政治经济学关于创新思想的深刻内涵，展示了当代中国马克思主义政治经济学关于创新理念的新境界。

在马克思恩格斯的经济思想中，经济运行和经济关系的协调，在根本上就是通过人类自身社会性的实践和交往方式，合理改变人与物和人与人之间的关系，使物质财富和对生产资料的占有不再是使人和人类社会"异化"

---

① 《马克思恩格斯文集》第二卷，人民出版社 2009 年版，第 579 页。
② 《马克思恩格斯全集》第四十七卷，人民出版社 1979 年版，第 473 页。
③ 《马克思恩格斯文集》第三卷，人民出版社 2009 年版，第 602 页。
④ 习近平：《在中国科学院第十七次院士大会、中国工程院第十二次院士大会上的讲话》，人民出版社 2014 年版，第 8 页。

的物质力量，而成为每个人自由而全面发展的现实条件。在《资本论》中，马克思在"自由人联合体"的概述中，社会对资源的分配方式，"会随着社会生产有机体本身的特殊方式和随着生产者的相应的历史发展程度而改变"，社会对社会经济过程的协调功能显著增长，人与自然的物质变换过程也真正成为人与自然"调节"发展的"自觉"的过程。① 在《资本论》中，马克思还对社会化大生产条件下社会生产的部门和部类之间的协调发展理论作出系统分析。

习近平在谈到协调发展理念时提到，"坚持协调发展、着力形成平衡发展结构，从推动区域协调发展、推动城乡协调发展、推动物质文明和精神文明协调发展、推动经济建设和国防建设融合发展"②。这是对马克思主义政治经济学关于协调经济社会发展思想的赓续，从多方面提升了中国特色社会主义经济学关于协调理论的视界。

绿色发展在根本上就是人与自然之间物质变换中的和谐协调问题，是事关人类社会发展的基本问题。在发展的自然的和物质的层面上看，发展意味着更有效地利用自然物质资源，不断改善人类生存的自然物质环境，使之符合人类的物质和精神需要，也就是自然的人化的过程和结果。马克思指出："自然界，就它自身不是人的身体而言，是人的无机的身体。人靠自然界生活。这就是说，自然界是人为了不致死亡而必须与之处于持续不断的交互作用过程的、人的身体。所谓人的肉体生活和精神生活同自然界相联系，不外是说自然界同自身相联系，因为人是自然界的一部分。"③马克思认为，自然界提供了人类劳动与生存的物质对象，没有自然界，人的现实的生活就失去了存在和发展的基础；人对自然界索取同人对自然界的回馈之间的协调，既体现在社会生产力的发展水平上，"整个所谓世界历史不外是人通过人的劳动而诞生的过程，是自然界对人来说的生成过程"④；更体现在社会劳动过程中，一定形式的社会劳动，总是"制造使用价值的有目的的活动，是为了人类的需要而对自然物的占有，是人和自

---

① 《马克思恩格斯文集》第五卷，人民出版社 2009 年版，第 96 页。
② 习近平：《关于〈中共中央关于制定国民经济和社会发展第十三个五年规划的建议〉的说明》，载于《人民日报》2015 年 11 月 4 日。
③ 《马克思恩格斯文集》第一卷，人民出版社 2009 年版，第 161 页。
④ 《马克思恩格斯文集》第一卷，人民出版社 2009 年版，第 196 页。

然之间的物质变换的一般条件，是人类生活的永恒的自然条件，因此，它不以人类生活的任何形式为转移，倒不如说，它为人类生活的一切社会形式所共有。"①

在马克思看来，这种"一切社会形式所共的"人与自然的物质变化形式，在不同的经济的社会形态中有着不同的实现形式。在资本主义生产方式的历史演进中，曾经有过以牺牲生态而谋取资本利润的惨痛教训，马克思提到："资本主义农业的任何进步，都不仅是掠夺劳动者的技巧的进步，而且是掠夺土地的技巧的进步"②。恩格斯更是在回溯人类久远的历史过程中指出："我们每走一步都要记住：我们决不像征服者统治异族人那样支配自然界，决不像站在自然界之外的人似的去支配自然界——相反，我们连同我们的肉、血和头脑都是属于自然界和存在于自然界之中的；我们对自然界的整个支配作用，就在于我们比其他一切生物强，能够认识和正确运用自然规律。"③

习近平指出："要构筑尊崇自然、绿色发展的生态体系。人类可以利用自然、改造自然，但归根结底是自然的一部分，必须呵护自然，不能凌驾于自然之上。我们要解决好工业文明带来的矛盾，以人与自然和谐相处为目标，实现世界的可持续发展和人的全面发展。"④绿色作为中国发展理念的内涵，是对世纪之交中国生态文明建设实践经验的总结和理论探索的凝练，奠定了当代中国马克思政治经济学生态经济理论的坚实基础。

马克思在《资本论》中提到："一般说来，世界市场是资本主义生产方式的基础和生活环境。但资本主义生产的这些比较具体的形式，只有在理解了资本的一般性质以后，才能得到全面的说明；不过这样的说明不在本书计划之内，而属于本书一个可能的续篇的内容。"⑤因此，在马克思政治经济学体系中，《资本论》在对"资本一般"的探索中，诸如国际贸易、国际经济关系还不是直接的叙述对象。开放发展理念，是对马克思预言的《资本

---

① 《马克思恩格斯文集》第五卷，人民出版社 2009 年版，第 215 页。
② 《马克思恩格斯文集》第五卷，人民出版社 2009 年版，第 579 页。
③ 《马克思恩格斯文集》第九卷，人民出版社 2009 年版，第 560 页。
④③ 习近平：《携手构建合作共赢新伙伴　同心打造人类命运共同体》，载于《人民日报》2015 年 9 月 29 日。
⑤ 《马克思恩格斯文集》第七卷，人民出版社 2009 年版，第 126 页。

论》"可能的续篇"中论述的国际经济关系和世界市场理论的新的拓展。在对国际经济关系的基本判断中,习近平认为:"经济全球化、社会信息化极大解放和发展了社会生产力,既创造了前所未有的发展机遇,也带来了需要认真对待的新威胁新挑战。"③ 中国开放发展的基本理念就是:"在经济全球化时代,各国要打开大门搞建设,促进生产要素在全球范围更加自由便捷地流动。各国要共同维护多边贸易体制,构建开放型经济,实现共商、共建、共享。要尊重彼此的发展选择,相互借鉴发展经验,让不同发展道路交汇在成功的彼岸,让发展成果为各国人民共享。"④ 开放理念强调开创对外开放新格局,丰富对外开放内涵,提高对外开放水平,形成深度融合的互利合作的开放新格局等观点,是对中国改革开放理论的新的概括,也是当代中国马克思主义政治经济学关于国际经济关系和经济全球化理论的升华。

共享理念,强调共建共享相统一,注重机会公平,保障基本民生,实现全体人民共同迈入全面小康社会等观点,是对马克思主义经典作家关于社会主义生产目的和社会主义基本经济规律理论、人的自由而全面发展思想的继承,是对马克思主义政治经济学理论视野的重要拓展。

三、"术语的革命"与中国特色社会主义政治经济学的创新

(一) 恩格斯关于"术语的革命"论述的基本思想

"一门科学提出的每一种新见解都包含这门科学的术语的革命。"⑤ 这是1886年恩格斯在《资本论》第一卷"英文版序言"对马克思经济学的科学革命意义作出的评价。对"术语的革命"在科学发展史上的意义,托马斯·库恩认可,他所说的"科学革命"指的就是"某些科学术语发生意义变革的事件"⑥;他认为,"科学革命就是科学家据以观察世界的概念网络的

---

④ 习近平:《谋共同永续发展 做合作共赢伙伴》,载于《人民日报》2015年9月27日。
⑤ 《马克思恩格斯文集》第五卷,人民出版社2009年版,第32页。
⑥ 库恩:《必要的张力》,福建人民出版社1981年版,第xiv页。

变更","接受新范式,常常需要重新定义相应的科学","界定正当问题、概念和解释的标准一旦发生变化,整个学科都会随之变化"①。

在对马克思经济学"术语的革命"基本特征的理解上,恩格斯强调了两个基本观点:一是"术语的革命"中方法论上的整体观。恩格斯认为,当时流行的政治经济学"通常满足于照搬工商业生活上的术语并运用这些术语,完全看不到这样做会使自己局限于这些术语所表达的观念的狭小范围。"例如,古典政治经济学就"从来没有超出通常关于利润和地租的概念,从来没有把产品中这个无酬部分(马克思称它为剩余产品),就其总和即当做一个整体来研究过,因此,也从来没有对它的起源和性质,对制约着它的价值的以后分配的那些规律有一个清楚的理解。"② 马克思的"术语的革命",是基于唯物史观整体方法论的学术成就。

恩格斯的这一论述,高度契合马克思关于政治经济学整体方法论的要义。整体方法论是以唯物史观为基础的。1847 年,唯物史观创立后不久,马克思在《哲学的贫困》中就从"整体"意义上,对政治经济学方法论作了阐释。马克思指出:"每一个社会中的生产关系都形成一个统一的整体。"③ 这一"整体"的基本规定就在于:"社会关系和生产力密切相连。随着新生产力的获得,人们改变自己的生产方式,随着生产方式即谋生的方式的改变,人们也就会改变自己的一切社会关系。"④ 马克思提出政治经济学整体方法论的意义就在于:"谁用政治经济学的范畴构筑某种意识形态体系的大厦,谁就是把社会体系的各个环节割裂开来,就是把社会的各个环节变成同等数量的依次出现的单个社会。其实,单凭运动、顺序和时间的唯一逻辑公式怎能向我们说明一切关系在其中同时存在而又互相依存的社会机体呢?"⑤ 社会经济关系的整体性是理解和把握经济范畴、原理、思想的内在要求。基于方法论上的整体观,马克思对剩余价值以及工资、劳动二重性的规律有了"一个清楚的理解",对资本主义经济关系这一"同时存在而又互相依存的社会机体"也有了"一个清楚的理解"。

---

① 库恩:《科学革命的结构》,北京大学出版社 2012 年版,第 88、91 页。
② 《马克思恩格斯文集》第五卷,人民出版社 209 年版,第 33 页。
③ 《马克思恩格斯文集》第一卷,人民出版社 2009 年版,第 603 页。
④ 《马克思恩格斯文集》第一卷,人民出版社 2009 年版,第 602 页。
⑤ 《马克思恩格斯文集》第一卷,人民出版社 2009 年版,第 603~604 页。

在《1857~1858年经济学手稿》中,马克思对这一整体方法论作了更为深刻的论述,突出了这三个"崭新的因素"的内在联系和整体规定性。在对剩余价值生产和流通问题的论述中,马克思指出:"剩余价值只能在与必要劳动的关系上来测定。利润只是剩余价值的第二级的、派生的和变形的形式,只是资产阶级的形式,在这个形式中,剩余价值起源的痕迹消失了。"对这一逻辑关系和主题的理解,与工资和劳动二重性的"崭新的因素"的理解是联系在一起的:一方面,剩余价值和工资是必要劳动和剩余劳动的资本主义经济的"社会机体"中本质关系,因为"在既定的生产条件下由资本生产出来的唯一价值,是由新劳动追加的价值。但是,这种价值是由再生产出工资(资本以工资形式进行的预付)的必要劳动和剩余劳动(因而是超出必要劳动的剩余价值)构成的";另一方面,劳动二重性是从整体上理解这一本质关系的"枢纽",因为"材料和机器上的预付只是从一种形式转变成另一种形式。工具也和原料一样,转变成产品,它的损耗同时也就是产品形式的创造",但它们"决不会使产品的价值有所增加。它们的价值是以前的生产的结果,而不是它们在其中充当工具和材料的当前的生产的结果。"[①] 这三个"崭新的因素"构成的整体理论,是马克思政治经济学整体方法论的集中体现,也是马克思认为的《资本论》第一卷三个"崭新的因素"整体性的内在根据和必然逻辑。

二是"术语的革命"中的社会历史观。恩格斯认为,在经济学术语的使用中,社会历史观起着重要的作用,因而"把现代资本主义生产只看做是人类经济史上一个暂时阶段的理论所使用的术语,和把这种生产形式看做是永恒的、最终的阶段的那些作者所惯用的术语,必然是不同的。"[②] 马克思"术语的革命"中坚守的社会历史观,也是以唯物史观为基础,是唯物史观在政治经济学方法论中的延伸。

恩格斯的这一论述,同马克思在政治经济学研究中彰显的社会历史观的要义高度契合。在《哲学的贫困》对蒲鲁东政治经济学方法的批判中,马克思已经认识到:"人们按照自己的物质生产率建立相应的社会关系,正是这些人又按照自己的社会关系创造了相应的原理、观念和范畴";"经济范

---

① 《马克思恩格斯全集》第三十卷,人民出版社1995年版,第598~599页。
② 《马克思恩格斯文集》第五卷,人民出版社209年版,第33页。

畴只不过是生产的社会关系的理论表现,即其抽象",因而"这些观念、范畴也同它们所表现的关系一样,不是永恒的。它们是历史的、暂时的产物"①。1865年,在《资本论》第一卷德文第一版最后成稿时,马克思再次提到,蒲鲁东政治经济学方法的错误在于,"不是把经济范畴看做历史的、与物质生产的一定发展阶段相适应的生产关系的理论表现,而是荒谬地把它看做预先存在的、永恒的观念",这就使得他"通过这种迂回的道路又回到资产阶级经济学的立场上去"②。

在《〈政治经济学批判〉导言》中,马克思认为,古典政治经济学在内的各种经济学流派和思潮,都把"单个的孤立的猎人和渔夫"作为出发点,实质上是经济学的一种"虚构"、一种"假象"。这种"虚构"和"假象"产生的根源就在于抹杀了"物质生产"的社会性质和历史性质。如果把这一类"只是大大小小的鲁滨逊一类故事所造成的美学上的假象"当作"国民经济的事实",作为政治经济学的出发点,实在是"缺乏想象力"③。其实,不仅马克思那时的"最新的经济学"因袭了这种"虚构"和"假象",而且这之后流行于西方的各种"最新的经济学",同样一再地渲染这种"虚构"和"假象",一再地将这种"错觉"当作经济学理论的出发点。回溯经济思想史上各种"最新的经济学"的这种"虚构"和"假象",确实应了马克思所说的,"再没有比这类想入非非的陈词滥调更加枯燥乏味的了"④。

在对"术语的革命"的社会历史观方法的理解中,恩格斯还强调了"经济史"在政治经济学理论阐释中的重要意义。恩格斯指出,在资产阶级政治经济学那里,经济史上的"重大的、本质不同的时期"往往"被抹杀了"。例如,在古典政治经济学那里,通过在把农业和手工业之外的"一切产业",都归结为制造业"这个术语"的办法,使得"以手工分工为基础的真正工场手工业时期和以使用机器为基础的现代工业时期的区别,就被抹杀了。"⑤ 恩格斯对经济史研究意义的强调,是对"术语的革命"中社会历史

---

① 《马克思恩格斯文集》第一卷,人民出版社2009年版,第602、603页。
② 《马克思恩格斯文集》第三卷,人民出版社2009年版,第19页。
③ 《马克思恩格斯全集》第三十卷,人民出版社1995年版,第22页。
④ 《马克思恩格斯全集》第三十卷,人民出版社1995年版,第26页。
⑤ 《马克思恩格斯文集》第五卷,人民出版社209年版,第33页。

观方法的深化。

经济史是政治经济学理论阐释的重要组成部分,也是实现"术语的革命"的重要内容。马克思在对政治经济学对象的探讨中曾经认为,生产不仅仅表现为一定特殊生产部门中的活动,而且"始终是一定的社会体即社会的主体在或广或窄的由各生产部门组成的总体中活动着",即都是在一定社会的生产体系或产业部门组成的"总体"中活动着的。这里提到的具体的特殊生产部门和生产"总体"的关系,更多涉及的就是经济史问题。马克思认为,关于这些问题的"科学的叙述对现实运动的关系,也还不是这里所要说的"①。经济史作为把握社会经济关系的历史逻辑的探索,是马克思经济学理论逻辑中"所要说的"内容,在《资本论》第一卷中,经济史成为马克思经济学理论逻辑探索"所要说的"内容,特别是在对剩余价值和工资这两个"崭新的因素"的阐释中,经济史的研究成为重要内容,也成为"术语的革命"中社会历史观方法论运用的重要体现。

在《资本论》第一卷中,经济史的研究主要集中在三个问题上:一是在工作日问题阐释中,对"争取正常工作日的斗争"的经济史研究;二是在相对剩余价值问题阐释中,对工场手工业时期到机器大工业时期发展的经济史研究;三是在资本积累过程问题阐释中,对原始积累的经济史研究。对经济史的这些研究,与剩余价值和工资这两个"崭新的因素"的阐释直接关联,是对这两个"崭新的因素"的历史逻辑的阐释。

绝对剩余价值生产同工作日的长度直接相关。马克思在《资本论》第一卷中对"争取正常工作日的斗争"的经济史研究,就是在对绝对剩余价值生产问题阐释中作出的。在《资本论》第一卷德文第一版第三章"绝对剩余价值的生产"中,马克思列出第三节"工作日"对此作出专门研究。在《资本论》第一卷德文第二版,"绝对剩余价值的生产"改作第三篇。在第三篇第八章"工作日"中,马克思把"争取正常工作日的斗争"划分为两大经济史阶段,即"14 世纪中叶至 17 世纪末叶关于延长工作日的强制性法律"和"对劳动时间的强制的法律限制。1833~1864 年英国的工厂立法"。马克思认为:"在资本主义生产的历史上,工作日的正常化过程表现为规定工作日界限的斗争,这是全体资本家即资本家阶级和全体工人即工人

---

① 《马克思恩格斯全集》第三十卷,人民出版社 1995 年版,第 27 页。

阶级之间的斗争。"①

恩格斯在对"术语的革命"方法中，提到资产阶级经济学对"以手工分工为基础的真正工场手工业时期和以使用机器为基础的现代工业时期的区别"的"抹杀"的局限性，凸显了《资本论》第一卷对这两个时期发展及其区别研究的重要意义。在《资本论》第一卷德文第一版中，对这两个时期的经济史研究属于第四章"相对剩余价值的生产"的内容。在《资本论》第一卷德文第二版中，第四章改作第四篇，原来第四章的四节也改作第四篇的四章，即第十章"相对剩余价值的概念"、第十一章"协作"、第十二章"分工和工场手工业"和第十三章"机器和大工业"。在第十章对相对剩余价值阐释时，马克思就指出，"对于由必要劳动转化为剩余劳动而生产剩余价值来说，资本占有历史上遗留下来的或者说现存形态的劳动过程，并且只延长它的持续时间，就绝对不够了。它必须变革劳动过程的技术条件和社会条件，从而变革生产方式本身，以提高劳动生产力，通过提高劳动生产力来降低劳动力的价值，从而缩短再生产劳动力价值所必要的工作日部分。"② 从"历史上遗留下来的"劳动过程到"变革生产方式"的研究，着力点是劳动过程的技术条件和社会条件、生产方式和劳动生产力本身的变革问题等等，这些构成这一时期的经济史研究的重要内容。

从争取正常工作日斗争和工场手工业到机器大工业两个时期的经济史研究，揭示了剩余价值理论的历史逻辑，也是对剩余价值这一"术语的革命"的经济史实的证明。马克思认为："绝对剩余价值的生产只同工作日的长度有关；相对剩余价值的生产使劳动的技术过程和社会组织发生彻底的革命。因此，相对剩余价值的生产以特殊的资本主义的生产方式为前提；这种生产方式连同它的方法、手段和条件本身，最初是在劳动在形式上从属于资本的基础上自发地产生和发展的。劳动对资本的这种形式上的从属，又让位于劳动对资本的实际上的从属。"③ 从工场手工业时期到机器大工业时期的经济史研究，刻画了绝对剩余价值生产方式向相对剩余价值生产方式转变的历史逻辑，也揭示了剩余价值这一"术语的革命"的经济史的基本依据。

---

① 《马克思恩格斯文集》第五卷，人民出版社 209 年版，第 272 页。
② 《马克思恩格斯文集》第五卷，人民出版社 209 年版，第 366 页。
③ 《马克思恩格斯文集》第五卷，人民出版社 209 年版，第 583 页。

（二）马克思经济学"术语的革命"的主要形式及其方法论意义

恩格斯对马克思经济学"术语的革命"的整体方法论和社会历史观的阐述，准确地把握了马克思经济学理论体系和学术话语体系的核心观点，也形成了理解马克思经济学"术语的革命"的本质及其形式的方法论遵循。

剩余价值、劳动二重性和工资作为马克思经济学"术语的革命"的显著标识，是马克思经济学的新概念、新范畴、新表述，是马克思经济学理论体系和学术话语体系的根本方法和基本立场的表达。按照这三个范畴的术语词语来源，马克思"术语的革命"可以分为两类：一类是马克思原始创新性的"术语的革命"，如劳动二重性、剩余价值，在《资本论》第一卷中还有资本总公式、劳动力商品、不变资本和可变资本等术语；另一类是批判借鉴性的"术语的革命"，如工资，在《资本论》第一卷中还有资本、交换价值、货币等术语，这一类术语是对当时已有的经济学范畴中合理的因素和成分的批判性借鉴，其中包含对术语内涵的根本性的变革。如在《1857～1858年经济学手稿》中，马克思在对资本术语的批判性借鉴中提出："准确地阐明资本概念是必要的，因为它是现代经济学的基本概念，正如资本本身——它的抽象反映就是它的概念——是资产阶级社会的基础一样。明确地弄清关系的基本前提，就必然会得出资产阶级生产的一切矛盾，及其这种关系超出它本身的那个界限。"[①] 马克思准确地把握了对经济学中流行的资本范畴作出"术语的革命"的着力点和关键点。

马克思"术语的革命"的这两种类型不是截然分开的。在《资本论》中，马克思往往通过术语的比较研究，阐明原始创新性术语的意义，以及同批判借鉴性术语的关系。与剩余价值这一原始创新性术语相对应，马克思还提出了不变资本和可变资本这些原始创新性术语。马克思认为："资本的这两个组成部分，从劳动过程的角度看，是作为客观因素和主观因素，作为生产资料和劳动力相区别的；从价值增殖过程的角度看，则是作为不变资本和可变资本相区别的。"[②] 不变资本和可变资本术语是劳动二重性术语在剩余价值理论阐释中的拓展，也是对剩余价值来源及其本质阐释的展开。在对资

---

① 《马克思恩格斯全集》第三十卷，人民出版社1995年版，第293页。
② 《马克思恩格斯文集》第五卷，人民出版社2009年版，第243页。

本流通理论的阐释中，马克思在批判地借鉴固定资本和流动资本术语中，同不变资本和可变资本术语作了比较研究，特别是从经济思想史上对"两种有机构成"及其经济学意义作了详尽考察。马克思对重农学派特别是对魁奈关于固定资本和流动资本范畴的理解给予高度评价，认为"在魁奈那里，固定资本和流动资本的区别表现为'原预付'和'年预付'。他正确地把这种区别说成是生产资本即并入直接生产过程的资本内部的区别。"① 在经济思想史上，"斯密把'原预付'和'年预付'换成'固定资本'和'流动资本'，进步之处在于'资本'这个名词，他使资本这个概念普遍化，摆脱了重农学派特别注意把它应用于'农业'领域这种情况；退步之处在于把'固定'和'流动'理解为决定性的区别，并且坚持不变。"② 在对固定资本和流动资本的理解上，斯密的"唯一进步"是把"范畴普遍化"，在其他方面"是远远落在魁奈后面的"③。斯密的失误在于，"把重农学派在阐明生产资本的区别和它们对周转的影响时所依据的那个基础抛弃了"，即把"生产资本和处于流通领域的资本（商品资本和货币资本），同固定资本和流动资本根本混同起来"④。斯密的这一"完全错误的解释"，导致对资本的两种构成理论的"完全错误的解释"。马克思指出："由于可变资本和不变资本流动部分在周转中具有同一形式，它们在价值增殖过程和剩余价值形成上的本质区别就被掩盖起来，因而资本主义生产的全部秘密就更加隐蔽了。在流动资本这个共同的名称下，这个本质区别被抹杀了。"从经济思想史来看，"以后的经济学走得更远，它认定，作为本质的东西和唯一的区别的，不是可变资本和不变资本的对立，而是固定资本和流动资本的对立。"⑤ 马克思在说明不变资本和可变资本的"术语的革命"意义的同时，也阐明了对固定资本和流动资本的批判借鉴的根本点，以及对固定资本和流动资本所实现的"术语的革命"的关键点。在创新性地提出不变资本和可变资本术语后，马克思并没有否定原有的固定资本和流动资本术语的合理性，而是对其作出适合于马克思经济学的解释，并赋予其马克思经济学的新理解

---

① 《马克思恩格斯文集》第六卷，人民出版社 2009 年版，第 211 页。
② 《马克思恩格斯文集》第六卷，人民出版社 2009 年版，第 401 页。
③ 《马克思恩格斯文集》第六卷，人民出版社 2009 年版，第 212 页。
④ 《马克思恩格斯文集》第六卷，人民出版社 2009 年版，第 214～215 页。
⑤ 《马克思恩格斯文集》第六卷，人民出版社 2009 年版，第 223 页。

和新蕴意。

在《资本论》第一卷中，马克思的"术语的革命"，更多地呈现在批判借鉴性术语上。工资作为《资本论》第一卷中三个"崭新的因素"之一，集中体现了马克思在批判借鉴性术语上实现的"术语的革命"的意义。

工资是马克思开始政治经济学研究时就给予高度关注的范畴。从亚当·斯密古典政治经济学工资理论的研究，到同时代经济学家关于工资的现实问题的探讨，都成为马克思实现工资范畴"术语的革命"中批判借鉴的研究资料，也成为《资本论》中工资范畴这一"崭新的因素"形成的批判借鉴的思想资源。

马克思经济学"术语的革命"中的这两种形式——原始创新性的和批判借鉴性的两种形式，不仅揭示了《资本论》第一卷三个"崭新的因素"所包含的"术语的革命"的深刻意蕴，厘清了马克思在《资本论》中实现的更为广泛的"术语的革命"的思想来源和基本过程，而且也为当代马克思主义政治经济学的"术语的革命"和中国特色社会主义政治经济学体系发展提供理论上的和方法论上的重要启示。

（三）"术语的革命"在中国特色社会主义政治经济学形成中的意义

马克思经济学"术语的革命"的成就以及恩格斯对"术语的革命"意义的阐释，对中国特色社会主义政治经济学形成和发展有着重要的启示。在渐次成熟的中国特色的"系统化的经济学说"中，"术语的革命"同样占有显著的学术地位。在这一过程中，形成了诸如社会主义初级阶段、社会主义主要矛盾、经济体制、社会主义本质、"三个有利于"、家庭联产承包责任制、社会主义市场经济、国有经济、民营经济、小康社会、共同富裕、经济新常态、新发展理念、对外开放等原始创新性的"术语的革命"。这些原始创新性范畴自然成为中国特色的"系统化的经济学说"的"崭新的因素"，成为中国特色社会主义政治经济学学术话语体系的重要标识。

在中国特色的"系统化的经济学说"中，也有更多的批判借鉴性的"术语的革命"，这些批判借鉴性范畴大多取自当代流行的各种经济学中。对于与马克思主义政治经济学"异样"、"异质"的各种经济学理论和思潮，中国特色社会主义政治经济学逐渐形成交流、交融和交锋等多种对待方式，既重于吸收和借鉴这些理论或思潮中的菁华之处，又善于批判和摒弃其糟粕之处。在对马克思经济学的整体方法论和社会历史观的基本遵循中，特别注重批判借鉴与市场对资源配置作用、市场调节和市场机制作用、市场失灵和宏观经济不稳定、微观经济和宏观经济的政府调节和政策实施，以及经济全球化背景下国际贸易、国际投资和国际金融等方面相联系的范畴和术语，赋予其适合于中国特色社会主义政治经济学的新的内涵。

高度重视原始创新性"术语的革命"，是中国特色社会主义政治经济学发展的基础工程和重要标识。1984年，党的十二届三中全会通过的《中共中央关于经济体制改革的决定》明确提出"社会主义经济是公有制基础上的有计划的商品经济"，这是中国特色社会主义政治经济学原始创新性"术语的革命"。邓小平给予高度评价，认为这给人以"写出了一个政治经济学初稿"的印象，是"马克思主义基本原理和中国社会主义实践相结合的政治经济学"[1]。这里所讲的"马克思主义基本原理和中国社会主义实践相结合"的方法和立场，最为透彻地表达了对马克思经济学整体方法论和社会历史观的遵循和运用。

循着中国经济体制改革的实践进程，中国特色社会主义政治经济学"初稿"的深化接续不断，其中最重要的就是党的十四大正式提出"社会主义市场经济"这一原始创新性范畴。"社会主义市场经济体制是同社会主义基本制度结合在一起的"[2]，对社会主义市场经济范畴的这一最初界定，是"马克思主义基本原理和中国社会主义实践相结合政治经济学"的赓续，是基于马克思经济学整体方法论和社会历史观的"术语的革命"。

社会主义市场经济的"术语的革命"，贯穿于中国经济体制改革的整个历程，成为中国特色社会主义政治经济学的主题范畴。党的十四届三中全会通过的《中共中央关于建立社会主义市场经济体制若干问题的决定》，提出了社会主义市场经济体制的基本框架，丰富和完善了社会主义市场经济范畴的内涵，也伸展和衍生了一系列批判借鉴性范畴，使中国特色社会主义政治经济学的"术语的革命"产生了更为广泛的和更为深远的理论和实践意义。从党的十五大到十六大，市场经济同社会主义初级阶段基本经济制度结合的发展路径得到坚持，并形成了有利于转变经济发展方式、有利于促进全面协

---

[1] 《邓小平文选》第三卷，人民出版社1993年版，第83、91页。
[2] 中共中央文献研究室编：《改革开放三十年重要文献选编》（上），中央文献出版社2008年版，第660页。

调可持续发展、有利于全面提高开放水平的体制机制。党的十七大以后，市场在资源配置中的基础性作用得到更大范围的发挥，形成了有利于科学发展的宏观调控体系，完善了社会主义市场经济体制。

党的十八大以"加快完善社会主义市场经济体制和加快转变经济发展方式"为主题，对社会主义市场经济体制的改革和发展提出了新的理论构想和新的实践要求。党的十八届三中全会以来，对社会主义市场经济的认识，深化了社会主义市场经济是基本经济制度和经济体制"结合起来"的内在规定，拓展了市场在资源配置中起决定性作用和更好地发挥政府作用"两点论"的内在规定，丰富了社会主义市场经济"术语的革命"中整体方法论和社会历史观的内在规定性。

中国特色的"系统化的经济学说"的发展，最显著的就在于"术语的革命"、在于中国话语的阐释上。创新、协调、绿色、开放、共享的新发展理念，是以中国经济发展的社会性质和历史性质变化为根据，是对中国社会主义经济建设关于发展实践的理论和学说的提炼和总结，也是从"术语的革命"上对中国特色"系统化的经济学说"意蕴的提升。

新发展理念是从"学术的革命"意义上，对"实现什么样的发展、怎样发展"问题作出的新的阐释。改革开放一开始，邓小平就以"中国解决所有问题的关键是要靠自己的发展"、"发展才是硬道理"[①] 这样朴实的话语和坚定的信心，从经济社会历史的基本立场和理念上阐明了中国为什么需要发展、怎样持续稳定发展的深刻内涵。邓小平把"发展才是硬道理"看作是能否体现社会主义本质和发挥社会主义经济制度优越性的重大问题。邓小平理论中的发展理念及其在中国经济改革中的实践，确立了中国特色社会主义政治经济学的主导方向。

在把中国特色社会主义经济建设推向 21 世纪的进程中，江泽民继承和坚持邓小平的发展思想，强调"发展是硬道理，这是我们必须始终坚持的一个战略思想"[②]。"三个代表"重要思想突出了"发展是党执政兴国的第一要务"的重要论断，把"实现什么样的发展、怎样发展"的问题，看作是社会主义现代化建设的根本所在，把发展问题同党的性质、党的执政基础

---

① 《邓小平文选》第三卷，人民出版社 1993 年版，第 265、377 页。
② 《江泽民文选》第三卷，人民出版社 2006 年版，第 118 页。

紧密地联系起来。进入 21 世纪，"发展才是硬道理"的理念在科学发展观得到多方面的丰富。胡锦涛明确提出"以人为本"是科学发展观的本质和核心，体现了马克思主义关于人民群众创造历史的基本原理和人的全面发展的根本价值追求。在党的十八大，胡锦涛对 21 世纪以来发展理念概述时指出："以经济建设为中心是兴国之要，发展仍是解决我国所有问题的关键。""必须坚持发展是硬道理的战略思想，决不能有丝毫动摇。"①

党的十八大以来，以习近平为总书记的党中央，以全面建成小康社会为奋斗目标，以实现中华民族伟大复兴的中国梦为历史使命，对中国特色社会主义的发展问题作出了多方面的新阐释。习近平提出，"我们要坚持发展是硬道理的战略思想，坚持以经济建设为中心，全面推进社会主义经济建设、政治建设、文化建设、社会建设、生态文明建设，深化改革开放，推动科学发展，不断夯实实现中国梦的物质文化基础。"② 在新发展理念中，创新是引领发展的第一动力，协调是持续健康发展的内在要求，绿色是永续发展的必要条件，开放是国家繁荣发展的必由之路，共享是中国特色社会主义的本质要求，五大发展理念构成全面建成小康社会的决战纲领和决胜攻略的核心内容和主导方向，是对"实现什么样的发展、怎样发展"问题作出的"术语的革命"意义上的提炼和升华。

新发展理念实现的"术语的革命"及其中国特色社会主义政治经济学的意蕴，在"十三五"规划纲要制定中得到集中体现。"理者，物之固然，事之所以然也"。在对《中共中央关于制定国民经济和社会发展第十三个五年规划的建议》的说明中，习近平认为："发展理念是发展行动的先导，是管全局、管根本、管方向、管长远的东西，是发展思路、发展方向、发展着力点的集中体现。"③ 面对中国经济社会发展的新趋势、新机遇和新矛盾、新挑战，以新发展理念为主线，就成为"十三五"时期我国经济社会发展谋篇布局之"固然"和"所以然"的了。新发展理念是"'十三五'乃至更长时期我国发展思路、发展方向、发展着力点的集中体现，也是改革开放 30 多年来我国发展经验的集中体现，反映出我们党对我国发展规律的新认

---

① 《十八大以来重要文献选编》（上），中央文献出版社 2004 年版，第 15 页。
② 《十八大以来重要文献选编》（上），中央文献出版社 2004 年版，第 236 页。
③ 《十八大以来重要文献选编》（中），中央文献出版社 2016 年版，第 774 页。

识。"① 新发展理念成为决战决胜全面建成小康社会的内在的实践逻辑和理论逻辑，也成为中国特色社会主义政治经济学的主导理念和方向。

（四）国外各种异质经济学说的对待方式

怎样科学地对待国外各种经济学说和经济思潮，是当代中国马克思主义政治经济学发展长久以来探索并坚持处理好、对待好的问题。对于与马克思主义政治经济学"异样"、"异质"的经济学理论和思潮，中国政治经济学在发展中逐渐形成交流、交融和交锋等多种对待方式，既重于吸收和借鉴各种经济学理论的菁华之处，又善于摒弃和批判其糟粕之处。改革开放以来的中国政治经济学发展的实际证明，对于外国的各种经济学说，不应当妄自菲薄，将其视为"信条"而顶礼膜拜，也不应当妄自尊大，将其说得一无是处，拒绝加以研究和借鉴。这也是马克思政治经济学形成和发展中的基本方法和主要原则。

1857 年，马克思在《巴师夏和凯里》手稿中认为，李嘉图和西斯蒙第之后的政治经济学发展，除了作为"例外"的巴师夏和凯里"堕落的最新经济学"外，从理论上和方法上还可以析分出四种倾向：一是以约翰·穆勒的《政治经济学原理及其对社会哲学的某些应用》为代表的"折衷主义的、混合主义的纲要"；二是以图克的《价格史》为代表的"对个别领域的较为深入的分析"，如在流通领域研究中某些"新发现"；三是以论述自由贸易和保护关税政策的著作为代表，"为了更加广泛的公众和为了实际解决当前的问题而重复过去经济学上的争论"；四是"有倾向性地把古典学派发挥到极端"的著述，尽管这是一些"模仿者的著作，老调重弹"、"缺乏鲜明而有力的阐述"，但"形式较完善，占有的材料较广泛，叙述醒目，通俗易懂，内容概括，注重细节的研究"。② 这四种理论倾向瑕瑜互见，难免辞义芜鄙，反映了那一时代政治经济学理论和流派跌宕不定的发展态势。马克思主张，对具体的经济学家和经济思潮应该作出不同"著作和性格的比较研究"，应该作出不同国家的"政治经济学之间的民族对比的起源性叙述"③。

---

① 《十八大以来重要文献选编》（中），中央文献出版社 2016 年版，第 774~775 页。
② 参见《马克思恩格斯全集》第三十卷，人民出版社 1995 年，第 3~4 页。
③ 《马克思恩格斯全集》第三十一卷，人民出版社 1998 年第 2 版，第 445 页注①。

马克思主义政治经济学不仅在其形成过程中而且在其发展和完善过程中，从来不拒绝吸收和借鉴西方主流经济学及其他各种经济学和流派有意义和有价值的理论观点，也从来不抹杀其中存在的学术价值。在《资本论》第一卷对"剩余价值率的各种公式"的论述中，马克思在提到洛贝尔图斯《给冯·基尔希曼的第三封信：驳李嘉图的地租学说，并论证新的租的理论》著作时提到，"该著作提出的地租理论虽然是错误的，但他看出了资本主义生产的本质"①。恩格斯后来特别提到，"从这里可以看出，只要马克思在前人那里看到任何真正的进步和任何正确的新思想，他总是对他们作出善意的评价。"② 在对约翰·穆勒《政治经济学原理》一书关于资本积累观点分析时，马克思也提到："为了避免误解，我说明一下，像约·斯·穆勒这类人由于他们的陈旧的经济学教条和他们的现代倾向发生矛盾，固然应当受到谴责，但是，如果把他们和庸俗经济学的一帮辩护士混为一谈，也是很不公平的。"③

当代国外各种经济学和经济思潮，在研究和探索资本主义经济运行问题时，对其中诸如市场对资源配置作用、市场调节和市场机制作用、市场失灵和宏观经济不稳定、对微观经济和宏观经济的政府调节，以及微观经济和宏观经济政策实施等方面，阐明和积累了一些新的知识和学术观点；在对经济全球化背景下国际贸易、国际投资和国际金融等方面探索中，形成和提出了多方面的不乏有实际意义的知识和积极的理论成果。就像马克思评价的那样，其中同样有"对个别领域的较为深入的研究"、"有些新发现的领域"、"材料更丰富"的成就，同样应该"看到任何真正的进步和任何正确的新思想"，并"对他们作出善意的评价"。这些基本方法和主要原则，也是当代中国马克思主义政治经济学发展的题中之意。

马克思主义政治经济学公开宣称，"经济学研究的不是物，而是人和人之间的关系，归根到底是阶级和阶级之间的关系"④，明言政治经济学中"涉及的人，只是经济范畴的人格化，是一定的阶级关系和利益的承担

---

① 《马克思恩格斯文集》第五卷，人民出版社2009年版，第608页注（17）
② 《马克思恩格斯文集》第五卷，人民出版社2009年版，第608页注释（17）。
③ 《马克思恩格斯文集》第五卷，人民出版社2009年版，第705页注释（65）。
④ 《马克思恩格斯文集》第二卷，人民出版社2009年版，第604页。

者"①。马克思主义政治经济学的这一基本观点,其实也为国外其他许多经济学所认可,英国经济学家琼·罗宾逊就认为,各经济学流派对其"进行观察的道德和政治观点,往往同所提出的问题甚至同所使用的方法那么不可分割地纠缠在一起",如马歇尔新古典学派提出的"效用"、"均衡"、"生产要素"和"等待的报酬"等概念,体现的就是新古典学派"基本思想"的重要变化,它们"把重要论证集中在个人地位,它的判断标准是依据个人主义来确定的",进而"把注意力转向交换,并把效用概念作为商品相对价格理论的基础。于是收入的阶级根源被丢弃到一边,而把市场相遇的各个个人作为经济分析的根据"②。在中国政治经济学发展中,对于国外各种经济学和经济思潮中反映其代表的社会经济关系和经济制度本质的理论观点,特别是对于像新自由主义这样的垄断资本主义意识形态的经济思潮,绝对不能"食洋不化"、照搬照抄,不能任其滋蔓,必须加以鉴别,明辨是非。

(五)"一论二史"的政治经济学体系

马克思在《资本论》第一卷中所呈现的"一论二史"密切结合的学理依循,是马克思经济学说"系统化"的集中体现。

在马克思看来,政治经济学的"每个原理都有其出现的世纪",经济思想史与政治经济学结合的学理依循就在于:"为什么该原理出现在11世纪或者18世纪,而不出现在其他某一世纪,我们就必然要仔细研究一下:11世纪的人们是怎样的,18世纪的人们是怎样的,他们各自的需要、他们的生产力、生产方式以及生产中使用的原料是怎样的;最后,由这一切生存条件所产生的人与人之间的关系是怎样的。"③ 马克思政治经济学理论阐释与经济思想史研究的密切关系,在《资本论》第一卷中得到充分体现。

恩格斯在提到马克思经济学说的社会历史观特征时认为,"把现代资本主义生产只看做是人类经济史上一个暂时阶段的理论所使用的术语,和把这种生产形式看做是永恒的、最终的阶段的那些作者所惯用的术语,必然是不同的。"④ 恩格斯强调社会历史观对经济史研究的重要意义,凸显经济史在政治经济学理论阐释中的重要意义。在古典政治经济学那里,通过把农业和

---

① 《马克思恩格斯文集》第五卷,人民出版社2009年版,第10页。
② J. 罗宾逊、J. 伊特韦尔:《现代经济学导论》,商务印书馆1982年版,第46页。
③④ 《马克思恩格斯文集》第一卷,人民出版社2009年版,第607~608页。

手工业之外的"一切产业",都归结为制造业的办法,使"以手工分工为基础的真正工场手工业时期和以使用机器为基础的现代工业时期的区别,就被抹杀了"①。经济史作为把握社会经济关系的历史逻辑的探索,成为《资本论》第一卷政治经济学理论逻辑探索的重要基础和基本根据,也成为马克思经济学说"系统化"的重要体现。

在《资本论》第一卷中,经济史的研究主要集中在三个问题上:一是在绝对剩余价值生产问题阐释中,对"争取正常工作日的斗争"的经济史研究。马克思把"争取正常工作日的斗争"划分为两大经济史阶段,即"14世纪中叶至17世纪末叶关于延长工作日的强制性法律"和"对劳动时间的强制的法律限制。1833~1864年英国的工厂立法"。马克思认为:"在资本主义生产的历史上,工作日的正常化过程表现为规定工作日界限的斗争,这是全体资本家即资本家阶级和全体工人即工人阶级之间的斗争。"②二是在相对剩余价值问题阐释中,对工场手工业时期到机器大工业时期发展的经济史研究。马克思指出:"对于由必要劳动转化为剩余劳动而生产剩余价值来说,资本占有历史上遗留下来的或者说现存形态的劳动过程,并且只延长它的持续时间,就绝对不够了。它必须变革劳动过程的技术条件和社会条件,从而变革生产方式本身,以提高劳动生产力,通过提高劳动生产力来降低劳动力的价值,从而缩短再生产劳动力价值所必要的工作日部分。"③从"历史上遗留下来的"劳动过程到"变革生产方式"的研究,着力点是劳动过程的技术条件和社会条件、生产方式和劳动生产力本身的变革问题等等,这些构成这一时期的经济史研究的重要内容。从工场手工业时期到机器大工业时期的经济史研究,揭示了绝对剩余价值生产方式向相对剩余价值生产方式转变的历史逻辑。三是在资本积累过程问题阐释中,对原始积累的经济史研究。马克思认为,按照"我们的方法",在研究"已经形成的、在自身基础上运动的资产阶级社会"时,并不排斥资本"形成史"的考察,必然包含"历史考察必然开始之点",即"超越自身而追溯到早先的历史生产方式之点"。对"历史考察必然开始之点"上的回溯,不仅可以得出一些"说明在这个制度以前存在的过去"的"原始的方程式",把过去的研究和

---

① 《马克思恩格斯文集》第五卷,人民出版社209年版,第33页。
② 《马克思恩格斯文集》第五卷,人民出版社209年版,第272页。
③ 《马克思恩格斯文集》第五卷,人民出版社209年版,第366页。

"对现代的正确理解"结合起来，为我们提供"一把理解过去的钥匙"；而且还能够"预示着生产关系的现代形式被扬弃之点，从而预示着未来的先兆，变易的运动。"① 只有通过对资本积累这一"必然开始之点"即资本原始积累的经济史研究，才能理解资本积累的本质及其"未来的先兆"和"变易的运动"。

马克思对《资本论》第一卷的经济史研究及其意义是十分清楚的。1867年11月，《资本论》第一卷德文第一版刚出版，马克思得知库格曼夫人想读《资本论》，他在给库格曼的信中提到："请告诉您的夫人，她可以先读我的书的以下部分：《工作日》、《协作、分工和机器》，再就是《原始积累》。"② 在马克思看来，涉及经济史的三个方面的内容，是理解《资本论》政治经济学理论的基础和入门，从而凸显了经济史阐释对政治经济学理论理解的作用和意义。这就如吴承明先生在《经济史：历史观与方法论》中所认为的："经济史是研究各历史时期的经济是怎样运行的，以及它运行的机制和绩效。这就必然涉及到经济学理论。"在这一意义上，可以认为"经济史应当成为经济学的源，而不是经济学的流。"③

从"一论二史"上对"系统化的经济学说"的这一理解，适合于马克思经济学说的内在规定和学理旨向，在很大程度上也契合于经济学说"系统化"的一般学理要求。

约瑟夫·熊彼特在《经济分析史》中关于经济学说"科学性"的理解常被提起。熊彼特认为："经济学的内容，实质上是历史长河中的一个独特的过程。如果一个人不掌握历史事实，不具备适当的历史感或所谓历史经验，他就不可能指望理解任何时代（包括当前）的经济现象。"④ 这里提到的"历史"，包括经济史和经济思想史，缺乏对这"二史"的研究，就难以理解政治经济学的理论和现实问题。显然，"一个人如果从他自己时代的著作站后一步，看一看过去思想的层峦叠嶂而不感受到他自己视野的扩大，那么这个人的头脑肯定是十分迟钝的。"

从经济学说的"科学性"来看，熊彼特认为，经济史研究的重要意义，

---

① 《马克思恩格斯全集》第三十卷，人民出版社1995年版，第452页。
② 《马克思恩格斯文集》第十卷，人民出版社2009年版，第274页。
③ 吴承明：《经济史：历史观与方法论》，商务印书馆2014年版，第370、371页。
④ 《经济分析史》第一卷，商务印书馆1991年版，第29页。

一是在于经济学如果不掌握历史事实，不具备适当的历史感或历史经验，就不可能指望它能理解现时代存在的经济现象及其理论原理；二是在于历史的叙述不可能是"纯经济的"，它必然要反映那些不属于纯经济的"制度方面"的事实，因此，"历史"无论是经济史还是经济思想史，提供的是让我们了解经济与非经济的事实是怎样联系在一起的最好的方法；三是在于避免经济学理论分析通常犯有的"缺乏历史的经验"的根本性错误。①

经济思想史既能打开了解过去思想成就的视窗，也能开启立足现实理论创新的灵感。从经济学说的"系统化"上看，经济学研究的题材本身就是"一种独特的历史过程"，不同时代的经济学在很大程度上"涉及不同的事实和问题"，仅此而言，"就足以使我们加倍注意经济学说的历史"②。从经济学说的"科学性"的学理上看，任何特定时间的经济学的发展，都隐含着它过去的历史背景，如果不把这个隐含的历史揭示出来，就不可能深化和理解经济学的理论内涵。经济史和经济思想史研究的意义在于："学会弄清为什么我们实际上走到多远以及为什么没有走得更远。我们也知道接着而来的是什么，以及怎样和为什么接着而来"。③ 总之，经济学理论"只有对照其所产生的历史背景来考察才有意义"④。

熊彼特对经济史研究在经济学理论体系乃至在经济学科"系统化"建设中重要意义的这些阐释，是值得我们深刻思考的。如何从经济史和经济思想史研究的结合上，深化中国特色的政治经济学理论研究，是推进中国特色"系统化的经济学说"发展的学理上的基本依循，也是经济学科的学术体系、学科体系、话语体系和教材体系建设的重大问题。

习近平在中央政治局第二次集体学习时指出："历史、现实、未来是相通的。历史是过去的现实，现实是未来的历史。要把党的十八大确立的改革开放重大部署落实好，就要认真回顾和深入总结改革开放的历程，更加深刻地认识改革开放的历史必然性，更加自觉地把握改革开放的规律性，更加坚定地肩负起深化改革开放的重大责任。"⑤ 在习近平经济思想中，对经济学

---

① 熊彼特：《经济分析史》第一卷，商务印书馆1991年版，第29页。
② 熊彼特：《经济分析史》第一卷，商务印书馆1991年版，第20页。
③ 熊彼特：《经济分析史》第一卷，商务印书馆1991年版，第18~19页。
④ 熊彼特：《经济分析史》第一卷，商务印书馆1991年中文版，第18页。
⑤ 《习近平在中共中央政治局第二次集体学习时强调以更大的政治勇气和智慧深化改革朝着十八大指引的改革开放方向前进》，载于《人民日报》2013年1月2日。

理论与现实问题的探索，时常与经济的史实和思想过程的探讨联系在一起的。就"系统化的经济学说"来看，上述论述中既有"回顾和深入总结改革开放的历程"为主要内容的经济史研究要求，也有"认识改革开放的历史必然性"为主要内容的经济思想史的研究需要。在经济的历史、现实与未来的内在联系中探索经济学说的真谛，成为习近平经济思想的学理特色。

历史是最好的教科书。2013年，在党的十八届三中全会上，习近平在对社会主义市场经济理论的探索中指出："1992年，党的十四大提出了我国经济体制改革的目标是建立社会主义市场经济体制，提出要使市场在国家宏观调控下对资源配置起基础性作用。这一重大理论突破，对我国改革开放和经济社会发展发挥了极为重要的作用。"[①] 对党的十四大关于社会主义市场经济理论建树的"历史的评论"，成为社会主义市场经理理论新阐释的基础之一。即如习近平所强调的："正是从历史经验和现实需要的高度，党的十八大以来，中央反复强调，改革开放是决定当代中国命运的关键一招，也是决定实现'两个一百年'奋斗目标、实现中华民族伟大复兴的关键一招"。"历史经验"不仅作为现实的镜鉴，揭示当下经济理论新见的历史根据；而且也作为发展的路标，昭示当下经济理论新见的现实基础。"历史经验和现实需要"的结合，实在地表达了"一论二史"之间的逻辑关系。

在对《中共中央关于全面深化改革若干重大问题的决定》的说明中，习近平高度重视党的十四大以来社会主义市场经济理论和实践探索的思想史过程。他指出："从党的十四大以来的20多年间，对政府和市场关系，我们一直在根据实践拓展和认识深化寻找新的科学定位。党的十五大提出'使市场在国家宏观调控下对资源配置起基础性作用'，党的十六大提出'在更大程度上发挥市场在资源配置中的基础性作用'，党的十七大提出'从制度上更好发挥市场在资源配置中的基础性作用'，党的十八大提出'更大程度更广范围发挥市场在资源配置中的基础性作用'。可以看出，我们对政府和市场关系的认识也在不断深化。"由此而得出"从理论上对政府

[①] 习近平：《关于〈中共中央关于全面深化改革若干重大问题的决定〉的说明》，载于《人民日报》2013年11月16日。

和市场关系进一步作出定位,这对全面深化改革具有十分重大的作用"的理论新见。① 回溯历史、立足现实,理论就能以此为基础而赓续,现实也能以此为台阶而前行。政治经济学本质上是一门历史的科学,历史、现实与未来的结合是经济学方法的内在要求,也是习近平经济思想中体现的"一论二史"的思想意蕴给我们的深刻启迪。

人事有代谢,往来成古今。习近平总书记在致第二十二届国际历史科学大会的贺信中提出:"历史研究是一切社会科学的基础,承担着'究天人之际,通古今之变'的使命。世界的今天是从世界的昨天发展而来的。今天世界遇到的很多事情可以在历史上找到影子,历史上发生的很多事情也可以作为今天的镜鉴。重视历史、研究历史、借鉴历史,可以给人类带来很多了解昨天、把握今天、开创明天的智慧。"② 这些论述,对我们理解中国特色"系统化的经济学说"中"一论二史"的整体性关系及其学理依循有着深刻的指导意义。

"一论二史"学理的这一内在逻辑,不仅能够揭示前人探索的印迹,而且还留下前人探索中的智慧和勇气;不仅能够揭示理解现实问题的历史基础和背景,而且还留下继续探索的路标和台阶。在长期的"系统化的经济学说"的探索中,"一论二史"时常成为重要的学术和学理话题。

王亚南先生在中国政治经济学、经济史和经济思想史研究上都有过突出的学术建树,他历来注重从经济史和经济思想史的结合上,深化政治经济学理论研究。在1949年出版的《政治经济学史大纲》中,王亚南就提出过政治经济学研究"三层次"转化的观点。他认为,"政治经济学所研究的对象,我们说它是'政治的'经济事象也好,说它是经济事象也好,终归是第一次的;若政治经济学史所研究的对象,因为它是那些经济事象,通过经济学者的体认,或由经济学者脑子'再生产'的结果,所以是第二次的;至于经济学史本身,又更进一层,把那些通过经济学者'再生产'的结果,如学说、思潮等等,加以再组织,结局,它便成为第三次的了。从这里,我们知道,政治经济学史,就是更深进一层的意识形态的科学;对于它的研

---

① 习近平:《关于〈中共中央关于全面深化改革若干重大问题的决定〉的说明》,载于《人民日报》2013年11月16日。
② 习近平:《致第二十二届国际历史科学大会的贺信》,载于《人民日报》2015年8月24日。

究，当然更对一些曲折，或者对于我们要求更深更多的理解。"① 从第一层次的"经济事象"，到第二层次的"经济思想"，再到第三层次的"经济学史"的转化，厘清了政治经济学和经济思想史研究的内在逻辑与学理关系。

1986年，胡寄窗先生在《中国经济思想史研究的方法论歧见》一文中曾经提出："任何一种思想史必然有一些它自己的特殊的理论范畴，只有在阐述其特殊理论范畴的发展过程条件下，才能显示它本身的特色"；同样，"倘不以一定历史时期或人物所接触到的经济范畴为表述内容，就不足以体现出经济思想史的特点"。② 经济观念、原理和范畴是构成各时期经济思想的"基本要素"或"基本材料"。1991年，赵靖先生在其主编的《中国经济思想通史》中也认为："各时期的经济观念、原理和范畴本身以及它们之间的相互联系的状况，反映着不同时期以及不同国家、不同民族的经济思想的发展水平……这些经济观念、原理和范畴，在反映经济关系方面越是深刻，越是具有抽象的、普遍的性质，它们彼此之间的联系越密切，经济思想发展水平就越高。"③ 经济思想史的发展程度是经济学理论发展水平的集中体现，经济学理论的发展又要以经济思想史的深入探索为基础。就经济学说"系统化"的学理来说，经济史同经济思想史一样，对经济学理论发展有着同样重要的意义，发挥着同样重要的作用。

虽然有经济学学理上的这些清楚认识，但在政治经济学理论研究中长期存在的脱离相应的经济史和经济思想史研究的现象，一直没有显著的改变。即使到现在，在对《资本论》作为马克思"系统化的经济学说"的理解中，鲜有对马克思政治经济学理论与相应的经济史和经济思想史结合的研究；在中国特色社会主义政治经济学研究中，甚至没有对相应的经济史和经济思想史研究的基本意识。在这一方面，不仅马歇尔和熊彼特的相关论述值得我们借鉴吸收，而且我国学术界对"一论二史"研究的学术积累和思想阐发更值得我们吸收运用。党的十八大以来，在"学好用好政治经济学"到"把实践经验上升为系统化的经济学说"、"不断开拓当代中国马克思主义政治经济学新境界"的系列论述中，习近平总书记提出的一系列重要的经济思

---

① 王亚南：《政治经济学史大纲》，中华书局1949年版，第1~2页。
② 胡寄窗：《中国经济思想史研究的方法论歧见》，载于《学术月刊》1986年第3期。
③ 赵靖主编：《中国经济思想通史》（修订本）第1卷，北京大学出版社2002年版，"序言"第2页。

想和提出的一系列重要的理论观点，对加强和深化中国特色的"一论二史"的"系统化的经济学说"发展有着重要的指导意义。

四、中国特色"系统化的经济学说"的探索

（一）中国社会主要矛盾变化与社会主义政治经济学主题转换

毛泽东在《矛盾论》中指出："在复杂的事物的发展过程中，有许多的矛盾存在，其中必有一种是主要的矛盾，由于它的存在和发展规定或影响着其他矛盾的存在和发展。"因此，"研究任何过程，如果是存在着两个以上矛盾的复杂过程的话，就要用全力找出它的主要矛盾。捉住了这个主要矛盾，一切问题就迎刃而解了。"[①] 社会生产力和生产关系、经济基础和上层建筑之间的矛盾是社会基本矛盾。社会基本矛盾涉及社会经济、政治和文化等各个领域和各个方面，并在这些领域和方面呈现各种具体的矛盾形式，在这些具体矛盾中总有一个是主要矛盾；这一主要矛盾既反映和体现着社会基本矛盾的根本性质，又对处理和解决社会各个领域和各个方面矛盾起着决定性作用，是解决社会所有问题的一把"总钥匙"。对社会主要矛盾的科学判断和准确把握，是事关认识世界和改变世界的根本性大问题。

中国社会主义经济制度确立以来，随着社会基本矛盾的变化，中国共产党对社会主要矛盾作出过三次重要的判断，这三次判断对不同时期各个领域和各个方面发展和变化，特别是对社会经济关系的发展和变化的认识，以及相应的社会主义政治经济学主题转换和基本理论的发展，都起着决定性的影响和根本性的作用。

1956年是中国确立社会主义经济制度的重要的一年。1956年初，毛泽东已经把如何选择中国自己的社会主义建设道路问题提上了重要议程。对于从半殖民地半封建社会脱胎而来的经济文化比较落后的中国，如何抓住社会主要矛盾、建设社会主义的问题，成为以毛泽东为主要代表的中国共产党领导集体需要解决的最为紧迫也是最为重要的课题。

[①] 《毛泽东选集》第一卷，人民出版社1991年版，第320、322页。

1956年9月，党的八大正式提出，我国社会主要矛盾"已经是人民对于建立先进的工业国的要求同落后的农业国的现实之间的矛盾，已经是人民对于经济文化迅速发展的需要同当前经济文化不能满足人民需要的状况之间的矛盾"，集中力量解决这一主要矛盾成为"党和全国人民的当前的主要任务"①。在对这一社会主要矛盾的认识过程中，党中央明确提出："如果我们不建设起强大的现代化的工业、现代化的农业、现代化的交通运输业和现代化的国防，我们就不能摆脱落后和贫困，我们的革命就不能达到目的。"②这一主要矛盾凸显了牢固确立社会主义根本制度的历史主题。在经济社会发展上，这一社会主要矛盾决定，建立起坚实的国民经济体系和基本的经济基础，是这一时期的必然要求和主要任务；这一主要矛盾确立的社会主义政治经济学的主题，就是"把一个落后的农业的中国改变成为一个先进的工业化的中国"③。围绕这一主题，这一时期社会主义政治经济学形成了一些弥足珍贵的理论成果，其中最主要的如以农业为基础、工业为主导、农轻重协调发展，国民经济体系和结构统筹兼顾、注意综合平衡等重要理论。这些理论成果构成这一时期社会主义政治经济学主题的根本要义，也是中国特色社会主义政治经济学的理论菁华。

进入改革开放新时期，1981年召开的党的十一届六中全会通过的《关于建国以来党的若干历史问题的决议》提出："我国所要解决的主要矛盾，是人民日益增长的物质文化需要同落后的社会生产之间的矛盾"，强调"党和国家工作的重点必须转移到以经济建设为中心的社会主义现代化建设上来，大大发展社会生产力，并在这个基础上逐步改善人民的物质文化生活。"④这一社会主要矛盾对这一时期中国特色社会主义政治经济学主题转换发生着决定性影响。十一届六中全会作出决定到现在已经过去36年了，这一历史过程证明，我们对社会主要矛盾的判断是正确的，是适合与中国特色社会主义经济社会发展的现实的。

1987年，党的十三大正式提出的"三步走"的经济发展战略，集中体

---

① 《中共中央文件选集（1949年10月~1966年5月）》第24册，人民出版社2013年版，第248~249页。
② 《周恩来选集》（下卷），人民出版社1984年版，第132页。
③ 《毛泽东文集》第七卷，人民出版社1999年版，第117页。
④ 《改革开放三十年重要文献选编》（上），中央文献出版社2008年版，第212页。

现了这一主题转换的内在要求和基本规定。在"三步走"战略中，第一步是在20世纪80年代末实现国民生产总值比1980年翻一番，解决人民的温饱问题；第二步是到20世纪末，使国民生产总值再增长一倍，人民生活达到小康水平；第三步是到21世纪中叶，人均国民生产总值达到中等发达国家水平，人民生活比较富裕，基本实现现代化。在"三步走"战略中，从"解决人民的温饱"到"人民生活达到小康水平"，再到"人民生活比较富裕"的进路，紧扣这一时期社会主要矛盾，极大地拓展了这一时期中国特色社会主义政治经济学的主题。围绕这一主题，形成社会主义本质理论、解放生产力和发展生产力的系列理论、"发展才是硬道理"理念、"三个有利于"理论、科教兴国战略和可持续发展战略理论，提出建立和发展社会主义市场经济体制理论，以及关于对外开放理论等，其中最具代表性的就是"先富"和"共富"理论、效率优先的公平和效率关系等一系列理论观点，写就了中国特色社会主义政治经济学的"初稿"。

2012年召开党的十八大，正式提出到2020年实现全面建成小康社会的宏伟目标，提出"要准确判断重要战略机遇期内涵和条件的变化"[1]。正是在对党的十八大以来中国特色社会主义新时代发展内涵和条件新变化的深刻把握和科学分析中，党的十九大作出我国社会主要矛盾是人民日益增长的美好生活需要和不平衡不充分的发展之间矛盾的新判断。对新时代社会主要矛盾的判断，是党的十八大以来五年"极不平凡"的发展，以及改革开放新时期30多年来接续发展的结果。

新时代社会主要矛盾的提出，对中国特色社会主义政治经济学主题转换必将发生着决定性的影响。在党的十九大上习近平总书记在对党的十八大以来新时代历史方位变化的论述中指出，这一历史方位的变化突出地表现为"近代以来久经磨难的中华民族迎来了从站起来、富起来到强起来的伟大飞跃，迎来了实现中华民族伟大复兴的光明前景"[2]。从中国社会主义政治经济学的历史发展来看，结合中国社会主义社会主要矛盾三次判断的变化，新中国成立以来社会主义政治经济学经历了以1956年中国社会主义经济制度确立为标志，与党的八大提出的社会主要矛盾的判断相联系，构成中国特色

---

[1] 《十八大以来重要文献选编》（上），中央文献出版社2014年版，第13页。
[2] 习近平：《决胜全面建成小康社会 夺取新时代中国特色社会主义伟大胜利》，人民出版社2017年版，第10页。

"站起来"为主题的政治经济学发展时期;以 1978 年党的十一届三中全会为起点,与党的十一届六中全会提出的社会主要矛盾相联系,构成中国特色"富起来"为主题的政治经济学发展时期;以 2012 年党的十八大后提出实现中华民族伟大复兴中国梦奋斗目标为界标,与新时期社会主要矛盾的形成相结合,进入中国特色"强起来"为主题的政治经济学发展时期。"强起来"的主题,是中国特色社会主义新时代的重要标识,也是新时代中国特色社会主义政治经济学发展的根本意蕴。

党的十八大以后,中国特色社会主义发展进入新时代;对新时代社会主要矛盾的新判断,是在党的十八大以来决胜全面小康社会过程中形成和提出的。但是,对这一主要社会矛盾内涵及其本质的探索,在党的十八大之前就已经开始,特别是进入 21 世纪,对原有社会主要矛盾中"人民日益增长的物质文化需要"和"落后的社会生产"两个方面及其关系的变化,一直进行着不断深化的探索。

对"人民日益增长的物质文化需要"内涵的变化,2002 年召开的党的十六大,在提出全面建设小康社会的奋斗目标时就作过重要扩充,强调了"社会保障体系比较健全"、"社会就业比较充分"、"人民过上更加富足的生活","人民的政治、经济和文化权益得到切实尊重和保障"、"基层民主更加健全,社会秩序良好,人民安居乐业",以及"促进人与自然的和谐,推动整个社会走上生产发展、生活富裕、生态良好的文明发展道路"[①] 等内涵。2012 年召开的党的十八大,在提出全面建成小康社会的奋斗目标时,对"人民日益增长的物质文化需要"内涵作了新的拓展,把"民主制度更加完善,民主形式更加丰富,人民积极性、主动性、创造性进一步发挥","人权得到切实尊重和保障","文化产品更加丰富,公共文化服务体系基本建成","人民生活水平全面提高。基本公共服务均等化总体实现。全民受教育程度和创新人才培养水平明显提高","就业更加充分。收入分配差距缩小,中等收入群体持续扩大,扶贫对象大幅减少。社会保障全民覆盖,人人享有基本医疗卫生服务,住房保障体系基本形成,社会和谐稳定","人居环境明显改善"[②] 等纳入"需要"的内涵之中。

[①] 《改革开放三十年重要文献选编》(下),中央文献出版社 2008 年版,第 1249~1250 页。
[②] 《十八大以来重要文献选编》(上),中央文献出版社 2014 年版,第 13~14 页。

在对"落后的社会生产"的认识中,党的十六大在强调"人民日益增长的物质文化需要同落后的社会生产之间的矛盾仍然是我国社会的主要矛盾"的同时,已经对当时达到的小康的"低水平的、不全面的、发展很不平衡的"状况作了分析,其中突出地指出,"我国生产力和科技、教育还比较落后,实现工业化和现代化还有很长的路要走;城乡二元经济结构还没有改变,地区差距扩大的趋势尚未扭转,贫困人口还为数不少;人口总量继续增加,老龄人口比重上升,就业和社会保障压力增大;生态环境、自然资源和经济社会发展的矛盾日益突出;我们仍然面临发达国家在经济科技等方面占优势的压力;经济体制和其他方面的管理体制还不完善;民主法制建设和思想道德建设等方面还存在一些不容忽视的问题。"① 对这些"低水平"、"不全面"和"很不平衡"问题的分析,既是处理和解决当时社会主要矛盾的切入点和关键环节,也是这一时期中国特色社会主义政治经济学主题的着力点和理论聚焦点。

党的十八大以来,认识和把握新时代社会主要矛盾变化,更成为以习近平同志为核心党中央国是论衡的重要课题,习近平在治国理政的系列重要讲话中对此作了深刻阐释。党的十八大刚结束,习近平就代表新一届党中央宣示:"我们的人民热爱生活,期盼有更好的教育、更稳定的工作、更满意的收入、更可靠的社会保障、更高水平的医疗卫生服务、更舒适的居住条件、更优美的环境,期盼孩子们能成长得更好、工作得更好、生活得更好。人民对美好生活的向往,就是我们的奋斗目标。人世间的一切幸福都需要靠辛勤的劳动来创造。我们的责任,就是要团结带领全党全国各族人民,继续解放思想,坚持改革开放,不断解放和发展社会生产力,努力解决群众的生产生活困难,坚定不移走共同富裕的道路。"② 习近平明确提出新时代人民"对美好生活的向往"已经成为"需要"的根本内涵。在纪念中国共产党成立95周年大会的讲话中,习近平从"不忘初心,继续前进"的高度,对"美好生活"的内涵作了展开论述,他指出:"带领人民创造幸福生活,是我们党始终不渝的奋斗目标。我们要顺应人民群众对美好生活的向往,坚持以人民为中心的发展思想,以保障和改善民生为重点,发展各项社会事业,加大

---

① 《改革开放三十年重要文献选编》(下),中央文献出版社2008年版,第1249页。
② 《十八大以来重要文献选编》(上),中央文献出版社2014年版,第70页。

收入分配调节力度,打赢脱贫攻坚战,保证人民平等参与、平等发展权利,使改革发展成果更多更公平惠及全体人民,朝着实现全体人民共同富裕的目标稳步迈进。"①

与此同时,习近平从新时代历史方位变化的大势上,提出"发展不协调"是我国经济社会发展的一个长期存在的问题,特别是"在区域、城乡、经济和社会、物质文明和精神文明、经济建设和国防建设等关系上",如果不注意调整关系,不注重发展的整体效能,"一系列社会矛盾会不断加深"。在全面建成小康社会的奋斗目标中,"'小康'讲的是发展水平,'全面'讲的是发展的平衡性、协调性、可持续性。如果到2020年我们在总量和速度上完成了目标,但发展不平衡、不协调、不可持续问题更加严重,短板更加突出,就算不上真正实现了目标,即使最后宣布实现了,也无法得到人民群众和国际社会认可。"因此,"要在坚持以经济建设为中心的同时,全面推进经济建设、政治建设、文化建设、社会建设、生态文明建设,促进现代化建设各个环节、各个方面协调发展,不能长的很长、短的很短。"②

因时而进,因势而新。在党的十九大,习近平指出,经过近40年的不懈奋斗,我国稳定解决了十几亿人的温饱问题,总体上实现小康,正进入决胜全面建成小康社会的关键时期。在这一过程中,特别是党的十八大中国特色社会主义进入新时代,人民对美好生活的需要日益广泛、不断增长,不仅对物质和文化生活提出了更高要求,而且在民主、法治、公平、正义、安全、环境等方面的要求也在不断拓展和增长。也就是说,这些被概括为"美好生活"的需要,除了由经济建设、文化建设提供的体现物质文明和精神文明发展的需要外,还包括由政治建设、社会建设、生态文明建设等方面提供的体现政治文明、社会文明和生态文明发展的各种需要。与此同时,我国社会生产力水平在总体上尽管有了显著提高,社会生产能力在很多方面进入世界前列,但是相对于人民对"美好生活"的需要来讲,不平衡不充分发展问题却变现的愈加突出,不平衡既体现于城乡之间、不同地区之间、不同阶层之间的差别上,也体现于物质文明、精神文明以及政治文明、社会文

---

① 习近平:《在庆祝中国共产党成立九十五周年大会上的讲话》,人民出版社2016年版,第18~19页。
② 《十八大以来重要文献选编》(中),中央文献出版社2016年版,第825、830~831、831页。

明、生态文明之间发展的不平衡上；不充分既有传统的物质和文化生活需要供给上的不完全和不全面，也有对政治、社会、生态环境等新的需要供给上的短缺和短板。不平衡不充分的发展已经成为实现人民对"美好生活"期盼和追求的主要制约因素。

新时代社会主要矛盾的变化是关系全局的历史性变化，处理和解决好这一矛盾，涉及中国特色社会主义建设总体布局，成为新时代中国特色社会主义的主要任务，是对党和国家各个方面工作提出的新要求。对于新时代中国特色政治经济学发展来说，理解和处理好社会主要矛盾，就要在社会主义现代化强国建设中，在着力推动经济社会全面发展的基础上，大力提升发展质量和效益，解决好发展不平衡不充分的问题，在不断推进的全面性上和日渐显著的充分性上，更好地满足人民在物质文明、精神文明、政治文明、社会文明、生态文明发展上的需要，更好地推动人的全面发展和社会全面进步。

（二）中国特色"系统化的经济学说"中社会生产力理论的主线

解放和发展社会生产力理论是"系统化的经济学说"的主线。1956年初，在中国社会主义基本制度确立的历史时刻，毛泽东就把握了社会主义要解放生产力和发展生产力这一基本问题，形成了社会主义根本任务的重要思想。毛泽东指出："我们的党，我们的政府，我们的各个部门，都必须执行促进生产力发展的任务"，上层建筑也要"适合这个经济基础，适合生产力的发展"[①]。他从社会主义建设全局上强调："社会主义革命的目的是为了解放生产力"，生产资料所有制的社会主义改造"必然使生产力大大地获得解放。这样就为大大地发展工业和农业的生产创造了社会条件。"[②] 之后，毛泽东还提出："我们的根本任务已经由解放生产力变为在新的生产关系下面保护和发展生产力。"[③] 在这里，毛泽东已经把"解放"、"发展"和"保护"社会生产力问题，作为事关社会主义经济关系和社会主义基本制度发展的根本问题提了出来，作为中国共产党治国理政的根本问题提了出来，初

[①] 中共中央文献研究室编：《毛泽东年谱》第二卷，中央文献出版社2013年版，第513、515页。
[②] 《毛泽东文集》第七卷，人民出版社1999年版，第1页。
[③] 《毛泽东文集》第七卷，人民出版社1999年版，第218页。

步勾勒了中国特色社会主义政治经济学的主线。

"各个人借以进行生产的社会关系,即社会生产关系,是随着物质生产资料、生产力的变化和发展而变化和改变的。"① 这是贯通于唯物史观和政治经济学的马克思主义基本原理。改革开放之初,邓小平重新提出:"社会主义的首要任务是发展生产力,逐步提高人民的物质和文化生活水平"②,突出了"应该把解放生产力和发展生产力两个讲全了"③ 的重要思想。"讲全"生产力,是对马克思主义关于生产力和生产关系矛盾运动基本原理的科学把握和运用。在党的十六大,江泽民把"必须高度重视解放和发展生产力",确立为中国共产党"执政兴国"的"第一要务"④。在党的十八大,胡锦涛把"必须坚持解放和发展社会生产力",确立为夺取中国特色社会主义新胜利必须牢牢把握的"基本要求"⑤。解放和发展社会生产力理论成为中国特色"系统化的经济学说"的主线,同样贯穿于中国共产党治国理政理论探讨的全过程。

党的十八大以来,习近平多次强调:"全面建成小康社会,实现社会主义现代化,实现中华民族伟大复兴,最根本最紧迫的任务还是进一步解放和发展社会生产力。"⑥ 在对治国理政方略的新的探索中,习近平进一步强调"解放和激发科技作为第一生产力所蕴藏的巨大潜能"⑦,对科学技术转化为现实生产力的当代意义作出新的判断;强调"牢固树立保护生态环境就是保护生产力、改善生态环境就是发展生产力的理念"⑧,使"保护生产力"和"发展生产力"成为谋划生态文明建设的理论基础和实践指南。"解放和发展社会生产力"成为坚持和发展中国特色社会主义、实现中华民族伟大复兴中国梦的"最根本最紧迫的任务",成为习近平对治国理政理论阐释的聚焦点和着力点。

---

① 《马克思恩格斯文集》第一卷,人民出版社 2009 年版,第 724 页。
② 《邓小平文选》第三卷,人民出版社 1993 年版,第 116 页。
③ 《邓小平文选》第三卷,人民出版社 1993 年版,第 370 页。
④ 中共中央文献研究室编:《十六大以来重要文献选编》(上),中央文献出版社 2005 年版,第 10 页。
⑤ 中共中央文献研究室编:《十八大以来重要文献选编》(上),中央文献出版社 2014 年版,第 11 页。
⑥ 中共中央文献研究室编:《十八大以来重要文献选编》(上),中央文献出版社 2014 年版,第 549 页。
⑦ 中共中央文献研究室编:《十八大以来重要文献选编》(中),中央文献出版社 2016 年版,第 21 页。
⑧ 《坚持节约资源和保护环境基本国策 努力走向社会主义生态文明新时代》,载于《人民日报》2013 年 5 月 25 日。

在阐释新常态经济"大逻辑"中，习近平提出"实现我国社会生产力水平总体跃升"的重要思想，是对经济新常态辩证认识和全面谋划的新论断，也是从治国理政的高度对"系统化的经济学说"主线的新概括。党的十八大以后，中国经济运行显著地进入增长速度换挡期、结构调整阵痛期、前期刺激政策消化期这"三期"叠加的轨道，社会生产力发展中各种矛盾和问题相互交织，新情况新问题愈加凸显。2014年7月，习近平在提出"适应新常态，共同推动经济持续健康发展"问题时强调："必须审时度势，全面把握和准确判断国内国际经济形势变化，坚持底线思维，做好应对各种新挑战的准备。要把转方式、调结构放在更加突出的位置，针对突出问题，主动作为，勇闯难关，努力提高创新驱动发展能力、提高产业竞争力、提高经济增长质量和效益，实现我国社会生产力水平总体跃升。"① 以"实现我国社会生产力水平总体跃升"为根本出发点和战略目标的经济新常态，引导着中国经济改革的新发展。

"实现我国社会生产力水平总体跃升"的新概括，是解放和发展生产力理论的赓续。"总体"上的社会生产力，集中体现于马克思认为的社会再生产"连续地并列进行的"② 过程之中，是社会生产力时间相继性和空间并列性的统一。从"总体"上看，"相继进行一停滞，就使并列陷于混乱"，而"并列存在本身只是相继进行的结果"③。对社会生产力时间相继和空间并存及其整体关系的科学把握，是经济新常态理论的重要基础。从时间相继上看，经济新常态适合于进入21世纪以来我国经济发展阶段更替变化的内在逻辑。改革开放以来，我们用几十年的时间走完了发达国家几百年走过的发展历程，经济总量跃升为世界第二，创造了当代世界发展的奇迹。然而随着时间的推移，经济总量的不断扩大，必然进入经济发展的拐点和经济结构调整的节点。特别是长期累积的低端产能过剩要集中消化，加快发展中高端产业成为经济结构调整的根本出路；长期形成的主要以低成本资源和要素投入形成的驱动力明显减弱，以创新为核心的更为强劲的经济增长驱动力成为产业结构调整的必然选择。从空间并列上看，改革开放后几十年间形成的国内国外两个资源、两个市场的社会生产力格局也发生了深刻变化。近30多年

---

① 《中共中央召开党外人士座谈会》，载于《人民日报》2014年7月30日。
② 《马克思恩格斯文集》第六卷，人民出版社2009年版，第117页。
③ 《马克思恩格斯文集》第六卷，人民出版社2009年版，第120页。

来，对国际市场和资源的有效利用是我国经济增长的主要特征，其显著表现就是我国迅速成为世界贸易大国。但自 2008 年国际金融危机爆发以来，全球贸易进入发展低迷期，世界经济处于深度调整期，我国出口需求增速放缓，经济增长动力势必转到更多地依靠创新驱动和扩大内需特别是消费需求上。对我国社会生产力"总体"上的精准分析和深刻把握，成为谋划经济新常态战略的主要依据和重要基础，成为治国理政新理念新思想新战略的重要支撑。

在 2015 年 12 月召开的中央经济工作会议上，习近平提出"要坚持中国特色社会主义政治经济学的重大原则"的重要思想，其中首要的重大原则就是"坚持解放和发展社会生产力"①。坚持解放和发展社会生产力的重要原则，凸显了"系统化的经济学说"的主线观念，体现着"系统化的经济学说"的中国智慧，丰富了"系统化的经济学说"与治国理政密切相连的深刻意蕴和思想特色。

（三）中国特色"系统化的经济学说"中社会主义市场经济理论的主题

在对党的十八届三中全会《关于全面深化改革若干问题的决定》的说明中，习近平指出："要有强烈的问题意识，以重大问题为导向，抓住关键问题进一步研究思考，着力推动解决我国发展面临的一系列突出矛盾和问题。"②习近平紧紧扣住社会主义市场经济发展中的"问题意识"，提出"经过二十多年实践，我国社会主义市场经济体制已经初步建立，但仍存在不少问题"③的"倒逼"思路，强化了"系统化的经济学说"的理论主题，凸显了坚持社会主义市场经济改革方向作为中国特色社会主义政治经济学重要原则的地位和作用。

社会主义市场经济是社会主义条件下市场对资源配置起决定性作用的经济体制，是以社会主义基本经济制度为根基的经济关系。社会主义市场经济是经济体制一般和经济制度特殊的统一。党的十四大在对社会主义市场经

---

① 《中央经济工作会议在北京举行》，载于《人民日报》2015 年 12 月 22 日。
② 中共中央文献研究室编：《十八大以来重要文献选编》（上），中央文献出版社 2014 年版，第 497 页。
③ 中共中央文献研究室编：《十八大以来重要文献选编》（上），中央文献出版社 2014 年版，第 498 页。

的最初定义中就强调:"社会主义市场经济体制是同社会主义基本制度结合在一起的"①。党的十八届三中全会进一步明确:"以公有制为主体、多种所有制经济共同发展的基本经济制度,是中国特色社会主义制度的重要支柱,也是社会主义市场经济体制的根基。"② 市场经济体制要与社会主义基本经济制度"结合起来",成为中国特色社会主义政治经济学的最具创新性的理论观点;而市场经济体制如何与社会主义基本经济制度"结合起来",则成为中国特色社会主义政治经济学的理论主题。

在中国特色"系统化的经济学说"中,社会主义基本制度和市场经济体制"结合起来",集中体现于两个方面:

一是在公有制为主体多种经济形式共同发展这一基本经济制度背景下,市场经济体制机制与不同所有制经济之间的结合,以及不同所有制经济之间的结合问题。在社会主义市场经济中,要坚持和完善社会主义基本经济制度,毫不动摇巩固和发展公有制经济,毫不动摇鼓励、支持、引导非公有制经济发展,推动各种所有制取长补短、相互促进、共同发展。习近平从治国理政的高度提出:"要坚持社会主义市场经济改革方向,坚持辩证法、两点论,继续在社会主义基本制度与市场经济的结合上下功夫,把两方面优势都发挥好"③。

我国的社会主义公有制经济是长期以来在国家发展历程中形成的,为国家建设、国防安全、人民生活改善作出了突出贡献,是全体人民的宝贵财富。公有制主体地位不能动摇,国有经济主导作用不能动摇,这是保证我国各族人民共享发展成果的制度性保证,也是巩固党的执政地位、坚持我国社会主义制度的重要保证。习近平指出:"实行公有制为主体、多种所有制经济共同发展的基本经济制度,是中国共产党确立的一项大政方针,是中国特色社会主义制度的重要组成部分,也是完善社会主义市场经济体制的必然要求。"④ 毫无疑问,把社会主义公有制经济建设好、发展好、巩固好,是坚

---

① 中共中央文献研究室编:《改革开放三十年重要文献选编》(上),中央文献出版社2008年版,第659、660页。
② 中共中央文献研究室编:《十八大以来总要文献选编》(上),中央文献出版社2014年版,第514~515页。
③ 《立足我国国情和我国发展实践 发展当代中国马克思主义政治经济学》,载于《人民日报》2015年11月25日。
④ 习近平:《毫不动摇坚持我国基本经济制度 推动各种所有制经济健康发展》,载于《人民日报》2016年3月9日。

持和发展中国特色社会主义的最重要的经济基础，是中国共产党治国理政的最根本的制度保证。

长期以来，我国非公有制经济快速发展，在稳定增长、促进创新、增加就业、改善民生等方面发挥了重要作用。非公有制经济是稳定经济的重要基础，是扩大就业的主要领域，是国家税收的重要来源，是技术创新的重要主体，是金融发展的重要依托，是经济持续健康发展的重要力量。强调把公有制经济建设好、发展好、巩固好，同鼓励、支持、引导非公有制经济发展不是对立的，而是有机统一的。公有制经济、非公有制经济应该相辅相成、相得益彰，而不是相互排斥、相互抵消。以公有制为主体多种经济成分共同发展的所有制结构，作为社会主义初级阶段基本纲领的重要特征，是治国理政新理念新思想新战略的根本要义。

二是在市场作用和政府作用的问题上，市场在资源配置中起决定性作用和更好地发挥政府作用，二者是有机统一的，不是相互排斥或相互否定的，不能把二者割裂开来、对立起来，既不能用市场在资源配置中的决定性作用取代甚至否定政府作用，也不能用更好地发挥政府作用取代甚至否定市场在资源配置中起决定性作用。

处理好政府和市场的关系，是我国经济体制改革的核心问题，也是治国理政的重要课题。坚持社会主义市场经济改革重要原则，要着力于"看不见的手"和"看得见的手"都要用好，把这两个方面的优势都发挥好。在这一问题上，如习近平指出的，同样"要讲辩证法、两点论，把'看不见的手'和'看得见的手'都用好。政府和市场的作用不是对立的，而是相辅相成的；也不是简单地让市场作用多一些、政府作用少一些的问题，而是统筹把握，优势互补，有机结合，协同发力。"其关键就在于，"要找准市场功能和政府行为的最佳结合点，切实把市场和政府的优势都充分发挥出来，更好地体现社会主义市场经济体制的特色和优势，努力形成市场作用和政府作用有机统一、相互补充、相互协调、相互促进的格局。"[①] 从理论上对政府和市场关系的这一定位，是以中国的经济事实和经济改革实践为依据的，是对中国市场经济发展实践经验的理性提升，是中国特色"系统化的

[①] 中共中央宣传部：《习近平总书记系列重要讲话读本》，学习出版社、人民出版社2016年版，第150、151页。

经济学说"主题的重要呈现,也是治国理政新理念新思想新战略的"中国智慧"。

(四) 中国特色"系统化经济学说"的意境

中国特色"系统化的经济学说"新发展,集中体现了马克思主义与时俱进的理论品质,表现为同治国理政新理念新思想新战略紧密相连、结为一体的思想特色。

"系统化的经济学说"新发展,深刻揭示了中国特色社会主义经济关系的根本立场和根本理念,深化了治国理政新理念新思想新战略的核心观点。中国特色社会主义政治经济学的根本立场,就是坚持以人民为中心的发展思想,要把增进人民福祉、促进人的全面发展、朝着共同富裕方向稳步前进作为经济发展的出发点和落脚点,推进社会主义初级阶段经济建设和经济关系发展都要牢牢坚持这个根本立场。中国特色社会主义政治经济学的根本理念,就是坚持创新、协调、绿色、开放、共享的新发展理念。新发展理念是对我们推动经济发展获得的感性认识的理论升华,是引领中国经济发展思路和方向的先导。这一根本立场和根本理念,与治国理政新理念新思想新战略有着内在的一致性,体现了"系统化的经济学说"的思想特色。

"系统化的经济学说"新发展,增强了社会主义初级阶段经济制度和经济体制整体研究的视野,提升了中国特色社会主义政治经济学"系统性"的意蕴,深化了治国理政的"四个全面"战略布局和"五位一体"总布局的思想特色,使得治国理政新理念新思想新战略在马克思主义政治经济学中的深刻而全面的证明。在社会主义基本经济制度和市场经济整体理论上强调,坚持和完善社会主义基本经济制度,要毫不动摇巩固和发展公有制经济,毫不动摇鼓励、支持、引导非公有制经济发展,推动各种所有制取长补短、相互促进、共同发展。要从治国理政的高度搞清楚:"公有制经济也好,非公有制经济也好,在发展过程中都有一些矛盾和问题,也面临着一些困难和挑战,需要我们一起来想办法解决。但是,不能一叶障目、不见泰山,攻其一点、不及其余。任何想把公有制经济否定掉或者想把非公有制经济否定掉的观点,都是不符合最广大人民根本利益的,都是不符合我国改革发展要求的,因此也都是错误的。"①

在社会主义生产关系和分配关系的系统理论中强调,要努力推动居民收入增长和经济增长同步、劳动报酬提高和劳动生产率提高同步,不断健全体制机制和具体政策,调整国民收入分配格局,持续增加城乡居民收入,不断缩小收入差距,使发展成果更多更公平惠及全体人民,作出更有效的制度安排,使我们的社会朝着共同富裕的方向稳步前进。所有制结构和分配结构的理论是社会主义初级阶段基本纲领的重要内容。中国特色"系统化的经济学说"在这两个基本问题上与时俱进的新阐释,为实现"四个全面"战略布局和"五位一体"总布局奠定了坚实的理论基石。

"系统化的经济学说"新发展,拓展了中国特色社会主义生产方式及其相适应的生产关系和交换关系总体研究的视界,以经济新常态和供给侧结构性改革理论为标志,彰显了与治国理政新理念新思想新战略紧密相连的思想特色。经济新常态理论作为治国理政的经济改革的"大逻辑",是以全面推进各个领域的改革为背景的,以切实完成转方式、调结构的历史任务为目标的,是实现经济增长保持中高速、产业迈向中高端,加快实施创新驱动发展的整体战略。供给侧结构性改革理论是对经济新常态理论认识的深化,是对经济体制改革路径的与时俱进的新探索。供给侧结构性改革是既强调供给又关注需求,既突出发展社会生产力又注重完善生产关系和交换关系,既着眼当前又立足长远。供给侧结构性改革的根本旨向,是使我国供给能力更好满足广大人民日益增长、不断升级和个性化的物质文化和生态环境需要,从而更为全面地实现社会主义生产目的。2015年11月,习近平总书记在多次谈到供给侧结构性改革问题时,强调在适度扩大总需求的同时,着力加强供给侧结构性改革,着力提高供给体系质量和效率,增强经济持续增长动力;提出必须下决心推进经济结构性改革,使供给体系更适应需求结构的变化。供给侧结构性改革作为当前"推动我国社会生产力水平整体改善"②的重要举措,就在于扩大有效供给,满足有效需求,加快助推经济新常态体制机制和发展方式的改革。从经济新常态的"实现我国社会生产力水平总体跃升"到供给侧结构性改革的"推动我国社会生产力水平整体改善",是中国特色

---

① 习近平:《毫不动摇坚持我国基本经济制度 推动各种所有制经济健康发展》,载于《人民日报》2016年3月9日。
② 《中央经济工作会议在北京举行》,载于《人民日报》2015年12月22日。

"系统化的经济学说"中解放和发展社会生产力理论主线的延伸,是社会主义市场经济理论主题的深化,体现了与治国理政新理念新思想新战略紧密相连的思想特色。

"系统化的经济学说"新发展,体现于推动新型工业化、信息化、城镇化、农业现代化相互协调的"四化"同步发展战略中,具体展现了治国理政新理念新思想新战略实施的方向和路径。坚持走中国特色新型"四化"道路,推动信息化和工业化深入融合、工业化和城镇化良性互动、城镇化和农业现代化相互协调、"四化"同步发展,是国家现代化的必然趋势和重要标志。我国工业化基本实现、信息化水平大幅提升、城镇化质量明显提高、农业现代化和社会主义新农村建设成效显著,是实现全面建成小康社会的重要目标。"四化"同步发展不仅勾画了"五位一体"发展的美好愿景,也呈现了治国理政实施的宏伟"蓝图",体现了"系统化的经济学说"的思想特色。

"系统化的经济学说"新发展,体现于统筹国内国际两个大局,利用好国际国内两个市场、两种资源的对外开放的总体布局中,从多方面完善了对外开放基本国策,丰富了治国理政新理念新思想新战略的内涵。发展更高层次的开放型经济,以开放的最大优势谋求中国经济社会的更大发展空间。以"一带一路"倡议为引导,构建互联互通互融的开放系统,提升我国全球经济治理中的制度性话语权。积极参与全球经济治理,同时坚决维护我国发展利益,积极防范各种风险,提高抵御国际经济风险的能力,确保国家经济安全。对外开放基本国策上的这些新思想,拓展了治国理政新理念新思想新战略中以对外开放的主动赢得经济发展主动、赢得国际竞争主动问题探索的新视界。

决战决胜全面建成小康社会的进程波澜壮阔,中国特色社会主义经济建设和经济关系的全面发展,蕴含着中国特色社会主义政治经济学发展和创新难得的历史机遇。治国理政新理念新思想新战略拓展了中国特色"系统化的经济学说"的理论境界,中国特色"系统化的经济学"将在治国理政新理念新思想新战略的实施中得到理论升华,彰显中国特色"系统化的经济学说"的理论品质和思想特色。

(五)习近平"系统化的经济学说"的发展和拓新

习近平新时代中国特色社会主义经济思想是中国特色社会主义的"系

统化的经济学说"①，它是中国化马克思主义政治经济学发展的最新成果，是习近平新时代中国特色社会主义思想的重要组成部分。党的十八大以来，习近平总书记从历史性飞跃的阶段性特征和趋势性变化深刻把握中，对中国特色社会主义政治经济学作出多方面的阐释，坚持中国特色社会主义政治经济学重大原则，以坚定不移地贯彻新发展理念为主要内容，形成了涵盖根本特征和核心立场、经济改革和发展、根本方法和战略思维三个方面的重要理论，形成中国特色的"系统化的经济学说"。

习近平经济思想以新发展理念的实践创新和理论创新为主导，形成了以新发展理念为主要内容的"系统化的经济学说"。实现什么样的发展和如何发展，是当今世界各国面临的重大问题，许多发展中国家陷于所谓"中等收入陷阱"，在根本上就是在发展问题上难以摆脱传统理念的"窠臼"。在2015年制定"十三五"发展规划时，习近平总书记指出："发展理念是发展行动的先导，是管全局、管根本、管方向、管长远的东西，是发展思路、发展方向、发展着力点的集中体现。"② 在新发展理念中，创新是引领发展的第一动力，协调是持续健康发展的内在要求，绿色是永续发展的必要条件和人民对美好生活追求的重要体现，绿色是永续发展的必要条件和人民对美好生活追求的重要体现，开放是国家繁荣发展的必由之路，共享是中国特色社会主义的本质要求，这五个方面紧密相连、相互着力，既各有侧重又相互支撑，形成一个有机整体。

以新发展理念为先导，我国经济持续健康发展的一套制度体制框架初步形成。"坚定不移贯彻新发展理念"③，不仅是对党的十八大以来中国特色社会主义事业取得的新成就的判断，也是对进一步推进中国特色社会主义事业发展提出的要求，还是对发展中国家如何跨越"中等收入陷阱"作出的具有世界意义的贡献。

在根本特征和核心立场方面，习近平总书记提出了两个基本理论：一是坚持党对经济工作领导的理论，坚持加强党对经济工作的集中统一领导，保

---

① 《立足我国国情和我国发展实践 发展当代中国马克思主义政治经济学》，载于《人民日报》2015年11月25日。
② 《十八大以来重要文献选编》（中），中央文献出版社2016年版，第774页。
③ 《高举中国特色社会主义伟大旗帜 为决胜全面小康社会实现中国梦而奋斗》，载于《人民日报》2017年7月28日。

证我国经济沿着正确方向发展。二是坚持以人民为中心发展的理论,坚持把增进人民福祉、促进人的全面发展、朝着共同富裕方向稳步前进作为经济发展的出发点和落脚点。这两个基本理论是对中国特色社会主义政治经济学根本特征和核心立场的深刻表达。

在经济改革和发展方面,习近平总书记提出了三个方面的主要理论:一是我国经济发展进入新常态理论,其要旨在于:推进全面深化改革,切实完成转方式、调结构的历史任务;实现经济增长中高速、产业迈向中高端,推进创新驱动发展战略的全面实施。经济发展进入新常态,在根本上就是要"走出一条质量更高、效益更好、结构更优、优势充分释放的发展新路,推动我国经济向形态更高级、分工更优化、结构更河里的阶段演进。"①

二是深化社会主义市场经济体制改革理论,提出了两个要讲"辩证法、两点论"的问题:其一是在社会主义经济制度与市场经济体制结合问题上,要"坚持辩证法、两点论,继续在社会主义基本制度与市场经济的结合上下功夫,把两方面优势都发挥好"②;其二是在市场对资源配置起决定性作用和更好地发挥政府作用关系问题上,同样"要讲辩证法、两点论,把'看不见的手'和'看得见的手'都用好。政府和市场的作用不是对立的,而是相辅相成的;也不是简单地让市场作用多一些、政府作用少一些的问题,而是统筹把握,优势互补,有机结合,协同发力。"③ 社会主义市场经济体制改革,在根本上,就是要坚决扫除经济发展的体制机制障碍。

三是供给侧结构性改革理论,其要义在于:要从供给端发力,促进产业优化重组、降低企业成本、发展战略性新兴产业和现代服务业以及增加公共产品和服务供给;要在需求端着力,对过剩产能和库存在的有效化解,在适度扩大总需求的同时,反作用于供给侧结构性改革。供给侧结构性改革与经济新常态连为一体,既注重生产环节的决定性作用又凸显交换、分配和消费环节的反作用,既发力于供给的结构性改革又着力于需求的结构性调整,既

---

① 《保持战略定力增强发展自信 坚持变中求新变中求进变中突破》,载于《人民日报》2015年7月19日。
② 《立足我国国情和我国发展实践 发展当代中国马克思主义政治经济学》,载于《人民日报》2015年11月25日。
③ 《习近平总书记系列重要讲话读本》,学习出版社、人民出版社2016年版,第150、151页。

重视发挥市场在资源配置中决定性作用又强调更好地发挥政府作用，既突出发展社会生产力又注重完善社会生产关系。

在根本方法和战略思维上，形成了两个方面的理论：一是强化问题导向，习近平总书记指出："要有强烈的问题意识，以重大问题为导向，抓住关键问题进一步研究思考，着力推动解决我国发展面临的一系列突出矛盾和问题。"① 坚持问题导向，聚焦突出问题和明显短板，回应人民群众诉求和期盼，是探索中国特色社会主义经济学理论和实践问题的基本方法和立场。要强化问题导向，部署经济发展新战略，着力解决对我国经济社会发展变革有深远影响事情。二是坚持稳中求进的工作总基调，坚持以提高发展质量和效益为中心，坚持宏观政策要稳、产业政策要准、微观政策要活、改革政策要实、社会政策要托底的政策思路，加强预期引导，深化创新驱动，促进经济平稳健康发展和社会和谐稳定。

在党的十九大对新时代中国特色社会主义思想核心要义的阐释中，习近平总书记提出："明确新时代我国社会主要矛盾是人民日益增长的美好生活需要和不平衡不充分的发展之间的矛盾，必须坚持以人民为中心的发展思想，不断促进人的全面发展、全体人民共同富裕。"这是拓新新时代中国特色政治经济学的指导思想和根本方向。

在党的十九大报告中，习近平总书记强调了"坚定不移贯彻新发展理念，坚决端正发展观念、转变发展方式，发展质量和效益不断提升"的重要意义。特别是面对"发展不平衡不充分的一些突出问题尚未解决，发展质量和效益还不高，创新能力不够强，实体经济水平有待提高，生态环境保护任重道远"的困难和挑战，更需要坚定不移地以新发展理念为根本主导。

在对新时代中国特色社会主义思想基本方略的阐释中，习近平总书记提出，"发展是解决我国一切问题的基础和关键"新要求，从"基础和关键"的整体意义强调了新发展理念的枢纽作用。在社会主要矛盾的新的变化中，坚持新发展理念突出体现于四个方面：一是坚持和完善我国社会主义基本经济制度和分配制度，毫不动摇巩固和发展公有制经济，毫不动摇鼓励、支持、引导非公有制经济发展；二是进一步使市场在资源配置中起决定性作用，更好地发挥政府作用；三是着力推动新型工业化、信息化、城镇化、农

---

① 《习近平谈治国理政》，外文出版社 2014 年版，第 74 页。

业现代化同步发展；四是主动参与和推动经济全球化进程，发展更高层次的开放型经济。坚持新发展理念，"不断壮大我国经济实力和综合国力"，是全面建成社会主义现代化强国的基本方略，也是处理和解决好社会主要矛盾的根本要求和现实基础。

以新发展理念为主导，建设现代化经济体系。这是处理和解决好社会主要矛盾的根本要求，是新时代中国特色政治经济学的中心论题，也是习近平"系统化的经济学说"拓新的着力点。

我国经济已由高速增长阶段转向高质量发展阶段，正处在转变发展方式、优化经济结构、转换增长动力的攻关期，建设现代化经济体系是跨越关口的迫切要求和战略目标。现代化经济体系是由社会经济活动各个环节、各个层面、各个领域的相互关系和内在联系构成的一个有机整体。习近平总书记提出：建设现代化经济体系是"着眼于实现'两个一百年'奋斗目标、顺应中国特色社会主义进入新时代的新要求作出的重大决策部署"；因此，"建设现代化经济体系是一篇大文章，既是一个重大理论命题，更是一个重大实践课题，需要从理论和实践的结合上进行深入探讨。"[①]

党的十九大以来，习近平"系统化的经济学说"的拓新，集中于现代化经济体系建设的发展主线、战略支撑、根本途径、必由之路和制度保障等五个方面。

不断深化供给侧结构性改革，是推进现代化经济体系的发展主线。在党的十九大报告中，习近平总书记指出："建设现代化经济体系，必须把发展经济的着力点放在实体经济上，把提高供给体系质量作为主攻方向，显著增强我国经济质量优势。"要大力发展实体经济，筑牢现代化经济体系的坚实基础。要坚持质量第一、效益优先，在供给侧结构性改革路向上，着力推动经济发展质量变革、效率变革、动力变革，提高全要素生产率，着力加快建设实体经济、科技创新、现代金融、人力资源协同发展的产业体系；在供给侧结构性改革目标上，着力构建市场机制有效、微观主体有活力、宏观调控有度的经济体制，不断增强我国经济创新力和竞争力。

加快实施创新驱动发展战略，加快创新型国家建设，是建设现代化经济

[①] 《深刻认识建设现代化经济体系重要性 推动我国经济发展焕发新活力迈上新台阶》，载于《人民日报》2018年2月1日。

体系的战略支撑。要着力创新，瞄准世界科技前沿，强化基础研究，实现前瞻性基础研究、引领性原创成果重大突破；加强国家创新体系建设，强化战略科技力量；建立以企业为主体、市场为导向、产学研深度融合的技术创新体系，加强对中小企业创新的支持，促进科技成果转化。

实施乡村振兴战略、区域协调发展战略，是建设现代化经济体系的根本途径。实施乡村振兴战略，是一盘大棋，要把这盘大棋走好。要坚持农业农村优先发展，构建现代农业产业体系、生产体系、经营体系，完善农业支持保护制度，建立健全城乡融合发展体制机制和政策体系，加快推进农业农村现代化。实施好区域协调发展战略，是优化现代化经济体系的空间布局基础工程。要推动京津冀协同发展和长江经济带发展，同时协调推进粤港澳大湾区发展。加大力度支持革命老区、民族地区、边疆地区、贫困地区加快发展，强化举措推进西部大开发形成新格局，深化改革加快东北等老工业基地振兴，发挥优势推动中部地区崛起，创新引领率先实现东部地区优化发展，建立更加有效的区域协调发展新机制。

推动形成全面开放新格局，主动参与和推动经济全球化进程，是建设现代化经济体系的必由之路。要着力发展开放型经济，提高现代化经济体系的国际竞争力，更好地利用全球资源和市场。要以"一带一路"建设为重点，坚持引进来和走出去并重，遵循共商共建共享原则，加强创新能力开放合作，形成陆海内外联动、东西双向互济的开放格局。要拓展对外贸易，培育贸易新业态新模式，推进贸易强国建设。

深化经济体制改革，是建设现代化经济体系的制度保障。要加快完善社会主义市场经济体制，坚决破除各方面体制机制弊端，激发全社会创新创业活力。经济体制改革必须以完善产权制度和要素市场化配置为重点，要完善各类国有资产管理体制，深化国有企业改革，发展混合所有制经济，培育具有全球竞争力的世界一流企业。

习近平总书记以坚定不移地坚持新发展理念为主导，从发展主线、战略支撑、根本途径、必由之路和制度保障五个方面及其相互联系上，对建设现代化经济体系理论命题和实践课题的阐释，凸显和展开了新时代中国特色政治经济学的主题和中心论题。我们要在建设现代化经济体系理论和实践的不断探索中，着力推进新时代中国特色社会主义政治经济学的理论创新，升华中国化马克思主义政治经济学的理论境界。